柳 州 统 计 年 鉴

LIUZHOU STATISTICAL YEARBOOK

2016

（总第**23**期 **No.23**）

柳 州 市 统 计 局 编

Compiled by

Municipal Bureau of Statistics of Liuzhou

中国统计出版社
China Statistics Press

图书在版编目(CIP)数据

柳州统计年鉴. 2016 / 柳州市统计局编. -- 北京 :中国统计出版社, 2016.10
ISBN 978-7-5037-7974-9

Ⅰ. ①柳… Ⅱ. ①柳… Ⅲ. ①统计资料—柳州—2016—年鉴 Ⅳ. ①C832.673-66

中国版本图书馆CIP数据核字(2016)第217378号

柳州统计年鉴-2016

作　者 / 柳州市统计局
责任编辑 / 陈越月　林　艺
装帧设计 / 柳州铁路天元文化传媒印务公司
出版发行 / 中国统计出版社
地　址 / 北京市丰台区西三环南路甲6号　邮政编码/100073
电　话 / 邮购(010)63376909　书店(010)68783171
网　址 / http://csp.stats.gov.cn
印　刷 / 柳州铁路天元文化传媒印务公司
经　销 / 新华书店
开　本 / 890mm×1240mm　1/16
字　数 / 1064千字
印　张 / 34.5印张
版　别 / 2016年10月第1版
版　次 / 2016年10月第1次印刷
定　价 / 300元

ISBN 978-7-5037-7974-9

本书附同版本CD-ROM一张，光盘内容以书面文字为准。
如有印装差错，由本社发行部调换。

编 辑 说 明

一、《柳州统计年鉴—2016》(以下简称《年鉴》)是一本反映2015年柳州市国民经济和社会发展等方面活动情况及基本概貌的年刊。本《年鉴》资料翔实、内容丰富,全面介绍柳州经济和社会各方面的发展变化,是各级领导、理论和实际工作者的必备工具书,是机关、团体、学校、科研、企事业单位及海内外各界人士认识柳州、了解柳州的重要窗口。

二、本《年鉴》的内容包括:1. 特辑;2. 2015年统计资料。

三、资料中所使用的度量衡单位均采用国际统一标准计量单位。

四、本《年鉴》部分数据合计数或相对数由于单位取舍不同产生的计算误差均未做机械调整。

五、本《年鉴》的资料来源:大部分来自统计年报,部分来自抽样调查。

六、由于统计制度的改革,本《年鉴》对以前发表的统计数据重新进行了核实,相应地调整了部分数据。读者在使用历史数据时,如数据有出入,以本《年鉴》为准。

七、本《年鉴》中"全市"包括市区、柳江县、柳城县、鹿寨县、融安县、融水县和三江县;"市区"包括柳南区、鱼峰区、城中区、柳北区。

八、由于行政区域进行了调整,2011年原鹿寨县的雒容镇整体划归柳州市区,故2011年鹿寨县的部分数据按新的行政区划进行统计,2012年鹿寨县数据按新的行政区划统计。

九、表中符号使用说明:"空格"表示该项无指标数据;"…"表示数据不足指标最小单位,"#"表示其中的主要项。

十、根据全国第二次农业普查,对2006年和2007年的农林牧渔业总产值以及粮食经济作物和主要畜禽水产等指标数据进行调整,但2005年以前的数据均未修正。

十一、在本《年鉴》的编辑过程中,得到了许多单位和同志的大力支持,在此,我们深表谢意,限于我们的水平,《年鉴》中的错误和不足之处在所难免,恳请广大读者给予批评指正。

《柳州统计年鉴—2016》编辑部

编辑部领导小组：

顾　　问：黄　涛

组　　长：姚　良

副 组 长：祝崇平　张国忠　黄　俊　周　泉　史　军　付　军

成　　员：（以姓氏笔画为序）

王　康　韦　甫　卢卓燕　刘　进　江　耿　张杰莎

张　猛　李春帆　李建伟　李子旺　林　艺　唐德贤

秦　芳　郭　伟

总　　编：姚　良

副 总 编：祝崇平　张国忠　黄　俊　周　泉　史　军　付　军

责任编辑：陈越月　林　艺

编辑人员：（以姓氏笔画为序）

韦　甫　韦东银　韦　婧　卢卓燕　卢　艳　伍凤云

刘　进　刘　伟　刘永华　江　耿　吴春燕　张杰莎

张远林　张道国　李子旺　李卓辉　杨瑷珲　肖　雯

周志勤　林　艺　柯　炜　俸　平　唐德贤　唐　耿

唐　勇　秦　芳　郭　伟　高　昕　黄廷初　黄毅功

罗伊嘉琪

排版编辑：林　艺

英文翻译：韦东银

年鉴光盘制作：刘　伟

目　　录

CONTENTS

第一部分　特　辑

Part I Special Issue

第二部分　统计资料

Part Ⅱ Statistical Data

一、综　合

Chapter 1 General Survey

二、国民经济核算
Chapter 2 National Accounts

三、人 口

Chapter 3 Population

四、就业人员和职工工资

Chapter 4 Employment and Wages

五、农 业

Chapter 5 Agriculture

六、工　业

Chapter 6 Industry

七、交通、邮电通信业

Chapter 7 Transportation, Postal and Telecommunication Services

八、固定资产投资

Chapter 8 Investment in Fixed Assets

九、建筑业

Chapter 9 Constraction

十、城市公用事业和环境保护

Chapter 10 Urban Public Utilities and Environmental Protection

十一、能 源

Chapter 11 Energy

十二、商业和旅游

Chapter 12 Business and Travel

十三、物　价

Chapter 13 Price

十四、服务业行政、事业单位

Chapter 14 Service Sectord and Institutions

十五、财政、金融和保险

Chapter 15 Government Finance, Banking and Insurance

十六、文化、教育、科技、卫生和体育

Chapter 16 Culture, Education, Science and Technology , Public Heath and Sports

十七、人民生活
Chapter 17 People's Living Conditions

附 录
APPENDIX

第一部分　特　　辑

政府工作报告

市　长　吴　炜

各位代表：

现在，我代表市人民政府向大会作政府工作报告，请予审查，并请各位政协委员和列席会议的同志提出意见。

一、2015年和"十二五"工作回顾

过去的一年，面对复杂多变的形势和艰巨繁重的改革发展稳定任务，我们坚决贯彻落实习近平总书记系列重要讲话精神，认真落实中央、自治区、市委关于稳增长、促改革、调结构、惠民生、防风险的各项决策部署，努力化解经济下行压力，积极应对挑战，保持了经济社会持续健康发展，经济运行总体平稳、稳中有进、稳中有好。预计全市实现地区生产总值2311亿元，增长8.0%；工业总产值4573亿元，增长4.0%；固定资产投资2048亿元，增长16.0%；财政收入343.8亿元，增长8.6%；社会消费品零售总额940亿元，增长9.5%；城镇居民人均可支配收入29362元，增长10.0%；农民人均纯收入9553元，增长11.0%。城镇登记失业率3.95%，居民消费价格指数全年累计上涨1.7%。

经济基本面保持稳定。工业结构调整取得实效，财政支持企业发展专项资金达6.5亿元，完成更新改造投资1058亿元，增长15%。汽车工业产值2082.6亿元、产量229.1万辆，城市汽车产量占全国比重达9.7%，排名由全国第5位上升到第3位；冶金、机械工业积极调整产品结构，战略性新兴产业规模以上工业总产值突破400亿元，亿元以上工业企业达429家。柳东新区成为广西首个产值超千亿元开发区，河西工业园区成为广西第八个自治区级高新技术产业开发区，柳江县新兴工业园列为自治区产城融合发展试点园区，鹿寨经济开发区成为广西工业园区"两化"融合试点，园区工业集中度达61%。**农业现代化步伐加快**，柳江荷塘月色、鹿寨呦呦鹿鸣、三江布央茶产业等现代特色农业（核心）示范区通过自治区级验收，落久水利枢纽工程动工建设，实施7万亩"双高"糖料蔗基地建设。"倍增计划十大产业工程"完成创建特色种植业基地54万亩、农业观光旅游村（园）35个、万元示范村100个、十万元示范农户500户。特色农产品品牌推广力度加大，融安金桔入选2015中国果品区域公用品牌50强。养殖业加快规模化、集约化、标准化生产。主要农作物耕种收综合机械化水平达54%。"美丽柳州·生态乡村"建设扎实推进，53个市级"美丽柳州"乡村建设综合示范村屯治理成效明显，303个自治区级绿化示范村屯建设扎实推进，乡村环境明显改观。**现代服务业提速发展**，服务业实现增加值828.6亿元，增长12.0%，增速比上年提高2.5个百分点。万达广场、窑埠古镇、风情港等大型商业综合体建成开业，新柳邕农产品批发市场（一期）投入运营，鹧鸪江钢铁深加工及物流产业园被评为全区示范物流园区。"电商柳州"稳步实施，新增电商企业266家，全市电子商务交易额444.9亿元，增长31.5%；柳州螺蛳粉借助电商平台发展成为新兴产业，成为广西最热电商产品和广西最具影响力十大特产之一；柳城县被评为国家电子商务进农村示范县。金融业发展稳定，新增各类金融机构5家，小额贷款公司实现县域全覆盖，设立了广西首家城商行小微企业金融服务中心；在全区率先成立市现代农业融资性担保有限公司，搭建农业产业化、农村综合产权交易和新农村建设投融资担保平台；银行业本外币存、贷款余额分别为2822.7亿元和2051.4亿元，均位居全区第二。旅游名城建设深入推进，融水县、三江县积极创建广西特色旅游名县，凤凰河生态旅游度假区成为国家4A级旅游景区，全市旅游总收入280亿元，增长20%。

城市综合功能不断完善。柳北沙塘、鹿寨寨沙列入全国建制镇示范试点。湘桂铁路柳州至南宁段电气化改造完成，柳州站站房扩建工程、柳州东站还建等项目开工建设，柳州至武宣高速公路建成通车，白莲机场航站楼及配套设施扩建、柳州至石龙三江口Ⅱ级航道进展顺利，广雅大桥、柳铁中心医院1号住院楼荣获国内建筑行业工程质量最高荣誉奖—"鲁班奖"。打击"两违"的"风暴行动"和市容环境综合整治"百日大会战"有效开展。"生态花园·五彩画廊"工程进展顺利，城市环境空气质量预报预警系统建成使用，市区空气二氧化硫、二氧化氮年均值稳定在国家二级标准，可吸入颗粒物（PM_{10}）、细颗粒物（$PM_{2.5}$）均值分别下降23.9%和25.4%，柳江河饮用水保护河段继续保持国家地表水Ⅲ类以上水质标准。全面完成

自治区下达的“十二五”节能减排目标任务。

民生保障力度加大。为民办十件实事全面完成。市本级财政用于民生支出102.1亿元，占一般公共预算支出的77.3%。推进精准扶贫，落实财政专项扶贫资金2.2亿元，7000多名干部进驻村屯，精准识别到村到户到人，全年实现5万贫困人口脱贫。保障性安居工程实物建房开工15193套、基本建成12014套、分配入住23832套。农村危房改造开工21397户，竣工12414户。投资400万元为北部三县25.6万户农房购买保险，受损农房获得理赔金额484.3万元。市区城市低保标准由每人每月390元提至480元，市区农村低保标准由每人每年2400元提至3000元。居家养老和社区养老覆盖全部城市社区和30%的农村社区，为8万多名高龄老人发放高龄补贴。

各项社会事业全面发展。“文化惠民”成果丰硕，新排精品大剧《侗寨人家》成功展演，新建84个村级公共服务中心，188个行政村实现有线电视联网。教育资源进一步优化，创建自治区多元普惠幼儿园108所，开展市区学校义务教育段学区制办学改革探索，推进名校教育集团化，取消公办普通高中招收择校生政策和“三限”政策。成功创建国家卫生城市，大力推行分级诊疗机制，全面实行药品零差率销售，异地就医广西区内实现结算“一卡通”。诚信计生实现全覆盖，出生人口性别比控制在合理区间。“平安柳州”建设深入开展，迅速侦破柳城“9·30”爆炸案，稳妥做好善后工作。深入创建全国文明城市，积极培育和践行社会主义核心价值观。民族团结进步事业不断发展。积极开展“双拥”共建，支持国防和军队建设，开展纪念中国人民抗日战争暨世界反法西斯战争胜利70周年系列活动，国防教育、优抚安置等工作持续加强，军政军民关系进一步密切。

政府自身建设不断加强。扎实开展“三严三实”专题教育，政风行风进一步好转。做好“简政放权、放管结合”，优化行政审批体制，实施“简政惠民、优化服务”为主题的“八个一”综合改革试点，在全区率先成立市行政审批局，由一枚行政审批专用章取代35个部门、单位原82枚行政审批章。坚持依法行政，建设法治政府，出台《柳州市推行政府部门权力清单的实施意见》，成立政府法律顾问室，执行行政机关负责人出庭应诉制度。法治柳州建设卓有成效，法制宣传深入开展，“六五”普法圆满完成。严格执行市人大及其常委会的各项决议决定，自觉接受市人大及其常委会的法律监督和工作监督、市政协的民主监督，办理市人大代表议案3件、建议131件，办结率100%，满意率98.4%；市政协委员提案183件，办结率100%，满意率100%。

五年来，全市经济社会发展不断取得了新成绩，实现了“十二五”的顺利收官。

（一）经济综合实力迈上新台阶。“十二五”期，全市地区生产总值年均增长9.8%，工业总产值年均增长11.7%，固定资产投资年均增长21.8%，财政收入年均增长11.3%，社会消费品零售总额年均增长14.4%。工业发展继续领跑全区，经济总量大幅提升，在广西发展战略中占有重要地位。

（二）产业转型升级进入新阶段。三次产业结构进一步优化，服务业增加值年均增长10.4%。战略性新兴产业占全市比重由2010年的2.1%提升到了10%；更新改造投资累计完成4057.6亿元，是“十一五”时期的4倍。工业不断做大做强做优，服务业比重持续提升，农业基础进一步夯实，城乡经济社会协调发展。

（三）城乡建设展现新面貌。柳州被列为国家新型城镇化综合试点，城镇化率由2010年的55.1%提升到62%左右，市区建成区面积由135.06平方公里扩增至183.92平方公里。“绿满龙城”工程、“生态花园·五彩画廊”花园城市建设成效明显，森林覆盖率由2010年的63.2%增长为64.9%，城市建成区绿地覆盖率由40.4%提高到43.2%，人均公共绿地由10.1平方米增加至12平方米。“十二五”时期农田水利、农村公路建设累计完成投资10.4亿元和25.1亿元，分别是“十一五”时期的3.6倍和2倍，解决了89.7万农村人口饮水安全问题；建设农村公路2793公里，新增通沥青（水泥）路行政村277个。

（四）全面深化改革取得新进展。深化国资国企改革，国有资产实现保值增值，市属国有及国有控股企业资产总量是2010年的5.6倍，净资产是2010年的6.7倍。新型城镇化综合改革试点扎实开展，建立PPP项目储备库并逐步向社会发布。推进农村集体产权制度改革，开展农村土地承包经营权确权工作，农户家庭承包土地经营权流转面积50万亩。全面推行注册资本认缴登记制度和“三证合一”等工商登记制度改革，全市新设立企业14951户，增长111%。金融领域改革不断深化，“十二五”期末银行业本外币存、贷款余额分别是“十一五”期末的1.89

倍和1.99倍，全市金融机构达82家、新型金融组织65家、上市企业16家，提前两年完成自治区下达的企业上市目标任务。文化、教育、卫生、财税等领域改革统筹推进，经济社会发展释放新活力。

（五）开放合作实现新拓展。“十二五”时期共引进市外境内到位资金2832亿元，实际利用外资18亿美元，分别是“十一五”时期的2.2倍和2.6倍。积极融入国家“一带一路”和珠江—西江经济带发展战略，柳州保税仓申报成功，上汽通用五菱、柳工等企业加快在国内外设立生产基地。连续成功举办五届中国—东盟（柳州）汽车、工程机械及零部件博览会。国家汽车及零部件出口基地出口增幅全国排名第一。全市对外投资位居广西首位。

（六）人民生活水平获得新提升。城镇居民人均可支配收入和农民人均纯收入年均增长分别为10.6%和14.1%。“十二五”期累计新增城镇就业29.2万人、新增农村劳动力转移就业29.3万人。“文化建设十大工程”加快推进，柳州工业博物馆成为文化新地标，成功打造“中外优秀剧目月月演”等文化惠民平台，文艺佳作不断涌现，国际水上狂欢节、国际奇石节、世界水上极速运动大赛成为国内外有影响力的特色文化品牌。市区义务教育均衡发展学校基本建设三年攻坚规划新建、改建学校24所，已竣工12所，规划62个扩建项目已竣工47个，新增班级859个，全面推进农村义务教育薄弱学校改造，学前教育三年毛入园率76%、义务教育巩固率97%、高中阶段教育毛入学率92%。改制企业职工危旧房集中区改造工程累计投入105亿元，惠及97家改制企业和1.3万户职工家庭，棚户区改造任务超额完成。累计完成8.57万户农村危房改造。连续十一年上调城镇职工基本养老金。民生和社会事业持续改善，社会大局保持和谐稳定。

过去五年，全市人事、编制、外事、侨务、口岸、工商、税务、质量技术监督、食品药品监管、统计、审计、国家安全、决策咨询、档案、地方志、气象、粮食、供销、宗教、老龄、妇女儿童、防汛抗旱、防震减灾、社会科学等各项工作都取得了新的成绩，作出了新的贡献。

各位代表，五年的成绩来之不易。这是党中央、国务院和自治区党委、自治区人民政府以及市委正确领导的结果，是历届党委、人大、政府、政协打下的良好基础和全市各族人民精诚团结、艰苦奋斗的结果。在此，我代表市人民政府，向全市人民，向驻柳人民解放军、武警部队官兵，向各民主党派、工商联、人民团体及海内外所有关心和支持柳州发展的各界人士，致以崇高的敬意和衷心的感谢！

在总结成绩的同时，我们也清醒地认识到，受宏观环境、发展阶段、经济结构等多重因素影响，柳州经济社会发展不平衡、不协调、不可持续问题仍较为突出，主要是：经济运行不稳定因素增多，稳增长压力很大；产业转型升级任重道远，战略性新兴产业比重较低，新的增长点尚未形成；自主创新能力有待提升，创新驱动发展的基础还不牢固；环境治理任务较重，大气和水污染问题时有发生；公共服务水平仍需不断提高，脱贫攻坚任务还很艰巨；转变政府职能、优化发展环境任务依然繁重。对此，我们将不断改进和提升政府工作水平，采取更有针对性的举措认真加以解决。

二、“十三五”时期的奋斗目标和主要任务

“十三五”时期，是柳州在全区率先全面建成小康社会的决战期，是打造西江经济带龙头城市的关键期，更是奋力实现“经济升级，城市转型”新跨越的攻坚期。这五年的发展，对柳州的未来至关重要。刚刚结束的中共柳州市第十一届代表大会第三次会议，为柳州新发展描绘了美好蓝图。我们要认真贯彻中共柳州市第十一届代表大会第三次会议精神，准确把握柳州所处的历史方位和阶段性特征，准确把握新常态下的新趋势新特点，奋力走出一条具有柳州特色的发展道路。

“十三五”时期柳州发展的指导思想和战略思路是：全面贯彻党的十八大和十八届三中、四中、五中全会精神，深入贯彻习近平总书记系列重要讲话精神，按照“五位一体”总体布局和“四个全面”战略布局，围绕自治区党委十届六次全会部署和“两个建成”奋斗目标，坚持发展第一要务，以提高发展质量和效益为中心，牢固树立创新发展、协调发展、绿色发展、开放发展、共享发展理念，深入实施“实业兴市，开放强柳”战略，充分发挥实业引擎和开放引擎作用，加快形成引领经济发展新常态的体制机制和发展方式，全面加快结构调整和转型升级，进一步做强产业、做好民生、做优环境、做大城市，力争在全区率先全面建成小康社会，建设广西构筑“一带一路”有机衔接门户的重要节点，打造成为产业集聚、要素集聚、人口集聚的西江经济带龙头城市。

根据《中共柳州市委员会关于制定柳州市国民经济和社会发展第十三个五年规划的建议》，市人民政府在广泛征求党代表、人大代表和政协委员、各县区各部门、专家学者以及社会各界意见的基础上，制定了《柳州市国民经济和社会发展第十三个五年规划纲要（草案）》，整个起草过程充分体现了科学决策和民主决策的要求，是集体智慧的结晶。

《规划纲要（草案）》围绕主题、突出主线，提出经济发展、民生福祉、创新驱动、生态文明四大类31项主要目标，其中约束性15项、预期性16项。明确了“十三五”期全市地区生产总值年均增长8%，经济增速高于全国、全区水平，提前实现地区生产总值比2010年翻一番；实现规模以上工业增加值年均增长8%，财政收入年均增长8%，固定资产投资年均增长12%，社会消费品零售总额年均增长10%；城乡居民收入保持两位数增长，提前实现城乡居民收入比2010年翻一番的目标。这些目标体现质量、效益、结构、速度的统一，体现经济发展与改善民生的统一，体现先行先试与可行可为的统一，经过全市人民共同努力是可以实现的。

《规划纲要（草案）》分7篇27个章节，提出了今后五年全市经济社会发展的主要任务，归纳起来有以下几个方面：

（一）实施创新驱动战略，全面推进实业兴市。着力增强企业自主创新能力，打造公共创新平台，构建金融科技融合体系，积极创建国家创新型试点城市和广西自主创新示范区。着力优化制造业产业布局，构建“一圈两核三片”工业产业布局，努力把柳州建成国家重要的先进制造业基地。着力打造现代特色农业“二圈七带四区”总体布局，促进农业产业化发展，推进现代特色农业（核心）示范区建设，不断拓展农民增收渠道；着力提升发展现代服务业，实施服务业发展十大工程，打造区域性产业金融服务中心，形成产业联系紧密、上下游协调、结构合理的现代服务业体系，到2020年服务业增加值占地区生产总值比重达到40%。

（二）实施开放发展战略，全面推进开放强柳。以拓展对外交通新格局、加快区域产业集聚发展、扩大对外开放合作为重点，进一步扩展区域发展空间，不断构筑对外开放合作新优势。主要任务是积极融入国家“一带一路”战略，建设成为全国重要的综合交通枢纽；积极参与珠江—西江经济带开放开发，构建全方位对外开放新格局；坚持“引进来”与“走出去”，全面提升开放型经济水平。

（三）实施协调发展战略，全面推进新型城镇化。实施新型城镇化建设行动计划，打造“一圈一带四轴”城镇空间组织结构和柳来、柳桂经济发展带城镇群。深入推进“美丽柳州”乡村建设，完善农村基础设施与社会服务体系。进一步提升城市综合服务功能，加快打造现代都市经济圈。到2020年，常住人口城镇化率达到68.7%，把柳州建设成为市区建成区面积200平方公里以上、常住人口200万人以上、引领西江经济带发展的龙头城市。

（四）实施绿色发展战略，打造美丽柳州新形象。加快形成绿色发展方式和生活方式，努力创建国家生态文明先行示范区。实施“生态柳州”建设工程，加强环境保护和生态建设，创建国家环境保护模范城市；大力推进清洁生产工作，积极发展循环经济，创建国家循环经济示范城市；推动绿色发展，改善生态环境，积极创建国家生态市、国家生态园林城市。

（五）实施共享发展战略，提升幸福柳州新水平。重点实施脱贫攻坚“十大行动”，打赢精准扶贫攻坚战，2019年前确保现行标准下的农村贫困人口实现脱贫销号，融水、三江、融安三个贫困县和313个贫困村全部摘帽出列。实施城乡居民收入倍增计划和提高社会保障行动计划，增强文化、教育、医疗卫生等公共服务能力，让人民群众在共建共享中拥有更多获得感。

（六）全面强化规划保障，奋力实现“十三五”蓝图。全面推进深化改革，重点推进行政体制、国资国企、农村产权制度、户籍制度以及市场体系、新型城镇化投融资机制、财税体制等领域改革，加快构建现代金融服务体系，鼓励、支持、引导非公有制经济加快发展。全面推进“法治柳州”建设，完善立法体制机制，加快法治政府建设，健全社会信用体系。通过明确政府职责，科学引导社会资源，动员全社会力量保障纲要顺利实施。

各位代表，柳州“十三五”发展的宏伟蓝图已经绘就，目标已经明确，关键在于落实。我们将在市委的正确领导下，与全市各族人民一道，同舟共济、万众一心，一步一个脚印把规划落实到具体项目、具体工作上，不断克服前进中的困难，不断增创发展中的新优势。我们坚信，经过全市人民的团结奋斗，柳州的明天一定会更加美好！

三、2016年的主要目标与重点工作

2016年是"十三五"的开局之年,也是推进结构性改革的攻坚之年。做好今年的政府工作,意义重大。

今年柳州经济社会发展的主要预期目标是:地区生产总值增长7.6%以上,规模以上工业增加值增长6.5%,固定资产投资增长14%,财政收入增长7%,社会消费品零售总额增长10%,城镇居民人均可支配收入增长10%,农民人均纯收入增长11%。城镇登记失业率和单位生产总值能耗、主要污染物排放总量控制在自治区下达指标以内。

对于以上预期目标,主要出于以下几方面因素考虑:一是充分考虑到发展面临的形势和压力。当前,经济下行压力持续加大,截止去年12月全国工业品出厂价格(PPI)已经连续46个月下降;到去年12月中国制造业采购经理指数(PMI)为49.7%,连续5个月低于50%,说明制造业处于收缩空间,更深层次地反映出传统行业、高耗能行业仍在深度调整之中。去年柳州钢铁、机械、化工三大行业产值比上年减少235亿元,拉低全市工业产值增速5.5个百分点。今年这些行业下行趋势仍比较明显,所以我们面临的挑战将更为严峻,稳增长任务艰巨而繁重。二是充分考虑了市委"十三五"规划建议提出经济增速高于全国、全区水平的要求,考虑了柳州要在全区率先全面建成小康社会,提前实现地区生产总值、城乡居民人均收入比2010年翻一番的要求。三是充分结合柳州自身实际。制定"地区生产总值增长7.6%以上"目标,主要是与自治区增长7.5%—8%的预期目标保持一致,体现柳州必须为广西经济发展多作贡献;制定"规模以上工业增加值增长6.5%"的目标,主要是考虑企业生产经营面临的困难增多,我们要支持企业提高生产经营的质量和效益,给企业转型发展留足空间;制定"固定资产投资增长14%"的目标,就是要坚持把投资作为拉动经济增长最直接、最关键的手段,抓住自治区赋予柳州实施新型城镇化综合改革先行先试的机遇,加强基础设施建设,推进城镇化开发,加快城市化进程,通过投资拉动经济增长;制定"财政收入增长7%"的目标,主要是考虑进一步提高财政的质量,同时保证全市的民生保障支出与其它刚性支出。在实际工作中,我们将全面贯彻落实"创新、协调、绿色、开放、共享"的发展理念,真抓实干,力争实现更好的结果,努力为"十三五"开好局、起好步。今年,我们将重点抓好以下工作:

(一)大力开展实体经济发展年活动,提高工业发展质量和效益

加快产业优化升级。启动新一轮技术改造,更新改造投资增长10%以上。汽车产业要力争上汽通用五菱宝骏二期整车产能、东风柳汽乘用车发动机等项目建成投产,提升汽车零部件系统化、模块化、专业化水平。钢铁产业要加快柳钢冷轧汽车用钢开发,推动形成高附加值钢铁产品产业化。机械产业要推进智能化、集成化、机电仪一体化改造,提升新产品和核心零部件研发制造能力,开工建设柳工智能化工厂升级改造等项目。用高新技术和先进实用技术改造升级食品、化工、纺织服装、建材等传统产业。进一步促进企业做强做优,财政安排支持企业发展资金比上年增长20%以上。设立产业发展基金,扶持"专、精、特、新"中小微企业发展,力争亿元以上工业企业达440家。

坚持创新驱动发展。促进互联网与工业融合创新,编制《柳州智能制造2025》发展规划,支持东风柳汽数字化生产制造流程管理集成平台、柳钢集团制造执行系统(MES)等项目建设,实施上汽通用五菱新型SUV研发等技术创新项目。深入创建全国质量强市示范城市、国家级创新型试点城市,争创自治区级自主创新示范区,力争新增10家国家级高新科技企业、2家自治区级工程技术研究中心,引进1家国家级专业研究机构。

培育发展战略性新兴产业。主动对接"中国制造2025""互联网+"产业布局,构建战略性新兴产业联盟。通过产业链垂直整合和创新资源优化组合,大力发展新能源汽车、电子信息、高端装备、新材料等产业,加快上汽通用五菱新能源汽车、东风柳汽混合动力汽车研发生产,实施一批市场前景好、自主创新能力强的项目,力争战略性新兴产业占全市规模以上工业产值比重超过11%。

抓好产业园区建设。着力打造特色产业园区,支持柳东新区申报成为国家产城融合示范区,加快电子信息产业园、中欧合作产业园、柳北循环经济产业园等园区建设。支持县区工业集中区发展,完善柳江县河表工业片区、柳城县工业区沙埔片区、融安县广西香杉生态工业园、柳北沙塘工业园(二期)等基础设施,推进洛维中小企业创业基地、柳南科技型中小企业孵化园、柳江县小微企业创业基地、鹿寨县中小科技企业创业孵化基地等建设,

不断增强园区承载能力。

(二)大力开展重大项目建设年活动,扩大投资增强发展后劲

狠抓重点项目建设。实施市级层面重大项目458项,年度计划投资666亿元,其中:新开工红花枢纽二线船闸工程、凤凰岭大桥、柳化整体搬迁及技术改造等重大项目177个,竣工古偿河水库工程、环江滨水大道工程、西电东送500千伏桂中换流站工程等重大项目84个。加快桂林至柳州高速公路改扩建(柳州段)、柳东综合交通枢纽、空港经济区等111个重大项目前期工作,筛选一批项目列入国家、自治区重点项目盘子,形成"开工一批、竣工一批、储备一批"的良好态势。

做好项目建设要素保障。创新融资方式,引入社会资本参与各类项目建设,鼓励社会资本进入教育、医疗、养老服务等社会事业领域以及城乡供水、污水处理、水利河道疏浚等基础设施领域。优先保障重点项目建设用地,最大限度挖掘土地潜力,提高土地利用效率。进一步落实项目建设主体责任,细化目标任务,强化考评督查机制,形成项目推进的强大合力。

加大招商引资力度。推动一批国内外知名企业入柳,补强原有产业,培育发展新产业。开展汽车产业、生物医药、电子信息、智能制造、新材料新能源等领域专题招商引资工作,重点抓好柳州电子信息产业园等招商项目落地建设。坚持以存量引增量,积极承接产业转移,优化外资结构,引进市外境内资金增长7%以上,利用外资(全口径)增长5%以上。

(三)大力开展精准脱贫推进年活动,保质保量完成全年脱贫任务

全面完成精准识别建档立卡。用好精准识别成果,对贫困村贫困户逐村逐户建档立卡,做到一村一册、一户一卡,构建覆盖市、县、乡、村、屯五级扶贫信息网络系统,全面掌握贫困村贫困户基本情况和帮扶成效。

开展精准脱贫攻坚。实施"七个一批"精准帮扶措施,确保完成年度脱贫8.5万人任务。启动"基础设施建设大会战",集中解决贫困地区路、水、电、房、网络等瓶颈问题,年内完成通村道路全部硬化、屯级道路硬化300公里、农村危房改造1万户以上任务。发展特色富民产业,整合各类涉农资金,将50%以上资金投入到贫困地区,因地制宜推进特色优势产业发展。大力推进扶贫移民搬迁,制定好实施方案,有序推进分类搬迁,年内完成搬迁3.3万农村贫困人口。推进金融扶贫工作,支持扶贫龙头企业和贫困村农民专业合作社发展,年内金融扶贫贷款额度达2.6亿元以上,比2015年翻一番,着力解决贫困村贫困户发展生产资金短缺问题。

提高社会扶贫实效。引导企业(商会)开展"村企共建""百家民营企业扶助百个贫困村"活动。开展"雨露计划"教育扶贫培训,落实适龄职教学生"一免一补一统筹"帮扶政策,确保每位建档立卡贫困家庭上学子女得到政策资助。

(四)提升农业现代化水平,统筹城乡区域协调发展

优化农业产业结构。创建一批现代农业示范区,力争新增3个以上现代特色农业(核心)示范区通过自治区级验收。确保粮食生产稳定,粮食种植面积保持在248万亩以上。优化调整农业产业结构,发展水果、桑蚕、茶叶、蔬菜、水产畜牧养殖等特色农业,建设11万亩"双高"糖料蔗基地,推动农业规模化、专业化、标准化、品牌化发展,促进农业提质增效。实施"互联网+"现代农业行动,推进京东、农村淘宝等农村电商项目建设。推广运用农机生产,主要农作物耕种收综合机械化水平达57%以上。加强农产品质量安全监管,促进农业形成绿色安全生产。

加快城乡一体化进程。完善城乡交通路网,力争建成三江至柳州高速公路,实施罗城至洞头(融水段)、国道321良口至梅林等国省道路网项目。抓紧推进柳北沙塘、鹿寨寨沙等国家建制镇试点,建设柳北片区新型城镇化项目,促进柳江、鹿寨与市区同城化发展,统筹柳江规划建设,进一步拉开城市框架。推进北部四县新型城镇化建设,规划三柳高速生态经济带。实施鹿寨江口及导江区域、太阳村镇、石碑坪镇、沙塘镇等控规编制,着力构建科学合理的新型城镇化体系。

完善农村基础设施。做好落久水利枢纽工程移民安置和枢纽主体工程建设,加快推进洋溪水利枢纽工程前期工作。以土地流转为基础,实施"小块并大块"推动农村土地整治,重点抓好高标准农田建设,实施柳南区、柳北区等城乡建设用地增减挂钩项目。落实耕地占补制度,实现占用耕地占一补一;建立耕地保护共同责任机制,完成永久基本农田划定工作。扎实开展社会主义新农村建设,投入4.26亿元实施农村电网升级改造,稳步推进农村危房改造工作,加快乡土特色示范项目建设,扎实推进"四好"农村公路建设。

发展壮大县域经济。结合各县优势及特点，实行错位发展。柳江、鹿寨、柳城重点依托中心城市产业辐射，积极承接市区产业转移，发展都市农业、特色农业和休闲农业。北部三县发展油茶、中草药、竹木、林下种养等生态产业，加快发展民族特色旅游和观光休闲旅游，让"生态经济""旅游经济"成为县域经济发展新动力。

(五)加快现代服务业发展，促进第三产业提速升级

促进服务业集聚发展。启动实施服务业发展十大工程，着力打造现代物流、汽车服务、专业市场、电子商务四大千亿产业集群，重点推进广西(柳钢)大宗商品交易中心、广西汽车服务业产业园、快递快运物流园等商贸项目建设。培育大型专业市场，加快毅德商贸城、新柳邕农产品批发市场(二期)等市场建设。繁荣河东、河南、河北三大商圈，推进华润万象城、柳南万达广场等城市综合体建设。发展河西商圈，建成金绿洲星光大道城市广场。培育服务业企业上规模上台阶，新增限额以上企业100家。

培育发展现代服务业。大力发展科技服务、工业研发设计、检验检测、中介服务等生产性服务业；加快发展家政服务、社会养老等生活性服务业。推进"互联网+产业"工程，重点发展"阿里巴巴·柳州"产业带，壮大电子商务业。建设柳钢工业品电商平台、五菱汽车零部件电商平台，积极发展跨境电商，促进桂中海迅、嘉航、城中三大电商园区集聚发展，着力打造国家级电子商务示范基地。实施农村电商百店工程，支持京东等知名电商布局农村市场。发展会展经济，建设国际会展中心(二期)，办好第六届中国—东盟(柳州)汽车、工程机械及零部件博览会。巩固房地产市场向好态势，建立能够满足多层次需求的住房供应体系。大力发展特色餐饮业，促进柳州螺蛳粉产业标准化、品牌化、规模化。

积极发展现代金融业。坚持"引金入柳"，努力打造区域性现代金融中心。探索企业存量资产证券化，逐步提高市属国有资本证券化率。扩大政策性农业保险覆盖面，开展小额贷款保证保险试点。推进"政银企"合作，建立创业投资引导基金，拓宽中小企业融资渠道。培育和支持企业上市，争取3家以上企业在"新三板"挂牌。鼓励各县设立"创业引导基金"，与金融机构共建农村综合金融服务中心。探索设立风险补偿基金，发挥市级风险补偿资金作用，建立政府、银行、担保、再担保四方风险分担机制，防范和打击非法集资，维护金融安全和社会稳定。

加快旅游名城建设。推进元宝山—贝江旅游开发，年内实现华侨城开园，争取百里柳江、程阳八寨创建成为国家5A级景区。完善旅游信息、旅客集散中心等公共服务体系，加强旅游行业服务品牌建设，争创国家旅游标准化示范县。坚持"引客入柳"，扩大与高铁沿线城市的旅游合作，做好境内外重点客源市场营销，全年旅游收入增长20%以上。

(六)培育发展柳州都市圈，建设生态宜居现代城市

促进柳东新区优化发展。完善柳东新区规划体系，优化新区资源配置，强化产业驱动、创新驱动、环境驱动和教育驱动，着力打造成为产城融合的新样板。推进基础设施互联互通，建成柳东大道延长线，实施曙光大道三门江立交改扩建、北环高速连接线工程。完善新区供水、燃气、污水处理等市政设施，推进教育、医疗、文化、公共交通、旅游、体育等公共服务设施建设，儿童医院投入使用，进一步聚集新区人气。

拓展对外交通网络。推进柳州站站房扩建、柳州东站还建工程等项目，加快焦柳铁路怀化至柳州段电气化改造，推进柳州至广州铁路(柳州段)、柳州至韶关铁路等项目规划落地建设。加快柳州至梧州高速公路、柳州至南宁高速公路改扩建等项目建设。实施柳江Ⅱ级航道整治，建设官塘作业区一期工程和江口作业区一期工程，提升港口集疏运能力。完成柳州白莲机场航站楼及配套设施扩建工程项目建设。

增强城市运行保障能力。启动新一轮城市总体规划修编，继续创建国家公交都市示范城市，推进轨道交通开工建设。进一步完善防洪排涝体系，力争成为国家"海绵城市"创建试点市。实施城中村改造、危旧房改造和老旧住宅小区、"三无"小区综合整治。建设完善市政道路、慢行交通系统、绿道工程、城市公交体系、智能停车场、汽车充电桩等设施。加快白沙污水处理厂(二期)、龙泉山污水处理厂(三期)等项目建设，城市污水收集处理率提高到93%以上。

打造绿色生态优美环境。实施"花园城市"2.0版建设，启动规划建绿、管理强绿、文化彰绿、科技兴绿、依法治绿、品牌升绿"六大绿色工程"，积极创建国家级生态园林城市。全面推进三门江森林公园保护性建设，提升城市"绿肺"功能。实施绿色制造重点项目，推进柳北循环经济产业园"三废"综合利用、鹿寨国家级循环化改造示范试点产业发展，加快“城市矿产”示范基地、汽车城江口工业园建设，推动柳化、柳州电厂退城进园升级改造，努力打造国家生态文明先行示范区。做好大气、水、重金属等污染防治工作，严控污染物排放，严格环保监管。深入开展“美丽柳州·生态乡村”活动，巩固“生态乡村”建设成果，持续推进“宜居乡村”“幸福乡村”建设。全面建成柳江“乡约·藕遇”、柳南“金色太阳”两个市级“美丽柳州”乡村建设综合示范区和53个市级“美丽柳州”乡村建设综合示范村屯。

提升城市管理水平。构建城市管理长效机制，行使相对集中执法，加强数字城管建设，构建“大城管”新格局。加大“两违”打击查处力度，创建无违建社区（村屯）、无违建街道（乡镇）。开展城市扬尘治理，强化密闭化运输管理，推行使用新型智能环保渣土车。实施智慧城市建设，构建“智慧柳州”地理信息云平台，建立道路健康评价系统。

（七）全面深化改革，扩大开放合作，进一步增强发展活力

深化各项领域改革。加强结构性改革，提高供给体系质量和效率。做好行政体制改革，优化完善行政审批工作机制体制，进一步厘清政府、市场、社会之间的关系。打好国资国企改革攻坚战，完善国有资本经营预算制度，进一步优化国资监管，努力实现市本级经营性国有资产监管工作全覆盖；完善现代企业制度，推进国有企业负责人薪酬制度改革，实施国有产权进场交易制度，加快政府投资公司整合重组，积极推进国有企业改制和上市培育发展。大力发展混合所有制经济，推动国有资本与社会资本相互参股经营。制定公布政府权责清单，让各类市场主体平等参与竞争。深入推进商事登记制度改革，降低市场主体准入门槛，依法加强市场监管。深化国税、地税征管体制改革，进一步便民办税、规范征管。鼓励金融机构开展林权、农民住宅、土地承包经营权等抵押质押贷款。推进投融资体制改革，积极实施政府和社会资本合作（PPP）模式，支持社会资本参与重大基础设施和公共服务领域投资。

促进区域经济交流与合作。对接国家实施“一带一路”建设，探索建立沿线城市联盟。积极参与泛珠合作、珠江—西江经济带建设，推动粤桂黔高铁经济带合作试验区（广西园）落户柳东新区，加强与佛山市全方位交流合作，主动承接产业转移，促进产业集聚和产业链延伸。开展“柳来河”基础设施合作建设，联合培育发展特色产业，推动形成产业互动互联的城市圈。

着力扩大对外贸易。优化外贸主体结构，鼓励支持中小微企业从事对外贸易，拓展发展新空间。积极申报国家出口汽车及零部件质量安全示范区，改善汽车产品出口服务环境。实施加工贸易倍增计划，发展新型贸易方式，促进外贸转型发展。实施积极进口促进战略，加快申报保税物流中心，建设电子口岸，争取开通航空口岸，促进贸易便捷通关。

（八）着力保障改善民生，不断增进人民群众福祉

完善社会保障体系。落实促进就业创业政策，突出抓好高校毕业生、农民工、城镇困难人员等重点群体就业，新增城镇就业5万人，农村劳动力转移就业5万人。推进机关事业单位社保制度改革，加快社会保障卡发放，提升社会保障信息化建设水平。做好社会救助精准识别，帮扶救助孤寡老人、留守老人、残疾人等生活困难群众，编织广覆盖、多支撑、更惠民、能兜底的社会保障网。

加快民生工程建设。稳步推进各类保障性住房建设，做好棚户区改造，实施双和袜厂、灯泡厂等职工危旧房改造项目，竣工仁和家园、馨雅小苑等保障性住房小区。以桂北休闲旅游养生养老产业示范区建设为契机，推进养老综合改革试验区建设，促进各县建设综合福利中心，将乡镇敬老院打造成为农村养老服务中心。加大民生工作和为民办实事力度，积极谋划和落实一批便民、利民、惠民项目，办成一批让人民群众直接享受到实惠的实事好事。

进一步创新社会治理。建设“平安柳州”，实施“天网”工程扩容建设，将县级天网、社会单位自建视频系统接入市级平台。开展“神剑一号”专项行动，加强消防、交通、危爆物品、出租房、物流业等安全管理。深入实施“领导干部包案”制度，做好矛盾纠纷化解工作。加强食品药品监管，创建“食品安全城市”和“农产品质量安全县”，防范食品药品安全风险。健全安全生产“党政同责、一岗双责”工作机制，推进“打非治违”及安全专项整治行动，构建隐患排查治理长效机制，重点行业领域隐患排查上报率达100%。

（九）繁荣发展社会各项事业，共享均等化公共服务

优化创新创业环境。促进“大众创业、万众创新”，积极建设创业孵化基地、众创空间、农民工创业园，激发各类就业群体的创业动能。进一步完善支撑创新的人才体系，引进创新型人才、高端人才，培育本土人才。实施科技企业融资、科技人才激励政策，搭建科技公共服务平台，最大限度把科技成果转化为现实生产力。

发展文化体育事业。大力发展文艺事业，继续办好“中外优秀剧目月月演”等文化惠民项目，推动3D舞蹈诗《侗寨人家》世界巡演。发展壮大文化产业，规划布局创意产业园、绿色印刷产业园，推进东盟国际龙城府文化休旅世界等产业项目建设。深入挖掘历史传统、民族风情、工业创意等文化资源，积极创建广西特色文化产业示范县。开展历史文化名城保护，传承发展非物质文化，推动柳江人遗址申报成为国家文物保护单位。实施新一轮全民健身计划，办好2016年世界水上极速运动大赛等重大体育赛事，扩大国际水上狂欢节、芦笙斗马节、侗族多耶节等特色节庆活动的文化效应，不断丰富人民群众精神文化生活。

优先发展教育事业。坚持立德树人，按照“学前教育促普惠、义务教育抓均衡、普通高中扩优势、职业教育强品牌”的思路，加强教师队伍建设，办人民满意的教育。继续推进学前教育三年行动计划，新增一批示范性幼儿园和集团化办园试点，争取学前教育三年毛入园率达到80%。推动义务教育均衡发展，健全集团化办学学区制管理、县属轮教等工作机制，缩小城乡教育差距。积极发展特殊教育，提高适龄残疾儿童入学率。引导普通高中特色化、品牌化、多元化发展，不断提高学生综合素质。加快发展高等教育，推动广西科技大学鹿山学院向应用型本科院校转型升级。构建现代职业教育体系，建设广西(柳州)职业技能公共实训基地，全面推进现代学徒制试点工作，推动学历教育向职业资格准入转变。

促进医疗卫生、人口等事业发展。把健康理念贯穿于城市规划之中，推进健康城市建设。促进中医药事业发展，提高医疗救助、卫生监督、疾病防控、妇幼保健工作水平。加快城市公立医院改革，探索建立公立医院绩效考评、医务人员薪酬、医疗联合体等制度，健全分级诊疗制度，引导患者有序就医。全面实施一对夫妇可生育两个孩子政策，促进人口健康均衡发展。积极争创全国文明城市，提高市民文明素质，出台文明交通失信行为惩戒办法，营造良好文明环境。

推进经济建设与国防建设融合发展。积极支持军队改革，注重在经济建设中贯彻国防需求，深入开展国防教育，增强国防意识，扎实推进国防动员准备和后备力量建设。进一步做好征兵工作，切实加强军事设施保护。开展“双拥”创建活动，巩固发展军政军民团结良好局面，确保实现全国双拥模范城“八连冠”。

(十)进一步改进作风，全面加强法治政府建设

深入推进依法行政。积极开展地方立法工作，建立完善政府立法工作机制，提高立法工作质量和效率。严格按照法定权限和程序履行政府职能，健全市、县、乡三级政府法律顾问制度。全面实施“七五”普法，做好法制宣传教育。做好行政复议和行政应诉工作，切实保障公民合法权益。完善城乡基层组织自治和服务功能，激发基层组织发展活力。自觉接受市人大及其常委会的法律监督和工作监督，主动接受市政协的民主监督，认真办理人大议案、建议和政协提案。广泛听取民主党派、工商联、无党派人士意见，支持工会、共青团、妇联等人民团体发挥作用。大力推行政务公开、政府信息公开，全面接受人民监督。

建设清正廉洁政府。深入践行“三严三实”要求，认真落实党风廉政建设“一岗双责”，严格执行廉洁从政各项规定，严肃查处“四风”和腐败问题。厉行节约，严格控制一般性支出，确保“三公”经费继续下降。加强对重大政策措施贯彻落实、预算执行、项目招投标、土地出让、政府采购等重点领域、关键环节的行政监察和审计监督，从严查处违纪违法案件，不断提高拒腐防变和抵御风险能力。

坚持勤政务实为民。深入贯彻落实中央和自治区、市委改进作风规定，提高政府工作效能。强化重要决策部署和重大事项推进的督查落实，严格行政问责，提高政府执行力和公信力。严格政府工作目标考核，健全科学有效的绩效考评体系，充分发挥绩效考核的导向激励作用。强化为民服务意识，坚持开展“市长接待日”“市长企业接待日”“中小企业服务月”和领导公开大接访活动，密切与人民群众的血肉联系。

各位代表，我们正处在改革与奋进的伟大时代，全面实施“十三五”规划的新征程已经开启。让我们紧密团结在以习近平同志为总书记的党中央周围，在市委的坚强领导下，团结和依靠全市各族人民，坚定信心，主动作为，攻坚克难，为柳州在全区率先全面建成小康社会、打造西江经济带龙头城市而努力奋斗！

附注：

1.“双高”糖料蔗基地：优质高产高糖糖料蔗种植基地。

2.“三限”政策：指公办高中在完成本年度招生计划的前提下，可以招收一定数量的择校生，但必须严格限人数、限分数、限钱数。择校生招生比例和最低录取分数线由省级教育行政部门确定，收费标准由省级教育行政部门会同财政、物价部门提出意见报请省级人民政府批准。要将择校生纳入普通高中招生计划，统一向社会公示招生比例、招生人数和收费标准，统一按分数择优录取，统一办理入学手续。

3.“八个一”综合改革试点：即一枚印章管审批、一份清单管边界、一支队伍管执法、一个号码管服务、一张通卡管民生、一站服务管引才、一包方式管培训、一套制度管廉政。

4.“三证合一”：将企业依次申请的工商营业执照、组织机构代码证和税务登记证三证合为一证，提高市场准入效率。

5.“一圈两核三片”工业产业布局：“一圈”即以新柳大道、古亭大道、阳和大道、南环路、西鹅路、北外环路和东外环柳东段、东外环北段等道路合围形成的城市快环经济圈；“两核”即以柳东国家级高新区、河西自治区级高新区为发展引擎，完善和提升周边功能，加快汽车龙头企业集聚，形成人口集聚效应；“三片”即以城市的东、南、北等三个方向的产业园区为动力支撑带动片区发展，形成产业集聚群及城镇带组成的产业融合发展经济圈，通过快环连接，促进城市建设与产业发展相互衔接，带动产业集聚和人口集聚。

6.“二圈七带四区”：“二圈”即城郊休闲农业圈和城市生态林保护圈；“七带”即优质水稻、蔬菜、水果、甘蔗、高效桑茧、茶叶及畜禽带等产业带；“四区”即“双高”糖料蔗示范区、特色农业示范区、蛋鸡养殖园区及农产品加工物流区。

7.“一圈一带四轴”：“一圈”即以柳州中心城区为中心，包括雒容镇、鹿寨镇的柳东新区，沙塘镇、石碑坪镇、东泉镇的北部生态新城，拉堡镇、新兴片区的南扩城区等组团，形成基础设施和产业发展紧密联系的都市圈；“一带”即以长安镇、融水镇为中心，以浮石镇为纽带，构建联系紧密的融安—融水城镇带；“四轴”，其中东轴为柳州—雒容镇—鹿寨镇—寨沙镇—四排镇等城镇群发展轴，西轴为柳州—太阳村镇—洛满镇—六塘镇等城镇群发展轴，南轴为柳州—拉堡镇—进德镇—新兴—穿山镇—成团镇—百朋镇等城镇群发展轴，北轴为柳州—沙塘镇—沙埔镇—大埔镇—凤山镇—大良镇—融水镇—浮石镇—长安镇—丹洲镇—大浪镇—老堡乡—古宜镇等城镇群发展轴。

8.“七个一批”：即扶持生产发展一批、转移就业扶持一批、移民搬迁安置一批、生态补偿脱贫一批、教育扶智帮助一批、医疗救助解困一批、低保政策兜底一批。

9.“雨露计划”：以提高扶贫对象自我发展能力、促进就业为核心，以政府财政扶贫资金扶持为主、动员社会力量参与，通过资助、引导农村贫困家庭劳动力接受职业教育和各类技能培训、培养贫困村产业发展带头人等途径，扶持、帮助贫困人口增加就业发展机会和提高劳动收入的专项扶贫措施。

10.“一免一补一统筹”：即免学杂费，适当补助生活费，统筹安排实习和就业。

11.“四好”农村公路：建好、管好、护好、运营好农村公路。

柳州市2015年国民经济和社会发展计划执行情况及2016年国民经济和社会发展计划(草案)报告

市发展和改革委员会主任 旷青春

各位代表:

受市人民政府的委托,我向大会报告柳州市2015年国民经济和社会发展计划执行情况及2016年国民经济和社会发展计划(草案),请予审查,并请各位政协委员和列席代表提出意见。

一、2015年国民经济和社会发展计划执行情况

2015年,是柳州经济社会发展破难奋进的一年。一年来,面对经济下行压力和艰巨繁重的改革发展任务,在市委、市政府的坚强领导下,在市人大的依法监督下,全市上下认真贯彻落实党的十八大和十八届三中、四中、五中全会精神,大力实施"实业兴市 开放强柳"战略,牢牢把握稳中求进的总基调,主动适应新常态,统筹施策,精准发力,着力提高经济运行质量和效益,全市经济运行保持在较好的区间,并呈现出积极的趋势性变化,结构调整扎实推进,社会民生继续改善,全市经济社会呈现出"缓中趋稳"的发展态势,基本完成了年度主要目标任务。

初步预计,全年地区生产总值2311亿元,增长8.0%;全部工业产值4573亿元,增长4.0%;固定资产投资2048亿元,增长16%;财政收入343.8亿元,增长8.6%;社会消费品零售总额940亿元,增长9.5%。城镇居民人均可支配收入29362元,增长10.0%;农民人均纯收入9553元,增长11.0%。

(一)着力强化创新驱动,产业转型升级成效明显

创新驱动持续发力。柳州高新区成为国家级、河西工业区成为自治区级高新技术产业开发区。国家土方机械工程技术研究中心和柳工全球研发中心落成;一批国内外研发企业相继入驻,新增国家高新技术企业10家、自治区级科技孵化器6家、自治区级工程技术研究中心8家、自治区级创新型(试点)企业6家、自治区级重点实验室1家,为发展战略性新兴产业与高新技术产业打下良好基础。

工业经济迎难而上。工业经济克服钢铁、机械、化工等重点行业大幅下降的不利影响,全年工业总量达4573亿元,继续保持增长。汽车产业快速发展。规模以上汽车工业产值2082.6亿元,增长11.0%,汽车产量229.1万辆。规模以上汽车工业产值占全市规模以上工业总产值比重49.3%。战略性新兴产业规模以上工业总产值突破400亿元,占全市比重达到10%。县区园区较快发展,园区规模以上工业总产值2650亿元,增长10%,县区规模以上工业总产值2900亿元,增长9.3%,推动柳东新区申报国家产城融合示范区。企业加快发展壮大,上汽通用五菱汽车产量、销售收入分别迈上200万辆、900亿元台阶,基本完成由传统微车制造企业向家庭乘用车企业转型。柳钢钢材产量超过1300万吨,中高档钢材产量占比达到66%。全市产值亿元以上工业企业429家,规模以上工业企业数突破800家。

现代农业稳步发展。农林渔牧业总产值288.2亿元,增长4.2%。六大优势产业发展"四增一稳一降",其中水果、桑蚕、蔬菜、茶叶增长喜人,粮食稳中有增,蔗糖产业由于受国际市场糖价影响,出现下滑。着力推进现代特色农业示范区建设,共创建13个现代特色农业示范区,完成建设投资3.7亿元。着力抓好农产品加工流通,大力发展农村电子商务,60家农村网店投入使用。着力培育新型农业经营主体及新型职业农民,安排产业化资金960万元扶持新型农业经营主体发展。着力培育农业品牌,增强农产品市场竞争力。

现代服务业较快发展。全市服务业实现增加值828.6亿元,增长12.0%。召开全市服务业发展大会,出台《关于新常态下柳州市进一步加快现代服务业发展的若干意见》等系列文件、编制《广西柳州汽车城生产性服务业发展示范区规划》,策划实施服务业发展十大工程。服务业集聚区建设有序推进,柳州市鹧鸪江现代物流集聚区、柳州铁路物流园、柳州汽车城国际物流城等13个集聚区列入自治区服务业发展专项规划。现代物流水平不断提升,柳州医药现代物流配送中心(一期)、双英柳州国际物流产业园(一期)、重汽运力华乐物流园区建成运营。城市综合体建设加快,万达广场、风情港精品百货购物中心、梦之岛百货地王店等正式开业。"电商柳州"稳步实

施，螺蛳粉成为广西最热电商产品和最具影响力十大特产之一，全市电子商务交易额444.9亿元，增长31.5%。

(二)着力推动重大项目建设，投资支撑作用进一步增强

重大项目建设扎实推进。强化调度、狠抓落实，加快一批重大项目落地开工和竣工投产。自治区层面，上汽通用五菱宝骏二期、落久水利枢纽工程、中医院东院等23个项目实现开工，开工率100%，地王国际财富中心、柳邕农副产品市场搬迁项目一期、儿童医院一期等6个项目实现竣工，竣工率100%。市级层面，白沙大桥、广西(柳州)职业技能公共实训基地、柳州火车站站房扩建、“花园城市”三期等一批项目实现开工，上汽通用五菱SUV、玲珑轮胎子午线轮胎、窑埠古镇等一批项目实现竣工，为稳增长、促投资提供有力支撑。

投融资工作稳中有进。争取上级资金投入，累计获得中央预算内投资项目664个15.6亿元，获得国家专项建设基金项目33个21.74亿元；创新金融投资模式，落实浦发城市基金50亿元；开展重大项目筹资，农发行柳北片区新型城镇化项目获批贷款99亿元；推广政府和社会资本合作，出台《柳州市人民政府关于推广运用政府和社会资本合作模式的实施意见》，公布柳州市第一批政府和社会资本合作项目，莲花大道、官塘大桥等PPP项目落实了社会资本。预计2015年完成固定资产投资2048亿元，同比增长16%。123个政府性投资项目到位资金同比上升29.07%，再创历史新高。

(三)着力加强新型城镇化建设，城乡统筹呈现新格局

全面建设柳东新区。通过产业带动，聚集人气，形成产城融合的新格局，建成我市新型城镇化发展的先行区和示范区。重大项目支撑力度持续增强，华侨城、市医药物流中心、柳州港官塘作业区一期、柳州国家公路运输枢纽柳东物流中心等项目有序推进。现代工业体系初步形成，上汽通用五菱宝骏基地二期顺利投产，东风柳汽乘用车基地二期、商用车一期项目落地施工，新区整车制造产能超百万。基础设施建设持续推进，承载能力显著提升，12条主次干道建成通车，新区物流通道、内外交通网进一步打通。

着力提升城市功能。积极推进市政公用基础设施项目建设，加快城市品质升级。进一步完善城市主骨架路网，南外环路、西南出口道路跨铁路立交桥等项目竣工通车，促进了我市快速环路贯通；东环大道改造、柳石路改造、柳长路改造、燎原路大修等项目顺利完工，城市进出口道路环境得到极大提升；白沙大桥开工建设，环江滨水大道加快实施，城市沿江景观道路初见雏形。加快构建便捷的公交系统，城市轨道交通项目前期工作扎实开展，完成线网规划编制并上报自治区评审；慢行交通系统项目、公共自行车租赁项目顺利建设，累计建成自行车道100公里、公共租赁自行车网点265个，极大方便了市民出行。加强生态宜居环境建设，中缅天然气长输管线柳州接气工程顺利开工，屏山大道乘龙天桥段排水改造、广雅铁路桥下穿内涝治理工程实施完成，“花园城市”项目建设成效显著，逐步实现一街一景、四季花开，柳州石山登山步道项目顺利推进，我市宜居环境进一步提升。

统筹推进县域发展。积极统筹县域经济发展，通过以城带乡，城乡互动，促进县域经济稳步增长。柳江县全力破解开发建设难题，柳江新城建设取得实质性成效，新城道路框架显现。鹿寨县成功入选国家智慧城市试点，成为广西唯一入选的县份。柳城县工业产业调整加快，全县规模以上工业完成总产值81亿元，增长2.08%。融安县重点发展“一果、一木、一竹”，促进城乡居民增产增收。融水县紧紧围绕现代农业和新农村建设、工业化、城镇化、交通基础设施建设、创建广西特色旅游名县等重点工作，推动经济社会持续健康发展。三江县扎实推进特色县域经济转型升级，特色文化旅游持续发展，“千年侗寨·梦萦三江”旅游品牌形象显著提升，特色生态农业巩固提升。

稳妥推进新型城镇化。紧密围绕“多元化可持续的城镇化投融资机制”重点，扎实推进新型城镇化综合试点各项工作。印发《柳州市国家新型城镇化试点建设总体实施方案》、《柳州市国家新型城镇化综合试点2015年度工作要点》等文件，出台《柳州市金融支持稳增长23条的意见》、《关于全面推进深化农村金融改革强化金融服务“三农”发展的实施意见》等17个配套政策，政策基础不断夯实。沙塘镇、寨沙镇获批列入全国建制镇试点，柳江县列入国家县城投融资体制改革试点。

(四)着力深化改革扩大开放，内外发展环境不断改善

深化重点领域和关键环节改革。扎实推进“八个一”综合改革试点工作，推进审批制度改革，取消行政审批项目80项，调整18项，下放2项。成立市行政审批局，实现

"一枚印章管审批，一站式办理业务"。推进事业单位改革，完成2706个事业单位的分类工作。推进价格体制改革，取消44项收费，对小微企业免征42项全国性行政事业性收费，暂停征收25项涉企收费。有序开展公务用车制度改革，制定《柳州市公务用车制度改革工作方案》，启动机关事业单位公务用车改革。

进一步扩大对外开放合作。主动融入国家"一带一路"建设，形成建设"一带一路"有机衔接的重要门户重大项目库；继续抓好珠江—西江经济带发展战略实施，扎实推进合作项目、合作事项落实；积极参与粤桂黔高铁经济带交流合作，全力争取柳东新区成为粤桂黔高铁经济带合作实验区（广西园），加强与广东佛山市在产业、金融、旅游、文化等方面的合作；扎实推进我市参与大湄公河次区域发展。对外经济合作稳步提升，全市外贸进出口总额21.2亿美元。全市对外投资项目7个，中方投资额达2.37亿美元，增长28.85%，其中，上汽通用五菱在印尼投资25.52亿元建设年产12万辆汽车整车及零部件生产基地，是全区最大的海外投资项目；招商引资工作有序推进，引进市外境内到位资金（含续建项目）710.35亿元，增长15.25%，实施项目数849个，合作金额2460.14亿元。

（五）着力促进绿色发展，城乡环境质量持续提升

节能任务超额完成。全年单位GDP能耗下降6.6%，"十二五"期累计下降25.06%，超额完成自治区下达19%的目标。化学需氧量、二氧化硫、氮氧化物三项指标完成自治区下达的总体目标任务。淘汰落后产能工作成效显著，"十二五"期，全市已完成淘汰落后水泥产能271.1万吨、落后造纸产能3.6万吨、落后钢铁产能15万吨、落后铁合金产能2万吨，工业结构进一步优化。抓好重金属污染防治工程建设，重点实施广西柳州汽车城电镀工业园（一期）基础设施配套建设。加快推进项目前期工作，城郊污水收集系统工程、柳东新区官塘片区污水处理厂工程建设加快推进。

大力发展循环经济。申报国家循环经济示范城市顺利获得国家发改委入围公示，有序推进资源综合利用"双百工程"基地、广西鹿寨经济开发区循环化改造示范试点建设。工业绿色循环化取得新进展，柳工通过国家工信部再制造试点单位验收，凤塘柳城糖厂、凤塘融安制糖企业获得自治区循环经济先进单位，实现我市制糖企业循环经济先进单位零的突破。

环境质量稳步提升。开展"百日大会战"、燃煤锅炉整治、露天烧烤专项整治、建设扬尘治理、淘汰落后制砖企业、秸秆禁烧等一系列大气污染防治综合整治工作，空气质量优良率达到80.9%，市区空气环境质量得到明显改善。贯彻落实国务院"水十条"行动计划，地表水和饮用水源地水质基本达到Ⅲ类水质要求，穿山镇、沙埔镇等9个乡镇污水处理厂及管网项目基本建设完成。加强重金属污染防治，推动融水县九谋、101矿区采选矿废渣、废水综合治理国家规划项目的验收，电镀工业园项目已开工建设。

（六）着力改善民生和发展社会事业，社会建设取得显著成果

精准扶贫成绩显著。全面开展贫困户贫困村精准识别工作，全部完成239753户入户评分识别并导入系统。全力开展扶贫移民搬迁工作，启动31个扶贫移民搬迁项目，整合落实各类资金1.8亿元用于建设扶贫移民搬迁项目，惠及人数达1.2万人以上。加大基础设施建设投入，修建村屯级道路228条共340公里。因地制宜发展特色产业，在全市183个贫困村扶持农户发展毛竹、茶叶等产业项目共4万亩，抓好市级6个产业扶贫示范基地建设，在61个贫困村实施"生态乡村？村屯绿化"项目。实施精准扶贫，出台精准扶贫"1+7"文件，全市农村减少贫困人口5万人。

社会保障水平持续提高。养老服务体系逐步完善，柳州市白云颐养中心、城中区河东老人公寓和柳州市老年活动中心等项目进展顺利，一批居家养老服务站、日间照料中心、农村幸福院等项目有序推进。社会救助能力不断提高，出台《柳州市城乡居民临时救助实施办法》，市区城市和农村最低生活保障标准分别提高到5760元／人、年、3000元／人、年。残疾人保障体系逐步完善，柳州市残疾人康复托养功能设施建设持续推进，三江县残疾人托养中心基本建成，融水县残疾人托养中心项目加快建设。加快健全城乡基本医保体系，城镇职工医保、城镇居民医保参保率稳定在95%以上，新农合的参合率超过99%，基本实现基本医疗保险对城乡居民的全覆盖。保障房建设顺利推进，实物建房新开工15193套，开工率100.1%；基本建成12014套，建成率100.1%。

社会事业不断进步。优先发展教育事业，全力推进"三年攻坚"项目，86项工程已竣工59项，其余在建项目正加快实施，项目实施完成后增加中小学学位69530个，有效缓解义务教育学生读书难的问题。农村学校基本建设稳步推进，完成2015年为民办实事推进42个农村中小学运动场项目建设；推进职教项目，铁职院新建学生宿舍及实训楼、城职院学生食堂及后勤楼项目竣工投入使用。协调推进卫生基础设施项目建设，全市7个重大工程中已有6个工程开工建设，预计累计完成投资达到6.55亿元。加快文化事业发展，不断完善文化基础设施，完善提升市区内文化设施，推进柳州白莲洞古人类遗址博物馆综合陈列楼及洞穴展示区工程、柳东文化广场等文化设施建设。注重农村的文化娱乐需求，建成84个村级公共服务中心建设、19个无线覆盖站点，为偏远地区188个村建设有线电视联网，逐步实施完成广播电视节目无线覆盖；加强历史文化名城保护工作，推进实施东门周边、曙光西路、太平西街历史文化街区保护与改造提升工程，实施柳州旧机场遗址保护、三江侗族自治县抢救性文物保护建设项目。加快旅游体育项目建设，提升旅游基础设施，启动建设百里柳江游客中心，建设完成水上运动基地一期工程、柳江河5处水上人造沙滩项目；成功举办2015年水上运动极速大赛、亚洲水上摩托公开赛等重大体育赛事，推动百里柳江旅游发展；支持各县发展旅游产业，重点推进三江县、融水县创建特色旅游名县项目建设。提升体育公共服务功能，抓好全民健身系列活动的开展，逐步推进市属体育场馆和学校体育设施对社会开放工作；积极谋划推进柳州市体育产业项目，推动李宁体育社区、柳州体育中心体育CBD、户外运动产业基地、广西路虎体验中心等项目建设。

在充分肯定成绩的同时，也要清醒认识到经济社会发展中存在的矛盾和问题，主要是：部分经济指标增幅出现回落；产业结构的矛盾进一步凸显，产业新增长点不多；原有的增长动力减弱，新的增长动力动能不足；县域经济整体实力不强，发展不足、不快、不优的问题仍较突出；财政收支压力加大，政策约束下融资难度加大；土地、人力、节能环保等要素承载能力面临瓶颈制约；一些重点领域和关键环节改革进展不平衡。针对这些问题，必须高度重视，采取切实措施，认真加以解决。

二、“十二五”国民经济和社会发展规划实施情况回顾

“十二五”时期，柳州大力实施“实业兴市，开放强柳”战略，全面加快“经济升级、城市转型”步伐，经济社会发展取得重大成就，为“十三五”时期发展打下了良好基础。

综合实力明显提升。“十二五”期间，地区生产总值总量和财政收入稳步增长，2015年全市生产总值达到2311亿元，年均增长9.8%。财政收入达到343.81亿元，年均增长11.3%。工业发展继续领跑全区，2015年实现全部工业总产值4573亿元，年均增长11.7%。固定资产投资达到2048亿元，年均增长21.8%。社会消费品零售总额将达到940亿元，年均增长14.4%，柳州在广西的战略地位进一步提升。

实体经济稳步发展。充分发挥实业引擎作用，着力在传统产业优化升级、新兴产业创新发展中推动产业集聚、要素集聚和人口集聚，全面提升城市辐射力和影响力。一是工业结构调整有新进展。汽车产业持续快速发展，2015年全市规模以上汽车工业产值2082.6亿元，比2010年增长60.1%。产业集聚水平不断提升，园区规模以上工业总产值2650亿元，比2010年增长了214.1%。二是现代农业实现新发展。加大强农惠农富农力度，加快农业转方式、调结构、强基础，农林牧渔业总产值288.2亿元，增长4.2%，比2010年增长26.3%。三是第三产业释放新活力。加快推进现代服务业十大工程和服务业集聚区建设，积极推动服务业创新发展，全市服务业实现增加值828.6亿元，年均增长10.4%，第三产业增加值占GDP比重由2010年的27.82%提升到2015年的35.85%。

科技创新能力增强。坚持创新驱动，科技创新成为推进产业调整升级和发展方式转变的重要支撑。先进制造业、高技术制造业增加值占规模以上工业增加值比重分别达到43.8%、23.4%，战略性新兴产业增加值占GDP比重达到7%。全市拥有高新技术企业145家，大型企业自动化应用率达87%，规模以上企业实现管理信息化达60%。柳东新区、阳和工业新区等一批产业园区正在壮大，柳州高新区特色园区通过国家科技部评审。

基础建设取得突破。拓展对外交通取得重大突破，湘桂铁路柳州至南宁段电气化改造工程加快推进，柳武高速公路建成通车，三江至柳州等4条高速公路建设稳步推进，桂柳和柳南高速公路改扩建开始实施。柳州机场改扩建有序开展。积极创建公交都市示范城市，开通运营城市快速公交系统（BRT）、水上公交、公共自行车租赁系统，建设休闲步行、自行车等慢行交通系统，推进绿道

工程规划建设，深受市民欢迎。智慧城市建设初见成效，电子政务云服务平台正式上线，市民卡工程全面覆盖政务服务、公用事业、小额支付、金融服务多个领域，完成了2155个公共领域免费WiFi接入点建设，我市成为广西首个无线网络城市。城市基础设施更加完善，新区建设、旧城改造和城中村改造同步推进，我市成为国家新型城镇化综合试点城市，城镇化率由2010年的55.1%提升到62%左右。市区建成区面积由“十二五”初期的135.06平方公里扩增到183.92平方公里。

城乡统筹协调发展。打造“一小时经济圈”、“两小时经济带”，以城带乡、以工促农的城乡一体化进程不断加快，县域产业基础不断夯实，农村生产、农民生活条件明显改善。“十二五”期农田水利、农村公路建设累计完成投资10.44亿元和25.11亿元，分别是“十一五”的3.6倍和2倍，解决了89.7万农村人口饮水安全问题，落久水利枢纽工程正式动工，洋溪水利枢纽工程前期工作加快推进；建设农村公路2793公里，新增277个行政村通沥青(水泥)路，农村公路网主骨架基本建成；累计落实全市183个贫困村整村推进扶贫开发资金19.73亿元，实现减贫31.8万人；石漠化片区治理实现了环境保护与扶贫开发双赢。

生态环境持续优化。生态环境质量总体保持稳定，全市森林覆盖率由2010年的63.2%提升到64.9%，城市建成区绿化覆盖率由40.37%提升到43.19%，人均公共绿地由10.13平方米提升到12平方米。柳江河饮用水保护河段保持国家地表水Ⅲ类标准，市区空气二氧化硫、二氧化氮年均值稳定达到国家二级标准。扎实推进生态文明示范区建设，大力发展绿色经济、循环经济、低碳经济，真正把我市的生态优势转化为产业优势、经济优势和发展优势。“清洁乡村”“生态乡村”活动成果丰硕，村容村貌进一步改善，人居环境进一步提升，“山清水秀生态美”品牌进一步巩固，走出一条经济发展、生活改善、环境优化、品质提高的新路。

改革开放不断深化。新型城镇化综合改革试点扎实开展，建立PPP项目储备库并逐步向社会发布。深化金融改革发展取得良好成效，年内新增上市企业、新增金融机构各5家，全市上市企业达16家、金融机构达82家。农村综合改革成效明显，农村土地承包经营权确权登记试点工作有序推进，全市农户家庭承包土地经营权流转面积50万亩，占家庭承包耕地总面积的20%，增长11.1%。统筹推进文化、教育、卫生、国有企业、财税、生态文明等领域改革。全面启动“八个一”综合改革试点工作，在广西率先成立市行政审批局。对外经济合作快速发展，外贸出口降幅逐步趋缓。上汽通用五菱、柳工等企业加快在国内外设立生产基地。对外投资位居广西第一，国家汽车及零部件出口基地出口增幅在全国排名第一。“十二五”期共引进市外境内到位资金2832亿元，实际利用外资18亿美元，分别是“十一五”的2.2倍和2.6倍。

民生事业显著进步。坚持以人为本，民生领域投入不断加大。通过实施为民办实事项目，为民办实事的长效机制初步建立。教育、医疗卫生、人口计生、文化体育、公共交通、社会保障等公共服务实现跨越式发展。义务教育巩固率97%，高中阶段教育毛入学率达到92%。社会发展综合水平位居广西前列。保障性安居工程深入推进，重点实施改制企业职工危旧房集中区改造工程，累计投入105亿元，惠及全市97家改制企业和13000多户职工家庭，圆了困难企业职工的安居梦，在全国得到了广泛认可。城镇居民人均可支配收入29362元，年均增长10.6%；农民人均纯收入9553元，年均增长14.1%。

文化生活丰富多彩。“文化建设十大工程”基本完成，工业博物馆成为文化新地标，文化创意产业园等产业项目加快建设。柳州奇石节、国际水上狂欢节、世界水上极速运动大赛等已成为国内外有影响力的柳州特色文化品牌。公共文化服务体系日趋完善，村级公共服务中心、社区文化活动中心覆盖率已达47.6%和69%，实现了全市乡镇综合文化站、农家书屋、社区书屋的全覆盖。完成188个行政村有线电视联网，解决了边远山区37万群众看电视难的问题。

社会保持稳定和谐。深入推进“平安柳州”建设，不断完善四级协调联动的综治信访维稳网络。应急管理、突发公共事件处置能力进一步提升。强化公共安全，狠抓安全生产和食品药品安全监管，道路交通、火灾事故损失逐年下降。巩固深化双拥共建成果，连续七年获得“全国双拥模范城”称号。民主法制全面加强，公民有序政治参与扩大。法治政府全面推进，政务环境不断优化。

三、2016年国民经济和社会发展的主要预期目标

2016年是“十三五”的开局之年，更是全面深化改革的关键之年，做好全市经济工作意义十分重大。科学安

排2016年我市发展目标,应充分考虑国内外环境和各方面条件,并与我市"十三五"规划目标任务紧密衔接。综观国内外发展环境和条件,世界经济复苏弱于预期,并呈现分化调整态势;国内经济增长步入新常态,全面深化改革进入攻坚期;宏观经济环境仍然偏紧,不确定不稳定因素较多,支撑发展的各种要素制约进一步强化。我市经济既面临着下行压力,又蕴含着历史机遇,全年经济社会发展任务十分繁重。

面对新常态,我们不仅要正视困难和挑战,更要把握历史机遇和有利条件,必须深刻把握外部环境发生的趋势性变化,清醒认识自身发展的阶段性特征,坚持适应新常态、把握新常态、引领新常态,顺势而为、主动作为,谋求更持久的发展动力,努力实现质量、效益、可持续的发展。2015年,在非常困难的环境下,我市部分经济指标下滑明显,但经济总体向好的基本面没有改变,实体经济发展平稳,民生保障等财政支出继续保持较快增长,多年来社会事业发展和产业结构调整取得阶段性成果,为经济社会协调发展奠定了基础,我市仍处于新型工业化、新型城镇化、信息化、农业现代化快速发展阶段,发展潜力和空间较大。我市作为西江经济带的龙头城市,获批成为国家循环经济试点城市,必将推进我市产业升级转型;纳入国家新型城镇化综合试点,必将开创我市城镇化建设新局面;创建粤桂黔高铁经济带试验区,为我市开展改革创新试点、加强国内经济合作搭建了良好平台;建设产城融合示范区,必将助推我市保持区域竞争新优势。

2016年全市经济社会发展的主要预期目标为:地区生产总值增长7.6%以上;规模以上工业增加值增长6.5%,固定资产投资增长14%,财政收入增长7%,社会消费品零售总额增长10%,城镇居民人均可支配收入增长10%,农民人均纯收入增长11%。

下面,重点就地区生产总值、固定资产投资、规模以上工业增加值和财政收入4项指标进行说明:

关于2016年地区生产总值增长预期目标按7.6%以上安排,主要考虑到:一是充分考虑了2016年更加严峻的形势和经济下行的压力,充分考虑了增量和存量的新增因素,充分挖掘了各方面的增长潜能,同时,又是为了坚定发展的信心和动力,确保柳州的战略地位。二是与"十三五"规划目标衔接,柳州市"十三五"经济增长目标按8%左右考虑,2016年的目标与此对接。三是与全面建成小康社会目标衔接,据测算,要实现2020年GDP比2010年翻一番,今后五年我市需年均增长5%。但为了在全区率先全面建成小康社会,我市年度经济增长目标理应更高一些。四是与自治区目标相衔接,2016年自治区经济增长的目标定为7.5%—8%,把我市目标定为7.6%以上,这既是柳州自身发展的需要,也是自治区对柳州打造西江经济带龙头城市寄予的希望。五是资源环境约束增强,"十三五"国家将进一步加强环境保护,对各地节能减排、资源节约利用、能源消费总量控制等提出新要求,再加上严峻复杂的国内外环境,2016年我市要实现7.6%的经济增长目标仍需付出艰苦努力。

关于2016年固定资产投资增长预期目标按14%安排,主要考虑到:为充分发挥投资对稳增长的关键性作用,2016年柳州市需要继续保持一定投资规模,并进一步向重大基础设施、先进制造业、现代服务业、"三农"、科技创新、节能环保、社会事业等关键领域和薄弱环节倾斜。2016年投资增长目标比2015年实际增速低一些,主要是考虑到经济下行压力对项目支撑力度减弱。从基本建设投资看,国家稳增长政策持续推进,基建项目开工准备较为充分;金融环境较为宽松,政策性银行及各金融机构的资金供应增加,预计2016年基本建设项目投资仍将延续2015年下半年以来的高速增长势头,保持21%左右的增长,投资占比约32%。从更新改造投资看,由于2015年以来经济下行压力不断增大,企业投资积极性趋缓,更新改造投资从2015年一季度30%以上的高速增长一路下滑到年底约10%的中低速增长,预计2016年更新改造项目增长在14%左右,投资占比约55%。从房地产投资看,2015年房地产投资为10%以上的负增长,预计2016年房地产投资负增长5%左右。

关于2016年规模以上工业增加值增长预期目标按6.5%安排,主要考虑到:当前,全市工业经济发展正面临产业结构转型升级的关键时期。短期内,依靠汽车、钢铁、机械三大传统支柱产业拉动工业发展的局面不会改观。汽车行业:经过几年时间的高速增长,汽车行业发展将进入中低速发展阶段。从我市重点企业看,上汽通用五菱产值预计1000亿元,增长11%,柳汽产值预计190亿元,下降5%。预计汽车行业产值增速在8%左右。钢铁行业:钢材需求增长缓慢,产能过剩矛盾突出,钢价已跌至30年来最低点,全行业生产经营困难长期存在,未来一段时间将保持下行态势。柳钢预计产值428亿元,下降9.5%,预计钢铁行业产值下降7%左右。机械行业:受基础设施建设以及房地产、矿山等实际有效投资不足等影响,主要工程机械产品行业销量大多回落至十年前水平,未来一段时间增速将继续下降,但降幅有可能减缓。柳工集团预计产值100亿元,下降2%,预计机械行业下降5%。

关于2016年财政收入增长预期目标按7%安排,主要考虑到:由于经济下行以及"营改增"、中小微企业税费优惠政策等减收因素,财政收入增长的压力加大,全市财政收入增长主要依靠六户重点税源企业拉动,受宏观经济形势影响大,在重点行业税收回落较大,实体经济企业税收后续增长乏力。税收增长的结构性矛盾突出,我市税收结构中,消费税、增值税和企业所得税等占比较高,上划收入占比高于一般公共预算收入,制约地方财力增长。此外,随着收入体量不断增大,实现增长难度也较以往明显加大。与此同时,财政支出压力增大,民生事业对财政需求较高,落实稳增长、调结构、促改革、惠民生、防风险的各项决策部署,加快重大基础设施建设、精准扶贫、农村低保、医疗救助等刚性支出需求较多,全市财政收支形势更加严峻。此外,地方政府债务规模较大,防范和化解财政风险任务艰巨。

四、2016年国民经济和社会发展主要任务

做好2016年的经济和社会发展工作,总的要全面贯穿创新、协调、绿色、开放、共享发展理念,抓好中央、自治区和市委、市政府各项决策部署落实,努力实现"十三五"开门红。重点做好以下工作:

(一)大力开展实体经济发展年活动,加快推进产业结构转型升级

以推进产城融合示范区建设为抓手,强化创新驱动,优化提升产业结构和发展层次,推动产业结构向中高端迈进。

增强自主创新能力。把增强企业自主创新能力作为转变经济发展方式的重要支撑,完善以企业技术中心能力建设为核心的创新能力体系,着力培育一批市级、自治区级企业技术中心,持续推进有条件的技术中心向国家级企业技术中心升级。完善以科技成果产业化为主的技术创新项目体系建设,重点支持上汽通用五菱GP60多功能SUV、东风柳汽F500/F500L公商务兼用MPV、柳钢冷轧汽车用钢等一批技术创新项目建设。完善以技术创新服务平台为核心的公共服务体系建设,继续推动广西汽车集团汽车创新试验室、国家汽车质量监督检验中心(柳州)及国家进出口汽车检测重点实验室(柳州)建设。2016年,组织实施技术创新项目150项以上;力争新增国家级高新科技企业10家,新增自治区工程技术中心2家。

稳步推进工业提质升级。改造提升工程机械、汽车、钢铁等传统优势制造业,着力发展和推动自主创新、自主品牌的先进制造业,全面增强市场竞争力。重点推进实施柳东商用车基地搬迁技术改造、宝骏二期整车产能建设、柳工总装厂装配线改造等一批重大项目。培育新兴产业规模发展,重点发展壮大高端装备制造、新能源、新能源汽车、节能环保、新材料等战略性新兴产业。重点推进智能工业机器人工厂、中小型纯电动商用车产业化技术攻关、三江协合八江风电场等一批项目。加速工业园区建设,推动产城融合发展,不断提升工业园区的发展质量和综合竞争力。以广西柳州汽车城为依托,加快汽车龙头企业集聚,把柳东新区打造成为产城融合的典范。

扎实推进现代农业发展。进一步引导农业产业结构调整,推动农业规模化、标准化、专业化、机械化发展,应用现代化管理模式大力发展现代水果产业、现代桑蚕产业、甘蔗产业,稳定粮食、蔬菜、茶叶生产。加快实施现代特色农业示范工程,以示范区引领带动现代农业发展,提升示范区功能定位,争取3个以上示范区通过自治区级验收。进一步加强市、县、乡三级农产品质量安全监控体系建设,重点加强生产基地农产品的检测和监管。加快培育一批管理规范、运作良好,示范效果好、成长潜力大、带动增收好的农业龙头企业,重点扶持一批产品有特色、生产有规模、管理有档次、运营有效益的家庭农场。推广"互联网+农业"模式,加快市、县两级农村电子商务服务中心建设,推动新型农村电子商务发展。

提速发展现代服务业。以实施"服务业发展十大工程"为抓手,策划西南(柳州)大宗工业品物流中心、柳州快递物流园、柳州冷链物流园等一批重点项目,推进国家汽车质量监督检验中心(柳州)、广西新柳邕农产品批发市场(二期)、柳南万达广场等一批项目建设。探索设立服务业发展引导基金,利用和争取服务业引导专项资金,为服务业发展提供资金扶持。以推进现代服务业集聚区

建设为抓手,推进我市列入《广西现代服务业集聚区发展规划(2015—2020年)》的柳州汽车研发检测集聚区、柳州市鹧鸪江现代物流聚集区、柳州工业设计产业园等13个现代服务业集聚区建设,支持各类服务业集聚区开展研发设计、科技创新、展示交易,积极推动上下游产业配套,推动相关产业融合发展,进一步完善项目推进机制,继续强化改进土地、资金等要素保障工作。推动各县区、开发区建设具有区域特色的集聚区,力争每个县区、开发区至少有一个在建现代服务业集聚区。

(二)大力开展重大项目建设年活动,全力扩大有效投入

以推进重大项目建设为抓手,形成连接不断、滚动实施、梯次推进的储备机制和良性循环,带动有效投资持续稳定增长,为发展增强后劲。

全面统筹投融资工作。抓住当前我市列入国家新型城镇化试点城市以及国家大力促进稳增长、促投资的机遇,全力筹措项目建设资金,为重大项目建设提供坚实保障。2016年争取落实中央预算内专项资金10亿元,争取中央专项建设基金40亿元,落实PPP项目投资14亿元,发行企业债、公司债、中票等各类型债券60亿元,落实新型城镇化项目贷款75亿元,落实各类城镇化基金投入50亿元。

大力实施项目推进战略,通过抓好"自治区层面、自治区领导联系推进重大项目、西江经济带基础设施建设大会战项目、市级层面项目、市领导联系推进重大项目"等五个方面重大项目的责任落实,发挥重大项目对经济增长的支撑作用。2016年我市实施重大项目458项,总投资3946.4亿元,年度计划投资666亿元,同比增长27.8%。其中新开工项目177项,计划投资208.2亿元;续建项目197项,计划投资327.1亿元;竣工项目84项,计划投资130.7亿元。

切实做好项目谋划与储备,研究对接国家、自治区重点投向,根据"十三五"规划纲要的思路,积极争取一批重大项目进入国家、自治区相关规划。瞄准国家"一带一路"、珠江-西江经济带建设等战略部署,紧扣西江经济带龙头城市建设,突出产业转型、创新发展,进一步做深做细做透项目前期工作,着力谋划一批带动力强、事关柳州发展全局的重大项目,不断充实"十三五"项目储备库。

强化项目综合协调机制,继续加大项目资金、用地、审批等方面的协调力度,强化项目建设各项要素保障。提升重大项目协调水平,通过加强部门协调配合、强化系统上下联动,对重大项目推进过程中存在前期审批、资金筹措、征地拆迁等重点难点问题,给予优先解决优先支持,促进项目早落地早发挥效益,为"十三五"顺利开局做好保障。

(三)加快基础设施建设,构建功能完善的现代化基础设施体系

以建设国内区域性综合交通运输枢纽城市为抓手,进一步完善城市功能,加快形成功能配套、安全高效的基础设施体系。

建设国内区域性综合交通运输枢纽城市。全面推进公路、铁路、水运、航空全方位和立体化的交通体系建设,进一步改善城市对外交通条件,着力将柳州市打造成为西南物流枢纽中心。尽快开工建设柳州火车站西广场及红岩路道路改造项目。加快推进三江至柳州、柳州至梧州等在建高速公路建设,推动雒容至东泉公路、柳东综合交通枢纽等项目开工。加快柳州站站房扩建工程、柳州东站还建工程项目建设,积极推进柳州至梧州铁路等项目前期工作,争取柳州至韶关铁路纳入国家规划。配合协调红花枢纽二线船闸项目前期工作。加快柳州白莲机场航站楼及配套设施扩建工程项目建设,推进民航新机场选址工作,积极推进通用航空机场建设。

提高城市基础设施承载能力。优化城市交通布局,实施城市交通畅通工程,推进城市进出口道路及交通干线互联互通,加强城市组团交通联系,加快官塘大桥、莲花大道、五岔路口改造工程等一批项目的建设,继续实施"一江两岸"沿江道路工程,推进新柳大道、古亭大道等道路改造工程。优先发展公共交通,提高公交出行的便捷性和舒适性,继续深入创建国家公交都市示范城市,加快推进城市轨道交通、公共自行车三期、公交停保场等项目。进一步加强市政公共基础设施建设力度,积极完善市政路网、供电、供气、给排水、城市照明等基础设施体系。优化投资环境,完善开发园区基础设施建设规划,更好地满足园区可持续发展的需求。

加快推进能源项目实施。改善柳州市用能结构,积极推进天然气入柳主干管道和天然气接收站建设,大力推进中石化液化(LNG)天然气、中缅线长输管道天然气主城区接气工程和柳北片区焦炉煤气置换天然气等项目建设，提速公交场站、出租车综合服务站、天然气加气站等项目建设。加大电网建设工作力度，提升电网信息化、自动化、互动化水平，实现“主网、配网、农网”协调发展，推进沙塘-杨柳220kV双回线路改造、220kV野扩变电站扩建等工程，实现鹿寨“上大压小”热电联产一期并网发电，稳步推进新能源和可再生能源电站建设，大力推广光伏发电。

（四）积极稳妥推进新型城镇化建设，统筹城乡协调发展

以推进国家新型城镇化试点建设为抓手，积极探索城镇化投融资新体制，加快中心城区与周边区域融合发展，促进城乡统筹发展。

扎实推进新型城镇化试点建设。推进城镇化投融资体制改革，设立城市发展基金，把城市发展基金作为未来城镇化建设资金的主要来源和引领城市发展的资金平台，加快PPP项目的推进落实和新项目策划，尽快实现一批养老、幼儿园、卫生服务中心PPP项目落地。加快户籍制度改革，有序推进农业转移人口市民化。改革完善土地承包经营权流转制度，促进农业生产向集约化转型，发展土地适度规模经营，支持土地向种养大户、家庭农场、农民合作社和农业龙头企业等新型农业经营主体转移。推进城市管理体制机制创新，加大财政和用地等方面要素扶持。

统筹推进城市东进北融南拓。提升新区综合承载力，拓展城市发展新空间，加快中心城区与周边区域融合发展，按照城市管理一体化、基础设施一体化、产业布局一体化的总体思路，发挥地理区位优势，合理配置资源。推进建设广西柳州汽车城，统筹推进沙塘、东泉、柳城华侨农场等市区北部区域乡镇围合成的“北部生态新城”的规划和建设，以柳州机场为依托建设空港经济区，打造柳州市新的现代化组团，建设内陆开放型经济战略高地的重要引擎。

推进形成“一圈一带”发展格局。根据地理条件、资源禀赋、经济基础和发展潜力等要素，构建“一圈一带”的城乡统筹发展格局。打造柳州现代都市经济圈，大力推动柳江、鹿寨、柳城与中心城市产业无缝对接，积极融入市区产业链发展，因地制宜发展配套工业、现代物流和都市型农业。打造三柳高速生态经济带，遵循广西主体功能区规划定位，柳城、融安、融水、三江坚持以保护和修复生态环境、提供生态产品作为首要任务，大力发展特色农副产品生产及加工等“绿色”产业，因地制宜发展民族风情特色旅游业。

大力促进城乡经济联动发展。围绕统筹城乡发展原则，推进县域经济联动发展。柳江以推进“柳江新城”为重点，抓好毅德商贸城、启迪科技城等项目建设，促进服务业集聚集群发展和产业提档升级。鹿寨县以实施智慧城市建设为抓手，进一步完善基础设施配套，着力建设智慧政府、智慧民生、智慧产业。柳城县重点推进沙埔与沙塘、石碑坪的融合发展，加快鸡公山至柳城一级公路等一批项目建设。融安县以建设柳州次中心城市为着力点，拉大城市框架，加快绕城公路、融江北路改扩建工程和河堤路项目建设。融水县加快水东新城建设，加快融水二桥城南大道、苗都大道、北环公路等全面联接贯通。三江县坚持“特色立城”理念，借助高铁发展旅游经济，结合侗族特色元素，推动中国侗族博物馆、龙吉风雨桥、三江高铁站旅游集散中心等一批个性鲜明的项目建设。

（五）全面提升改革开放水平，激活发展的活力和动力

以深入推进“八个一”综合试点改革为抓手，着眼解决发展中的突出问题，深入推进经济体制等重点领域改革，不断释放改革的活力和动力。以建设粤桂黔高铁经济带试验区为抓手，抢抓建设珠江-西江经济带重大历史机遇，全面提升我市在区域发展中的战略地位，努力开创开放合作新格局。

有序推进重点领域改革。深化行政审批制度改革，继续优化完善行政审批机制。深化工商登记制度改革，推行“先照后证”改革工作。深化国资国企改革，完善国有资产管理体制。整合建立统一规范的公共资源交易平台。深化投融资体制改革，重点推广政府与社会资本合作（PPP）模式。深化财税体制、科技体制、农村金融、土地管理、公务用车等重点领域的体制改革。加强信用体系建设，健全社会信用体系制度，建立全市统一的信用信息共享平台。

深化国内区域合作。主动参与国家“一带一路”建设，深化以东盟为重点的国际区域合作，加快推动珠江-西江经济带发展等全方位、宽领域的多区域合作，积极推动粤桂黔高铁经济带广西园（柳东新区）建设，充分发挥柳州市产业和中心城市的综合优势，打造柳来河产业互动城市圈，实现以开放促转型、以开放促发展。

进一步扩大对外贸易。以产业链招商、园区招商和特色产业招商为重点,突出抓好重大项目、主导产业的招大引强,为未来区域间经济互动奠定更加坚实的基础。加大与东盟、中亚等地区的对外贸易和经济合作往来,组织参加各类贸易展会,扩大我市与东盟、中亚等地区的贸易份额。推进上汽通用五菱印尼整车项目及零部件产业园建设。

(六)坚持不懈推进生态文明建设,不断改善生态环境

以推进国家循环经济示范城市建设为抓手,坚持标本兼治、多管齐下,大力推进绿色发展,进一步加大节能减排和环境污染治理,推动资源环境和经济社会协调发展。

坚持不懈地推进节能降耗。严格环境准入和产业淘汰制度,建立完善环境保护目标责任制和责任追究制度;健全环境检测网络,建立完善环境污染事故应急预警系统。突出抓好重点工程和重点领域节能减排,禁止在城市规划区内新建造成污染的企业。进一步加快节能环保产业发展,继续开展节能技术研发和产业化示范工程、节能产品惠民工程等重点工程建设,积极申报国家节能减排财政配套改革试点城市。

健全完善循环产业链。在汽车、工程机械、冶金、制糖等重点行业,继续通过政策扶持,引进和培养科技含量高、规模效益好、产业关联度强的企业,延伸产业链条,构建循环产业链。加快发展以新材料、光机电一体化、汽车电子为主的高技术产业,推动节能环保、新能源、资源综合利用等相关产业发展。探索现代农业循环产业链和工农复合循环产业链。以柳东新区、阳和工业新区、鹿寨经济开发区等为重点,加快园区循环化产业链构建和园区循环化改造力度,力争使柳北循环经济产业园升格为自治区级循环产业园,形成企业(产业)之间的循环利用产业链,构建循环产业发展体系。

加强环境保护和生态建设。全面推进生态文明建设,促进人口、资源、环境协调发展,扎实推进国家环境保护模范城市创建工作。加强区域环境整治联防联控,进一步改善环境空气质量,强力推进大气污染防治行动计划,实施柳南区、柳北区大气污染综合防治工程。保护和改善水环境质量,启动污水厂提标工程和柳江市区河段污染源治理工程,打造柳东低碳生态城、海绵城市。规划建设静脉工业园和农村污水垃圾工程,进一步加快推进乡镇污水处理设施、白沙污水处理厂(二期)、龙泉山污水处理厂(三期)、立冲沟垃圾无害化处理二期、电镀工业园一期等项目建设。

(七)大力开展精准脱贫推进年活动,切实保障和改善民生

以开展精准脱贫推进年活动为抓手,以推进基本公共服务均等化为导向,把改善民生与增强经济动力、社会活力结合起来,按照守住底线、突出重点、完善制度、引导舆论的要求,保障改善民生,促进社会事业健康发展。

着力抓好精准脱贫和扶贫移民搬迁。扎实有序推进扶贫移民搬迁、基础设施建设项目,加快移民集中安置点特别是示范点建设。研究扶贫移民搬迁惠农政策衔接配套,后续产业就业扶持等问题。加大争取各类资金对贫困村及贫困人口的扶持力度。抓住国家不断加大对扶贫攻坚工作力度的有利契机,在做好精准识别的基础上,用足用活国家、自治区扶持贫困县发展政策,实施扶贫移民搬迁,帮助贫困群众脱贫增收。

全面发展教育事业。统筹发展各级各类教育,进一步增加基础教育学位,推进中职、高职及高等院校改扩建项目实施。加快学前教育公建民营的体制改革,加快推进河东幼儿园等一批学前教育项目建设;全面完成义务教育"三年攻坚"86个新建、改扩建中小学项目;进一步推进义务教育均衡布局和发展,新建马鹿山中学等9所中小学,加快发展优质普通高中,推进市一中迁建、铁一中柳东校区项目,实施原铁职院和平路校区、城职院鹧鸪江校区改建普通高中项目。加快农村地区学前教育基础设施建设,推进义务教育学校标准化建设,建立教育质量监测制度,继续抓好校舍安全工程建设。大力发展职业教育,加快推进广西(柳州)职业技能公共实训基地、广西科技大学(柳东校区)、柳州职业教育集中办学区二期项目建设。积极谋划更高层次专业本科院校,谋划柳州工学院、李宁体育学院,努力提升我市高水平本科院校建设工作。

提升发展医疗卫生计生事业。推进健康城市建设,打造国家卫生城市升级版。深化医药卫生体制改革,加快城市公立医院改革,探索实施我市药品带量采购,探索建立医疗联合体机制建设,健全分级诊疗制度,引导患者有序就医。完善公共卫生服务体系,促进公共卫生服务均等化。促进中医药发展。稳步推进医疗卫生基础设施建设,推进中医院东院二期、潭中人民医院河西综合楼、工人医院骨科医院、工人医院西院门诊住院综合楼、柳州市疾控中心等重大项目建设；确保儿童医院2016年竣工投入使用；积极引导社会资本举办医疗机构，加快推进民营航二路综合医院项目建设。稳妥实施一对夫妇可以生育两个孩子政策，促进人口健康均衡发展。大力打造“柳州市健康云”，建立互联互通的市级人口健康区域信息平台，实现人口信息、居民电子健康档案、电子病历整合共享。逐步推进远程医疗和居民健康卡建设及应用。

加快文化体育旅游融合发展。加快完善公共文化服务体系，新建一批村级公共服务中心、无线发射基站、有线电视联网等基础设施。尽快开放白莲洞洞穴科学博物馆。加快柳东新区文化广场、柳州空压机厂旧址建设文化创意园、柳州艺术创作生产基地等重点文化设施项目建设；推动文化产业新发展，着力推进李宁体育园、柳州国际奇石文化产业园、东盟国际龙城府文化休旅世界等重大文化产业项目前期工作；继续加大文化遗产保护力度，完成柳州旧机场旧址保护工作。推进实施柳州抗战文化纪念园和张公岭军事公园项目等重大文化产业项目建设。着力打造旅游精品品牌，重点推进百里柳江、三江程阳八寨创5A景区等自治区级重大旅游项目的实施，确保百里柳江游客中心开工建设。努力打造时尚运动之都，承办世界水上极速运动大赛、汽车拉力赛等具有重大影响力的赛事。

不断完善社会保障体系。制定完善“大众创业、万众创新”政策措施，实施更加积极的就业政策，促进就业创业，努力实现更加充分、更高质量的就业。积极顺应老龄化社会需求，加大养老服务体系建设力度，构建社区居家养老服务中心（站）、居家养老服务机构、居家养老服务信息呼叫平台组成的立体式服务网络。加大乡镇敬老院改造力度，逐步实现敬老院向区域性养老服务中心转型。继续推进柳州市医养结合基地、白云颐养中心、河东老人公寓和老年活动中心等项目建设，培育发展养生养老服务产业。积极推动城镇居民基本医疗保险和新型农村合作医疗并轨运行，支持慈善事业发展，推进社会福利基地前期工作。完善救助工作机制，努力完善社会救助网络。加快建立社会保险、商业保险等多层次的社会保障体系。推进保障性安居工程建设，重点落实2016年棚户区改造建设用地指标，大力推进棚户区改造项目实施，重点完善市政基础配套设施及公共服务配套设施。

各位代表，做好2016年的经济和社会发展工作，责任重大，任务艰巨。我们将深入贯彻党的十八大和十八届三中、四中、五中全会精神，在市委、市政府的领导下，在市人大、市政协的监督和支持下，进一步强化进取意识、机遇意识和责任意识，开拓创新、奋发进取，为实现经济社会发展目标任务而奋斗！

柳州市2015年国民经济和社会发展统计公报

柳州市统计局

一、综合

年末全市户籍总人口381.62万人。全年出生人口57719人，人口出生率15.20‰；死亡人口17898人，人口死亡率4.71‰；人口自然增长率10.49‰。

年末全市户籍总人口381.62万人。全年出生人口57719人，人口出生率15.20‰；死亡人口17898人，人口死亡率4.71‰；人口自然增长率10.49‰。

表1:年末户籍人口及构成情况

指标	年末数(万人)	比重(%)
总人口	381.62	100
其中:男性	197.80	51.83
女性	183.82	48.17
其中:0-17岁	76.15	19.95
18-34岁	91.93	24.09
35-59岁	144.53	37.87
60岁以上	69.02	18.09

国民经济平稳增长。初步核算，全年地区生产总值2298.62亿元，按可比价格计算，比上年增长7.2%。其中，第一产业增加值168.42亿元，增长4.1%；第二产业增加值1300.11亿元，增长5.2%，其中工业增加值1174.93亿元，增长5.2%；第三产业增加值830.09亿元，增长12.2%。第一产业增加值占地区生产总值的比重为7.3%，第二产业增加值比重为56.6%，第三产业增加值比重为36.1%。

图1: 2011-2015年地区生产总值及其增长速度

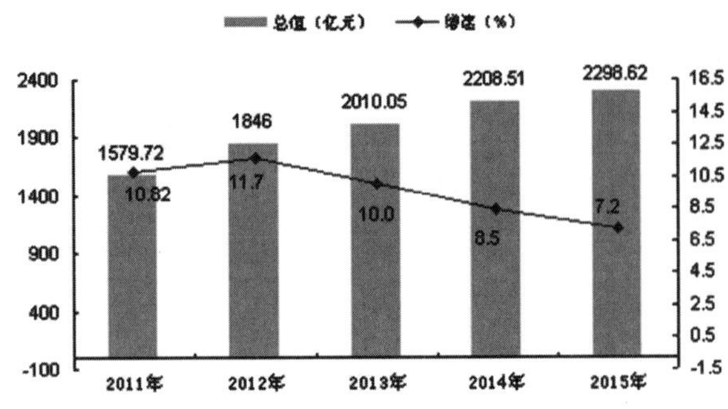

就业持续增加。全年城镇新增就业5.81万人，比上年减少956人，减少0.16%。年末城镇登记失业率3.95%。

居民消费价格基本稳定。全年居民消费价格比上年上涨1.7%。其中食品价格上涨4.2%。

图2: 2015年居民消费价格涨跌幅度（月度同比）

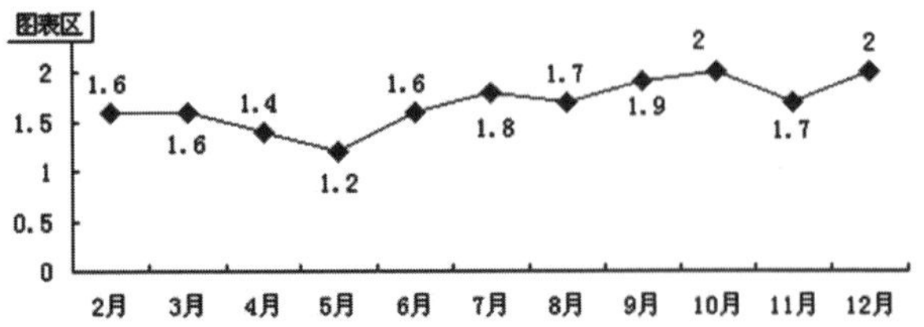

表2:2015年居民消费价格比上年涨跌幅度　单位:%

居民消费价格(以上年同期为100)	1.7
其中:食品	4.2
其中:粮食	1.2
肉禽及其制品	7.9
油脂	-6.6
菜	4.2
烟酒	1.2
衣着	1.9
家庭设备用品及维修服务	0.5
医疗保健和个人用品	0.9
交通和通讯	-2.1
娱乐教育文化用品及服务	0.5
居住	-0.2

财政收入稳定增长。全年财政收入343.81亿元，比上年增长8.6%，其中公共财政预算收入146.68亿元，增长10.2%，其中税收收入104.76亿元，增长8.46%。公共财政预算支出308.64亿元，增长18.2%。

图3: 2011-2015年财政收入及其增长速度

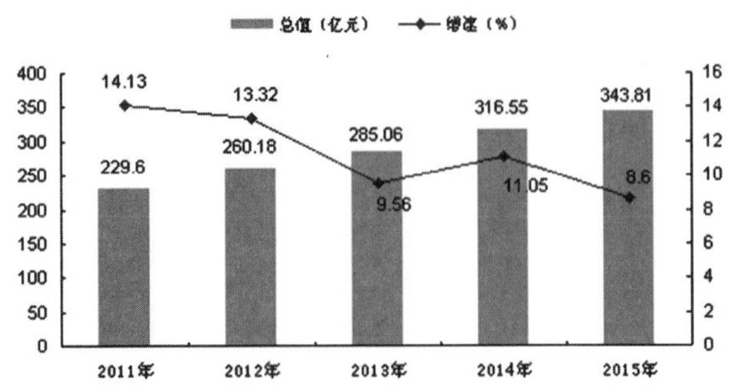

二、农业

农林牧渔业总产值286.18亿元,按上年现行价格计算,增长3.36%。其中,农业产值169.53亿元,增长4.35%;林业产值20.97亿元,增长0.88%;牧业产值76.90亿元,增长1.53%;渔业产值8.99亿元,增长5.08%;农林牧渔服务业产值9.79亿元,增长5.45%。

图4:　2011-2015年农林牧渔业总产值及其增长速度

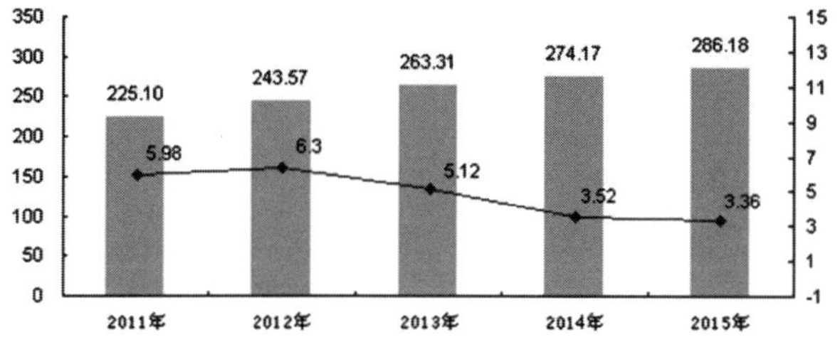

全年农作物总播种面积400.57千公顷,比上年减少6.05千公顷,下降1.5%。其中,粮食种植面积166.27千公顷,减少1.06千公顷;油料种植面积14.47千公顷,增加0.72千公顷;甘蔗种植面积92.89千公顷,减少9.32千公顷;蔬菜种植面积97.14千公顷,增加2.44千公顷;果园面积63.27千公顷,增加6.71千公顷;桑园面积32.35千公顷,增加0.27千公顷;茶园面积13.29千公顷,增加0.38千公顷。

全年粮食产量85.1万吨,比上年下降0.28%;油料产量3.13万吨,增长2.94%;甘蔗产量675.45万吨,下降2.39%;蔬菜产量(含菜用瓜)207.76万吨,增长5.63%;茶叶产量1.29万吨,增长8.1%;园林水果产量85.09万吨,增长13.88%。

表3:2015年主要农产品产量及其增长速度

产品名称	产量(万吨)	比上年增长(%)
粮食	85.10	-0.28
其中:稻谷	73.94	0.11
其中:早稻	34.90	0.01
晚稻	25.57	-1.12
玉米	7.65	1.2
大豆	0.59	-8.11
油料	3.13	2.94
其中:花生	2.65	1.67
甘蔗	675.45	-2.39
其中:糖蔗	665.61	-2.68
蔬菜(含菌类)	214.97	5.47
园林水果	85.09	13.88
茶叶	1.29	8.1

全年肉类总产量22.71万吨,比上年增长0.51%。年末生猪存栏134.85万头,增长0.62%。生猪出栏183.96万头,下降2.1%。水产品产量7.56万吨,增长5.12%。

表4:2015年主要畜牧水产品产量及其增长速度

产品名称	单位	产量	比上年增长(%)
肉类总产量	万吨	22.71	0.51
其中:猪肉	万吨	13.93	-1.96
牛肉	万吨	2.1	6.17
羊肉	万吨	0.53	8.57
禽肉	万吨	5.56	2.47
生猪出栏	万头	183.96	-2.01
家禽出栏	万只	3341.89	2.23
猪年末存栏	万头	134.85	0.62
牛奶产量	万吨	0.67	2.23
蚕茧	万吨	5.04	3.99
水产品产量	万吨	7.56	5.12

全年木材采伐量150.13万立方米,比上年下降5.35%。

年末全市农业机械总动力226.43万千瓦,比上年增长4.98%。

三、工业和建筑业

全部工业总产值4541.25亿元,比上年增长3.1%,其中,规模以上工业总产值4450.31亿元,增长3.0%。工业增加值1174.93亿元,增长5.2%,其中,规模以上工业增加值1140.37亿元,增长5.1%。规模以上工业销售产值4323.03亿元,增长3.3%。

图5:2011-2015年全部工业总产值(单位:亿元)

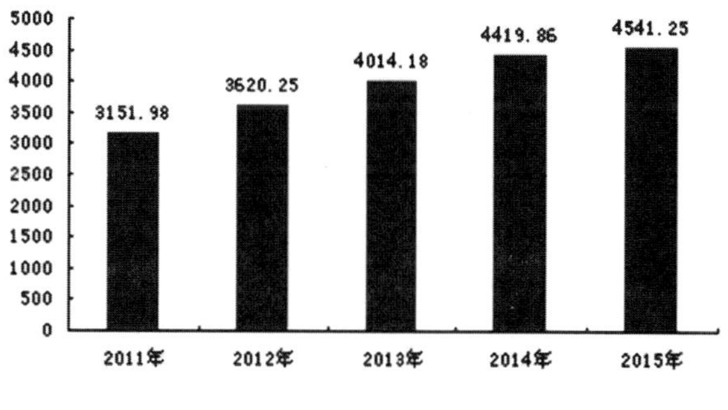

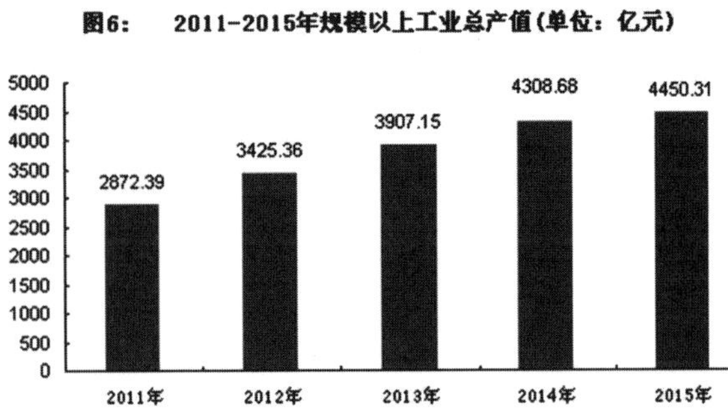

规模以上汽车、冶金、机械三大支柱行业工业总产值3313.00亿元，比上年增长2.1%，对规模以上工业总产值增长的贡献率为52.0%，拉动规模以上工业总产值增长1.6个百分点。其中，汽车工业总产值2209.34亿元，增长12.6%，对规模以上工业总产值增长的贡献率为188.9%，拉动规模以上工业总产值增长5.7百分点；冶金工业总产值815.22亿元，下降16.2%；机械工业总产值288.44亿元，下降7.0%。

在规模以上工业总产值中，黑色金属冶炼及压延加工业总产值732.99亿元，下降15.9%；电力、热力生产和供应业总产值107.95亿元，下降14.8%；有色金属冶炼及压延加工业总产值310.11亿元，下降0.6%；非金属矿物制品业总产值109.42亿元，增长2.4%；专用设备制造业总产值188.61亿元，下降12.2%；化学原料及化学制品制造业总产值110.25亿元，增长2.2%；农副食品加工业总产值108.37亿元，增长4.0%；纺织业总产值80.95亿元，增长6.7%；烟草制品业总产值104.69亿元，增长12.3%；医药制造业总产值26.49亿元，增长14.1%；电气机械及器材制造业总产值71.40亿元，增长5.5%。

表5:2015年主要工业产品产量及其增长速度

产品名称	单位	产量	比上年增长(%)
成品糖	万吨	77.20	-13.3
卷烟	亿支	415.55	6.1
机制纸及纸板	万吨	23.92	12.3
硫酸(折100%)	万吨	74.08	0.9
合成氨(无水氨)	万吨	55.68	-15.1
农用化肥(折纯)	万吨	47.55	-9.9
水泥	万吨	739.72	-13.1
生铁	万吨	1051.49	-3.6
粗钢	万吨	1082.66	-5
钢材	万吨	1395.71	2.7
十种有色金属	万吨	4.54	-16.8
挖掘、铲土运输机械	台	9647	-44.8
其中:挖掘机	台	1161	-42.5
发动机	万千瓦	13867.94	20.2
其中:汽车用发动机	万千瓦	13867.94	20.2
汽车	万辆	228.87	9.7
其中:基本型乘用车(轿车)	万辆	3.17	-49.3
多功能乘用车(MPV)	万辆	123.93	7.8
运动型多用途乘用车(SUV)	万辆	14.56	新投产
改装汽车	万辆	7.17	-3

实现主营业务收入4096.25亿元，增长4.6%；利税总额295.46亿元，下降6.0%；盈亏相抵后利润总额92.93亿元，增长30.1%。

表6:2015年规模以上工业企业实现利润及其增长速度

	利润总额(亿元)	比上年增长(%)
规模以上工业	92.93	-30.1
#轻工业	19.79	-32.3
重工业	73.14	-29.5
#国有企业	-5.50	-129.8
集体企业	0.37	-34.6
股份合作企业	0.23	-31.9
股份制企业	31.69	-37.4
外商及港澳台商投资企业	64.31	5.6
其他经济类型企业	1.83	-12.1
#国有及国有控股企业	48.73	-52.9
#非公有经济	36.97	-24.0
#大中型工业企业	79.57	-35.0
#国有大中型企业	-5.70	-131.3

全年全社会建筑业实现增加值125.18亿元，增长6.0%；实现利润总额36.78亿元，下降32.2%。资质以上企业81家。从业人员17.42万人，增长4.6%。

四、固定资产投资

全社会固定资产投资2082.89亿元，比上年增长15%。其中，城镇固定资产投资1998.37亿元，增长16.3%；农村固定资产投资84.52亿元，下降9.4%。在城镇固定资产投资中，基本建设投资596.55亿元，增长17.7%；更新改造投资1067.20亿元，增长16%，其中工业更新改造投资807.45亿元，增长16.5%；房地产开发投资301.64亿元，增长8.7%。

在固定资产投资中，第一产业投资80.8亿元，增长71.7%；第二产业投资892.49亿元，增长14.9%，其中工业投资876.75亿元，增长15%；第三产业投资1077.26亿元，增长14.4%。

表7：2015年固定资产投资新增主要生产能力

指标	单位	绝对数
锌冶炼	吨／年	8000
平板玻璃	万重量箱	140
氮肥	吨／年	30000
磷肥	吨／年	20000
钾肥	吨／年	54022
客车制造	辆／年	300000
轿车制造	辆／年	40000
机制纸浆	万吨／年	24
城市自来水供水能力	万吨／日	32
城市污水处理能力	万吨／日	50

全年商品住宅投资217.96亿元，比上年增长27.4%。商品房施工面积2066.72万平方米，增长1.1%，其中住宅1483.21万平方米，增长0.8%。商品房竣工面积217.88万平方米，增长6.8%，其中住宅154.51万平方米，增长3.4%。商品房销售面积329.15万平方米，增长14.9%，其中住宅288.09万平方米，增长13.9%。商品房销售额220.39亿元，增长13.3%，其中住宅173.76亿元，增长17.2%。

全年各类保障性住房投资46.1亿元，增长48.66%；保障性住房施工面积129.7万平方米，增长22.36%；保障性住房竣工面积104.6万平方米，下降10.05%；保障性住房竣工14267套，增长3.63%。

表8：2015年分行业固定资产投资及其增长速度

行　业	投资额（亿元）	比上年增长（%）
总计	2050.55	16.1
农、林、牧、渔业	80.80	71.7
采矿业	21.75	-7.6
制造业	813.67	15.9
食品制造业	14.95	-14.5
纺织业	15.58	-34
纺织服装、服饰业	9.78	120.8
石油加工、炼焦和核燃料加工业	3.56	8.1
化学原料和化学制品制造业	34.88	6.4
非金属矿物制品业	45.46	-15.6
黑色金属冶炼和压延加工业	14.90	-15.8
有色金属冶炼和压延加工业	11.21	-23.4
金属制品业	20.50	-6.1
通用设备制造业	67.42	6.1
专用设备制造业	54.33	8.2
汽车制造业	309.70	46.3
电气机械和器材制造业	33.14	26.2
计算机、通信和其他电子设备制造业	10.02	16.1
电力、热力、燃气及水生产和供应业	41.33	13
建筑业	15.74	10.4
批发和零售业	75.70	36.3
交通运输、仓储和邮政业	159.82	44.8
住宿和餐饮业	16.11	-1.3
信息传输、软件和信息技术服务业	8.10	1.1
金融业	3.42	-2.6
房地产业	382.64	27.1
租赁和商务服务业	51.04	97.3
科学研究和技术服务业	15.81	111.8
水利、环境和公共设施管理业	217.25	-15.7
居民服务、修理和其他服务业	6.80	-42.1
教育	31.56	-28
卫生和社会工作	20.85	19.3
文化、体育和娱乐业	17.90	60.4
公共管理、社会保障和社会组织	70.26	-1.5

五、国内贸易

社会消费品零售总额944.11亿元，比上年增长10.01%。按销售单位所在地分，城镇消费品零售额890.95亿元，增长10.2%；乡村消费品零售额53.16亿元，增长

7.52%。按消费形态分，餐饮收入实现零售额85.05亿元，增长3.9%；商品零售实现零售额859.06亿元，增长10.7%。

图7： 2011-2015年社会消费品零售总额及其增长速度

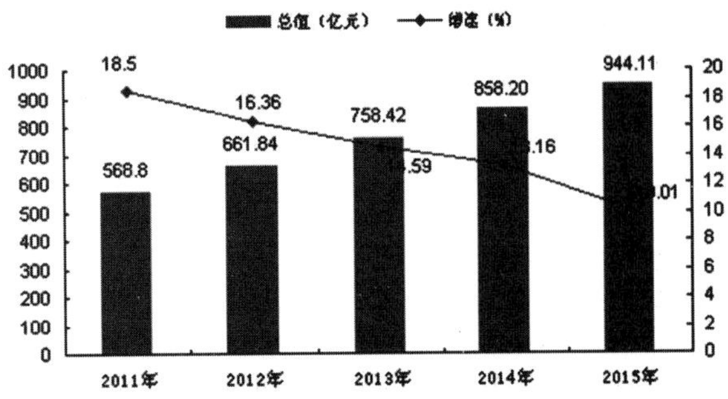

在限额以上企业商品零售额中，汽车类零售额119.15亿元，比上年增长14.81%；石油及制品类零售额38.8亿元，下降6.68%；家用电器和音像器材类零售额12.23亿元，增长2.82%；通讯器材类零售额下降1.02%，体育娱乐用品类零售额下降13.45%，文化办公用品类零售额下降7.19%，家具类零售额增长5.71%，日用品类零售额下降3.66%，粮油、食品类零售额下降3.72%，烟酒类零售额下降9.84%，服装、鞋帽、针纺织品类零售额增长1.34%，化妆品类零售额增长14.15%，金银珠宝类零售额下降2.39%。

六、对外经济

全年货物进出口总额22.3亿美元，比上年下降1.8%。其中，出口7.8亿美元，下降2.8%；进口14.5亿美元，下降1.3%。

外商直接投资（全口径）7.32亿美元，比上年增长56.74%。

七、交通、邮电和旅游

交通运输、仓储及邮电通信业增加值70.87亿元，比上年增长4.4%。

公路货物运输14650万吨，增长10.1%；水路货物运输808.5万吨，增长0.4%；民用航空货物运输1735吨，增长63.5%。公路旅客运输量2381万人，下降3.2%；水路旅客运输量45.5万人（水上公交23.4万人），增长22%；民航旅客运输量53.11万人，增长53.3%。

全年港口货物吞吐量252.3万吨，比上年增长5.7%。

年末机动车拥有量86.67万辆，比上年增长2.7%。

邮电业务总量64.4亿元，比上年增长28.4%。其中，邮政业务总量3.5亿元，增长16.5%；电信业务总量60.9亿元，增长29.2%。

全年接待入境游客18.12万人次，增长4.1%。国际旅游（外汇）收入7254.48万美元，增长11.1%。全市共有星级饭店46家。

八、金融

全年金融业增加值150.73亿元，比上年增长12.2%。

年末金融机构本外币存款余额2822.67亿元，比上年增长10.1%；年末金融机构本外币贷款余额2051.36亿元，比上年增长14.8%。

年末金融机构人民币存款余额2807.12亿元，比上年增长10.0%；金融机构人民币贷款余额2032.08亿元，比上年增长14.8%。

九、人民生活和社会保障

城乡居民收入继续增加。全年农村居民人均纯收入9449元，比上年增长9.8%；城镇居民人均可支配收入28722元，增长7.6%。

图8： 2011-2015年农民人均纯收入及其增长速度

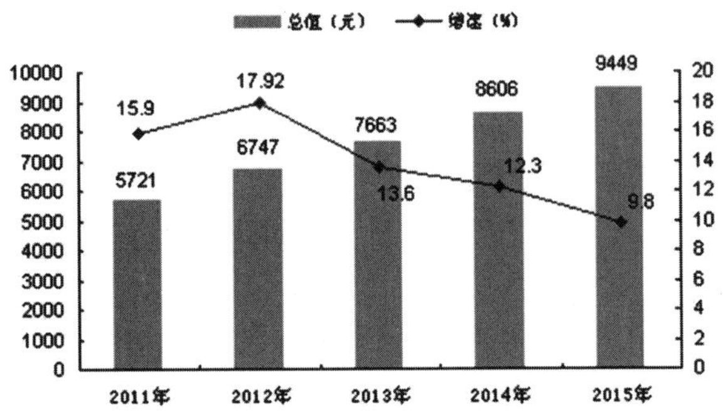

图9： 2011-2015年城镇居民人均可支配收入及其增长速度

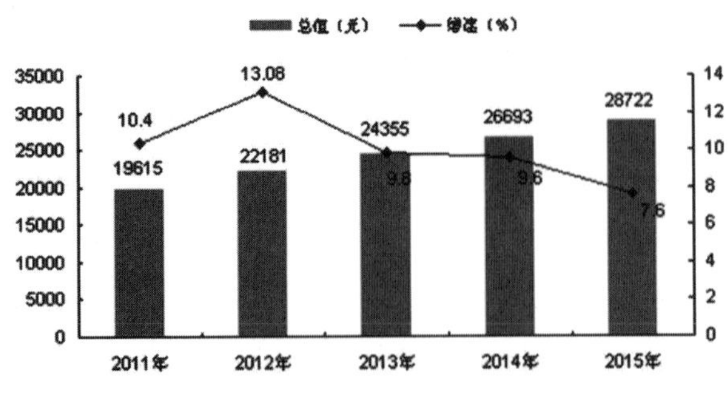

农民人均生活消费支出7872元，比上年增长9.5%，其中，食品类支出3409元，增长9.9%；衣着类支出359元，增

长8.8%；家庭设备用品消费支出455元，增长9.7%；医疗保健类支出833元，增长9.5%；交通和通讯类支出414元，增长10%；娱乐教育文化用品及服务类支出546元，增长9.4%；居住类支出1712元，增长9%；杂项商品和服务类支出144元，增长9.1%。

农村居民家庭恩格尔系数为43.3%。

农村居民人均居住面积38.1平方米，比上年下降0.2平方米，下降0.8%。

城镇居民人均消费性支出18314元，比上年增长7.9%。其中，食品类支出7428元，增长8.2%；衣着类支出1308元，增长7.1%；家庭设备用品及服务类支出1264元，增长7.4%；医疗保健类支出1040元，增长7.9%；交通和通讯类支出2671元，增长8%；教育文化娱乐服务类支出2158元，增长8.1%；居住类支出1915元，增长7.6%；其他商品和服务类支出530元，增长7.9%。

城镇居民家庭恩格尔系数为40.6%。

城镇居民人均住房建筑面积36.9平方米，比上年减少8.5平方米，下降18.7%。

年末全市参加城镇基本养老保险人数为90.7万人，比上年末增加3.04万人；失业保险36.6万人，增加1.92万人；城镇职工基本医疗保险81.48万人，增加2.63万人；工伤保险50.63万人，增加0.78万人；生育保险39.09万人，增加1.81万人。领取失业保险金人数1.47万人。新型农村社会养老保险参保人数为103.42万人，领取新型农村社会保险养老金人数为30.67万人。

市区居民最低生活保障标准由每人每月390元提高到480元。全年全市累计有34.89万人次城镇居民得到政府最低生活保障，累计比上年减少4.27万人次；全年累计有120.27万人次农村居民得到政府最低生活保障，累计比上年减少29.71万人次。

年末全市城镇建立社区服务中心193个。各类收养性社会福利单位床位数4200张，收养各类人员3500人。接受社会捐赠款639.75万元。

十、教育、科学技术和文化

全市共有市属中等职业技术学校15所，专任教师1145　　人，在校生2.58万人。普通高中招生2.04万人，在校生5.87万人，毕业生1.77万人，专任教师3498人。普通初中招生4.29万人，在校生12.23万人，毕业生3.76万人，专任教师8469人。普通小学招生5万人，在校生29.61万人，毕业生4.21万人，专任教师15228人。特殊教育招生166人，在校生745人，毕业生70人。学前教育招生7.77万人，在校生12.75万人。

全年共获科学技术奖14项，其中，科学技术进步二等奖2项，三等奖12项。

专利申请量8743件，授权专利2559件。共签订技术合同192项，技术合同成交金额10580万元。

年末全市共有艺术表演团体2个，演出场次1052场，观众人数187.8万人次。县级以上公共图书馆11个，藏书总量2031.13千册。文化馆10个，群众艺术馆1个，博物馆54个。电视综合人口覆盖率99.12%，广播综合人口覆盖率95.76%。

十一、卫生和体育

年末全市共有卫生机构2280个。其中医院69所，疾病预防控制中心9个，卫生监督机构7个，妇幼保健院(所、站)7个，卫生院93个，社区卫生服务中心(站)55个，诊所(室)其他卫生机构888个。村卫生所(室)1042个。全市卫生技术人员2.9万人，其中执业(助理)医师0.95万人，注册护士1.27万人。全市医院和卫生院床位2.18万张，其中，医院床位1.67万张，卫生院床位0.38万张。全市甲类传染病无发病；乙类法定报告传染病10088例，报告发病率259.31/10万，报告死亡率8.38/10万；丙类法定报告传染病36155例，报告发病率929.34/10万，报告死亡率0.026/10万。

全市共有市属公共体育场所5个，体育馆1个，练习馆(房)4个，当年发展体育运动员56人，当年发展等级裁判员179人，柳州体育健儿在世界比赛中获741枚铜牌。在全国比赛中获8枚金牌、8枚银牌、5枚铜牌。

十二、资源、环境和安全生产

市区平均气温21.5℃，与上年持平。市区年总降水量1997.9毫米，比上年偏多20%。市区年末总蒸发量946.7毫米，比上年减少5%。

全市现有水库313座，其中中型水库11座，小型水库302座。年初蓄水量为12046万m^3，年末蓄水量为24435万m^3。年末蓄水量比年初蓄水量增加12389万m^3，全年全市水库最大蓄水量为27211万m^3(12月上旬)，最小蓄水量为9254万m^3(4月下旬)。全年蓄水工程供水总量为31002万m^3,全年蓄、引、提工程供水总量为85196万m^3。

全年植树造林面积1.03万公顷,比上年下降52.7%。全市建成各类自然保护区4个,其中国家级自然保护区1个。自然保护区面积3.1万公顷。森林覆盖率65.0%。活立木蓄积量0.7亿立方米。森林蓄积量0.66亿立方米。

柳江饮用水保护河段保持国家地表水III类水质标准,部分河段达II类水质标准,市区空气质量优良率达83.2%。

全市建城区面积247.27平方公里。全市绿化覆盖面积10826.01公顷,比上年增长4.8%,其中建成区9647.01公顷,增长5.4%。园林绿地面积9377.47公顷,增长1.94%,其中建成区8090.37公顷,增长2.2%。公园绿地面积2699.52公顷,增长3.1%。人均公园绿地面积12.01平方米。公园42个,面积1656.57公顷。建成区绿地率32.72%,下降0.13个百分点,建成区绿化覆盖率39.0%,提高1.02个百分点。

市区建城区面积183.92平方公里。市区绿化覆盖面积8922公顷,增长5.83%,其中建成区8024公顷,增长6.53%。市区园林绿地面积7746.30公顷,增长2.3%,其中建成区6669公顷,增长2.7%。市区公园绿地面积2187公顷,增长4.25%。人均公园绿地面积13.39平方米。市区公园32个,面积1416公顷。市区建成区绿地率36.26%,建成区绿化覆盖率43.6%,提高1.81个百分点。

全市供水综合生产能力177.25万立方米/日。全年售水量4.66亿立方米,其中生产运营用水3.15亿立方米,居民家庭用水1.19亿立方米,公共服务用水0.31亿立方米。全市人均日生活用水209.83升。

污水处理厂处理能力66万立方米/日,处理量19446万立方米。污水处理率93.01%,提高3.53个百分点,污水处理厂集中处理率49.6%,提高9.46个百分点。生活垃圾无害化处理率100%,提高0.76个百分点。燃气普及率83.9%,用水普及率96.0%。城市道路长度1401.66公里,增长2.7%。全市人均城市道路面积11.20平方米。

全社会能源消费总量1614.86万吨标准煤(等价值),比上年增长0.23%,单位GDP能耗比上年下降6.5%。单位工业增加值能耗下降12.5%。

全年生产安全事故(全口径统计)死亡270人,比上年下降3.9%。亿元GDP事故死亡率0.117,比上年下降12.0%。全年共发生道路交通事故238起,造成207人死亡、144人受伤,直接财产损失93.64万元。道路交通万车死亡率1.81,比上年下降23.6%。全年火灾事故死亡人数12人,直接经济损失576.29万元。

注释:

1、本公报中数据均为初步统计数。

2、地区生产总值、各产业增加值绝对数按现价计算,增长速度按可比价格计算。

3、农林牧渔业总产值增长速度按上年价格计算。

4、部分数据因四舍五入的原因,存在与分项合计不等的情况

资料来源:本公报中户籍人口数据来自市公安局;城镇新增就业、城镇登记失业率、社会保障数据来自市人力资源和社会保障局;物价、城乡居民收支数据来自国家统计局柳州调查队;财政数据来自市财政局;进出口总额数据来自柳州海关;外资直接投资数据来自市招商局;公路、水路客货运量、港口货物吞吐量数据来自市交通局;航空数据来自柳州机场;机动车拥有量数据来自市公安局交警支队车管所;旅游数据来自市旅游局;金融机构人民币存贷余额、金融机构本外币存贷余额数据来自人民银行柳州分行;最低生活保障、社区服务中心及设施、收养性福利单位床位数、收养人员、社会捐赠款数据来自市民政局;教育数据来自市教育局;科学技术数据来自市科学技术局;艺术表演团体、图书馆、文化馆、群众艺术馆、博物馆、电视综合人口覆盖率、广播综合人口覆盖率数据来自市文化新闻出版广电局;卫生数据来自市卫生和计划生育委员会;体育数据来自市体育局;气候数据来自市气象局;水利数据来自市水利局;植树造林、森林数据来自市林业局;建成区面积、绿地面积、供水、污水处理、生活垃圾处理、燃气普及率、用水普及率、城市道路长度及面积数据来自市住房和城乡建设委员会;安全生产数据来自市安全生产监督管理局。

第二部分　统计资料

综　合　1

1-1 行 政 区 划

（2015年）　　单位：个

	乡镇、街道办事处	乡	#民族乡	镇	办事处	村民、居民委员会	村委会	社区、居委会
总　　计	116	36	6	50	30	1215	935	280
市　　区	36			6	30	293	82	211
城 中 区	7				7	32	6	26
柳 北 区	10			3	7	98	35	63
鱼 峰 区	10			2	8	81	21	60
柳 南 区	9			1	8	82	20	62
柳 江 县	12			12		147	127	20
柳 城 县	12	3	1	9		137	121	16
鹿 寨 县	9	3		6		118	110	8
融 安 县	12	6		6		147	137	10
融水苗族自治县	20	14	2	6		206	198	8
三江侗族自治县	15	10	3	5		167	160	7

1-2 乡(镇)、街道办事处一览表

（2015年）

县(区)	乡(镇)、街道办事处
城 中 区	城中街道办事处、公园街道办事处、中南街道办事处、水上街道办事处、潭中街道办事处、河东街道办事处、静兰街道办事处
柳 北 区	解放街道办事处、雅儒街道办事处、胜利街道办事处、雀儿山街道办事处、钢城街道办事处、锦绣街道办事处、白露街道办事处、石碑坪镇、沙塘镇、长塘镇
鱼 峰 区	天马街道办事处、驾鹤街道办事处、箭盘山街道办事处、五里亭街道办事处、荣军街道办事处、白莲街道办事处、麒麟街道办事处、阳和街道办事处、雒容镇、洛埠镇
柳 南 区	河西街道办事处、南站街道办事处、鹅山街道办事处、柳南街道办事处、柳石街道办事处、银山街道办事处、潭西街道办事处、南环街道办事处、太阳村镇
柳 江 县	拉堡镇、里雍镇、百朋镇、成团镇、洛满镇、流山镇、三都镇、里高镇、进德镇、穿山镇、土博镇、白沙镇
柳 城 县	大埔镇、龙头镇、太平镇、沙埔镇、东泉镇、凤山镇、六塘镇、冲脉镇、寨隆镇、古砦仫佬族乡、马山乡、社冲乡
鹿 寨 县	鹿寨镇、中渡镇、寨沙镇、平山镇、黄冕镇、四排镇、江口乡、导江乡、拉沟乡
融 安 县	长安镇、浮石镇、泗顶镇、板榄镇、大将镇、大良镇、雅瑶乡、大坡乡、东起乡、沙子乡、桥板乡、潭头乡
融水苗族自治县	融水镇、和睦镇、三防镇、怀宝镇、洞头镇、大浪镇、永乐乡、四荣乡、香粉乡、安太乡、汪洞乡、同练瑶族乡、滚贝侗族乡、杆洞乡、安陲乡、白云乡、红水乡、拱洞乡、良寨乡、大年乡
三江侗族自治县	古宜镇、斗江镇、丹洲镇、八江镇、林溪镇、独峒乡、同乐苗族乡、梅林乡、富禄苗族乡、洋溪乡、良口乡、老堡乡、高基瑶族乡、和平乡、程村乡

1-3 气象情况

（2015年）

指标名称	计量单位	柳州市区	柳江县	柳城县	鹿寨县	融安县	融水苗族自治县	三江侗族自治县
年平均气温	℃	21.5	21.5	21.0	21.3	20.1	20.3	18.9
极端最高气温	℃	37.0	37.1	37.9	38.3	37.7	37.3	38.1
极端最低气温	℃	3.9	4.0	3.8	4.2	2.1	3.4	-0.5
年总降水量	毫米	1997.9	2081.7	2042.6	1996.2	2333.7	2510	1625.1
一日最大降水量	毫米	99.4	111.5	109.8	111.0	151.2	176.1	82.7
下雨天数（>=0.1毫米）	日	170	165	159	163	189	193	190
平均相对湿度	%	76.1	77.3	79.5	77.6	80.7	79.8	83.4
日照时数	小时	1083.9	937.2	1094.3	1314.1	997.6	1007.8	1014.3

1-4 柳州市国民经济主要指标占全区比重

（2015年）

指标名称	单位	柳州市	广西	柳州市占广西%
年末总人口(户籍人口)	万人	381.62	5518	6.92
常住人口	万人	392.27	4796	8.18
#城镇人口	万人	243.64	2257	10.79
地区生产总值	亿元	2298.62	16803.12	13.68
第一产业	亿元	167.10	2565.97	6.51
第二产业	亿元	1300.11	7694.74	16.90
#工业	亿元	1174.93	6338.28	18.54
第三产业	亿元	831.41	6542.41	12.71
全部工业总产值	亿元	4546.20	23254.79	19.55
#规模以上工业总产值	亿元	4455.25	22479.05	19.82
农林牧渔业总产值	亿元	286.18	4197.12	6.82
全社会固定资产投资	亿元	2082.89	16227.78	12.84
#固定资产投资	亿元	2050.55	15654.95	13.10
#基本建设投资	亿元	596.55	6680.15	8.93
更新改造投资	亿元	1067.20	5897.85	18.09
房地产开发投资	亿元	301.64	1909.09	15.80
社会消费品零售总额	亿元	944.11	6348.06	14.87
进出口总额(海关数)	亿美元	22.27	512.62	4.34
财政总收入	亿元	343.81	2332.96	14.74
住户存款(人民币)	亿元	1207.59	11392.17	10.60
从业人数	万人	270.74	2820.00	9.60
#城镇单位从业人员年末人数	万人	131.68	405.40	32.48

1-5 柳州市主要年份主要指标

指标名称	单位	2000年	2005年	2010年	2013年	2014年	2015年
年末总人口(户籍人口)	万人	343.65	356.66	372.69	372.35	377.94	381.62
常住人口	万人		367.19	375.87	385.6	388.65	392.27
#城镇人口	万人		166.89	206.92	229.53	237.32	243.64
从业人数	人	1795441	1932409	2179398	2544618	2622818	2707362
#第一产业	人	1037585	933942	1014412	1013270	996162	951476
地区生产总值(现价)	万元	2515567	5119996	13153120	20100543	22085074	22986169
第一产业	万元	373637	589468	1094811	1592911	1600689	1671017
第二产业	万元	1072641	2661075	8399572	12749257	13125385	13001065
#工业	万元	996952	2417763	7768445	11666496	11911076	11749298
第三产业	万元	1069289	1869453	3658738	5758375	7359000	8314087
全部工业总产值	万元	3283229	8464482	26537584	40248805	44351238	45461950
轻工业	万元	1010347	1792235	3533509	4743640	5031656	5188056
重工业	万元	2272882	6672247	23004075	35505164	39319582	40273895
规模以上工业总产值	万元	2672795	6914282	23887937	39178509	43239443	44552506
轻工业	万元	685800	935692	2265026	4251854	4600171	4833372
重工业	万元	1986995	5978590	21622911	34926655	38639272	39719134
农林牧渔业总产值	万元	611960	957124	1795371	2596913	2741632	2861812
#农业	万元	390813	549975	1019618	1495934	1598259	1695308
林业	万元	27827	49710	134893	202274	214804	209747
畜牧业	万元	163395	311639	522059	740400	753637	769031
渔业	万元	29925	34768	49342	71621	82126	89864
粮食总产量	万吨	96.69	84.16	77.69	84.60	85.30	85.10
甘蔗总产量	万吨	403.63	610.15	697.02	741.45	692.03	675.45

1-5 续表

指标名称	单位	2000年	2005年	2010年	2013年	2014年	2015年
肉类总产量	万吨	13.47	24.68	20.24	22.36	22.60	22.71
蔬菜总产量	万吨	103.34	151.29	167.01	190.18	196.69	207.76
水果总产量	万吨	11.95	24.72	45.93	66.59	74.72	85.09
水产品总产量	万吨	3.89	5.16	5.57	6.81	7.19	7.56
全社会固定资产投资	万元	448313	1717576	10048841	15667102	18109355	20828907
#基本建设	万元	185795	580618	3505604	4316249	5068649	5965500
更新改造	万元	92727	579858	4056773	7764101	9202165	10672043
房地产开发	万元		410577	1654073	2458540	2775238	3016449
社会消费品零售总额	万元	811515	2002532	（新口径）4800008	7584238	8582017	9441089
#城镇	万元			4565172	7200440	8074346	8909469
乡村	万元			234837	383798	507672	531620
实际利用外资额	万美元	1017	4589	5468	36544	9986	1614
财政总收入	万元	330883	801851	2011810	2850562	3165496	3438093
#公共财政预算收入	万元	168627	281803	746288	1251211	1331569	1466765
城乡居民储蓄存款余额	万元	1733800	3300794	6549601			
住户存款(人民币)	万元				10636556	11410192	12075887
城镇单位在岗职工平均工资	元/人	9145	18517	37278	46710	48969	54223
城镇居民人均可支配收入	元/人	5740	9556	17766	24355	26693	28722
城镇居民人均生活消费支出	元/人	4458	6634	11318	15398	16970	18314
#食品	元/人	1951	2825	4484	6282	6866	7428
农民人均纯收入	元/人	1658	2534	4935	7663	8606	9449
农村居民人均生活消费支出	元/人		1641	3663	6365	7186	7872
#食品	元/人		679	1820	2749	3102	3409
居民消费品价格指数	%	99.8	103.3	103.5	101.9	102.6	101.7

注:1、根据国家统计局、自治区统计局要求,我市历年地区生产总值、农民人均纯收入、社会消费品零售总额有调整,使用时请注意。

2、社会消费品零售总额2003-2009年按新口径计算,2010年又重新按另一新口径计算(下同)。

3、城镇居民人均可支配收入2004年(含2004年)以前为城市居民人均可支配收入。

4、2011年人民银行报表中取消了“城乡居民储蓄存款余额”指标。(下同)

5、2003年以前的房地产开发投资数据暂缺。2013年统计口径为计划总投资500万元以上项目,后同。

1-6 柳江县主要年份主要指标

指 标 名 称	单 位	2000年	2005年	2010年	2013年	2014年	2015年
年末总人口(户籍人口)	万人	52.27	53.75	55.53	54.84	55.77	56.37
常住人口	万人			56.24	57.52	59.13	59.82
#城镇人口	万人			20.45	23.57	26.12	27.31
从业人数	人	265662	309081	325979	340920	344395	354438
#第一产业	人	190921	186519	184074	192695	151365	154968
全部地区生产总值(现价)	万元	240636	462316	1224676	1677697	1881325	2005163
第一产业	万元	81286	138895	251774	357735	351498	365445
第二产业	万元	70146	184195	633961	835645	951703	992418
#工业	万元	63566	168426	555210	709682	799428	830839
第三产业	万元	89204	139226	338941	484317	578124	647300
全部工业总产值	万元	203800	513756	1787592	2416112	2736939	2907288
轻工业	万元	109697	174228	344114	434692	383824	364207
重工业	万元	94103	339528	1443477	1981420	2353115	2543082
规模以上工业总产值	万元	133148	324765	1336270	2248882	2573226	2688096
轻工业	万元	61977	127104	231283	335730	362542	324774
重工业	万元	71171	197661	1104986	1913152	2210684	2363323
农林牧渔业总产值	万元	131747	223307	408978	582996	610003	634807
#农业	万元	94344	148110	261836	353041	367711	385818
林业	万元	1147	3550	11618	26177	27255	23424
畜牧业	万元	32588	62484	106694	160391	166914	173341
渔业	万元	3668	6449	10358	18826	21966	24759

1-6 续表

指标名称	单位	2000年	2005年	2010年	2013年	2014年	2015年
粮食总产量	万吨	21.76	18.27	15.92	17.90	17.48	17.53
甘蔗总产量	万吨	138.56	189.28	194.65	201.76	188.42	178.10
肉类总产量	万吨	3.27	5.08	4.44	5.06	5.15	5.20
蔬菜总产量	万吨	27.04	51.02	62.45	70.21	73.67	78.82
水果总产量	万吨	1.29	3.71	6.10	8.43	9.71	11.15
水产品总产量	万吨	0.72	0.95	1.14	1.48	1.57	1.67
全社会固定资产投资	万元	23795	132485	1098936	1647432	1931038	2208745
#基本建设	万元	9142	82774	207491	257483	307878	344987
更新改造	万元	135	24075	578553	1025472	1232018	1555047
房地产开发	万元		8053	105873	152285	145271	70538
社会消费品零售总额	万元	58928	90824	（新口径）215529	334663	371202	414747
#城镇	万元				274823	265288	311959
乡村	万元				59839	105914	102788
财政总收入	万元	14161	41324	88010	138318	149131	160277
#公共财政预算收入	万元	9435	16302	35255	68966	74184	85148
城乡居民储蓄存款余额	万元	102914	201893	467545			
住户存款(人民币)	万元				865075	964759	1017726
城镇单位在岗职工平均工资	元/人	7502	14725	30107	42277	43441	52735
城镇居民人均可支配收入	元/人		7765	17081	23006	25146	26906
城镇居民人均生活消费支出	元/人	5079	5277	9656	14087	15548	16782
#食品	元/人	2472	2320	3829	5668	6240	6614
农民人均纯收入	元/人	1853	2844	5975	9192	10258	11253
农村居民人均生活消费支出	元/人	2626	2236	3603	6067	6834	7502
#食品	元/人	1473	1058	1762	2943	3102	3555

注:2003年以前的房地产开发投资数据暂缺。

1-7 柳城县主要年份主要指标

指标名称	单位	2000年	2005年	2010年	2013年	2014年	2015年
年末总人口	万人	40.61	40.53	41.45	40.75	40.78	40.94
常住人口	万人			35.38	36.06	36.21	36.53
#城镇人口	万人			11.17	12.92	13.64	14.26
从业人数	人	212746	237453	256846	253447	250003	249723
#第一产业	人	158200	161466	167203	167235	156262	160609
地区生产总值(现价)	万元	180038	288963	658410	961783	1040870	1142063
第一产业	万元	82106	117682	234424	343801	357460	385731
第二产业	万元	44326	79340	259149	379001	396946	415283
#工业	万元	41304	73080	223288	306393	323527	339340
第三产业	万元	53606	91941	164837	238981	286464	341049
全部工业总产值	万元	136923	206483	539625	754524	863377	915751
轻工业	万元	83268	114362	260790	407443	444747	462118
重工业	万元	53655	92121	278835	347081	418630	453633
规模以上工业总产值	万元	99738	153507	409642	696905	803523	872175
轻工业	万元	63348	93336	208797	374195	412426	440090
重工业	万元	36390	60171	200845	322711	391097	432085
农林牧渔业总产值	万元	146653	204491	391016	578975	622315	670954
#农业	万元	105070	132224	241949	352540	381328	417166
林业	万元	1626	3966	8762	19015	24729	29312
畜牧业	万元	33053	57626	111463	168596	172189	175580
渔业	万元	6904	7443	10542	15869	18450	20636

1-7 续表

指标名称	单位	2000年	2005年	2010年	2013年	2014年	2015年
粮食总产量	万吨	19.12	17.11	15.10	16.21	17.34	17.06
甘蔗总产量	万吨	170.81	241.34	261.87	255.19	242.04	259.49
肉类总产量	万吨	2.81	4.46	3.53	4.46	4.57	4.64
蔬菜总产量	万吨	13.22	17.13	17.42	20.64	21.61	23.94
水果总产量	万吨	2.45	5.91	16.71	27.36	31.66	36.80
水产品总产量	万吨	0.85	1.09	1.18	1.55	1.68	1.83
全社会固定资产投资	万元	23331	30006	429695	768014	912086	1105836
#基本建设	万元	6002	12397	125132	157031	180379	390904
更新改造	万元	2844	1388	223949	441013	565779	523356
房地产开发	万元		4110	53576	87996	94913	104406
社会消费品零售总额	万元	54426	70873	（新口径） 142214	258914	289726	317271
#城镇	万元				215513	228415	237196
乡村	万元				43401	61311	80075
财政总收入	万元	14474	20704	41072	73901	75178	76945
#公共财政预算收入	万元	9632	7960	18671	42733	42771	49144
城乡居民储蓄存款余额	万元	72650	121242	266540			
住户存款(人民币)	万元				484698	541466	607908
城镇单位在岗职工平均工资	元/人	6919	12847	28577	45319	45947	57193
城镇居民人均可支配收入	元/人		7528	14790	20393	22371	24071
城镇居民人均生活消费支出	元/人	4615	5506	9056	13058	14330	15573
#食品	元/人	1908	2452	3655	5370	5902	6321
农民人均纯收入	元/人	2027	2905	5464	8780	9904	10954
农村居民人均生活消费支出	元/人	2231	2644	3312	7407	8368	9232
#食品	元/人	1095	1521	1763	3414	3810	4206

1-8 鹿寨县主要年份主要指标

指标名称	单位	2000年	2005年	2010年	2013年	2014年	2015年
年末总人口	万人	47.31	48.26	49.55	40.50	40.87	40.93
常住人口	万人			33.13	33.97	34.11	34.85
#城镇人口	万人			10.29	13.13	14.99	15.80
从业人数	人	268417	275126	297894	265113	270276	273021
#第一产业	人	172240	149109	174258	153965	151989	156032
地区生产总值(现价)	万元	240549	450116	1076725	1096286	1165374	1245295
第一产业	万元	78590	131710	223462	279504	279416	291508
第二产业	万元	66406	176181	579966	536594	552939	575580
#工业	万元	56973	158224	506523	424202	433430	444912
第三产业	万元	95553	142225	273297	280189	333019	378207
全部工业总产值	万元	186993	417945	1556243	1299925	1505710	1565665
轻工业	万元	124706	162467	536380	633689	796938	821978
重工业	万元	62287	255478	1019863	666236	708772	743687
规模以上工业总产值	万元	89652	283771	1289230	1193230	1394878	1484973
轻工业	万元	50234	103217	441080	599988	730438	781424
重工业	万元	39418	180554	848150	593242	664440	703549
农林牧渔业总产值	万元	120861	205355	362598	451021	464511	483358
#农业	万元	72828	117867	210331	245437	256816	275194
林业	万元	5140	7720	24444	46247	44460	44317
畜牧业	万元	39358	74364	111268	137771	139448	138377
渔业	万元	3535	4610	6786	9136	10304	11388

注:2011年鹿寨县雒容镇整体划归市区,2012年鹿寨县数据口径按新行政划归口径。

1-8 续表

指标名称	单位	2000年	2005年	2010年	2013年	2014年	2015年
粮食总产量	万吨	20.04	17.12	17.28	17.20	17.00	17.09
甘蔗总产量	万吨	62.23	100.54	117.78	115.57	106.77	105.75
肉类总产量	万吨	3.58	5.4	3.49	3.08	3.23	3.27
蔬菜总产量	万吨	21.55	37.53	36.18	33.91	35.44	38.45
水果总产量	万吨	4.20	7.22	9.68	11.04	11.95	13.47
水产品总产量	万吨	0.48	0.68	0.79	0.89	0.93	0.99
全社会固定资产投资	万元	72033	185926	1681553	1258041	1449208	1668616
#基本建设	万元	36624	115555	859662	177088	235351	303303
更新改造	万元	2512	11050	628823	879585	1049286	1195023
房地产开发	万元		19581	72375	100715	103983	113830
社会消费品零售总额	万元	40909	93258	（新口径） 227184	262355	298947	334237
#城镇	万元				171270	186460	236582
乡村	万元				91085	112487	97655
财政总收入	万元	14696	30109	56571	76568	78141	83907
#公共财政预算收入	万元	10752	14062	28187	48027	49420	57264
城乡居民储蓄存款余额	万元	103151	202637	447535			
住户存款(人民币)					727769	802857	873999
城镇单位在岗职工平均工资	元/人	6990	15800	29214	42446	43487	51713
城镇居民人均可支配收入	元/人		8630	16558	22551	24941	27111
城镇居民人均生活消费支出	元/人	3673	5553	9042	11435	12639	13837
#食品	元/人	1571	2451	3528	4503	4989	5393
农民人均纯收入	元/人	1780	3008	5595	8295	9415	10394
农村居民人均生活消费支出	元/人	1491	2872	5768	7693	8684	9580
#食品	元/人	915	1433	2488	2411	2674	2962

注:2011年鹿寨县雒容镇整体划归市区,2012年鹿寨县数据口径按新行政划归口径。

1-9 融安县主要年份主要指标

指 标 名 称	单 位	2000年	2005年	2010年	2013年	2014年	2015年
年末总人口(户籍人口)	万人	32.18	32.16	33.04	31.93	32.59	32.74
常住人口	万人			28.57	29.10	29.23	29.50
#城镇人口	万人			8.35	9.65	10.02	10.43
从业人数	人	169432	187804	195972	208863	209748	211637
#第一产业	人	128162	112226	115805	124956	132839	134180
地区生产总值(现价)	万元	93706	160606	378267	517970	547024	582413
第一产业	万元	32291	52182	96536	153225	151990	158818
第二产业	万元	25837	43410	167730	200966	198157	203302
#工业	万元	21174	36837	145595	162117	158776	160266
第三产业	万元	35578	65014	114001	163778	196877	220293
全部工业总产值	万元	54872	124159	368890	461848	499414	521812
轻工业	万元	4064	21728	92398	138554	128748	137710
重工业	万元	50808	102431	276492	323294	370666	384103
规模以上工业总产值	万元	34982	52991	221504	391423	426258	468191
轻工业	万元	1766	8516	44137	93203	99486	113044
重工业	万元	33216	44475	177367	298219	326772	355148
农林牧渔业总产值	万元	49631	81175	159507	253261	265480	277192
#农业	万元	31736	44311	83392	147740	158222	167247
林业	万元	4345	6298	18079	26151	24334	23576
畜牧业	万元	11302	26922	46032	64709	67058	70011
渔业	万元	2248	2436	4069	5951	6721	7214

1-9　续表

指标名称	单位	2000年	2005年	2010年	2013年	2014年	2015年
粮食总产量	万吨	11.59	9.93	9.45	10.07	10.19	10.12
甘蔗总产量	万吨	5.36	16.27	36.49	55.30	48.33	44.73
肉类总产量	万吨	1.15	2.19	1.96	2.12	2.15	2.17
蔬菜总产量	万吨	10.87	11.55	13.32	14.96	16.11	17.24
水果总产量	万吨	1.14	2.58	5.71	9.45	10.93	12.52
水产品总产量	万吨	0.31	0.37	0.46	0.60	0.64	0.68
全社会固定资产投资	万元	30520	62500	396155	670337	772450	885452
#基本建设	万元	14956	20649	121688	245999	364184	440287
更新改造	万元	2853	8395	122231	253770	307918	351769
房地产开发	万元		9008	87107	100270	56161	62153
社会消费品零售总额	万元	27003	51099	（新口径）124725	197423	221081	247631
#城镇	万元				142075	164156	177509
乡村	万元				55348	56925	70123
财政总收入	万元	6752	13306	25319	38612	39588	41054
#公共财政预算收入	万元	4417	7203	12561	21015	23577	26893
城乡居民储蓄存款余额	万元	60582	102870	209924			
住户存款(人民币)	万元				383358	445343	498729
城镇单位在岗职工平均工资	元/人	7081	14041	30116	38145	44884	55007
城镇居民人均可支配收入	元/人		8578	15438	20426	22407	24110
城镇居民人均生活消费支出	元/人	4376	5566	9162	12049	13239	14370
#食品	元/人	1774	2581	3695	5792	6354	6811
农民人均纯收入	元/人	1407	2310	4715	7403	8336	9245
农村居民人均生活消费支出	元/人	1826	1800	3216	6438	7267	7988
#食品	元/人	1063	1044	1935	2922	3268	3591

1-10 融水苗族自治县主要年份主要指标

指标名称	单位	2000年	2005年	2010年	2013年	2014年	2015年
年末总人口(户籍人口)	万人	46.46	47.59	50.60	49.80	51.00	51.55
常住人口	万人			40.21	40.86	41.07	41.30
#城镇人口	万人			9.43	11.30	12.01	13.41
从业人数	人	239331	273405	298788	283215	286423	286981
#第一产业	人	192083	164918	186805	174146	201771	176854
地区生产总值(现价)	万元	93602	180658	418397	617876	710276	758575
第一产业	万元	40272	59553	116940	156615	151548	150801
第二产业	万元	15475	57585	184969	293141	318663	327556
#工业	万元	13902	51063	143905	207633	216636	218070
第三产业	万元	37855	63520	116488	168119	240065	280218
全部工业总产值	万元	29313	92421	355243	503362	591364	640065
轻工业	万元	9642	31027	108214	142827	157832	158590
重工业	万元	19671	61394	247029	360535	433533	481475
规模以上工业总产值	万元	11006	38212	173018	421687	506522	578297
轻工业	万元	2254	14122	47223	100122	122876	133111
重工业	万元	8752	24090	125795	321565	383647	445186
农林牧渔业总产值	万元	66020	97019	192598	243028	261881	261831
#农业	万元	36835	47840	86817	113574	117527	118159
林业	万元	10300	14390	37712	38267	49846	45529
畜牧业	万元	13965	29657	56550	76759	78821	81709
渔业	万元	4920	3274	4916	6660	7671	8258

1-10　续表

指 标 名 称	单　位	2000年	2005年	2010年	2013年	2014年	2015年
粮食总产量	万吨	13.07	12.33	10.99	11.70	11.90	11.88
甘蔗总产量	万吨	10.47	31.92	52.80	55.65	50.31	37.92
肉类总产量	万吨	1.49	2.55	2.66	2.85	2.89	2.90
蔬菜总产量	万吨	7.34	9.23	11.85	13.46	13.96	14.20
水果总产量	万吨	1.43	3.02	4.02	4.82	5.04	5.48
水产品总产量	万吨	0.49	0.50	0.56	0.68	0.74	0.79
全社会固定资产投资	万元	12209	60187	424365	722878	889656	1065504
#基本建设	万元	9071	28583	105927	229467	437107	470411
更新改造	万元		688	91624	222786	221105	269403
房地产开发	万元		3310	57073	90825	88560	134322
社会消费品零售总额	万元	36001	51731	（新口径） 125416	193325	217929	242321
#城镇	万元				125233	147603	167963
乡村	万元				68092	70326	74359
财政总收入	万元	6505	13515	33036	50953	54500	60195
#公共财政预算收入	万元	4958	7694	18491	32694	35540	41806
城乡居民储蓄存款余额	万元	54307	105631	273685			
住户存款(人民币)	万元				514225	600602	680588
城镇单位在岗职工平均工资	元／人	5981	14123	33430	40064	48119	55970
城镇居民人均可支配收入	元／人		6972	15422	21091	23242	24939
城镇居民人均生活消费支出	元／人	2858	5046	9770	12580	13805	14983
#食品	元／人	1579	2217	3883	5641	6217	6658
农民人均纯收入	元／人	1085	1794	3370	5280	5966	6586
农村居民人均生活消费支出	元／人	987	1572	2786	4554	5176	5700
#食品	元／人	671	1085	1437	2161	2412	2656

1-11 三江侗族自治县主要年份主要指标

指标名称	单位	2000年	2005年	2010年	2013年	2014年	2015年
年末总人口(户籍人口)	万人	34.22	35.73	37.51	38.80	39.33	39.60
常住人口	万人			29.72	30.30	30.46	30.64
#城镇人口	万人			4.41	6.10	6.73	7.26
从业人数	人	172561	199819	229902	217647	219739	224920
#第一产业	人	140200	109209	138093	125327	126996	129327
地区生产总值(现价)	万元	61694	110365	285384	348194	392028	427199
第一产业	万元	23953	37634	84016	146714	159458	170726
第二产业	万元	13131	37333	124828	96365	94391	88979
#工业	万元	6666	33660	88108	48748	41153	34613
第三产业	万元	24610	35398	76540	105115	138179	167494
全部工业总产值	万元	28401	30862	240066	132554	132215	97134
轻工业	万元	17670	8465	143095	77565	67658	51277
重工业	万元	10731	22397	96971	54989	64557	45858
规模以上工业总产值	万元	9893	12189	67067	63425	60406	44855
轻工业	万元	2848	199	18847	31940	23855	19387
重工业	万元	7045	11990	48221	31485	36551	25469
农林牧渔业总产值	万元	36744	59064	131461	228926	256987	275565
#农业	万元	18629	22396	65137	142642	167637	180366
林业	万元	3723	8359	18929	25055	25143	27389
畜牧业	万元	12592	25823	38587	51324	53499	56082
渔业	万元	1800	1628	2461	3177	3576	4328

1-11 续表

指标名称	单位	2000年	2005年	2010年	2013年	2014年	2015年
粮食总产量	万吨	7.64	6.29	6.22	6.74	6.94	6.96
甘蔗总产量	万吨	0.01	0.02	0.56	0.86	0.74	0.69
肉类总产量	万吨	1.36	2.24	1.83	1.89	1.89	1.89
蔬菜总产量	万吨	4.87	4.13	4.97	5.83	6.23	6.48
水果总产量	万吨	0.21	0.54	0.84	1.00	1.03	1.16
水产品总产量	万吨	0.18	0.24	0.28	0.33	0.36	0.38
全社会固定资产投资	万元	15051	24599	426071	665518	717439	658755
#基本建设	万元	7638	15262	177471	324678	326740	364217
更新改造	万元	61	2010	86023	52091	69623	68044
房地产开发	万元		974	66031	75979	48117	30678
社会消费品零售总额	万元	17033	40988	（新口径）100382	153437	172787	189636
#城镇	万元				106368	100227	101422
乡村	万元				47070	72561	88213
财政总收入	万元	4106	6080	19035	26183	27806	32817
#公共财政预算收入	万元	3419	4026	11212	16691	17133	20373
城乡居民储蓄存款余额	万元	30620	63550	179647			
住户存款(人民币)	万元				324592	379789	427090
城镇单位在岗职工平均工资	元/人	6446	13324	31349	38490	40593	58344
城镇居民人均可支配收入	元/人		7338	14997	20252	21994	23776
城镇居民人均生活消费支出	元/人	3750	5002	9040	11039	12134	13231
#食品	元/人	1745	2378	3870	4333	4740	5077
农民人均纯收入	元/人	1188	1903	3562	5420	6060	6672
农村居民人均生活消费支出	元/人	1337	1636	2776	5682	6465	7077
#食品	元/人	791	1087	1491	2746	3111	3439

1-12 社会经济主要指标

（2015年）

指标名称	计量单位	全市	市区	柳江县	柳城县
一、人口、从业人员、土地及水资源					
(一)人口					
年末总人口	人	3816233	1194966	563713	409415
年平均人口	人	3797797	1185478	560697	408585
年出生人口	人	57719	15847	8899	6153
年死亡人口	人	17898	4544	2390	2196
年末总户数	户	1124703	386562	152166	124882
常住人口	万人	392.27	159.63	59.82	36.53
(二)从业人员					
从业人员	人	2707362	1106642	354438	249723
#第一产业	人	951476	39506	154968	160609
城镇从业人员	人	1316762	996642	75738	46623
#城镇国有经济	人	209090	136992	17414	11190
城镇集体经济	人	12940	9282	929	320
港澳台投资经济	人	6678	6632		
外商投资经济	人	41631	40947	225	
城镇私营经济	人	445684	358938	20621	13020
城镇个体	人	254540	127902	28623	16026
乡村从业人员	万人	139.06	11	27.87	20.31
年末城镇登记失业人员数	人	28336	19926	1160	1450
(三)土地面积及水资源					
行政区域土地面积	平方公里	18597	1017	2537	2114
#建成区面积	平方公里	247.31	183.92	18.14	6.98
城市现状建设用地面积	平方公里	240.95	183.92	17.14	6.98
#居住用地面积	平方公里	73.40	48.34	6.46	2.50
公共管理与公共服务用地面积	平方公里	23.55	17.34	0.65	1.48
工业用地面积	平方公里	48.03	41.67	1.86	0.52
水资源总量	亿立方米	288.3	7.23	37.27	34.08

1-12　续表1

指　　标　　名　　称	计量单位	鹿寨县	融安县	融水苗族自治县	三江侗族自治县
一、人口、从业人员、土地及水资源					
(一)人口					
年末总人口	人	409315	327395	515479	395950
年平均人口	人	408993	326668	512737	394639
年出生人口	人	6387	4346	7992	8095
年死亡人口	人	2248	1777	2504	2239
年末总户数	户	116902	105836	131674	106681
常住人口	万人	34.85	29.50	41.30	30.64
(二)从业人员					
从业人员	人	273021	211637	286981	224920
#第一产业	人	156032	134180	176854	129327
城镇从业人员	人	65821	43137	49081	39720
#城镇国有经济	人	12404	9743	12337	9010
城镇集体经济	人	1278	31	414	686
港澳台投资经济	人		46		
外商投资经济	人	400	59		
城镇私营经济	人	15393	11363	14258	12091
城镇个体	人	27257	18749	19293	16690
乡村从业人员	万人	20.72	16.85	23.79	18.52
年末城镇登记失业人员数	人	2522	893	826	1559
(三)土地面积及水资源					
行政区域土地面积	平方公里	2975	2898	4638	2417
#建成区面积	平方公里	13.10	10.41	9.15	5.61
城市建设用地面积	平方公里	10.69	9.93	7.80	4.49
#居住用地面积	平方公里	4.81	6.32	3.13	1.84
公共设施用地面积	平方公里	1.20	0.69	1.34	0.85
工业用地面积	平方公里	2.26	0.84	0.63	0.25
水资源总量	亿立方米	47.86	51.57	77.59	32.71

注:“年末总人口”至“年末总户数”为公安局户籍数据

1-12 续表2

指 标 名 称	计量单位	全 市	市 区	柳江县	柳城县
二、综合经济					
(一)地区生产总值(当年价格)	万元	22986169	16825461	2005163	1142063
第一产业增加值	万元	1671017	147988	365445	385731
第二产业增加值	万元	13001065	10397947	992418	415283
#工业增加值	万元	11749298	9721258	830839	339340
第三产业增加值	万元	8314087	6279526	647300	341049
人均地区生产总值	元	58869	105797	33714	31401
(二)财政、金融、保险					
财政总收入	万元	3438093	2982898	160277	76945
#公共财政预算收入	万元	1466765	1186137	85148	49144
#企业所得税	万元	105555	90218	5279	2363
个人所得税	万元	29074	25297	1314	655
公共财政预算支出	万元	3097184	1761495	232747	194442
#一般性公共服务支出	万元	233640	118051	22784	23368
科学技术支出	万元	36043	25628	2396	2497
教育支出	万元	669697	379859	48953	41326
文化体育与传媒支出	万元	55044	40038	1926	2669
医疗卫生与计划生育支出	万元	285491	117569	33149	26428
节能保护支出	万元	41992	18191	4204	3053
城乡社区事务支出	万元	425762	351573	15202	7262
交通运输支出	万元	114017	39702	3843	5286
社会保障和就业支出	万元	287170	124443	36033	21234
住房保障支出	万元	125504	56619	6224	9117
年末金融机构人民币存款余额	万元	28071181	22043368	1563542	812527
#住户存款	万元	12075887	7969847	1017726	607908
年末金融机构人民币贷款余额	万元	20320764	16237382	1306266	484382
保费收入	万元	433465			
#财产险	万元	178069			
人身险	万元	255396			
赔款、给付	万元	162094			
#财产险	万元	83058			
人身险	万元	79036			
三、农业					
总播种面积	公顷	400303	28760	88441	87403
#粮食作物	公顷	166274	8984	33800	32550
粮食产量	吨	850966	44535	175305	170572
甘蔗产量	吨	6754543	487833	1780999	2594859
蔬菜产量	吨	2077636	286294	788186	239431
水果产量	吨	850860	45130	111473	368005
肉类总产量	吨	227109	26350	52049	46413
奶类产量	吨	6737	5371	570	18
水产品产量	吨	75600	12152	16743	18348

1-12 续表3

指　标　名　称	计量单位	鹿寨县	融安县	融水苗族自治县	三江侗族自治县
二、综合经济					
(一)地区生产总值(当年价格)	万元	1245295	582413	758575	427199
第一产业增加值	万元	291508	158818	150801	170726
第二产业增加值	万元	575580	203302	327556	88979
#工业增加值	万元	444912	160266	218070	34613
第三产业增加值	万元	378207	220293	280218	167494
人均地区生产总值	元	36116	19834	18419	13984
(二)财政、金融、保险					
财政总收入	万元	83907	41054	60195	32817
#公共财政预算收入	万元	57264	26893	41806	20373
#企业所得税	万元	3022	1185	1876	1612
个人所得税	万元	659	359	478	312
公共财政预算支出	万元	227702	176593	303002	201203
#一般性公共服务支出	万元	19812	13490	19684	16451
科学技术支出	万元	1340	1287	1633	1262
教育支出	万元	36081	35671	77733	50074
文化体育与传媒支出	万元	2751	1635	2356	3669
医疗卫生与计划生育支出	万元	27462	22364	33888	24631
节能保护支出	万元	6047	4658	3051	2788
城乡社区事务支出	万元	15486	5983	23965	6291
交通运输支出	万元	8146	9181	29474	18385
社会保障和就业支出	万元	24672	29331	34836	16621
住房保障支出	万元	16386	11113	14553	11492
年末金融机构人民币存款余额	万元	1301284	702745	968086	679629
#住户存款	万元	873999	498729	680588	427090
年末金融机构人民币贷款余额	万元	1027938	376168	552862	335766
保费收入	万元				
#财产险	万元				
人身险	万元				
赔款、给付	万元				
#财产险	万元				
三、农业					
总播种面积	公顷	80221	43948	45001	26529
#粮食作物	公顷	32578	20677	23618	14067
粮食产量	吨	170866	101245	118811	69632
甘蔗产量	吨	1057453	447289	379178	6932
蔬菜产量	吨	384519	172426	141998	64782
水果产量	吨	134701	125168	54775	11608
肉类总产量	吨	32731	21729	28979	18858
奶类产量	吨	778			
水产品产量	吨	9893	6778	7867	3819

1-12　续表4

指　标　名　称	计量单位	全　市	市　区	柳江县	柳城县
四、工业					
规模以上工业法人单位					
工业企业数	个	818	532	111	39
工业总产值(当年价)	万元	44552506	38415918	2688096	872175
从业人员年平均人数	人	271287	204496	24925	8400
流动资产合计	万元	17730394	15856472	958977	300125
固定资产合计	万元	9444883	7762818	446696	404504
主营业务收入	万元	41307709	36523396	1819095	681389
主营业务成本	万元	36495942	32225438	1616373	608027
主营业务税金及附加	万元	1094352	1063101	9589	2360
本年应交增值税	万元	960616	832208	49324	17464
利润总额	万元	964884	821655	56078	21311
五、交通运输、邮电通信及能源电力					
(一)交通运输					
铁路客运量	万人	1012			
铁路货运量	万吨	474			
公路客运量	万人	2591	1471	172	104
公路货运量	万吨	14650	6341	6564	446
水运客运量	万人	21	21		
水运货运量	万吨	809	498	24	192
民用航空客运量	人	531088	531088		
民用航空货邮运量	吨	1735	1735		
内河港口货物吞吐量(规模以上)	万吨	234	223		
公路里程	公里	8398			
#境内等级公路里程	公里	7176			
#境内高速公路里程	公里	261			
民用汽车拥有量	辆	467384			
#私人汽车拥有量	辆	407412			
(二)邮电通信					
年末邮政局(所)数	处	118	24	18	13
邮电业务总量	万元	644149		57024	33454
#3G移动电话用户	万户	238.22			
互联网宽带接入用户数	万户	81.93			
(三)能源电力					
规模以上工业综合能源消费量	万吨标准煤	1064.63	977.36	12.62	22.80
全年用电量	万千瓦时	1175384	832719	80511	59433
#工业用电	万千瓦时	745676	550530	46577	36500
城乡居民生活用电	万千瓦时	236812	132645	27078	15444

1-12 续表5

指　标　名　称	计量单位	鹿寨县	融安县	融水苗族自治县	三江侗族自治县
四、工业					
规模以上工业法人单位					
工业企业数	个	48	41	35	12
工业总产值(当年价)	万元	1484973	468191	578297	44855
从业人员年平均人数	人	20540	6349	5360	1217
流动资产合计	万元	379775	149801	64051	21193
固定资产合计	万元	525153	70470	206613	28629
主营业务收入	万元	1309115	409964	518774	46059
主营业务成本	万元	1161126	376572	472618	35788
主营业务税金及附加	万元	14836	2465	1769	233
本年应交增值税	万元	34210	10330	15676	1404
利润总额	万元	42567	8132	9467	5675
五、交通运输、邮电通信及能源电力					
(一)交通运输					
铁路客运量	万人				
铁路货运量	万吨				
公路客运量	万人	118	226	342	158
公路货运量	万吨	779	205	166	148
水运客运量	万人				
水运货运量	万吨	17	40	34	5
民用航空客运量	人				
民用航空货邮运量	吨				
内河港口货物吞吐量(规模以上)	万吨	10			
公路里程	公里				
#境内等级公路里程	公里				
#境内高速公路里程	公里				
民用汽车拥有量	辆				
#私人汽车拥有量	辆				
(二)邮电通信					
年末邮政局(所)数	处	14	12	21	16
邮电业务总量	万元	45336	30904	42075	29058
#3G移动电话用户	万户				
互联网宽带接入用户数	万户				
(三)能源电力					
规模以上工业综合能源消费量	万吨标准煤	39.10	5.46	6.31	0.98
全年用电量	万千瓦时	107894	24578	39248	31002
#工业用电	万千瓦时	82876	7646	9507	12039
城乡居民生活用电	万千瓦时	16029	11051	23401	11165

1-12 续表6

指 标 名 称	计量单位	全 市	市 区	柳江县	柳城县
六、内外贸易、外经、旅游					
社会消费品零售总额	万元	9441089	7695245	414747	317271
货物进口额(海关数)	万美元	144733			
货物出口额(海关数)	万美元	77924			
外商直接投资合同项目	个	5	4	1	
当年实际使用外资额	万美元	1614	1614		
入境游客人数	人	181221	40314	443	
#外国人	人	126170	17725	206	
港、澳、台同胞	人	55051	22589	177	
国际旅游(外汇)收入	万美元	7254.48	1176.69	16.81	
国内旅游人数	万人次	2901.14	1621.46	128.15	142.86
国内旅游总收入	亿元	281.02	193.16	8.06	6.85
星级饭店数	个	46	26	1	1
七、固定资产投资					
(一)固定资产投资					
全社会固定资产投资总额	万元	20828907	13235999	2208745	1105836
#固定资产投资(不含农户)	万元	20505482	13235999	2178809	1062885
#房地产开发投资	万元	3016449	2500522	70538	104406
#住宅	万元	2179616	1764156	57680	85536
(二)房地产					
商品房销售面积	万平方米	329.15	214.34	35.56	18.99
#住宅	万平方米	288.09	176.81	35.13	17.00
商品房销售额	万元	2203896	1770863	177408	57951
#住宅	万元	1737614	1329159	172724	47926
待售面积	万平方米	96.20	56.88	4.10	3.81
(三)保障性住房建设					
保障性住房本年完成投资	万元	108556	92471	2627	2139
#廉租房	万元	30350	24159	1288	761
保障性住房施工面积	万平方米	162.52	133.93	4.36	3.30
#廉租房	万平方米	43.80	28.44	1.88	1.53
保障性住房竣工面积	万平方米	54.14	46.42	3.45	0.30

1-12　续表7

指　标　名　称	计量单位	鹿寨县	融安县	融水苗族自治县	三江侗族自治县
六、内外贸易、外经、旅游					
社会消费品零售总额	万元	334237	247631	242321	189636
货物进口额(海关数)	万美元				
货物出口额(海关数)	万美元				
外商直接投资合同项目	个				
当年实际使用外资额	万美元				
入境游客人数	人	66		27208	113190
#外国人	人	21		15820	92427
港、澳、台同胞	人	45		11388	20763
国际旅游(外汇)收入	万美元	2.63		1028.11	5030.23
国内旅游人数	万人次	184.22	128.50	299.91	396.06
国内旅游总收入	亿元	12.81	11.07	23.77	25.29
星级饭店数	个	3	5	3	7
七、固定资产投资					
(一)固定资产投资					
全社会固定资产投资总额	万元	1668616	885452	1065504	658755
#固定资产投资(不含农户)	万元	1667373	885452	891488	583476
#房地产开发投资	万元	113830	62153	134322	30678
#住宅	万元	90414	48775	107511	25544
(二)房地产					
商品房销售面积	万平方米	18.41	14.96	18.47	8.42
#住宅	万平方米	18.27	14.75	18.37	7.75
商品房销售额	万元	65431	58183	50266	23794
#住宅	万元	63623	54448	49509	20225
待售面积	万平方米	15.63	2.07	9.14	4.58
(三)保障性住房建设					
保障性住房本年完成投资	万元	2502	348	4070	4399
#廉租房	万元	714	348	1640	1440
保障性住房施工面积	万平方米	5.10	0.46	8.67	6.71
#廉租房	万平方米	3.04	0.46	5.06	3.38
保障性住房竣工面积	万平方米	1.54		0.65	1.79

1-12 续表8

指标名称	计量单位	全市	市区	柳江县	柳城县
八、教育、科技、体育、文化及卫生					
(一)教育					
学校数					
普通高等学校	所	6	6		
中等职业教育学校	所	27	20	1	1
普通中学	所	158	63	18	17
小学	所	577	128	113	46
专任教师数					
普通高等学校	人	3422	3422		
中等职业教育学校	人	2350	1904	98	41
普通中学	人	12784	6007	1428	1151
小学	人	14411	5352	2163	1600
在校学生数					
普通高等学校	人	72286	72286		
中等职业教育学校	人	77381	69537	2136	473
普通中学	人	180984	84314	18250	13384
小学	人	296109	117489	39754	21927
成人高等教育学校在校学生数	人	31492	31492		
(二)科技					
规模以上工业科技活动人员	人	18733			
规模以上工业R&D人员数	人	11021			
规模以上工业R&D内部经费支出	万元	347697			
专利申请受理量	项	8743	7205	478	241
专利申请授权量	项	2559	2243	155	23
#发明	项	1515	1349	84	14
(三)体育					
体育场馆数	个	16	5		1
(四)文化					
剧场、影剧院数	个	7	2	1	1
公共图书馆图书总藏量	千册、件	2031.13	1254.08	123.10	96.70
广播节目综合人口覆盖率	%	95.76	100	99.64	99.63
医生数(执业医师+执业助理医师)	人	9533	6368	639	525
注册护士	人	12677	8741	793	618
九、人民生活社会保障					
在岗职工平均人数(含劳务)	人	552870	456206	23984	15939
在岗职工工资总额(含劳务)	万元	2997837	2470650	126480	91160

1-12　续表9

指　标　名　称	计量单位	鹿寨县	融安县	融水苗族自治县	三江侗族自治县
八、教育、科技、体育、文化及卫生					
(一)教育					
学校数					
普通高等学校	所				
中等职业教育学校	所	1	2	1	1
普通中学	所	7	14	23	16
小学	所	24	30	65	171
专任教师数					
普通高等学校	人				
中等职业教育学校	人	146	36	87	38
普通中学	人	785	904	1478	1031
小学	人	1190	1215	1691	1200
在校学生数					
普通高等学校	人				
中等职业教育学校	人	1636	643	2115	841
普通中学	人	13549	12853	22004	16630
小学	人	25435	18693	39283	33528
成人高等教育学校在校学生数	人				
(二)科技					
规模以上工业科技活动人员	人				
规模以上工业R&D人员数	人				
规模以上工业R&D内部经费支出	万元				
专利申请受理量	项	372	153	126	168
专利申请授权量	项	62	20	25	31
#发明	项	36	7	16	9
(三)体育					
体育场馆数	个	6	2	1	1
(四)文化					
剧场、影剧院数	个	1		1	1
公共图书馆图书总藏量	千册、件	158.99	90.00	192.10	116.15
广播节目综合人口覆盖率	%	96.01	85.49	85.61	95.02
医生数(执业医师+执业助理医师)	人	745	443	523	290
注册护士	人	714	568	801	442
九、人民生活社会保障					
在岗职工平均人数(含劳务)	人	20894	12718	14334	8795
在岗职工工资总额(含劳务)	万元	108049	69958	80227	51314

1-12　续表10

指　标　名　称	计量单位	全　市	市　区	柳江县	柳城县
城镇居民人均可支配收入	元	28722	30798	26906	24071
城镇居民人均消费支出	元	18314	20373	16782	15573
(1)食品	元	7428	8316	6614	6321
(2)衣着用品	元	1308	1540	1248	1195
(3)生活用品及服务	元	1264	1383	1529	1095
(4)医疗保健	元	1040	1152	962	885
(5)交通和通信	元	2671	2877	1812	2044
(6)娱乐、教育、文化服务	元	2158	2501	1802	1938
(7)居住	元	1915	2011	2239	1645
城镇每百户居民家庭拥有：					
(1)家用汽车	辆	31	36	19	46
(2)家用电脑	台	76	98	49	92
城镇居民人均住房建筑面积	平方米	45.57	32.00	48.43	52.77
居民消费价格指数(上年为100)	%	101.7	101.7		
城镇职工基本养老保险参保人数	人	907016	694383	47098	41823
城乡居民社会养老保险参保人数	人	1034125	56892	228315	125473
城镇职工基本医疗保险参保人数	人	814788	647766	37750	28092
城镇居民基本医疗保险参保人数	人	695648	503496	32990	28067
失业保险参保人数	人	367898	287733	20765	13258
工伤保险参保人数	人	506245	399320	26349	15778
社会福利院数	个	136	24	29	27
社会福利院床位数	张	10172	5960	1020	860
社区服务设施数	个	249	200	15	11
城镇居民最低生活保障人数	人	27852	11114	469	1071
十、社会治安					
交通事故死亡人数	人	194	77	36	17
交通事故损失额	万元	72.67	39.31	15.30	2.04
犯罪人数	人	5740	3229	643	416
十一、市政公用事业					
城市维护建设资金支出	万元	1029106	987071	6082	4005
年末实有城市道路面积	万平方米	2470.56	1962.75	167.14	73.00
排水管道长度	公里	1727.81	1315.64	119.42	24.50

1-12　续表11

指　　标　　名　　称	计量单位	鹿寨县	融安县	融水苗族自治县	三江侗族自治县
城镇居民人均可支配收入	元	27111	24110	24939	23776
城镇居民人均消费支出	元	13837	14370	14983	13231
(1)食品	元	5393	6811	6658	5077
(2)衣着用品	元	992	916	1261	1077
(3)生活用品及服务	元	833	1091	870	858
(4)医疗保健	元	556	834	942	1306
(5)交通和通信	元	2173	1134	1792	1312
(6)娱乐、教育、文化服务	元	1558	1833	1162	1882
(7)居住	元	2104	1229	2009	1503
城镇每百户居民家庭拥有：					
(1)家用汽车	辆	42	10	18	34
(2)家用电脑	台	98	52	40	59
城镇居民人均住房建筑面积	平方米	36.32	55.62	56.64	42.37
居民消费价格指数(上年为100)	%				
城镇职工基本养老保险参保人数	人	48075	31831	29590	14216
城乡居民社会养老保险参保人数	人	141590	92686	232431	156738
城镇职工基本医疗保险参保人数	人	37508	22705	25501	15466
城镇居民基本医疗保险参保人数	人	30385	28152	58723	13835
失业保险参保人数	人	19554	9218	12541	4829
工伤保险参保人数	人	27065	15710	16711	5312
社会福利院数	个	17	16	15	12
社会福利院床位数	张	750	550	580	452
社区服务设施数	个	6	8	5	2
城镇居民最低生活保障人数	人	2825	1864	4002	6507
十、社会治安					
交通事故死亡人数	人	18	18	13	15
交通事故损失额	万元	1.90	3.21	4.96	5.95
犯罪人数	人	561	257	330	304
十一、市政公用事业					
城市维护建设资金支出	万元	4422	2439	18914	6173
年末实有城市道路面积	万平方米	89	75	49	55
排水管道长度	公里	90	78	55	45

1-12 续表12

指　标　名　称	计量单位	全市	市区	柳江县	柳城县
售水量	万吨	46571	40397	1316	708
#居民家庭用水量	万吨	11855	9437	540	257
用水人口	万人	216.54	160.34	10.85	6.00
煤气(人工、天然气)供气总量	万立方米	10118	10053		
#家庭用量	万立方米	6438	6376		
用煤气人口	万人	92.7	92.1		
液化石油气供气总量	吨	57159	46832	2728	785
#家庭用量	吨	29144	19867	2342	693
用液化气人口	万人	95.95	62.90	10.02	3.30
年末实有公共汽(电)车营运车辆数	辆	1300	1096	19	28
全年公共汽(电)车客运总量	万人次	23474	22257	88	158
年末实有出租汽车数	辆	2379	2079		50
绿地面积	公顷	9377	7746	392	141
#公园绿地面积	公顷	2700	2187	101	6
建成区绿化覆盖面积	公顷	9648	8024	362	155
十二、环境保护					
工业废水排放量	万吨	7354	4727	748	614
工业二氧化硫产生量	吨	116597	92211	1474	2173
工业二氧化硫排放量	吨	41865	31797	1244	1535
工业烟(粉)尘排放量	吨	2810612	2433132	17890	13565
一般工业固体废物综合利用率	%	97.48	97.07	99.91	98.20
污水处理厂集中处理率	%	49.63	48.07	60.07	88.49
生活垃圾无害化处理率	%	99.69	100.00	100.00	100.00

1-12 续表13

指 标 名 称	计量单位	鹿寨县	融安县	融水苗族自治县	三江侗族自治县
售水量	万吨	2702	496	557	395
#居民家庭用水量	万吨	636	308	362	315
用水人口	万人	12.24	10.55	10.67	5.89
煤气(人工、天然气)供气总量	万立方米		1		65
#家庭用量	万立方米		1		62
用煤气人口	万人		0.1		0.5
液化石油气供气总量	吨	2249	1737	1850	978
#家庭用量	吨	1820	1710	1812	900
用液化气人口	万人	6.50	4.03	6.20	3.00
年末实有公共汽(电)车营运车辆数	辆	81	21	26	29
全年公共汽(电)车客运总量	万人次	504	151	47	270
年末实有出租汽车数	辆	30	60	80	80
绿地面积	公顷	467	244	153	234
#公园绿地面积	公顷	131	149	54	71
建成区绿化覆盖面积	公顷	505	231	189	182
十二、环境保护					
工业废水排放量	万吨	879	163	125	98
工业二氧化硫产生量	吨	6392	13247	576	523
工业二氧化硫排放量	吨	5742	553	492	503
工业烟(粉)尘排放量	吨	303079	13963	27470	1514
一般工业固体废物综合利用率	%	99.53	100.00	86.96	100.00
污水处理厂集中处理率	%	25.84	100.00	100.00	72.14
生活垃圾无害化处理率	%	100.00	94.00	100.00	100.00

1-13 人均主要社会经济指标

（2015年）

指 标 名 称	单 位	全 市	市 区	柳江县	柳城县
地区生产总值	元	58869	105797	33714	31401
农林牧渔业总产值	元	7329	1623	10674	18448
全部工业总产值	元	116432	244061	48883	25179
全社会固定资产投资额	元	53345	83227	37137	30405
财政收入	元	8805	18756	2695	2116
住户存款(人民币)	元	30927	50114	17112	16715
社会消费品零售总额	元	24179	48387	6973	8723
在岗职工年平均工资	元	54223	54156	52735	57193
城镇居民人均可支配收入	元	28722	30798	26906	24071
城镇居民人均消费性支出	元	18314	20373	16782	15573
城镇居民人均住房建筑面积	平方米	45.57	32.00	48.43	52.77
农民人均纯收入	元	9449		11253	10954
农村居民人均消费支出	元	7872		7502	9232
农村居民人均住房面积	平方米	40.20		37.42	44.19
粮食总产量	公斤	217.94	28.00	294.75	468.99
油料产量	公斤	8.00	1.61	5.82	23.51
蔬菜产量	公斤	532.10	180.02	1325.24	658.32
肉类总产量	公斤	58.16	16.57	87.43	127.58
水果产量	公斤	217.91	28.38	187.43	1011.84
水产品产量	公斤	19.36	7.64	28.15	50.45
甘蔗产量	公斤	1729.89	306.75	2994.53	7134.61
普通高等学校在校学生数	人/万人	185.13	454.53		
普通中学在校学生	人/万人	463.51	530.16	306.85	368.00
小学在校学生	人/万人	758.36	738.76	668.42	602.89
医院数	个/万人	0.18	0.28	0.05	0.11
医院病床数	张/万人	42.67	74.38	15.28	21.01
卫生技术人员	人/万人	74.37	117.15	32.92	46.33
#执业(助理)医生	人/万人	24.41	40.04	10.74	14.43

注:以常住平均人口计算

1-13 续表

指标名称	单位	鹿寨县	融安县	融水苗族自治县	三江侗族自治县
地区生产总值	元	36116	19834	18419	13984
农林牧渔业总产值	元	241679	9440	6357	9020
全部工业总产值	元	782833	17770	15541	3180
全社会固定资产投资额	元	48394	30153	25871	21563
财政收入	元	2433	1398	1462	1074
住户存款(人民币)	元	25348	16984	16525	13980
社会消费品零售总额	元	9694	8433	5884	6207
在岗职工年平均工资	元	51713	55007	55970	58344
城镇居民人均可支配收入	元	27111	24110	24939	23776
城镇居民人均消费性支出	元	13837	14370	14983	13231
城镇居民人均住房建筑面积	平方米	36.32	55.62	56.64	42.37
农民人均纯收入	元	10394	9245	6586	6672
农村居民人均消费支出	元	9580	7988	5700	7077
农村居民人均住房面积	平方米	58.45	37.82	30.50	25.49
粮食总产量	公斤	495.55	344.78	288.48	227.93
油料产量	公斤	29.32	7.47	6.42	5.65
蔬菜产量	公斤	1115.19	587.18	344.78	212.05
肉类总产量	公斤	94.84	73.90	70.41	61.87
水果产量	公斤	390.66	426.25	133.00	38.00
水产品产量	公斤	28.69	23.08	19.10	12.50
甘蔗产量	公斤	3066.86	1523.20	920.67	22.59
普通高等学校在校学生数	人/万人				
普通中学在校学生	人/万人	392.95	437.70	534.27	544.35
小学在校学生	人/万人	737.67	636.57	953.82	1097.48
医院数	个/万人	0.23	0.10	0.10	0.07
医院病床数	张/万人	31.44	27.58	19.45	15.16
卫生技术人员	人/万人	59.31	49.99	48.71	40.79
#执业(助理)医生	人/万人	21.61	15.09	12.70	9.49

国 民 经 济 核 算　2

2-1 全市主要年份生产总值

（按当年价格计算） 单位：万元

年 份	全市生产总值	第一产业	第二产业			第三产业	人均生产总值(元/人)
				工 业	建筑业		
1978	98855	27019	48554	45295	3259	23282	404
1979	108675	27601	53076	49421	3655	27998	433
1980	122626	31582	61107	56687	4420	29937	479
1981	134663	37325	65581	60898	4683	31757	515
1982	141015	39903	66813	62252	4561	34299	527
1983	162944	43071	77557	72653	4904	42316	599
1984	187443	45703	91363	84022	7341	50377	682
1985	231565	51831	115254	107677	7577	64480	829
1986	268713	59427	135671	125001	10670	73615	944
1987	355136	69296	188676	172691	15985	97164	1223
1988	427763	81178	215292	197850	17442	131293	1447
1989	490058	96067	240590	224289	16301	153401	1631
1990	528036	119845	242286	228818	13468	165905	1733
1991	616737	119699	288506	264066	24440	208532	2002
1992	763445	137308	364917	334164	30753	261220	2447
1993	1054758	162264	567131	527653	39478	325363	3335
1994	1415555	210434	789403	727967	61436	415718	4424
1995	1776440	292525	934628	856842	77787	549286	5483
1996	1787479	319305	825162	735552	89610	643012	5456
1997	2010666	335364	912614	820743	91870	762688	6082
1998	2168588	347415	960355	874845	85510	860818	6486
1999	2283722	356033	990930	911018	79912	936759	6765
2000	2515567	373637	1072641	996952	75689	1069289	7376
2001	2836845	393956	1198423	1115902	82521	1244466	8224
2002	3146334	428629	1355050	1240667	114383	1362655	9057
2003	3615749	446102	1687301	1506096	181205	1482346	10334
2004	4408317	545623	2260638	2035400	225238	1602056	12492
2005	5119996	589468	2661075	2417763	243312	1869453	14399
2006	6223355	657536	3457912	3197147	260765	2107907	17355
2007	7551234	771979	4379334	4075536	303798	2399921	20889
2008	9052560	855174	5436553	5057848	378705	2760833	24555
2009	10460537	904495	6364289	5880663	483626	3191753	28291
2010	13153120	1094811	8399572	7768445	631126	3658738	35230
2011	15797154	1358597	10036828	9232084	804744	4401729	41832
2012	18206066	1473784	11473552	10556912	916640	5258730	47795
2013	20201046	1513849	12068907	10966665	1102242	6618289	52603
2014	22085074	1600689	13125385	11911076	1214309	7359000	57049
2015	22986169	1671017	13001065	11749298	1251767	8314087	58869

注:2008年及以后年份人均生产总值按平均常住人口计算,2013年为经普核算数

2-2 全市主要年份生产总值构成

（按当年价格计算）　　　　单位：%

年　份	全市生产总值	第一产业	第二产业	工　业	建筑业	第三产业
1978	100.00	27.33	49.12	45.82	3.30	23.55
1979	100.00	25.40	48.84	45.48	3.36	25.76
1980	100.00	25.75	49.83	46.23	3.60	24.41
1981	100.00	27.72	48.70	45.22	3.48	23.58
1982	100.00	28.30	47.38	44.15	3.23	24.32
1983	100.00	26.43	47.60	44.59	3.01	25.97
1984	100.00	24.38	48.74	44.83	3.92	26.88
1985	100.00	22.38	49.77	46.50	3.27	27.85
1986	100.00	22.12	50.49	46.52	3.97	27.40
1987	100.00	19.51	53.13	48.63	4.50	27.36
1988	100.00	18.98	50.33	46.25	4.08	30.69
1989	100.00	19.60	49.09	45.77	3.33	31.30
1990	100.00	22.70	45.88	43.33	2.55	31.42
1991	100.00	19.41	46.78	42.82	3.96	33.81
1992	100.00	17.99	47.80	43.77	4.03	34.22
1993	100.00	15.38	53.77	50.03	3.74	30.85
1994	100.00	14.87	55.77	51.43	4.34	29.37
1995	100.00	16.47	52.61	48.23	4.38	30.92
1996	100.00	17.86	46.16	41.15	5.01	35.97
1997	100.00	16.68	45.39	40.82	4.57	37.93
1998	100.00	16.02	44.28	40.34	3.94	39.69
1999	100.00	15.59	43.39	39.89	3.50	41.02
2000	100.00	14.85	42.64	39.63	3.01	42.51
2001	100.00	13.89	42.24	39.34	2.91	43.87
2002	100.00	13.62	43.07	39.43	3.64	43.31
2003	100.00	12.34	46.67	41.65	5.01	41.00
2004	100.00	12.38	51.28	46.17	5.11	36.34
2005	100.00	11.51	51.97	47.22	4.75	36.51
2006	100.00	10.57	55.56	51.37	4.19	33.87
2007	100.00	10.22	57.99	53.97	4.02	31.78
2008	100.00	9.45	60.06	55.87	4.18	30.50
2009	100.00	8.65	60.84	56.22	4.62	30.51
2010	100.00	8.32	63.86	59.06	4.80	27.82
2011	100.00	8.60	63.54	58.44	5.09	27.86
2012	100.00	8.10	63.02	57.99	5.03	28.88
2013	100.00	7.49	59.74	54.29	5.46	32.76
2014	100.00	7.25	59.43	53.93	5.50	33.32
2015	100.00	7.27	56.56	51.11	5.45	36.17

2-3 全市主要年份生产总值指数

（按可比价格计算，以上年为100） 单位：%

年份	全市生产总值	第一产业	第二产业	工业	建筑业	第三产业	人均生产总值
1978	106.64	104.65	106.43	107.15	99.38	109.47	103.72
1979	104.47	98.78	106.83	108.09	93.45	106.56	101.94
1980	112.87	104.77	116.73	116.47	119.86	114.18	110.50
1981	106.39	110.68	104.92	106.22	89.43	105.04	104.25
1982	105.17	103.37	105.03	105.59	97.15	107.32	102.70
1983	109.85	105.50	108.90	108.98	107.67	116.06	108.04
1984	114.01	101.75	121.05	120.39	131.20	112.48	112.86
1985	120.06	102.23	127.88	128.24	122.67	119.58	118.21
1986	113.17	105.68	118.54	119.36	106.25	107.27	111.02
1987	117.01	108.94	115.38	114.16	135.85	126.39	114.72
1988	107.62	96.45	105.44	105.89	99.18	118.89	105.67
1989	102.74	111.17	100.76	101.76	85.69	102.32	101.08
1990	102.77	106.40	100.56	100.96	93.42	104.92	101.38
1991	111.51	98.08	113.90	113.49	119.71	117.02	110.32
1992	119.22	115.13	120.16	120.45	116.39	120.16	117.69
1993	110.27	105.01	122.98	123.81	113.31	101.65	108.78
1994	115.14	100.65	130.72	130.35	135.40	105.59	113.81
1995	116.52	114.66	117.76	116.83	129.15	115.75	115.08
1996	102.17	108.34	98.74	97.39	113.70	103.96	114.00
1997	115.04	110.84	110.35	110.78	106.33	122.84	106.68
1998	107.89	101.81	105.57	106.65	94.84	113.03	106.30
1999	107.32	106.83	105.86	106.30	100.98	109.05	107.90
2000	109.01	105.33	108.69	109.63	97.59	110.70	109.80
2001	111.05	106.76	112.17	112.84	103.40	111.41	111.09
2002	113.65	106.92	117.82	115.80	146.88	111.70	113.24
2003	111.89	104.55	117.15	112.38	171.19	108.65	111.89
2004	114.21	107.93	120.40	120.49	119.73	109.04	113.24
2005	114.00	107.27	117.51	118.64	106.64	111.61	113.13
2006	115.23	107.96	121.02	122.53	106.01	109.29	114.27
2007	115.55	106.82	119.37	119.91	113.11	112.24	114.62
2008	114.05	105.14	118.63	119.16	112.20	109.01	113.90
2009	116.26	105.36	120.11	119.14	132.44	112.40	115.47
2010	115.84	105.44	120.41	119.94	125.70	109.76	114.72
2011	110.82	105.74	111.71	111.25	117.30	110.30	110.30
2012	111.51	106.12	111.70	111.59	113.00	112.60	110.54
2013	109.98	103.53	109.84	108.93	120.37	111.95	109.09
2014	108.51	103.30	108.53	108.60	107.80	109.70	107.64
2015	107.19	103.30	105.23	105.15	106.03	112.40	106.27

2-4 市区主要年份生产总值

（按当年价格计算）　　单位:万元

年　份	市区生产总值	第一产业	第二产业	工　业	建筑业	第三产业	人均生产总值(元/人)
1978	55905	1859	39169	37125	2044	14877	1145
1979	64205	1813	42533	40147	2386	19859	1249
1980	70705	2052	47649	45129	2520	21004	1312
1981	74699	2146	51939	48903	3036	20614	1339
1982	77279	3521	51481	48889	2592	22277	1332
1983	94623	3811	62297	59005	3292	28515	1588
1984	111116	2696	73632	68853	4779	34788	1825
1985	141538	2914	94704	89874	4830	43920	2253
1986	167778	5173	112455	104039	8416	50150	2594
1987	229756	5239	154500	142130	12370	70017	3444
1988	279506	6562	179774	168162	11612	93170	4051
1989	319228	8699	201549	190264	11285	108980	4488
1990	328272	10383	200770	192414	8356	117119	4501
1991	396320	9484	240401	221317	19084	146435	5348
1992	504455	12594	306062	283222	22840	185799	6629
1993	711625	12372	470028	441984	28043	229226	9054
1994	955650	11037	636632	602913	33719	307981	11845
1995	1160272	28834	732885	699278	33607	398554	13989
1996	1113637	31424	610278	569687	40592	471935	13108
1997	1255106	32474	687907	645604	42303	534725	14485
1998	1370200	34847	737778	690294	47484	597574	15629
1999	1446761	34017	777911	729698	48213	634834	16386
2000	1605343	35139	837320	793367	43953	732883	17911
2001	1820851	37630	932710	883186	49524	850510	19880
2002	2022721	52613	1059104	979426	79678	911003	21636
2003	2476255	41303	1336274	1206047	130227	1098678	26030
2004	3033153	50262	1835493	1661729	173764	1147398	31409
2005	3466972	51812	2083031	1896473	186558	1332129	35399
2006	4289419	57832	2746718	2555464	191254	1484869	43051
2007	5063788	67006	3341470	3134123	207347	1655312	50023
2008	6070025	72358	4085126	3835793	249334	1912540	45451
2009	7088328	76160	4763276	4478540	284736	2248892	52397
2010	9111262	87659	6448970	6105815	343154	2574634	65260
2011	11389499	140087	8005516	7557421	448095	3243896	74167
2012	13237093	148327	9151767	8675446	476321	3936999	85307
2013	14921667	147132	9774161	9163547	610614	5000374	95152
2014	16348177	149319	10612587	9938125	674462	5586271	103394
2015	16825461	147988	10397947	9721258	676689	6279526	105797

注:2008年及以后年份人均生产总值按常住平均人口计算,2013年为经普核算数

2-5 市区主要年份生产总值构成

（按当年价格计算） 单位:%

年份	市区生产总值	第一产业	第二产业	工业	建筑业	第三产业
1978	100.00	3.33	70.06	66.41	3.66	26.61
1979	100.00	2.82	66.25	62.53	3.72	30.93
1980	100.00	2.90	67.39	63.83	3.56	29.71
1981	100.00	2.87	69.53	65.47	4.06	27.60
1982	100.00	4.56	66.62	63.26	3.35	28.83
1983	100.00	4.03	65.84	62.36	3.48	30.14
1984	100.00	2.43	66.27	61.96	4.30	31.31
1985	100.00	2.06	66.91	63.50	3.41	31.03
1986	100.00	3.08	67.03	62.01	5.02	29.89
1987	100.00	2.28	67.25	61.86	5.38	30.47
1988	100.00	2.35	64.32	60.16	4.15	33.33
1989	100.00	2.73	63.14	59.60	3.54	34.14
1990	100.00	3.16	61.16	58.61	2.55	35.68
1991	100.00	2.39	60.66	55.84	4.82	36.95
1992	100.00	2.50	60.67	56.14	4.53	36.83
1993	100.00	1.74	66.05	62.11	3.94	32.21
1994	100.00	1.15	66.62	63.09	3.53	32.23
1995	100.00	2.49	63.16	60.27	2.90	34.35
1996	100.00	2.82	54.80	51.16	3.64	42.38
1997	100.00	2.59	54.81	51.44	3.37	42.60
1998	100.00	2.54	53.84	50.38	3.47	43.61
1999	100.00	2.35	53.77	50.44	3.33	43.88
2000	100.00	2.19	52.16	49.42	2.74	45.65
2001	100.00	2.07	51.22	48.50	2.72	46.71
2002	100.00	2.60	52.36	48.42	3.94	45.04
2003	100.00	1.67	53.96	48.70	5.26	44.37
2004	100.00	1.66	60.51	54.79	5.73	37.83
2005	100.00	1.49	60.08	54.70	5.38	38.42
2006	100.00	1.35	64.03	59.58	4.46	34.62
2007	100.00	1.32	65.99	61.89	4.09	32.69
2008	100.00	1.19	67.30	63.19	4.11	31.51
2009	100.00	1.07	67.20	63.18	4.02	31.73
2010	100.00	0.96	70.78	67.01	3.77	28.26
2011	100.00	1.23	70.29	66.35	3.93	28.48
2012	100.00	1.12	69.14	65.54	3.60	29.74
2013	100.00	0.99	65.50	61.41	4.09	33.51
2014	100.00	0.91	64.92	60.79	4.13	34.17
2015	100.00	0.88	61.80	57.78	4.02	37.32

2-6 市区主要年份生产总值指数

（按可比价格计算，以上年为100） 单位：%

年 份	市区生产总值	第一产业	第二产业			第三产业	人均生产总值
				工 业	建筑业		
1978	108.07	102.41	108.87	109.18	103.95	106.95	101.83
1979	109.25	97.52	110.09	109.61	118.01	108.55	103.71
1980	114.12	104.95	113.66	113.34	118.65	115.91	108.93
1981	104.98	96.80	107.88	109.33	86.62	99.35	101.41
1982	104.30	149.66	101.70	102.71	82.97	106.94	100.27
1983	113.13	90.86	112.02	111.14	132.20	118.00	110.18
1984	120.14	108.64	123.49	123.70	119.36	114.00	117.56
1985	126.91	88.54	132.12	132.02	134.14	118.00	122.98
1986	119.37	119.91	121.53	121.67	118.81	113.80	115.95
1987	117.60	104.30	114.10	113.00	136.19	128.00	114.00
1988	108.70	102.02	106.35	107.50	87.09	114.76	105.10
1989	102.28	107.19	101.32	102.40	78.97	104.25	99.22
1990	100.89	108.17	99.75	100.07	91.20	103.06	98.39
1991	115.78	94.62	115.53	115.70	112.80	117.84	113.96
1992	120.12	129.39	119.05	119.41	113.00	121.41	116.98
1993	107.42	72.12	118.11	118.29	115.81	99.67	103.99
1994	115.64	107.68	127.62	129.58	101.48	102.95	112.66
1995	115.77	164.67	114.27	113.84	121.65	115.61	112.61
1996	95.96	109.14	92.91	92.30	102.60	99.19	93.68
1997	119.67	144.53	113.95	114.97	99.37	125.08	117.34
1998	113.94	98.70	113.86	113.21	124.71	115.25	112.61
1999	106.65	97.97	106.89	106.93	106.40	106.97	105.90
2000	110.03	83.35	111.73	112.87	94.45	109.81	108.39
2001	111.79	100.28	113.09	113.57	104.51	110.86	109.40
2002	115.84	105.70	119.46	116.72	173.07	112.07	113.49
2003	113.89	112.98	118.03	112.57	190.26	108.77	111.92
2004	115.86	110.51	121.14	121.40	119.10	108.97	114.13
2005	113.43	103.14	115.38	116.49	104.22	110.90	111.84
2006	116.27	109.41	122.49	124.52	101.48	106.82	114.29
2007	111.91	100.55	113.36	113.99	105.42	109.70	110.15
2008	114.89	107.09	118.32	119.02	108.69	108.76	113.59
2009	117.70	106.53	120.58	120.69	118.93	112.42	116.20
2010	117.00	102.20	121.28	121.61	116.43	108.45	113.37
2011	111.40	102.59	111.60	111.14	120.13	111.29	109.76
2012	111.69	102.54	111.24	111.58	105.46	113.18	110.52
2013	110.84	97.63	111.14	110.19	128.32	110.58	109.68
2014	108.62	99.66	108.09	108.09	108.08	110.25	107.73
2015	106.81	98.11	104.98	105.09	103.19	111.55	106.19

2-7 柳江县主要年份生产总值

（按当年价格计算） 单位：万元

年　份	生产总值	第一产业	第二产业	工　业	建筑业	第三产业	人均生产总值(元/人)
1978	9333	5940	1451	934	517	1942	243
1979	8011	5391	1450	930	520	1170	206
1980	10190	7219	1808	1231	577	1163	259
1981	12654	8791	1738	1275	463	2125	315
1982	12047	7781	2071	1463	608	2195	294
1983	12995	8656	1898	1351	547	2441	312
1984	14290	9120	2453	1658	795	2717	336
1985	16696	11080	2624	2027	597	2992	384
1986	17960	11571	3355	2866	485	3034	406
1987	22729	13887	4775	3965	810	4067	505
1988	31183	19647	5689	4128	1561	5847	685
1989	37532	21574	7686	6264	1422	8272	818
1990	40363	23770	8040	6616	1424	8553	881
1991	44473	21268	10161	9167	994	13044	950
1992	53041	24272	13027	11997	1030	15742	1116
1993	71584	29730	20023	17865	2158	21831	1485
1994	118313	51245	40601	37358	3243	26467	2431
1995	158404	66395	51108	44627	6481	40901	3228
1996	176514	71116	53917	46678	7239	51481	3579
1997	193904	74452	58571	51018	7553	60881	3914
1998	212274	74653	63954	56357	7597	73667	4221
1999	222351	75858	62832	56629	6203	83661	4344
2000	240636	81286	70146	63566	6580	89204	4641
2001	261735	86691	74179	66017	8162	100865	4980
2002	294237	91972	92080	86800	5280	110185	5563
2003	328263	109051	138100	119406	18694	81112	6190
2004	390546	130742	156127	141271	14856	103677	7320
2005	462316	138895	184195	168426	15769	139226	8616
2006	581823	159457	242874	219793	23081	179492	10783
2007	776836	187409	369759	335134	34625	219668	14447
2008	910919	206126	443753	399209	44544	261040	16952
2009	1015905	216061	516324	459704	56620	283520	18834
2010	1224676	251774	633961	555210	78751	338941	22219
2011	1451192	308887	751799	654792	97008	390505	25681
2012	1574472	326322	809324	693886	115438	438827	27632
2013	1693932	336056	834128	705898	128230	523748	29537
2014	1881325	351498	951703	799428	152275	578124	32256
2015	2005163	365445	992418	830839	161579	647300	33714

注:2008年及以后年份人均生产总值按常住平均人口计算,2013年为经普核算数

2-8 柳江县主要年份生产总值构成

（按当年价格计算） 单位：%

年份	生产总值	第一产业	第二产业	工业	建筑业	第三产业
1978	100.00	63.65	15.55	10.01	5.54	20.81
1979	100.00	67.29	18.10	11.61	6.49	14.60
1980	100.00	70.84	17.74	12.08	5.66	11.41
1981	100.00	69.47	13.73	10.08	3.66	16.79
1982	100.00	64.59	17.19	12.14	5.05	18.22
1983	100.00	66.61	14.61	10.40	4.21	18.78
1984	100.00	63.82	17.17	11.60	5.56	19.01
1985	100.00	66.36	15.72	12.14	3.58	17.92
1986	100.00	64.43	18.68	15.98	2.70	16.89
1987	100.00	61.10	21.01	17.44	3.56	17.89
1988	100.00	63.01	18.24	13.24	5.01	18.75
1989	100.00	57.48	20.48	16.69	3.79	22.04
1990	100.00	58.89	19.92	16.39	3.53	21.19
1991	100.00	47.82	22.85	20.61	2.24	29.33
1992	100.00	45.76	24.56	22.62	1.94	29.68
1993	100.00	41.53	27.97	24.96	3.01	30.50
1994	100.00	43.31	34.32	31.58	2.74	22.37
1995	100.00	41.91	32.26	28.17	4.09	25.82
1996	100.00	40.29	30.55	26.44	4.10	29.17
1997	100.00	38.40	30.21	26.31	3.90	31.40
1998	100.00	35.17	30.13	26.55	3.58	34.70
1999	100.00	34.12	28.26	25.47	2.79	37.63
2000	100.00	33.78	29.15	26.42	2.73	37.07
2001	100.00	33.12	28.34	25.22	3.12	38.54
2002	100.00	31.26	31.29	29.50	1.79	37.45
2003	100.00	33.22	42.07	36.38	5.69	24.71
2004	100.00	33.48	39.98	36.17	3.80	26.55
2005	100.00	30.04	39.84	36.43	3.41	30.11
2006	100.00	27.41	41.74	37.78	3.97	30.85
2007	100.00	24.12	47.60	43.14	4.46	28.28
2008	100.00	22.63	48.71	43.82	4.89	28.66
2009	100.00	21.27	50.82	45.25	5.57	27.91
2010	100.00	20.56	51.77	45.34	6.43	27.67
2011	100.00	21.29	51.81	45.12	6.68	26.91
2012	100.00	20.73	51.40	44.07	7.33	27.87
2013	100.00	19.84	49.24	41.67	7.57	30.92
2014	100.00	18.68	50.59	42.49	8.09	30.73
2015	100.00	18.23	49.49	41.43	8.06	32.28

2-9 柳江县主要年份生产总值指数

（按可比价格计算，以上年为100） 单位：%

年　份	生产总值	第一产业	第二产业	工　业	建筑业	第三产业	人均生产总值
1978	104.20	102.44	105.14	105.13	105.17	110.12	101.90
1979	85.47	88.77	89.26	88.93	89.84	69.83	84.09
1980	119.80	121.66	132.12	140.28	117.54	95.98	118.28
1981	111.28	108.73	94.32	101.60	78.77	155.12	109.68
1982	96.34	88.50	119.92	115.44	132.25	103.96	94.12
1983	101.43	104.59	83.13	83.74	81.67	112.27	99.61
1984	114.38	110.42	129.23	122.81	145.07	114.10	112.03
1985	114.31	115.93	106.96	122.23	75.13	116.57	111.90
1986	103.70	94.44	137.88	152.46	88.41	46.77	102.09
1987	114.42	104.78	119.26	115.95	138.62	295.14	112.46
1988	103.82	96.34	98.97	108.47	52.47	125.86	102.54
1989	114.87	113.93	125.44	112.32	258.21	107.36	114.08
1990	106.52	111.81	100.51	101.48	96.25	102.95	105.59
1991	110.00	99.99	109.14	119.76	59.83	130.61	108.68
1992	119.85	115.99	130.44	133.05	106.03	117.00	118.06
1993	119.58	106.06	141.36	137.11	191.07	119.88	117.94
1994	127.14	106.76	167.81	173.86	117.18	110.24	125.90
1995	127.71	116.96	119.89	113.14	203.63	154.37	126.67
1996	109.08	110.69	104.10	102.66	114.02	113.87	108.50
1997	101.49	119.40	93.61	95.30	83.13	93.76	101.07
1998	112.38	112.00	102.49	104.76	86.36	124.36	110.70
1999	109.86	105.57	112.47	115.70	84.62	112.01	107.91
2000	109.33	107.89	98.68	97.00	118.52	121.09	107.96
2001	108.66	108.75	103.68	102.06	119.27	112.48	107.20
2002	110.33	106.27	116.91	123.34	63.77	109.14	109.63
2003	117.03	102.60	138.81	132.47	214.00	107.48	116.73
2004	109.27	104.76	113.13	110.08	135.58	108.55	108.50
2005	111.79	105.01	115.04	115.98	104.78	114.80	111.15
2006	121.30	110.70	125.40	123.50	144.80	127.70	120.67
2007	127.40	107.60	150.50	151.00	145.60	113.10	127.87
2008	111.12	104.20	115.70	115.64	116.21	108.73	110.67
2009	111.39	104.32	115.07	113.31	131.31	110.40	110.97
2010	115.24	104.93	118.18	116.20	134.00	117.24	114.52
2011	110.90	106.04	114.09	114.20	113.32	108.54	110.18
2012	108.50	106.06	108.98	107.70	118.05	109.33	107.60
2013	108.70	104.57	108.15	107.68	111.19	112.37	108.00
2014	109.23	101.50	111.46	110.70	116.20	109.78	107.41
2015	106.21	102.97	104.05	103.20	109.14	111.94	104.15

注：“工　业”“建筑业”为“第二产业”下的分项。

2-10　柳城县主要年份生产总值

（按当年价格计算）　　单位：万元

年　份	生产总值	第一产业	第二产业			第三产业	人均生产总值(元/人)
				工　业	建筑业		
1978	5392	2995	1382	1040	342	1015	172
1979	5981	3010	1851	1491	360	1120	185
1980	7282	3029	2972	2253	719	1281	224
1981	9153	4449	3180	2564	616	1524	279
1982	11734	6516	3405	2980	425	1813	353
1983	12247	6632	3458	3168	290	2157	362
1984	11958	5930	3462	2777	685	2566	348
1985	15244	7897	4195	3319	876	3152	437
1986	18198	9441	5441	4880	561	3316	512
1987	22553	12134	7133	6397	736	3286	627
1988	27402	14570	8748	7218	1530	4084	758
1989	35085	19081	9127	7934	1193	6877	964
1990	41781	25068	9478	8608	870	7235	1138
1991	41158	22143	10667	9810	857	8348	1111
1992	42548	24413	9707	8465	1242	8428	1143
1993	60558	32448	17399	15661	1739	10710	1624
1994	77820	36852	26051	24211	1841	14917	2082
1995	105339	47303	40847	38621	2226	17189	2811
1996	118097	57384	39621	37261	2360	21092	3148
1997	143510	66048	46637	42998	3640	30825	3790
1998	164147	76622	47812	44614	3198	39713	4184
1999	161971	77062	37922	34954	2968	46987	4021
2000	180038	82106	44326	41304	3022	53606	4448
2001	203154	87451	53117	50070	3047	62586	4999
2002	222519	94410	56609	51759	4850	71500	5474
2003	217112	91620	53599	47245	6354	71892	5340
2004	259496	107926	67213	60100	7113	84357	6385
2005	288963	117682	79340	73080	6260	91941	7123
2006	346599	134603	109736	101339	8397	102260	8528
2007	414731	155635	144537	133562	10975	114559	10157
2008	480573	177848	176261	163073	13189	126464	13605
2009	528219	189099	196627	173135	23492	142493	14897
2010	658410	234424	259149	223288	35861	164837	18542
2011	796417	298496	307843	259114	48729	190078	22438
2012	919516	321697	365359	301691	63668	232460	25746
2013	966592	332271	372838	298923	73915	261483	26895
2014	1040870	357460	396946	323527	73418	286464	28805
2015	1142063	385731	415283	339340	75943	341049	31401

注:2008年及以后年份人均生产总值按常住平均人口计算,2013年为经普核算数

2-11 柳城县主要年份生产总值构成

（按当年价格计算）　　单位:%

年　份	生产总值	第一产业	第二产业	工　业	建筑业	第三产业
1978	100.00	55.55	25.63	19.29	6.34	18.82
1979	100.00	50.33	30.95	24.93	6.02	18.73
1980	100.00	41.60	40.81	30.94	9.87	17.59
1981	100.00	48.61	34.74	28.01	6.73	16.65
1982	100.00	55.53	29.02	25.40	3.62	15.45
1983	100.00	54.15	28.24	25.87	2.37	17.61
1984	100.00	49.59	28.95	23.22	5.73	21.46
1985	100.00	51.80	27.52	21.77	5.75	20.68
1986	100.00	51.88	29.90	26.82	3.08	18.22
1987	100.00	53.80	31.63	28.36	3.26	14.57
1988	100.00	53.17	31.92	26.34	5.58	14.91
1989	100.00	54.39	26.01	22.61	3.40	19.60
1990	100.00	60.00	22.68	20.60	2.08	17.32
1991	100.00	53.80	25.92	23.83	2.08	20.28
1992	100.00	57.38	22.81	19.90	2.92	19.81
1993	100.00	53.58	28.73	25.86	2.87	17.69
1994	100.00	47.36	33.48	31.11	2.37	19.17
1995	100.00	44.91	38.78	36.66	2.11	16.32
1996	100.00	48.59	33.55	31.55	2.00	17.86
1997	100.00	46.02	32.50	29.96	2.54	21.48
1998	100.00	46.68	29.13	27.18	1.95	24.19
1999	100.00	47.58	23.41	21.58	1.83	29.01
2000	100.00	45.60	24.62	22.94	1.68	29.77
2001	100.00	43.05	26.15	24.65	1.50	30.81
2002	100.00	42.43	25.44	23.26	2.18	32.13
2003	100.00	42.20	24.69	21.76	2.93	33.11
2004	100.00	41.59	25.90	23.16	2.74	32.51
2005	100.00	40.73	27.46	25.29	2.17	31.82
2006	100.00	38.84	31.66	29.24	2.42	29.50
2007	100.00	37.53	34.85	32.20	2.65	27.62
2008	100.00	37.01	36.68	33.93	2.74	26.32
2009	100.00	35.80	37.22	32.78	4.45	26.98
2010	100.00	35.60	39.36	33.91	5.45	25.04
2011	100.00	37.48	38.65	32.53	6.12	23.87
2012	100.00	34.99	39.73	32.81	6.92	25.28
2013	100.00	34.38	38.57	30.93	7.65	27.05
2014	100.00	34.34	38.14	31.08	7.05	27.52
2015	100.00	33.78	36.36	29.71	6.65	29.86

2-12 柳城县主要年份生产总值指数

（按可比价格计算，以上年为100） 单位：%

年 份	生产总值	第一产业	第二产业	工 业	建筑业	第三产业	人均生产总值
1978	93.57	94.02	84.18	87.77	66.51	125.00	83.78
1979	104.09	102.48	106.45	105.58	112.09	103.05	114.03
1980	119.00	114.49	121.23	123.95	104.60	126.20	118.30
1981	112.13	112.99	110.01	105.40	143.45	114.99	111.20
1982	114.38	116.70	111.98	117.80	80.97	113.98	112.83
1983	115.40	117.99	113.04	118.81	68.27	114.00	113.71
1984	106.78	97.67	114.96	105.98	236.14	112.94	105.14
1985	111.46	123.01	102.46	98.26	127.91	105.09	109.78
1986	108.34	108.00	107.99	117.44	64.03	109.99	106.32
1987	109.72	109.00	110.00	107.52	131.20	111.00	108.38
1988	108.32	106.98	108.45	94.23	207.86	111.54	107.73
1989	104.30	112.54	88.86	92.29	77.97	115.67	103.78
1990	111.58	109.24	105.15	113.73	72.93	127.41	110.56
1991	91.70	98.56	85.10	87.66	70.14	86.12	90.85
1992	112.75	122.14	106.66	117.61	26.56	98.35	112.14
1993	112.81	107.97	143.75	137.35	281.09	103.28	112.62
1994	108.30	99.94	129.10	131.55	103.41	109.31	108.07
1995	118.42	117.88	137.92	138.88	125.11	97.96	118.10
1996	107.47	107.74	104.17	104.05	105.95	111.88	107.32
1997	120.55	108.91	118.31	116.12	150.16	154.18	119.44
1998	116.68	113.11	115.36	117.19	94.78	124.74	112.64
1999	105.28	108.14	91.81	91.34	98.34	114.41	102.53
2000	109.26	107.54	110.56	111.00	104.88	110.90	108.72
2001	110.25	108.14	113.60	114.76	97.75	110.72	109.82
2002	110.40	108.72	113.16	109.19	176.87	110.56	110.37
2003	104.27	104.53	97.93	97.00	107.14	109.38	104.24
2004	110.13	106.53	116.78	117.97	106.12	110.03	110.19
2005	108.90	106.80	113.27	116.01	86.87	108.45	109.09
2006	112.31	108.31	111.51	109.67	132.68	118.10	112.10
2007	116.74	107.60	134.68	135.50	126.90	113.07	116.18
2008	108.19	104.50	109.95	110.08	108.55	110.67	108.48
2009	110.73	105.48	112.83	106.91	184.02	114.68	110.31
2010	110.43	106.45	111.14	106.00	147.06	114.21	110.79
2011	109.42	106.63	112.34	110.30	125.01	108.79	109.67
2012	114.13	106.23	117.67	115.50	129.62	119.40	113.43
2013	105.56	104.40	104.52	102.13	116.21	108.50	104.90
2014	108.40	106.40	110.10	113.10	97.19	108.09	107.81
2015	109.28	105.94	105.22	104.99	106.39	119.03	108.58

2-13 鹿寨县主要年份生产总值

（按当年价格计算） 单位：万元

年份	生产总值	第一产业	第二产业	工业	建筑业	第三产业	人均生产总值(元/人)
1978	8557	4525	1706	1620	86	2326	206
1979	9275	4760	2116	1988	128	2399	247
1980	10010	5010	2526	2356	170	2474	263
1981	11877	6411	2915	2750	165	2551	319
1982	12403	6154	3399	3145	254	2850	318
1983	14091	7463	3230	3070	160	3398	358
1984	15224	6620	5094	4795	299	3510	376
1985	20473	9169	6315	5969	346	4989	506
1986	22880	10727	6594	6269	325	5559	560
1987	29151	13505	9155	8410	745	6491	703
1988	32358	14730	10242	9582	660	7386	768
1989	35782	17458	10540	9889	651	7784	839
1990	40601	19130	11045	10027	1018	10426	943
1991	48459	22518	11840	10834	1006	14101	1113
1992	58926	25832	14474	12805	1669	18620	1345
1993	84092	28737	30521	28765	1757	24834	1911
1994	105090	38179	42676	29962	12714	24235	2378
1995	133343	53398	50865	31168	19696	29081	2976
1996	162541	64852	60029	36116	23913	37660	3564
1997	187965	63021	64982	40921	24060	59963	4101
1998	206637	70727	67660	52492	15168	68250	4492
1999	223159	74557	64877	54903	9974	83724	4823
2000	240549	78590	66406	56973	9433	95553	5139
2001	270631	82029	73079	64748	8331	115522	5705
2002	307689	87580	78391	69784	8607	141718	6461
2003	284747	89222	94120	82246	11874	101405	5938
2004	349947	116923	112868	98300	14568	120156	7259
2005	450116	131710	176181	158224	17957	142225	9333
2006	492244	144197	191600	173622	17978	156447	10205
2007	636787	169150	282287	259622	22665	185350	13205
2008	795766	166962	412082	380207	31875	216722	18465
2009	930918	177974	507010	452401	54609	245934	21537
2010	1076725	223462	579966	506523	73443	273297	25201
2011	898422	237830	433618	341682	91936	226974	27024
2012	1040231	258458	527784	422945	104839	253988	30992
2013	1101768	271290	527013	412599	114414	303465	32534
2014	1165374	279416	552939	433430	119509	333019	34235
2015	1245295	291508	575580	444912	130668	378207	36116

注:2008年及以后年份人均生产总值按常住平均人口计算,2013年为经普核算数

2-14 鹿寨县主要年份生产总值构成

（按当年价格计算） 单位：%

年 份	生产总值	第一产业	第二产业	工 业	建筑业	第三产业
1978	100.00	52.90	19.90	18.90	1.00	27.20
1979	100.00	51.30	22.80	21.40	1.40	25.90
1980	100.00	50.00	25.20	23.50	1.70	24.80
1981	100.00	54.00	24.50	23.20	1.30	21.50
1982	100.00	49.60	27.40	25.40	2.00	23.00
1983	100.00	53.00	22.90	21.80	1.10	24.10
1984	100.00	43.50	33.50	31.50	2.00	23.00
1985	100.00	44.80	30.80	29.20	1.60	24.40
1986	100.00	46.90	28.80	27.40	1.40	24.30
1987	100.00	46.30	31.40	28.80	2.60	22.30
1988	100.00	45.50	31.70	29.60	2.10	22.80
1989	100.00	48.80	29.50	27.60	1.90	21.70
1990	100.00	47.10	27.20	24.70	2.50	25.70
1991	100.00	46.50	24.40	22.40	2.00	29.10
1992	100.00	43.84	24.56	21.73	2.83	31.60
1993	100.00	34.17	36.29	34.21	2.09	29.53
1994	100.00	36.33	40.61	28.51	12.10	23.06
1995	100.00	40.05	38.15	23.37	14.77	21.81
1996	100.00	39.90	36.93	22.22	14.71	23.17
1997	100.00	33.53	34.57	21.77	12.80	31.90
1998	100.00	34.23	32.74	25.40	7.34	33.03
1999	100.00	33.41	29.07	24.60	4.47	37.52
2000	100.00	32.67	27.61	23.68	3.92	39.72
2001	100.00	30.31	27.00	23.92	3.08	42.69
2002	100.00	28.46	25.48	22.68	2.80	46.06
2003	100.00	31.33	33.05	28.88	4.17	35.61
2004	100.00	33.41	32.25	28.09	4.16	34.34
2005	100.00	29.26	39.14	35.15	3.99	31.60
2006	100.00	29.29	38.92	35.27	3.65	31.78
2007	100.00	26.56	44.33	40.77	3.56	29.11
2008	100.00	20.98	51.78	47.78	4.01	27.23
2009	100.00	19.12	54.46	48.60	5.87	26.42
2010	100.00	20.76	53.86	47.04	6.82	25.38
2011	100.00	26.47	48.26	38.03	10.23	25.26
2012	100.00	24.85	50.74	40.66	10.08	24.42
2013	100.00	24.62	47.83	37.45	10.38	27.54
2014	100.00	23.98	47.45	37.19	10.25	28.58
2015	100.00	23.41	46.22	35.73	10.49	30.37

2-15 鹿寨县主要年份生产总值指数

(按可比价格计算,以上年为100)　　单位:%

年　份	生产总值	第一产业	第二产业			第三产业	人均生产总值
				工　业	建筑业		
1978	112.16	106.99	110.56	122.08	61.46	121.02	112.16
1979	93.60	90.74	80.00	105.97	16.85	118.81	92.20
1980	109.46	106.67	120.98	120.19	133.01	104.84	107.68
1981	113.62	122.71	110.44	112.19	86.33	98.52	112.45
1982	110.23	101.25	123.30	121.33	158.54	117.87	107.74
1983	107.56	114.93	89.89	91.80	63.60	112.72	105.09
1984	101.37	83.20	148.28	146.46	184.30	96.77	103.23
1985	115.20	115.85	105.94	106.78	92.71	127.46	116.74
1986	83.73	103.51	90.71	88.28	134.82	41.28	82.98
1987	134.07	119.32	136.19	136.16	134.08	192.52	132.29
1988	108.49	88.74	102.63	102.57	105.28	171.99	106.60
1989	95.88	106.62	91.22	89.55	110.93	86.29	94.68
1990	108.35	103.63	102.83	96.96	158.53	122.93	107.11
1991	105.69	122.74	98.56	95.84	114.31	88.31	104.91
1992	121.60	114.71	127.95	117.80	177.37	128.31	120.76
1993	117.91	96.97	180.58	209.50	33.62	96.50	117.37
1994	122.59	95.87	146.40	129.75	673.45	121.41	122.06
1995	121.19	127.91	117.84	109.51	168.69	120.47	119.51
1996	117.90	117.95	120.38	119.47	124.00	113.83	115.83
1997	113.60	112.88	106.48	107.91	101.00	126.53	113.05
1998	91.60	95.56	78.98	83.18	61.88	106.16	91.26
1999	109.40	111.83	104.31	110.29	71.52	112.87	108.76
2000	107.70	121.15	84.20	80.79	113.04	120.01	106.46
2001	109.13	104.83	110.39	113.97	88.76	111.78	107.68
2002	109.89	107.60	109.27	109.64	106.44	112.08	109.48
2003	110.17	106.50	118.91	117.31	131.70	107.03	109.41
2004	112.99	111.07	119.19	119.07	120.03	109.79	112.38
2005	126.43	110.57	154.68	156.23	142.29	115.50	126.38
2006	108.28	105.16	110.11	111.37	99.00	108.89	108.27
2007	126.69	107.40	140.89	142.74	122.40	126.72	126.72
2008	113.87	101.80	127.17	127.18	127.04	104.37	113.84
2009	117.36	105.22	123.95	119.63	176.99	115.10	117.01
2010	113.31	105.22	118.71	117.40	129.57	108.51	113.56
2011	109.28	106.02	113.24	112.70	115.16	105.81	110.14
2012	111.34	106.57	115.36	116.00	113.13	108.73	110.29
2013	108.07	104.71	108.54	108.35	109.24	110.22	107.10
2014	108.19	102.42	110.72	113.10	102.20	108.48	107.63
2015	108.96	103.99	108.77	107.84	112.46	113.28	107.57

2-16　融安县主要年份生产总值

（按当年价格计算）　　　　单位：万元

年　份	生产总值	第一产业	第二产业	工　业	建筑业	第三产业	人均生产总值(元/人)
1978	7132	4074	1873	1737	136	1185	284
1979	8129	4736	2083	1948	135	1310	318
1980	7867	4444	2193	2001	192	1230	304
1981	8365	4581	2096	1864	232	1688	318
1982	9103	5025	2126	1907	219	1952	341
1983	9876	5392	2287	1967	320	2197	365
1984	10574	5662	2381	1965	416	2531	386
1985	11487	5592	2836	2405	431	3059	413
1986	12427	5532	3188	2744	444	3707	439
1987	15250	6227	3795	3293	502	5228	531
1988	15856	6323	3308	2742	566	6225	543
1989	18322	7451	4037	3429	608	6834	616
1990	25356	14008	4364	3698	666	6984	845
1991	27749	14455	4915	4356	559	8379	923
1992	31756	16540	5433	4757	676	9783	1051
1993	40828	20239	8259	7191	1068	12330	1338
1994	43304	21420	13243	10663	2580	8641	1406
1995	66394	28701	18816	11993	6823	18877	2140
1996	67390	26505	19485	13562	5923	21400	2152
1997	75749	28204	20655	14347	6307	26890	2401
1998	77671	29605	16101	12065	4037	31964	2449
1999	81562	31544	17142	14330	2812	32876	2561
2000	93706	32291	25837	21174	4662	35578	2924
2001	106559	33976	32661	27906	4755	39923	3326
2002	108626	35390	28808	24196	4612	44428	3407
2003	123951	41330	27612	22312	5300	55008	3893
2004	146256	49452	35791	30300	5491	61013	4563
2005	160606	52182	43410	36837	6573	65014	4985
2006	185864	57526	56748	49202	7546	71590	5765
2007	240427	67717	90509	81298	9211	82201	7404
2008	296276	77521	124056	111345	12711	94700	10512
2009	331367	81220	143937	125923	18014	106210	11722
2010	378267	96536	167730	145595	22135	114001	13281
2011	454136	130008	195308	167542	27766	128820	15856
2012	507278	142125	217946	184108	33838	147208	17586
2013	520560	145017	191156	151608	39548	184386	17929
2014	547024	151990	198157	158776	39380	196877	18756
2015	582413	158818	203302	160266	43036	220293	19834

注:2008年及以后年份人均生产总值按常住平均人口计算,2013年为经普核算数

2-17 融安县主要年份生产总值构成

（按当年价格计算）

单位：%

年 份	生产总值	第一产业	第二产业			第三产业
				工 业	建筑业	
1978	100.00	57.12	26.26	24.36	1.90	16.62
1979	100.00	58.26	25.62	23.96	1.66	16.12
1980	100.00	56.49	27.88	25.44	2.44	15.63
1981	100.00	54.76	25.06	22.28	2.77	20.18
1982	100.00	55.20	23.35	20.95	2.41	21.44
1983	100.00	54.60	23.16	19.92	3.24	22.25
1984	100.00	53.55	22.52	18.58	3.93	23.94
1985	100.00	48.68	24.69	20.94	3.75	26.63
1986	100.00	44.52	25.65	22.08	3.57	29.83
1987	100.00	40.83	24.89	21.59	3.29	34.28
1988	100.00	39.88	20.86	17.29	3.57	39.26
1989	100.00	40.67	22.03	18.72	3.32	37.30
1990	100.00	55.25	17.21	14.58	2.63	27.54
1991	100.00	52.09	17.71	15.70	2.01	30.20
1992	100.00	52.08	17.11	14.98	2.13	30.81
1993	100.00	49.57	20.23	17.61	2.62	30.20
1994	100.00	49.46	30.58	24.62	5.96	19.95
1995	100.00	43.23	28.34	18.06	10.28	28.43
1996	100.00	39.33	28.91	20.13	8.79	31.76
1997	100.00	37.23	27.27	18.94	8.33	35.50
1998	100.00	38.12	20.73	15.53	5.20	41.15
1999	100.00	38.67	21.02	17.57	3.45	40.31
2000	100.00	34.46	27.57	22.60	4.98	37.97
2001	100.00	31.88	30.65	26.19	4.46	37.47
2002	100.00	32.58	26.52	22.27	4.25	40.90
2003	100.00	33.34	22.28	18.00	4.28	44.38
2004	100.00	33.81	24.47	20.72	3.75	41.72
2005	100.00	32.49	27.03	22.94	4.09	40.48
2006	100.00	30.95	30.53	26.47	4.06	38.52
2007	100.00	28.17	37.65	33.81	3.83	34.19
2008	100.00	26.17	41.87	37.58	4.29	31.96
2009	100.00	24.51	43.44	38.00	5.44	32.05
2010	100.00	25.52	44.34	38.49	5.85	30.14
2011	100.00	28.63	43.01	36.89	6.11	28.37
2012	100.00	28.02	42.96	36.29	6.67	29.02
2013	100.00	27.86	36.72	29.12	7.60	35.42
2014	100.00	27.78	36.22	29.03	7.20	35.99
2015	100.00	27.27	34.91	27.52	7.39	37.82

2-18 融安县主要年份生产总值指数

（按可比价格计算，以上年为100） 单位：%

年份	生产总值	第一产业	第二产业	工业	建筑业	第三产业	人均生产总值
1978	99.43	90.17	115.10	110.05	156.19	103.11	100.60
1979	106.61	110.45	101.34	101.89	97.83	103.03	105.03
1980	98.27	93.55	112.40	111.42	118.82	92.09	96.89
1981	103.13	103.00	85.02	83.44	94.72	137.69	101.50
1982	108.75	111.58	98.16	100.00	88.20	113.90	107.13
1983	103.98	100.25	105.62	101.21	132.71	111.57	102.75
1984	100.66	97.94	95.96	92.41	112.61	111.17	99.32
1985	105.35	97.17	117.15	119.28	108.96	111.73	103.73
1986	104.28	100.13	104.73	108.51	88.81	110.95	102.52
1987	114.14	113.40	92.85	89.91	107.97	132.55	112.42
1988	94.71	91.62	98.29	97.94	99.76	96.75	93.21
1989	102.08	104.58	98.21	99.94	90.93	101.19	100.15
1990	104.42	111.36	101.31	104.43	86.88	97.23	103.50
1991	106.61	120.16	95.92	99.76	74.59	92.83	106.44
1992	113.18	113.44	113.69	115.05	103.64	112.36	112.56
1993	116.82	111.48	136.78	136.47	139.30	114.97	115.69
1994	117.52	99.80	140.92	133.15	203.78	133.66	116.41
1995	114.77	102.10	103.71	93.04	235.11	161.78	113.99
1996	103.96	95.50	117.94	107.50	168.82	104.21	103.00
1997	102.72	96.84	102.41	101.71	104.60	111.40	101.94
1998	97.58	94.28	78.80	84.55	61.46	119.64	97.09
1999	106.92	105.50	107.47	119.58	57.19	107.95	106.45
2000	109.06	101.88	123.52	112.90	215.66	106.81	108.38
2001	111.20	108.25	113.60	117.09	97.80	112.13	111.23
2002	106.46	110.25	93.74	92.07	102.80	112.49	106.99
2003	103.94	102.97	90.74	85.96	114.02	112.87	104.07
2004	110.00	107.30	117.33	123.11	96.11	108.50	109.28
2005	111.16	107.60	117.69	117.60	118.20	110.78	110.58
2006	108.07	109.55	105.94	104.58	113.55	108.30	107.98
2007	117.87	107.50	135.67	139.00	118.51	114.65	117.04
2008	115.22	109.80	125.37	125.49	124.66	111.45	115.67
2009	113.95	104.97	120.31	116.90	146.40	113.86	113.61
2010	108.99	106.09	114.19	113.50	118.38	104.92	109.05
2011	108.00	106.17	110.19	109.40	115.40	106.32	108.00
2012	112.09	107.84	115.13	114.20	120.90	111.05	111.30
2013	108.03	105.72	99.14	96.10	116.99	123.07	107.32
2014	104.36	102.98	104.37	105.80	97.43	105.23	103.90
2015	108.76	104.39	108.78	108.09	112.40	111.42	108.02

注：工业、建筑业为第二产业下的分项。

2-19　融水苗族自治县主要年份生产总值

（按当年价格计算）　　单位：万元

年　份	生产总值	第一产业	第二产业	工　业	建筑业	第三产业	人均生产总值(元/人)
1978	8085	4336	2575	2456	119	1174	228
1979	8264	4498	2607	2499	108	1159	229
1980	10993	6141	3306	3208	98	1546	299
1981	12145	7182	3116	3054	62	1847	325
1982	12356	6792	3696	3379	317	1868	324
1983	12752	7018	3654	3475	179	2080	328
1984	15478	9545	3478	3304	174	2455	392
1985	17718	9987	3439	3138	301	4292	440
1986	18894	10076	3483	3241	242	5335	458
1987	21887	10145	6919	6500	419	4823	519
1988	25269	10145	5769	4927	842	9355	589
1989	27579	11810	5963	5265	698	9806	634
1990	34591	17785	6745	6045	700	10061	786
1991	38301	18781	7920	7216	704	11600	862
1992	46178	20191	11905	10620	1285	14082	1032
1993	56115	25261	15017	12940	2076	15837	1247
1994	76410	33144	24328	19531	4797	18938	1689
1995	101832	46290	30322	24509	5813	25220	2242
1996	97489	45755	29436	26375	3061	22299	2141
1997	99871	48121	24346	22012	2334	27404	2188
1998	83051	38290	16215	14624	1591	28547	1816
1999	89747	40081	17675	14167	3508	31991	1957
2000	93602	40272	15475	13902	1573	37855	2026
2001	105600	40584	18667	16728	1939	46349	2275
2002	118809	41516	24161	21296	2864	53132	2558
2003	117701	46117	23560	19679	3881	48023	2522
2004	147729	55791	37357	31700	5657	54581	3138
2005	180658	59553	57585	51063	6522	63520	3806
2006	203632	64806	69042	60610	8432	69784	4054
2007	258717	77019	93013	80340	12673	88685	5319
2008	308849	97902	116430	100424	16006	94517	7226
2009	343952	99710	141040	115674	25366	103202	8021
2010	418397	116940	184969	143905	41063	116488	10051
2011	491745	134239	222042	165190	56852	135464	12191
2012	582406	143845	286258	209136	77122	152303	14347
2013	635225	140311	277604	190558	87047	217310	15573
2014	710276	151548	318663	216636	102027	240065	17339
2015	758575	150801	327556	218070	109486	280218	18419

注:2008年及以后年份人均生产总值按常住平均人口计算,2013年为经普核算数

2-20 融水苗族自治县主要年份生产总值构成

（按当年价格计算） 单位:%

年份	生产总值	第一产业	第二产业	工业	建筑业	第三产业
1978	100.00	53.63	31.85	30.38	1.47	14.52
1979	100.00	54.43	31.55	30.24	1.31	14.02
1980	100.00	55.86	30.07	29.18	0.89	14.06
1981	100.00	59.14	25.66	25.15	0.51	15.21
1982	100.00	54.97	29.91	27.35	2.57	15.12
1983	100.00	55.03	28.65	27.25	1.40	16.31
1984	100.00	61.67	22.47	21.35	1.12	15.86
1985	100.00	56.37	19.41	17.71	1.70	24.22
1986	100.00	53.33	18.43	17.15	1.28	28.24
1987	100.00	46.35	31.61	29.70	1.91	22.04
1988	100.00	40.15	22.83	19.50	3.33	37.02
1989	100.00	42.82	21.62	19.09	2.53	35.56
1990	100.00	51.42	19.50	17.48	2.02	29.09
1991	100.00	49.04	20.68	18.84	1.84	30.29
1992	100.00	43.72	25.78	23.00	2.78	30.50
1993	100.00	45.02	26.76	23.06	3.70	28.22
1994	100.00	43.38	31.84	25.56	6.28	24.79
1995	100.00	45.46	29.78	24.07	5.71	24.77
1996	100.00	46.93	30.19	27.05	3.14	22.87
1997	100.00	48.18	24.38	22.04	2.34	27.44
1998	100.00	46.10	19.52	17.61	1.92	34.37
1999	100.00	44.66	19.69	15.79	3.91	35.65
2000	100.00	43.02	16.53	14.85	1.68	40.44
2001	100.00	38.43	17.68	15.84	1.84	43.89
2002	100.00	34.94	20.34	17.92	2.41	44.72
2003	100.00	39.18	20.02	16.72	3.30	40.80
2004	100.00	37.77	25.28	21.45	3.83	36.95
2005	100.00	32.96	31.88	28.27	3.61	35.16
2006	100.00	31.83	33.91	29.76	4.14	34.27
2007	100.00	29.77	35.95	31.05	4.90	34.28
2008	100.00	31.70	37.70	32.52	5.18	30.60
2009	100.00	28.99	41.01	33.63	7.37	30.00
2010	100.00	27.95	44.21	34.39	9.81	27.84
2011	100.00	27.30	45.15	33.59	11.56	27.55
2012	100.00	24.70	49.15	35.91	13.24	26.15
2013	100.00	22.09	43.70	30.00	13.70	34.21
2014	100.00	21.34	44.86	30.50	14.36	33.80
2015	100.00	19.88	43.18	28.75	14.43	36.94

2-21 融水苗族自治县主要年份生产总值指数

（按可比价格计算，以上年为100） 单位：%

年份	生产总值	第一产业	第二产业	工业	建筑业	第三产业	人均生产总值
1978	101.92	105.70	91.77	90.93	105.76	114.54	99.90
1979	94.99	92.35	100.75	101.75	86.62	98.11	93.13
1980	122.27	108.92	152.98	157.41	79.67	129.70	120.17
1981	104.45	115.65	76.77	77.49	53.06	119.15	102.61
1982	103.83	93.47	135.74	127.88	511.54	99.84	101.79
1983	101.60	102.38	95.79	99.06	56.77	109.68	99.88
1984	98.16	106.72	70.82	70.53	76.82	114.03	96.55
1985	113.18	90.62	134.10	131.20	189.66	163.04	110.88
1986	102.12	104.41	86.38	87.13	76.36	111.25	99.78
1987	103.06	101.05	137.90	136.16	164.29	83.77	100.79
1988	114.87	98.02	98.31	91.93	178.26	165.98	112.86
1989	105.11	121.11	96.24	100.53	68.50	91.98	103.65
1990	104.27	111.35	98.44	97.53	107.07	97.19	103.09
1991	105.99	102.52	112.36	113.73	100.57	107.86	105.00
1992	116.54	105.48	143.99	143.01	153.55	115.97	115.67
1993	106.81	111.65	107.66	103.12	291.30	100.11	106.24
1994	109.44	104.49	137.19	129.60	246.01	91.13	108.85
1995	116.49	106.41	129.08	130.64	117.34	115.26	116.04
1996	91.98	103.79	91.64	99.27	27.55	75.26	91.75
1997	96.55	104.32	76.06	76.13	73.98	119.02	96.30
1998	84.02	82.08	70.02	70.26	62.73	104.08	83.88
1999	109.12	106.50	111.45	95.98	651.22	110.91	108.80
2000	101.85	103.00	65.80	70.60	41.10	129.28	101.08
2001	112.12	107.89	111.94	109.54	133.06	116.69	111.64
2002	111.60	105.49	124.06	117.61	170.99	112.72	111.51
2003	102.48	102.66	95.96	87.40	138.79	105.12	101.99
2004	113.46	108.30	140.10	139.20	142.94	107.60	112.47
2005	115.00	107.68	122.04	123.89	113.81	119.60	114.06
2006	110.51	106.73	113.43	111.32	127.90	111.98	109.43
2007	124.69	107.40	147.54	147.81	145.90	123.00	122.90
2008	115.32	108.60	121.11	122.27	114.09	115.91	115.48
2009	112.77	104.10	120.94	115.32	163.69	110.55	112.41
2010	113.95	106.02	121.26	114.80	155.96	110.81	114.84
2011	110.08	105.01	113.54	109.60	127.37	109.68	110.80
2012	113.57	106.01	120.70	116.10	134.58	109.13	112.85
2013	109.03	97.44	104.65	101.45	112.98	126.80	108.51
2014	110.42	105.03	114.14	113.90	114.69	108.64	109.95
2015	109.59	98.29	109.91	109.71	110.37	116.39	109.00

2-22 三江侗族自治县主要年份生产总值

（按当年价格计算） 单位：万元

年份	生产总值	第一产业	第二产业	工业	建筑业	第三产业	人均生产总值（元/人）
1978	4451	3290	398	383	15	763	171
1979	4810	3393	436	418	18	981	181
1980	5579	3687	653	509	144	1239	206
1981	5770	3765	597	488	109	1408	210
1982	6093	4114	635	489	146	1344	217
1983	6360	4099	733	617	116	1528	223
1984	8803	6130	863	670	193	1810	305
1985	8409	5192	1141	945	196	2076	287
1986	10576	6907	1155	958	197	2514	354
1987	13810	8159	2399	1996	403	3252	456
1988	16189	9201	1762	1091	671	5226	526
1989	16530	9994	1688	1244	444	4848	529
1990	17072	9701	1844	1410	434	5527	538
1991	20277	11050	2602	1366	1236	6625	633
1992	26541	13466	4309	2298	2011	8766	821
1993	29956	13477	5884	3247	2637	10595	917
1994	38968	18557	5872	3329	2543	14539	1180
1995	50854	21604	9786	6647	3139	19464	1529
1996	51811	22269	12396	5874	6522	17146	1552
1997	54560	23044	9516	3843	5673	22000	1628
1998	54609	22671	10835	4400	6435	21103	1619
1999	58171	22914	12571	6337	6234	22686	1720
2000	61694	23953	13131	6666	6465	24610	1813
2001	68315	25595	14010	7248	6762	28710	1994
2002	71733	25148	15897	7406	8491	30688	2085
2003	67721	27459	14035	9161	4874	26227	1957
2004	81190	34527	15789	12000	3789	30874	2321
2005	110365	37634	37333	33660	3673	35398	3110
2006	123774	39115	41194	37117	4077	43465	3337
2007	159948	48043	57759	51457	6302	54146	4401
2008	190152	56457	78844	67797	11047	54851	6214
2009	221847	64271	96075	75286	20789	61501	7227
2010	285384	84016	124828	88108	36720	76540	9427
2011	315744	109050	120701	86344	34358	85992	10582
2012	345069	133010	115114	69700	45414	96945	11483
2013	361302	141772	92006	43532	48474	127524	11954
2014	392028	159458	94391	41153	53237	138179	12904
2015	427199	170726	88979	34613	54366	167494	13984

注:2008年及以后年份人均生产总值按常住平均人口计算,2013年为经普核算数

2-23 三江侗族自治县主要年份生产总值构成

（按当年价格计算）　　单位:%

年　份	生产总值	第一产业	第二产业			第三产业
				工　业	建筑业	
1978	100.00	73.92	8.94	8.60	0.34	17.14
1979	100.00	70.54	9.06	8.69	0.37	20.40
1980	100.00	66.09	11.70	9.12	2.58	22.21
1981	100.00	65.25	10.35	8.46	1.89	24.40
1982	100.00	67.52	10.42	8.03	2.40	22.06
1983	100.00	64.45	11.53	9.70	1.82	24.02
1984	100.00	69.64	9.80	7.61	2.19	20.56
1985	100.00	61.74	13.57	11.24	2.33	24.69
1986	100.00	65.31	10.92	9.06	1.86	23.77
1987	100.00	59.08	17.37	14.45	2.92	23.55
1988	100.00	56.84	10.88	6.74	4.14	32.28
1989	100.00	60.46	10.21	7.53	2.69	29.33
1990	100.00	56.82	10.80	8.26	2.54	32.38
1991	100.00	54.50	12.83	6.74	6.10	32.67
1992	100.00	50.74	16.24	8.66	7.58	33.03
1993	100.00	44.99	19.64	10.84	8.80	35.37
1994	100.00	47.62	15.07	8.54	6.53	37.31
1995	100.00	42.48	19.24	13.07	6.17	38.27
1996	100.00	42.98	23.93	11.34	12.59	33.09
1997	100.00	42.24	17.44	7.04	10.40	40.32
1998	100.00	41.52	19.84	8.06	11.78	38.64
1999	100.00	39.39	21.61	10.89	10.72	39.00
2000	100.00	38.83	21.28	10.80	10.48	39.89
2001	100.00	37.47	20.51	10.61	9.90	42.03
2002	100.00	35.06	22.16	10.32	11.84	42.78
2003	100.00	40.55	20.72	13.53	7.20	38.73
2004	100.00	42.53	19.45	14.78	4.67	38.03
2005	100.00	34.10	33.83	30.50	3.33	32.07
2006	100.00	31.60	33.28	29.99	3.29	35.12
2007	100.00	30.04	36.11	32.17	3.94	33.85
2008	100.00	29.69	41.46	35.65	5.81	28.85
2009	100.00	28.97	43.31	33.94	9.37	27.72
2010	100.00	29.44	43.74	30.87	12.87	26.82
2011	100.00	34.54	38.23	27.35	10.88	27.23
2012	100.00	38.55	33.36	20.20	13.16	28.09
2013	100.00	39.24	25.47	12.05	13.42	35.30
2014	100.00	40.68	24.08	10.50	13.58	35.25
2015	100.00	39.96	20.83	8.10	12.73	39.21

2-24 三江侗族自治县主要年份生产总值指数

（按可比价格计算，以上年为100） 单位：%

年份	生产总值	第一产业	第二产业	工业	建筑业	第三产业	人均生产总值
1978	129.63	136.52	81.13	81.84	66.67	125.51	126.85
1979	120.61	120.42	101.12	100.85	110.81	127.96	118.36
1980	94.42	83.68	167.61	118.42	1307.32	121.35	92.94
1981	103.97	102.70	88.14	99.64	63.99	113.39	102.20
1982	105.56	108.64	116.26	115.97	117.20	94.31	103.46
1983	102.04	99.68	92.60	96.54	79.60	112.60	100.51
1984	119.33	117.67	150.06	146.06	166.56	115.15	117.65
1985	84.40	75.16	89.60	86.96	98.50	108.27	83.37
1986	122.19	130.50	112.84	120.08	90.86	108.98	119.95
1987	124.34	109.91	217.77	226.12	184.28	128.21	122.72
1988	94.16	93.89	69.10	53.54	145.73	108.20	92.74
1989	99.74	106.26	90.19	105.44	61.90	91.83	98.19
1990	104.49	98.65	113.47	119.07	96.34	113.16	102.92
1991	110.89	105.82	135.94	89.65	312.04	112.25	109.64
1992	120.71	109.30	143.30	147.05	139.26	130.28	119.57
1993	104.11	92.29	138.48	153.38	121.30	104.95	103.03
1994	98.11	99.34	82.00	89.65	70.80	106.26	97.06
1995	117.03	101.04	153.54	156.53	148.05	118.42	116.15
1996	98.86	100.23	118.25	92.14	169.32	85.93	98.57
1997	100.49	98.63	75.37	68.36	82.85	123.29	100.13
1998	101.33	94.64	111.90	111.93	111.86	102.10	100.57
1999	107.30	101.71	111.73	124.18	100.80	86.87	107.00
2000	106.54	124.03	94.45	92.25	96.93	99.66	105.96
2001	108.94	107.16	100.58	100.59	100.57	115.13	108.22
2002	106.80	100.30	116.10	108.70	123.80	108.40	106.37
2003	96.40	98.60	71.20	69.30	74.70	113.50	95.79
2004	109.81	109.85	107.88	107.03	109.36	110.72	108.64
2005	108.61	110.21	107.59	111.43	95.71	107.32	107.05
2006	108.49	104.13	103.03	102.30	109.80	118.87	107.26
2007	122.25	105.40	142.49	141.60	150.11	119.44	120.31
2008	113.49	108.90	114.57	108.82	137.57	116.63	113.70
2009	117.00	107.80	133.44	114.10	194.41	113.60	116.64
2010	119.44	106.48	125.65	112.40	170.17	121.69	120.03
2011	103.31	106.66	99.36	104.90	86.08	106.09	103.71
2012	108.95	107.88	109.35	101.90	131.13	109.53	108.18
2013	105.28	109.03	84.18	74.21	106.84	132.14	104.67
2014	104.59	104.53	102.47	99.30	107.46	106.60	104.06
2015	110.05	106.28	101.59	99.22	105.04	120.71	109.44

2-25 地区生产总值

（2015年，按当年价格计算） 单位：万元

指标名称	全市	市区	柳江县	柳城县
地区生产总值	22986169	16825461	2005163	1142063
农、林、牧、渔业	1732759	150172	385659	398817
#农林牧渔服务业	61742	2184	20214	13086
工业	11749298	9721258	830839	339340
建筑业	1251767	676689	161579	75943
批发和零售业	1781574	1450446	91592	66507
批发业	793362	707824	40316	8592
零售业	988212	742622	51276	57915
交通运输、仓储和邮政业	695653	446360	95128	39559
住宿和餐饮业	505529	416101	15029	13243
住宿业	70358	55458	2499	2574
餐饮业	435171	360643	12530	10669
金融业	1602600	1283420	90703	40673
房地产业	673275	472664	95058	25794
房地产业(k)	419899	354326	33106	2222
居民自有住房折旧	253376	118338	61952	23572
其他服务业	2993714	2208351	239576	142187
营利性服务业	1452919	1097001	134795	70759
非营利性服务业	1540795	1111350	104781	71428
第一产业	1671017	147988	365445	385731
第二产业	13001065	10397947	992418	415283
第三产业	8314087	6279526	647300	341049

2-25 续表 单位:万元

指标名称	鹿寨县	融安县	融水苗族自治县	三江侗族自治县
地区生产总值	1245295	582413	758575	427199
农、林、牧、渔业	299451	166669	155985	176006
#农林牧渔服务业	7943	7851	5184	5280
工业	444912	160266	218070	34613
建筑业	130668	43036	109486	54366
批发和零售业	85302	32833	38622	16272
批发业	29520	2558	3354	1198
零售业	55782	30275	35268	15074
交通运输、仓储和邮政业	45568	27310	30937	10791
住宿和餐饮业	13690	13927	19176	14363
住宿业	1060	1421	3590	3756
餐饮业	12630	12506	15586	10607
金融业	74473	34259	47394	31678
房地产业	33814	16289	21698	7958
房地产业(k)	12578	3153	11059	3455
居民自有住房折旧	21236	13136	10639	4503
其他服务业	117417	87824	117207	81152
营利性服务业	44889	26741	42942	35792
非营利性服务业	72528	61083	74265	45360
第一产业	291508	158818	150801	170726
第二产业	575580	203302	327556	88979
第三产业	378207	220293	280218	167494

2-26 地区生产总值指数

（2015年，按可比价格计算，以上年为100） 单位：%

指标名称	全市	市区	柳江县	柳城县
地区生产总值	107.19	106.81	106.21	109.28
农、林、牧、渔业	103.37	98.28	103.10	106.10
#农林牧渔服务业	104.78	104.04	105.00	110.00
工业	105.15	105.09	103.20	104.99
建筑业	106.03	103.19	109.14	106.39
批发和零售业	106.77	106.58	108.52	106.89
批发业	107.11	106.84	109.91	114.17
零售业	106.49	106.32	107.45	105.91
交通运输、仓储和邮政业	102.83	100.81	108.17	105.81
住宿和餐饮业	107.00	107.38	105.37	104.76
住宿业	107.93	108.19	106.28	105.30
餐饮业	106.82	107.23	105.19	104.63
金融业	114.58	114.70	110.74	107.37
房地产业	120.24	127.62	103.86	109.33
房地产业(k)	133.34	138.46	101.46	201.75
居民自有住房折旧	105.00	105.00	105.00	105.00
其他服务业	117.23	113.68	119.28	141.01
营利性服务业	125.18	118.67	122.71	187.51
非营利性服务业	109.90	108.30	115.14	112.82
第一产业	103.30	98.11	102.97	105.94
第二产业	105.23	104.98	104.05	105.22
第三产业	112.40	111.55	111.94	119.03

2-26 续表 单位:%

指 标 名 称	鹿 寨 县	融 安 县	融水苗族自治县	三江侗族自治县
地区生产总值	108.96	108.76	109.59	110.05
农、林、牧、渔业	104.00	104.10	98.40	106.20
#农林牧渔服务业	104.20	100.00	101.20	103.80
工业	107.84	108.09	109.71	99.22
建筑业	112.46	112.40	110.37	105.04
批发和零售业	107.38	106.31	107.12	106.42
批发业	107.14	102.45	107.78	107.12
零售业	107.51	106.59	107.05	106.37
交通运输、仓储和邮政业	105.32	104.47	104.55	104.51
住宿和餐饮业	105.55	105.52	105.17	108.06
住宿业	105.24	106.93	106.35	110.72
餐饮业	105.58	105.38	104.86	107.25
金融业	119.12	111.93	118.51	119.79
房地产业	106.23	111.84	104.26	100.24
房地产业(k)	110.94	144.02	101.95	96.32
居民自有住房折旧	105.00	105.00	105.00	105.00
其他服务业	122.59	118.08	127.52	134.07
营利性服务业	155.31	131.02	165.02	186.58
非营利性服务业	108.25	113.33	113.73	113.04
第一产业	103.99	104.39	98.29	106.28
第二产业	108.77	108.78	109.91	101.59
第三产业	113.28	111.42	116.39	120.71

人　口　3

3-1 全市主要年份人口

年　份	总户数（户）	总人口（人）	男	女	#非农业人口（人）	人口自然增长率(‰)
1978	494294	2478204	1277507	1200697	570585	18.59
1979	495459	2537035	1305261	1231774	612294	17.96
1980	504659	2586011	1329037	1256974	631201	14.64
1981	521981	2642070	1357922	1284148	664800	16.21
1982	531989	2711927	1399773	1312154	683976	16.57
1983	544594	2731664	1415520	1316144	698805	12.85
1984	554665	2767088	1434223	1332865	716665	15.94
1985	571667	2817837	1461505	1356332	750361	13.82
1986	602464	2874774	1494876	1379898	773525	13.86
1987	615642	2931723	1525777	1405946	808283	11.58
1988	645569	2982013	1552143	1429870	829822	10.79
1989	653351	3028806	1577955	1450851	853529	8.72
1990	674946	3064722	1599423	1465299	868278	8.24
1991	692034	3094887	1617713	1477174	882906	6.24
1992	713560	3144936	1643990	1500946	927936	8.05
1993	736142	3180584	1661032	1519552	960606	6.30
1994	754359	3218792	1677649	1541143	1003600	5.20
1995	771141	3260963	1701450	1559513	1045867	3.83
1996	791922	3291752	1720103	1571649	1071774	3.41
1997	822744	3320431	1737633	1582798	1094676	7.18
1998	843132	3366624	1758035	1608589	1109992	5.14
1999	864445	3384545	1765846	1618699	1141903	5.07
2000	891155	3436504	1795871	1640633	1131612	10.18
2001	914766	3462274	1809539	1652735	1173022	6.20
2002	930808	3485142	1817380	1667762	1194950	5.56
2003	950449	3512560	1832133	1680427	1212576	7.21
2004	973186	3545071	1848736	1696335	1229605	10.03
2005	997482	3566557	1860811	1705746	1235919	9.49
2006	1023244	3605077	1878778	1726299	1251659	9.47
2007	1044562	3624955	1886060	1738895	1263857	5.52
2008	1061344	3648989	1895495	1753494	1284498	6.94
2009	1084825	3675635	1906848	1768787	1264379	6.22
2010	1100207	3726909	1931007	1795902	1263476	13.18
2011	1110985	3747969	1940783	1807186	1261319	5.16
2012	1100637	3722979	1930747	1792232	1254771	-3.53
2013	1110577	3723478	1933872	1789606	1252962	7.40
2014	1117084	3779360	1961637	1817723	1812483	16.42
2015	1124703	3816233	1977990	1838243	1841381	10.49

注:2015年非农业人口数为城镇人口数,后同。

3-2 市区主要年份人口

年　份	总户数（户）	总人口（人）	男	女	#非农业人口（人）
1978	107433	497937	267858	230079	400144
1979	113056	530619	284563	246056	433614
1980	118054	546843	290947	255896	443753
1981	126073	568588	299717	268871	457095
1982	133273	591766	310618	280148	471519
1983	143806	599547	317713	281834	488032
1984	154508	617933	325445	292488	500986
1985	157499	638486	335679	302867	523138
1986	173872	654877	344163	310708	538802
1987	173428	679638	357136	322142	561028
1988	180173	700636	368301	332335	580470
1989	186419	721879	378163	343716	599788
1990	198938	736761	385907	350854	609320
1991	204702	745300	390540	354760	619406
1992	214731	776687	407080	369607	652058
1993	221961	795259	416822	378437	675401
1994	227037	818163	427673	390490	710796
1995	233213	840565	438967	401604	735811
1996	239451	858899	450088	408811	751725
1997	248243	874020	455197	418823	769319
1998	257606	879379	459962	419417	777755
1999	261828	886272	460818	425454	795100
2000	274831	906092	469533	436559	777769
2001	271885	925840	480224	445616	811818
2002	279738	943841	488191	455650	830515
2003	285962	958922	496575	462347	843522
2004	293096	972343	504467	467876	854731
2005	300615	986512	512196	474316	871634
2006	309825	1006214	522429	483785	889885
2007	317288	1018375	527375	491000	900686
2008	324305	1028232	530381	497851	907649
2009	329362	1038319	533058	505261	887530
2010	335210	1050099	536573	513526	886627
2011	365564	1141859	581328	560531	906733
2012	368903	1148327	582766	565561	900185
2013	373323	1157180	585314	571866	898376
2014	379736	1175990	592805	583185	1105231
2015	386562	1194966	600869	594097	1122859

注:由于行政区划调整,原鹿寨县雒容镇整体划归市区,故2011年的数据进行了调整,2010年以前的数据未进行调整。

3-3 柳江县主要年份人口

年　份	总户数（户）	总人口（人）			#非农业人口（人）	人口自然增长率(‰)
			男	女		
1978	70878	387134	195834	191300	17934	19.48
1979	69922	391077	196940	194137	18897	18.27
1980	70935	396879	201182	195697	20714	14.58
1981	76955	405272	206425	198847	26599	17.22
1982	73606	412579	211450	202129	28208	18.40
1983	74511	420455	215823	204632	29497	16.32
1984	76182	430732	221580	209152	31554	20.55
1985	79251	438498	225692	212806	34788	16.67
1986	81544	445937	229921	216016	37086	14.55
1987	84246	453761	234649	219112	39609	10.88
1988	95274	456907	236205	220702	39966	8.33
1989	90089	460584	238074	222510	40662	8.14
1990	93031	465750	241641	224109	42546	6.76
1991	93513	470739	244228	226511	43951	8.53
1992	96397	480014	249540	230474	50661	13.24
1993	100213	483996	250934	233062	52474	7.29
1994	104021	489292	254444	234848	55317	6.43
1995	106271	492031	255783	236248	57552	3.98
1996	108942	494413	255271	239142	58114	3.33
1997	113439	496370	257827	238543	59697	3.46
1998	116849	509449	263588	245861	61855	3.47
1999	124077	514264	268189	246075	70070	4.08
2000	129473	522652	274186	248466	73176	5.03
2001	143944	528541	274852	253689	75748	5.22
2002	146918	529230	275814	253416	77135	5.70
2003	150399	531307	277020	254287	78694	7.85
2004	153090	535781	279494	256287	79987	11.35
2005	154931	537455	279813	257642	79424	11.80
2006	155697	541724	281265	260459	76172	17.63
2007	156171	533682	276301	257381	76808	-13.52
2008	156725	535925	276998	258927	76808	8.04
2009	156791	540048	279319	260729	76808	7.53
2010	156588	555324	287386	267938	76808	28.18
2011	156407	559668	289941	269727	76808	9.13
2012	152227	550994	286812	264182	76808	-5.77
2013	151943	548436	286421	262015	76808	7.78
2014	151743	557681	291607	266074	155997	20.93
2015	152166	563713	294551	269162	162921	11.61

3-4 柳城县主要年份人口

年份	总户数（户）	总人口（人）	男	女	#非农业人口（人）	人口自然增长率(‰)
1978	63533	331721	169159	162562	32706	18.64
1979	61692	334289	170171	164118	33798	17.16
1980	61569	340652	172904	167748	35140	15.42
1981	61021	346380	177178	169202	48125	15.80
1982	65643	352838	180984	171854	49054	14.91
1983	69052	345154	177750	167404	47924	14.22
1984	65915	348880	180244	168636	48498	18.87
1985	71382	351766	181516	170250	49115	13.68
1986	74371	358476	184882	173594	50246	12.89
1987	76366	361319	187106	174213	51143	11.47
1988	77897	362183	187971	174212	49924	7.45
1989	81084	365606	190085	175521	51313	8.37
1990	77670	368446	192432	176014	52615	6.93
1991	79131	372324	194480	177844	54084	7.79
1992	80054	372248	193964	178284	53169	8.58
1993	81531	373511	194186	179325	53054	6.35
1994	82597	373924	194375	179549	50814	4.45
1995	83600	375428	195226	180202	55703	4.25
1996	86727	374900	195401	179499	53713	5.59
1997	92134	382555	198691	183864	55868	4.53
1998	92922	402139	204675	197464	58137	6.70
1999	99214	403535	206027	197508	59195	8.03
2000	101837	406074	207718	198356	59814	17.16
2001	104949	406673	208563	198110	60866	12.74
2002	106515	406380	207877	198503	61126	9.46
2003	109497	406793	208066	198727	61356	9.51
2004	112678	406053	208097	197956	60453	4.54
2005	114623	405265	208051	197214	57168	7.27
2006	116629	407553	208316	199237	57293	10.26
2007	118260	409113	209265	199848	57450	9.35
2008	119371	406519	207202	199317	60039	-2.89
2009	121644	407988	208083	199905	60039	4.87
2010	123510	414469	211740	202729	60039	17.52
2011	125166	416808	212881	203927	60039	6.30
2012	125193	412309	211456	200853	60039	-1.49
2013	124712	407534	210670	196864	60039	8.58
2014	124349	407755	211088	196667	160621	12.86
2015	124882	409415	211786	197629	161850	9.68

3-5 鹿寨县主要年份人口

年份	总户数（户）	总人口（人）	男	女	#非农业人口（人）	人口自然增长率(‰)
1978	80293	386811	200961	185850	44875	20.32
1979	77191	391432	202050	189382	45960	21.07
1980	79339	397893	205076	192817	49584	20.79
1981	80417	400984	205111	195873	49618	20.53
1982	78571	417531	217864	199667	50605	21.72
1983	75020	416944	219733	197211	48488	12.96
1984	73680	404438	214372	190066	49311	17.12
1985	75316	405379	214915	190404	50239	11.24
1986	76368	412085	220805	191280	51187	12.78
1987	80146	417046	223508	193898	57846	10.46
1988	82017	425320	227221	198099	59618	16.48
1989	84501	427875	228781	199094	60372	6.68
1990	85870	433312	230644	202668	60671	10.34
1991	88343	437006	234170	202836	61411	5.95
1992	90538	439042	235527	203515	64055	7.54
1993	92106	441019	235661	205358	66490	6.83
1994	95749	442714	236085	206629	69256	6.04
1995	101023	453557	242392	211159	75018	3.79
1996	104730	458573	245630	212943	81185	2.21
1997	110736	457928	246312	211616	81206	2.88
1998	115392	462099	248252	213847	83755	3.05
1999	117916	463205	248350	214855	87769	3.53
2000	122460	473096	254020	219076	89984	9.92
2001	126459	475618	256032	219586	92391	4.34
2002	126989	476836	256330	220506	92234	4.71
2003	129208	482112	259046	223066	92154	11.45
2004	131415	482062	257464	224598	91722	10.44
2005	133322	482557	256931	225626	91050	12.18
2006	135419	482112	255195	226917	91329	8.41
2007	137442	482299	253661	228638	91169	10.78
2008	136522	485610	255005	230605	92794	9.87
2009	141900	488090	255663	232427	92794	5.50
2010	142579	495475	259059	236416	92794	16.97
2011	117832	413583	217515	196068	92794	3.74
2012	116476	405919	214027	191892	70531	-20.34
2013	116809	405003	214032	190971	70531	7.28
2014	116936	408670	215902	192768	140347	15.81
2015	116902	409315	215743	193572	142459	10.12

注：由于行政区划调整，原鹿寨县雒容镇整体划归市区，故2011年的数据进行了调整，2010年以前的数据未进行调整。2011年及以后年份数据按新行政区划口径统计。

3-6 融安县主要年份人口

年份	总户数（户）	总人口（人）	男	女	#非农业人口（人）	人口自然增长率(‰)
1978	53235	253359	130128	123231	28276	18.14
1979	53327	257149	131956	125193	29811	17.40
1980	53486	260625	133516	127109	30314	13.28
1981	52191	265469	136014	129455	31192	13.94
1982	53537	268589	138643	129946	31527	13.60
1983	53817	271869	140295	131574	31662	12.50
1984	53871	275864	143018	132846	32377	16.03
1985	56967	280438	145562	134876	34457	14.66
1986	59084	285377	148838	136539	35490	15.44
1987	60386	289139	150429	138710	36272	12.42
1988	64055	294640	153447	141193	37369	9.14
1989	61106	300355	157453	142902	37781	10.49
1990	66984	299967	158427	141540	38471	6.20
1991	68371	301263	159177	142086	38679	4.88
1992	71053	303239	160617	142622	40170	7.60
1993	74152	307196	162645	144551	42311	7.60
1994	75731	309024	162107	146917	43369	6.14
1995	76690	311412	163881	147531	45482	5.15
1996	79064	314712	164945	149767	47808	3.19
1997	80970	316370	167560	148810	48984	4.32
1998	80905	317732	168366	149366	49466	3.28
1999	81828	319195	167973	151222	49993	3.07
2000	78009	321751	169728	152023	50923	4.44
2001	83105	319074	169550	149524	51879	4.96
2002	83526	318434	169388	149046	51937	4.27
2003	86044	318273	167956	150317	52129	5.30
2004	89259	322756	170485	152271	57268	16.61
2005	92082	321574	169286	152288	51519	9.66
2006	96429	323256	170323	152933	51459	9.01
2007	99354	326187	171900	154287	51464	8.94
2008	101877	328001	172884	155117	54562	5.81
2009	104543	328511	173204	155307	54562	3.27
2010	106201	330448	174488	155960	54562	9.41
2011	107480	330514	174512	156002	54562	1.85
2012	105875	321390	170337	151053	54562	-19.32
2013	105475	319309	169852	149457	54562	5.09
2014	105959	325941	173385	152556	102499	23.17
2015	105836	327395	174105	153290	100359	7.86

3-7 融水苗族自治县主要年份人口

年份	总户数（户）	总人口（人）	男	女	#非农业人口（人）	人口自然增长率（‰）
1978	66696	357850	180202	177648	29520	21.28
1979	66558	364508	183903	180605	32509	20.16
1980	68312	370480	187269	183211	33536	14.62
1981	71684	377689	191052	186637	33767	16.80
1982	73262	385460	195522	189938	34339	17.95
1983	73778	390880	197464	193416	34568	13.05
1984	74577	398424	201090	197334	35353	16.25
1985	74933	407267	206420	200847	38321	16.76
1986	79419	417287	211818	205469	40353	18.89
1987	80960	425904	216293	209611	41567	17.18
1988	83836	432276	220212	212064	40555	12.33
1989	86780	438030	223307	214723	41290	9.18
1990	88333	442213	226054	216159	42063	7.74
1991	91439	446319	228875	217444	42697	4.59
1992	93058	448911	229827	219084	44318	6.57
1993	94618	451077	230995	220082	46785	6.12
1994	96857	453793	231988	221805	48285	6.18
1995	97370	454574	232445	222129	49393	5.25
1996	99912	456040	234255	221785	51750	3.86
1997	101198	456942	235960	220982	51788	4.95
1998	101572	457571	236672	220899	51444	4.59
1999	101283	459649	237499	222150	52270	5.14
2000	105232	464605	241941	222664	52317	6.16
2001	104765	463655	241239	222416	52219	5.37
2002	106690	465307	240801	224506	53412	4.67
2003	108135	468071	243305	224766	54939	5.81
2004	110705	473503	245585	227918	55348	12.98
2005	110145	475900	247101	228799	55196	9.02
2006	116552	482899	251290	231609	55301	8.35
2007	122381	489807	255153	234654	55738	11.49
2008	127087	494897	258050	236847	62104	11.47
2009	131681	497906	259946	237960	62104	6.64
2010	135140	505981	264031	241950	62104	16.16
2011	135131	506170	264251	241919	62104	0.22
2012	126645	500587	262807	237780	62104	-3.01
2013	132198	498049	262295	235754	62104	8.31
2014	131971	509995	268809	241186	102131	24.44
2015	131674	515479	271668	243811	104451	10.70

3-8 三江侗族自治县主要年份人口

年份	总户数（户）	总人口（人）	男	女	#非农业人口（人）	人口自然增长率(‰)
1978	52226	263392	133365	130027	17130	22.15
1979	53713	267961	135678	132283	17705	19.40
1980	52964	272639	138143	134496	18160	16.86
1981	53640	277688	142425	135263	18404	16.62
1982	54097	283164	144692	138472	18724	17.26
1983	54610	286815	146742	140073	18634	13.03
1984	55932	290817	148474	142343	18586	14.84
1985	56319	296003	151721	144282	20303	14.71
1986	57806	300735	154449	146292	20361	13.08
1987	60110	304916	156656	148260	20818	12.35
1988	62317	310051	158786	151265	21920	10.78
1989	63372	314477	162092	152385	22323	11.67
1990	64120	318273	164318	153955	22592	9.49
1991	66535	321936	166243	155693	22678	9.52
1992	67729	324795	167435	157360	23505	11.05
1993	71561	328526	169789	158737	24091	8.80
1994	72367	331882	170977	160905	25763	6.91
1995	72974	333396	172756	160640	26908	4.31
1996	73096	334215	174513	159702	27479	3.55
1997	76024	336246	176086	160160	27814	5.07
1998	77886	338255	176520	161735	27580	3.84
1999	78299	338425	176990	161435	27506	3.88
2000	79313	342234	178745	163489	27629	5.54
2001	79659	342873	179079	163794	28101	5.94
2002	80432	345114	178979	166135	28591	6.16
2003	81204	347082	180165	166917	29782	8.35
2004	82943	352573	183144	169429	30096	17.39
2005	91764	357294	187433	169861	29928	16.18
2006	92693	361319	189960	171359	30220	10.62
2007	93666	365492	192405	173087	30542	11.88
2008	95457	369805	194975	174830	30542	13.15
2009	98904	374773	197575	177198	30542	12.15
2010	100979	375113	197730	177383	30542	1.77
2011	103405	379367	200355	179012	30542	9.54
2012	105318	383453	202542	180911	30542	10.02
2013	106117	387967	205288	182679	30542	13.72
2014	106390	393328	208041	185287	45657	19.82
2015	106681	395950	209268	186682	46482	14.84

3-9 人 口 数

（2015年）

指标名称	单位	全市	市区	柳江县	柳城县
总户数	户	1124703	386562	152166	124882
总人口数	人	3816233	1194966	563713	409415
男性人口	人	1977990	600869	294551	211786
女性人口	人	1838243	594097	269162	197629
18岁以下	人	761489	211735	114255	76542
18-34岁	人	919306	243306	147082	111284
35-59岁	人	1445273	502039	182759	154233
60岁以上	人	690165	237886	119617	67356
年平均人口	人	3797797	1185478	560697	408585
出生人数	人	57719	15847	8899	6153
出生率	‰	15.20	13.37	15.87	15.06
死亡人数	人	17898	4544	2390	2196
死亡率	‰	4.71	3.83	4.26	5.37
自然增长人数	人	39821	11303	6509	3957
自然增长率	‰	10.49	9.53	11.61	9.68
迁入人数	人	24585	15268	2359	1266
迁出人数	人	21115	7354	3101	2354
机械增长人数	人	3470	7914	-742	-1088
机械增长率	‰	0.91	6.68	-1.32	-2.66
常住人口	万人	392.27	159.63	59.82	36.53

3-9 续表

指标名称	单位	鹿寨县	融安县	融水苗族自治县	三江侗族自治县
总户数	**户**	116902	105836	131674	106681
总人口数	**人**	409315	327395	515479	395950
男性人口	人	215743	174105	271668	209268
女性人口	人	193572	153290	243811	186682
18岁以下	人	81497	60937	115999	100524
18-34岁	人	105326	84110	130757	97441
35-59岁	人	155940	122877	189316	138109
60岁以上	人	66552	59471	79407	59876
年平均人口	人	408993	326668	512737	394639
出生人数	人	6387	4346	7992	8095
出生率	‰	15.62	13.30	15.59	20.51
死亡人数	人	2248	1777	2504	2239
死亡率	‰	5.50	5.44	4.88	5.67
自然增长人数	人	4139	2569	5488	5856
自然增长率	‰	10.12	7.86	10.70	14.84
迁入人数	人	1244	931	2693	824
迁出人数	人	2300	1932	2796	1278
机械增长人数	人	-1056	-1001	-103	-454
机械增长率	‰	-2.58	-3.06	-0.20	-1.15
常住人口	万人	34.85	29.50	41.30	30.64

3-10 城区人口数

（2015年）

指标名称	单位	城中区	鱼峰区	柳南区	柳北区
总户数	户	49485	108214	117281	111582
总人口数	人	149854	342179	354040	348893
男性人口	人	73517	171561	179667	176124
女性人口	人	76337	170618	174373	172769
18岁以下	人	30313	64607	59501	57314
18-34岁	人	28004	75079	71165	69058
35-59岁	人	64711	139873	147036	150419
60岁以上	人	26826	62620	76338	72102
年平均人口	人	147013	339601	351745	347121
出生人数	人	2206	4975	4459	4207
出生率	‰	15.01	14.65	12.68	12.12
死亡人数	人	471	1438	1187	1448
死亡率	‰	3.20	4.23	3.37	4.17
自然增长人数	人	1735	3537	3272	2759
自然增长率	‰	11.80	10.42	9.30	7.95
迁入人数	人	2505	4291	5217	3255
迁出人数	人	1501	1798	2373	1682
机械增长人数	人	1004	2493	2844	1573
机械增长率	‰	6.83	7.34	8.09	4.53
常住人口	万人	16.90	47.43	51.17	44.13

3-11 全市主要年份城乡人口

单位:万人

年　份	常住总人口	按城乡分		占总人口比例(%)	
		市镇人口	乡村人口	市镇人口	乡村人口
2005	367.19	166.89	200.30	45.45	54.55
2006	362.47	167.79	194.68	46.29	53.71
2007	365.81	172.41	193.40	47.13	52.87
2008	368.66	179.98	188.68	48.82	51.18
2009	370.83	187.16	183.67	50.47	49.53
2010	375.87	206.92	168.95	55.05	44.95
2011	379.39	214.71	164.68	56.59	43.41
2012	382.45	222.77	159.68	58.25	41.75
2013	385.60	229.53	156.07	59.53	40.47
2014	388.65	237.32	151.33	61.06	38.94
2015	392.27	243.64	148.63	62.11	37.89

3-12 市区主要年份城乡人口

单位:万人

年 份	常住总人口	按城乡分		占总人口比例(%)	
		城镇人口	乡村人口	城镇人口	乡村人口
2008	134.97	124.86	10.11	92.51	7.49
2009	135.57	127.67	7.90	94.17	5.83
2010	152.62	142.80	9.82	93.57	6.43
2011	154.50	145.71	8.79	94.31	5.69
2012	155.85	149.79	6.06	96.11	3.89
2013	157.79	152.85	4.94	96.87	3.13
2014	158.44	153.81	4.63	97.08	2.92
2015	159.63	155.17	4.46	97.21	2.79

3-13 柳江县主要年份城乡人口

单位:万人

年 份	常住总人口	按城乡分		占总人口比例(%)	
		城镇人口	乡村人口	城镇人口	乡村人口
2008	53.88	19.08	34.80	35.41	64.59
2009	54.00	19.47	34.53	36.06	63.94
2010	56.24	20.45	35.79	36.37	63.63
2011	56.78	21.78	35.00	38.36	61.64
2012	57.18	22.81	34.37	39.89	60.11
2013	57.52	23.57	33.95	40.98	59.02
2014	59.13	26.12	33.01	44.17	55.83
2015	59.82	27.31	32.51	45.65	54.35

3-14 柳城县主要年份城乡人口

单位:万人

年 份	常住总人口	按城乡分		占总人口比例(%)	
		城镇人口	乡村人口	城镇人口	乡村人口
2008	35.28	8.04	27.24	22.80	77.20
2009	35.64	8.73	26.91	24.50	75.50
2010	35.38	11.17	24.21	31.58	68.42
2011	35.61	11.89	23.72	33.38	66.62
2012	35.82	12.47	23.35	34.81	65.19
2013	36.06	12.92	23.14	35.83	64.17
2014	36.21	13.64	22.57	37.67	62.33
2015	36.53	14.26	22.27	39.04	60.96

3-15 鹿寨县主要年份城乡人口

单位:万人

年 份	常住总人口	按城乡分		占总人口比例(%)	
		城镇人口	乡村人口	城镇人口	乡村人口
2008	43.10	10.13	32.97	23.50	76.50
2009	43.35	11.13	32.22	25.68	74.32
2010	33.13	10.29	22.84	31.06	68.94
2011	33.36	11.13	22.23	33.36	66.64
2012	33.76	12.05	21.71	35.69	64.31
2013	33.97	13.13	20.84	38.65	61.35
2014	34.11	14.99	19.12	43.95	56.05
2015	34.85	15.80	19.05	45.34	54.66

注:鹿寨县2010年(含2010年)以后数据口径为新行政区划口径。

3-16　融安县主要年份城乡人口

单位:万人

年　份	常住总人口	按城乡分		占总人口比例(%)	
		城镇人口	乡村人口	城镇人口	乡村人口
2008	28.14	7.77	20.37	27.61	72.39
2009	28.40	8.27	20.13	29.12	70.88
2010	28.57	8.35	20.22	29.24	70.76
2011	28.72	8.94	19.78	31.14	68.86
2012	28.97	9.33	19.64	32.21	67.79
2013	29.10	9.65	19.45	33.16	66.84
2014	29.23	10.02	19.21	34.28	65.72
2015	29.50	10.43	19.07	35.36	64.64

3-17　融水苗族自治县主要年份城乡人口

单位:万人

年　份	常住总人口	按城乡分		占总人口比例(%)	
		城镇人口	乡村人口	城镇人口	乡村人口
2008	42.71	6.42	36.29	15.03	84.97
2009	43.05	7.53	35.52	17.48	82.52
2010	40.21	9.43	30.78	23.46	76.54
2011	40.47	10.28	30.19	25.41	74.59
2012	40.72	10.78	29.94	26.47	73.53
2013	40.86	11.30	29.56	27.66	72.34
2014	41.07	12.01	29.06	29.24	70.76
2015	41.30	13.41	27.89	32.47	67.53

3-18　三江侗族自治县主要年份城乡人口

单位:万人

年　份	常住总人口	按城乡分		占总人口比例(%)	
		城镇人口	乡村人口	城镇人口	乡村人口
2008	30.58	3.68	26.90	12.03	87.97
2009	30.82	4.36	26.46	14.15	85.85
2010	29.72	4.41	25.31	14.84	85.16
2011	29.95	4.98	24.97	16.64	83.36
2012	30.15	5.54	24.61	18.37	81.63
2013	30.30	6.10	24.20	20.13	79.87
2014	30.46	6.73	23.73	22.09	77.91
2015	30.64	7.26	23.38	23.69	76.31

3-19　城中区主要年份城乡人口

单位:万人

年　份	常住总人口	按城乡分		占总人口比例(%)	
		城镇人口	乡村人口	城镇人口	乡村人口
2010	16.02	15.84	0.18	98.85	1.15
2011	16.31	16.17	0.14	99.15	0.85
2012	16.42	16.28	0.14	99.15	0.85
2013	16.74	16.60	0.14	99.16	0.84
2014	16.83	16.7	0.13	99.23	0.77
2015	16.90	16.77	0.13	99.23	0.77

3-20 鱼峰区主要年份城乡人口

单位:万人

年份	常住总人口	按城乡分		占总人口比例(%)	
		城镇人口	乡村人口	城镇人口	乡村人口
2010	44.60	40.06	4.54	89.82	10.18
2011	44.97	40.41	4.56	89.86	10.14
2012	45.38	42.81	2.57	94.34	5.66
2013	46.48	44.45	2.03	95.63	4.37
2014	46.76	44.78	1.98	95.77	4.23
2015	47.43	45.48	1.95	95.89	4.11

3-21 柳南区主要年份城乡人口

单位:万人

年份	常住总人口	按城乡分		占总人口比例(%)	
		城镇人口	乡村人口	城镇人口	乡村人口
2010	49.20	48.78	0.42	99.13	0.87
2011	49.97	49.74	0.23	99.53	0.47
2012	50.42	50.19	0.23	99.54	0.46
2013	50.94	50.75	0.19	99.63	0.37
2014	50.98	50.81	0.17	99.67	0.33
2015	51.17	51.09	0.08	99.84	0.16

3-22 柳北区主要年份城乡人口

单位:万人

年份	常住总人口	按城乡分		占总人口比例(%)	
		城镇人口	乡村人口	城镇人口	乡村人口
2010	42.80	38.12	4.68	89.06	10.94
2011	43.25	39.38	3.87	91.06	8.94
2012	43.63	40.51	3.12	92.85	7.15
2013	43.63	41.06	2.57	94.11	5.89
2014	43.87	41.52	2.35	94.64	5.36
2015	44.13	41.83	2.30	94.79	5.21

3-23 按居住地分的城乡人口

（2015年）　　单位：万人

地　　区	常住总人口	按城乡分		占总人口比例(%)	
		城镇人口	乡村人口	城镇人口	乡村人口
柳州市	392.27	243.64	148.63	62.11	37.89
市辖区	159.63	155.17	4.46	97.21	2.79
城中区	16.90	16.77	0.13	99.23	0.77
鱼峰区	47.43	45.48	1.95	95.89	4.11
柳南区	51.17	51.09	0.08	99.84	0.16
柳北区	44.13	41.83	2.30	94.79	5.21
柳江县	59.82	27.31	32.51	45.65	54.35
柳城县	36.53	14.26	22.27	39.04	60.96
鹿寨县	34.85	15.80	19.05	45.34	54.66
融安县	29.50	10.43	19.07	35.36	64.64
融水苗族自治县	41.30	13.41	27.89	32.47	67.53
三江侗族自治县	30.64	7.26	23.38	23.69	76.31

4 就业人员和职工工资

4-1 全市主要年份在岗职工人数及构成

年份	在岗职工人数(人)				构成(%)		
		国有经济单位	城镇集体单位	其他经济单位	国有经济单位	城镇集体单位	其他经济单位
1978	267619	212315	55304		79.33	20.67	
1979	289044	225804	63240		78.12	21.88	
1980	313672	235680	77992		75.14	24.86	
1981	331495	246574	84921		74.38	25.62	
1982	349497	262077	87420		74.99	25.01	
1983	357909	268365	89544		74.98	25.02	
1984	348921	246061	102860		70.52	29.48	
1985	377713	280316	97397		74.21	25.79	
1986	389621	301160	88461		77.30	22.70	
1987	407703	314082	93621		77.04	22.96	
1988	424035	328988	95047		77.59	22.41	
1989	429211	336363	92848		78.37	21.63	
1990	443656	353491	89230	935	79.68	20.11	0.21
1991	461845	371307	92607	1931	80.40	20.05	0.42
1992	474336	379743	93498	1095	80.06	19.71	0.23
1993	480896	374255	91150	15491	77.82	18.95	3.22
1994	499042	378025	103629	17388	75.75	20.77	3.48
1995	489419	373291	90890	25238	76.27	18.57	5.16
1996	486118	373174	86997	25947	76.77	17.90	5.34
1997	482477	369585	83424	29468	76.60	17.29	6.11
1998	421203	286250	63670	71283	67.96	15.12	16.92
1999	382571	256221	42227	84123	66.97	11.04	21.99
2000	362555	237062	35877	89616	65.39	9.90	24.72
2001	353213	234082	28203	90928	66.27	7.98	25.74
2002	332615	212410	27766	92439	63.86	8.35	27.79
2003	322311	197891	27103	97317	61.40	8.41	30.19
2004	324752	192251	25171	107330	59.20	7.75	33.05
2005	324728	191897	26112	106719	59.09	8.04	32.86
2006	320754	194102	16877	109775	60.51	5.26	34.22
2007	322784	195366	16572	110846	60.53	5.13	34.34
2008	326438	194572	16277	115589	59.60	4.99	35.41
2009	333314	194923	16582	121809	58.48	4.97	36.54
2010	351843	204077	16908	130858	58.00	4.81	37.19
2011	369643	189645	17863	162135	51.30	4.83	43.86
2012	429170	202030	14493	212647	47.07	3.38	49.55
2013	412949	188619	9444	214886	45.68	2.29	52.04
2014	396469	186748	10722	198999	47.10	2.70	50.19
2015	403135	183472	10062	209601	45.51	2.50	51.99

4-2 全市主要年份在岗职工工资总额及平均工资

年份	在岗职工工资总额（万元）	国有经济单位	城镇集体单位	其他经济单位	在岗职工平均工资（元）	国有经济单位	城镇集体单位	其他经济单位
1978	14965	12029	2936		572	580	542	
1979	17354	13883	3471		620	639	553	
1980	22138	17215	4923		712	739	632	
1981	23416	18148	5268		720	756	619	
1982	25852	20088	5764		753	782	666	
1983	27380	21162	6218		775	803	694	
1984	33660	25217	8443		975	1030	842	
1985	41965	32681	9284		1139	1194	982	
1986	50742	40773	9969		1336	1390	1154	
1987	58407	47285	11122		1487	1561	1239	
1988	73037	59648	13289		1772	1863	1445	
1989	77291	63389	13902		1831	1905	1556	
1990	91923	77202	14570	151	2089	2223	1587	1742
1991	105935	87919	17627	390	2357	2456	1966	2212
1992	127932	106979	20688	264	2771	2896	2272	2168
1993	172096	138969	25662	7465	3694	3823	2951	4840
1994	233302	182377	41290	9634	4718	4881	4022	5660
1995	260342	204767	38844	16731	5376	5537	4312	6866
1996	272049	216806	37824	17419	5636	5857	4321	6955
1997	282719	224610	38426	19682	5913	6120	4628	7016
1998	285650	184499	35667	65484	6729	6414	5572	8993
1999	289319	184963	25910	78446	7505	7176	5920	9339
2000	333058	203073	24306	105679	9145	8496	6924	11729
2001	378864	243134	23058	112669	10670	10388	8041	12203
2002	415024	264359	24271	126394	12446	12399	8643	13713
2003	449929	276929	27019	145981	13832	13802	10023	14944
2004	534546	327936	28314	178295	16199	16635	11058	16627
2005	594006	367982	32719	193305	18517	19269	12482	18657
2006	718045	455440	31248	231357	22558	23905	18417	20876
2007	852654	551457	30583	270613	26819	28593	18595	24915
2008	979800	640877	31676	307247	30558	33127	19609	27675
2009	1108934	689022	36509	383403	33645	35573	22207	32091
2010	1284165	749706	46326	488134	37278	36988	27198	39124
2011	1394508	745971	55985	592553	38229	39727	31181	37258
2012	1662394	836100	48678	777616	38881	41475	33352	36789
2013	1914477	941436	34295	938746	46710	50113	36372	44162
2014	2041929	956329	44040	1041560	48969	50472	37760	48739
2015	2350802	1155848	45076	1149878	54223	61398	44164	50538

注：从2014年开始，在岗职工平均工资包含劳务派遣人员平均工资。

4-3 柳江县主要年份在岗职工人数及构成

年份	在岗职工人数(人)	国有经济单位	城镇集体单位	其他经济单位	构成(%) 国有经济单位	城镇集体单位	其他经济单位
1978	16640	15736	904		94.57	5.43	
1979	17142	15683	1459		91.49	8.51	
1980	17163	15648	1515		91.17	8.83	
1981	17362	15922	1440		91.71	8.29	
1982	17485	16124	1361		92.22	7.78	
1983	17420	16155	1265		92.74	7.26	
1984	17165	15245	1920		88.81	11.19	
1985	17582	15715	1867		89.38	10.62	
1986	17403	15611	1792		89.70	10.30	
1987	17874	15934	1940		89.15	10.85	
1988	18769	16546	2223		88.16	11.84	
1989	19218	17252	1966		89.77	10.23	
1990	21479	19508	1971		90.82	9.18	
1991	22553	20503	2050		90.91	9.09	
1992	22943	20993	1950		91.50	8.50	
1993	22939	21203	1736		92.43	7.57	
1994	23890	21971	1919		91.97	8.03	
1995	25503	23344	2159		91.53	8.47	
1996	25195	23213	1982		92.13	7.87	
1997	24782	22973	1809		92.70	7.30	
1998	23824	22550	1043	231	94.65	4.38	0.97
1999	23080	21758	1010	312	94.27	4.38	1.35
2000	22997	21908	651	438	95.26	2.83	1.91
2001	26593	25478	692	423	95.80	2.60	1.60
2002	22812	19409	1534	1869	85.00	6.70	8.30
2003	24407	18367	1589	4451	75.20	6.50	18.30
2004	25602	18062	1566	5974	70.55	6.12	23.33
2005	24002	17645	1109	5248	73.51	4.62	21.86
2006	25526	18928	1005	5593	74.15	3.94	21.91
2007	26957	19480	1309	6168	72.26	4.86	22.88
2008	25864	18443	1183	6238	71.31	4.57	24.12
2009	25289	18211	985	6093	72.01	3.89	24.09
2010	24533	17340	927	6266	70.68	3.78	25.54
2011	27495	17746	1201	8548	64.54	4.37	31.09
2012	27881	17536	1381	8964	62.90	4.95	32.15
2013	21919	15857	1058	5004	72.34	4.83	22.83
2014	21010	14820	795	5395	70.54	3.78	25.68
2015	22613	15697	687	6229	69.42	3.04	27.55

4-4 柳江县主要年份在岗职工工资总额及平均工资

年份	在岗职工工资总额（万元）	国有经济单位	城镇集体单位	其他经济单位	在岗职工平均工资（元）	国有经济单位	城镇集体单位	其他经济单位
1978	763	719	44		458	457	487	
1979	872	806	66		515	521	452	
1980	1008	940	68		597	612	446	
1981	1092	1005	87		651	654	616	
1982	1166	1076	90		685	667	679	
1983	1214	1127	87		707	711	659	
1984	1295	1152	143		788	793	747	
1985	1524	1367	157		868	871	830	
1986	1827	1652	175		1072	1075	1052	
1987	2241	2012	229		1307	1316	1248	
1988	2930	2597	333		1603	1607	1578	
1989	3207	2878	329		1678	1685	1396	
1990	3907	3571	336		1865	1880	1724	
1991	4729	4361	368		2177	2209	1853	
1992	5572	5160	412		2480	2513	2129	
1993	7061	6594	467		3274	3330	2547	
1994	10147	9565	582		4274	4381	3054	
1995	11868	11008	860		4719	4788	3982	
1996	12757	11882	875		5134	5183	4540	
1997	13240	12513	727		5355	5456	4061	
1998	14041	13339	578	125	5987	6024	5372	5279
1999	14928	14365	418	145	6615	6663	5915	4823
2000	17136	16308	509	319	7502	7492	7998	7257
2001	23326	22486	527	313	8897	8958	7588	7424
2002	24713	21497	1043	2173	11311	11581	6778	12444
2003	28313	21676	1496	5141	11694	11785	9423	12151
2004	31921	23214	1352	7356	12528	12592	8549	13460
2005	34505	25103	1510	7892	14725	14387	14570	15946
2006	44534	32976	1820	9738	18564	18354	17983	19437
2007	56446	43775	1364	11307	21496	22745	11930	19262
2008	63609	50473	1611	11525	25248	27339	17084	19908
2009	67497	51167	1568	14761	27022	28214	18515	24619
2010	72476	53518	1693	17265	30107	30650	20976	29742
2011	85052	53601	3200	28251	31009	30054	27049	33593
2012	94972	59625	5565	29782	34082	34046	40951	33113
2013	92101	68218	3701	20182	42277	43261	34693	40780
2014	91873	62019	4991	24863	43441	41706	62992	44954
2015	121050	87441	5152	28457	52735	55420	73321	45036

注：从2014年开始，在岗职工平均工资包含劳务派遣人员平均工资。

4-5 柳城县主要年份在岗职工人数及构成

年份	在岗职工人数(人)				构成(%)		
		国有经济单位	城镇集体单位	其他经济单位	国有经济单位	城镇集体单位	其他经济单位
1978	20459	18059	2400		88.27	11.73	
1979	20400	18300	2100		89.71	10.29	
1980	22200	20100	2100		90.54	9.46	
1981	20943	18828	2115		89.90	10.10	
1982	21470	19364	2106		90.19	9.81	
1983	21705	19610	2095		90.35	9.65	
1984	18782	16382	2400		87.22	12.78	
1985	18899	16858	2041		89.20	10.80	
1986	19288	16988	2300		88.08	11.92	
1987	20240	18234	2006		90.09	9.91	
1988	20610	18289	2321		88.74	11.26	
1989	21198	18980	2218		89.54	10.46	
1990	21991	19791	2200		90.00	10.00	
1991	23593	21288	2305		90.23	9.77	
1992	24149	21761	2388		90.11	9.89	
1993	23600	21300	2300		90.25	9.75	
1994	22644	21184	1460		93.55	6.45	
1995	23556	22023	1533		93.49	6.51	
1996	24704	22480	2224		91.00	9.00	
1997	23833	22279	1554		93.48	6.52	
1998	22838	18537	1150	3151	81.17	5.04	13.80
1999	22608	18628	1168	2812	82.40	5.17	12.44
2000	21061	16291	823	3947	77.35	3.91	18.74
2001	19369	15352	934	3083	79.26	4.82	15.92
2002	18480	14148	761	3571	76.56	4.12	19.32
2003	19858	14841	764	4253	74.73	3.85	21.42
2004	17998	13492	594	3912	74.96	3.30	21.74
2005	17147	12694	522	3931	74.03	3.04	22.93
2006	16255	12356	600	3299	76.01	3.69	20.30
2007	16951	12654	564	3733	74.65	3.33	22.02
2008	16032	11903	523	3606	74.25	3.26	22.49
2009	16433	12229	631	3573	74.42	3.84	21.74
2010	16514	12337	604	3573	74.71	3.66	21.64
2011	16986	11711	614	4661	68.95	3.61	27.44
2012	16526	10777	702	5047	65.21	4.25	30.54
2013	15965	10924	386	4655	68.42	2.42	29.16
2014	15941	10751	290	4900	67.44	1.82	30.74
2015	15984	10601	315	5068	66.32	1.97	31.71

4-6 柳城县主要年份在岗职工工资总额及平均工资

年份	在岗职工工资总额（万元）	国有经济单位	城镇集体单位	其他经济单位	在岗职工平均工资（元）	国有经济单位	城镇集体单位	其他经济单位
1978	935	833	102		461	453	543	
1979	1063	963	100		527	526	537	
1980	1329	1229	100		561	572	456	
1981	1437	1309	128		696	705	616	
1982	1481	1355	126		730	726	776	
1983	1517	1400	118		714	729	572	
1984	1542	1385	157		819	856	594	
1985	1685	1547	138		927	960	673	
1986	2267	2077	190		1194	1242	840	
1987	2745	2552	193		1427	1482	958	
1988	3352	3079	273		1657	1713	1210	
1989	3392	3103	289		1604	1637	1318	
1990	4062	3727	335		1894	1933	1549	
1991	4801	4476	325		2046	2100	1515	
1992	5459	5065	394		2297	2339	1865	
1993	6582	6166	416		2887	2979	1981	
1994	8631	8221	410		3909	3978	2895	
1995	10583	10024	559		4599	4671	3607	
1996	13388	12280	1108		5491	5560	4820	
1997	13618	12824	794		5886	5981	4665	
1998	12547	9732	461	2354	5673	5303	4109	8902
1999	13780	10664	474	2642	6245	5758	3907	11336
2000	14474	10459	402	3613	6919	6335	4649	10197
2001	17463	13213	575	3675	9064	8598	5821	12621
2002	18742	14375	520	3847	10753	10597	6971	12338
2003	21299	16558	624	4117	11245	11190	8282	12144
2004	20656	16169	535	3952	11866	11834	7898	12886
2005	21323	16288	607	4428	12847	12522	11760	14409
2006	24717	18511	673	5533	15432	14761	12518	18832
2007	30989	24228	763	5998	18883	18964	14783	19231
2008	36253	28902	970	6381	23466	24111	21223	21235
2009	39604	31413	1271	6920	25129	25578	23405	23569
2010	45369	35635	2144	7590	28577	28560	37154	26895
2011	53739	38821	3188	11730	32523	33183	60142	27318
2012	58738	40493	4239	14006	35208	35645	42390	30264
2013	69877	51676	1221	16980	45319	46850	32748	42280
2014	71590	50662	1205	19723	45947	47145	42129	43356
2015	89947	68441	1127	20380	57193	64013	36761	43699

注：从2014年开始，在岗职工平均工资包含劳务派遣人员平均工资。

4-7 鹿寨县主要年份在岗职工人数及构成

年份	在岗职工人数(人)				构成(%)		
		国有经济单位	城镇集体单位	其他经济单位	国有经济单位	城镇集体单位	其他经济单位
1978	22667	20793	1874		91.73	8.27	
1979	22835	20814	2021		91.15	8.85	
1980	23074	20955	2119		90.82	9.18	
1981	23704	21463	2241		90.55	9.45	
1982	25124	22494	2630		89.53	10.47	
1983	24425	21507	2918		88.05	11.95	
1984	22572	19378	3194		85.85	14.15	
1985	23355	20228	3127		86.61	13.39	
1986	24490	21301	3189		86.98	13.02	
1987	25202	22049	3153		87.49	12.51	
1988	24985	21978	3007		87.96	12.04	
1989	25331	22004	3327		86.87	13.13	
1990	25577	22359	3218		87.42	12.58	
1991	26907	23372	3535		86.86	13.14	
1992	28497	24586	3911		86.28	13.72	
1993	28583	24673	3910		86.32	13.68	
1994	28340	25008	3332		88.24	11.76	
1995	28835	25872	2963		89.72	10.28	
1996	28295	25863	2432		91.40	8.60	
1997	27488	25140	2348		91.46	8.54	
1998	27444	25478	1966		92.84	7.16	
1999	27056	24207	1845	1004	89.47	6.82	3.71
2000	26993	21877	1734	3382	81.10	6.42	12.53
2001	25665	19560	1577	4528	76.21	6.14	17.64
2002	23935	19265	1404	3266	80.49	5.87	13.65
2003	23089	18408	1249	3432	79.73	5.41	14.86
2004	23071	18254	1150	3667	79.12	4.98	15.89
2005	22302	17694	873	3735	79.33	3.91	16.77
2006	22742	15264	806	6672	67.12	3.54	29.34
2007	22317	13039	741	8537	58.43	3.32	38.25
2008	21810	12977	559	8274	59.50	2.56	37.94
2009	22250	13458	700	8092	60.49	3.15	36.37
2010	23073	13719	643	8711	59.46	2.79	37.75
2011	23576	10716	697	12163	45.45	2.96	51.59
2012	23698	10906	545	12247	46.02	2.30	51.68
2013	22028	11025	1050	9953	50.05	4.77	45.18
2014	21521	11403	951	9167	52.99	4.42	42.60
2015	20927	11209	935	8783	53.56	4.47	41.97

4-8 鹿寨县主要年份在岗职工工资总额及平均工资

年份	在岗职工工资总额（万元）	国有经济单位	城镇集体单位	其他经济单位	在岗职工平均工资（元）	国有经济单位	城镇集体单位	其他经济单位
1978	1159	1067	92		527	531	485	
1979	1343	1251	92		590	601	473	
1980	1563	1480	83		695	725	398	
1981	1663	1549	114		727	750	511	
1982	1882	1746	136		766	794	529	
1983	1787	1632	155		774	804	555	
1984	1996	1788	208		870	903	666	
1985	2203	2004	199		968	1025	618	
1986	2918	2625	293		1249	1299	926	
1987	3404	3083	321		1416	1462	1091	
1988	4108	3735	273		1677	1739	1235	
1989	4533	4044	489		1835	1873	1571	
1990	5119	4637	482		2038	2102	1573	
1991	5869	5288	581		2181	2335	1785	
1992	7636	6831	805		2680	2975	2313	
1993	9647	8712	935		3375	3807	2517	
1994	12129	11154	975		4525	4686	3250	
1995	13484	12488	996		4850	5005	3494	
1996	13977	13115	862		4970	5141	3303	
1997	13922	13006	915		5202	5334	3849	
1998	15412	14622	790		5634	5759	4019	
1999	16490	15019	864	607	6080	6178	4717	6190
2000	18648	14780	925	2943	6990	6843	5382	8751
2001	21225	16428	919	3878	8238	8441	5907	8169
2002	25192	21146	880	3166	10477	10808	6273	9967
2003	26401	22154	819	3428	11348	11903	6529	10086
2004	29128	24273	880	3976	13015	13554	7696	11938
2005	34474	29258	910	4306	15800	16650	10545	12725
2006	37667	27944	1055	8668	17044	18523	13111	13960
2007	47164	33560	1072	12532	21841	26184	14425	15599
2008	51770	36339	1099	14331	24237	28539	17232	17939
2009	55263	40063	1142	14058	25826	30413	15886	18729
2010	64937	42945	3890	18103	29214	31792	60495	22413
2011	75137	34744	3836	36558	33750	32703	57678	33313
2012	85559	37101	4276	44182	37169	34258	77462	37966
2013	92788	49483	5299	38006	42446	44495	51444	39146
2014	92326	50477	6153	35697	43487	44475	66806	39840
2015	106292	64796	6113	35382	51713	57992	67325	42128

注：从2014年开始，在岗职工平均工资包含劳务派遣人员平均工资。

4-9 融安县主要年份在岗职工人数及构成

年份	在岗职工人数(人)	国有经济单位	城镇集体单位	其他经济单位	构成(%) 国有经济单位	城镇集体单位	其他经济单位
1978	14800	11700	3100		79.05	20.95	
1979	13900	10700	3200		76.98	23.02	
1980	13800	10800	3000		78.26	21.74	
1981	14071	10984	3087		78.06	21.94	
1982	14428	11400	3028		79.01	20.99	
1983	14447	11661	2786		80.72	19.28	
1984	14449	10752	3697		74.41	25.59	
1985	14121	10521	3600		74.51	25.49	
1986	13949	10495	3454		75.24	24.76	
1987	14620	11205	3415		76.64	23.36	
1988	14869	11644	3225		78.31	21.69	
1989	13593	10333	3260		76.02	23.98	
1990	16304	13357	2947		81.92	18.08	
1991	16859	13720	3139		81.38	18.62	
1992	16520	13534	2986		81.92	18.08	
1993	17174	13769	3180	225	80.17	18.52	1.31
1994	17537	14003	3248	286	79.85	18.52	1.63
1995	17162	13903	2983	276	81.01	17.38	1.61
1996	16856	14198	2307	351	84.23	13.69	2.08
1997	16434	13994	2193	247	85.15	13.34	1.50
1998	14521	12552	1519	450	86.44	10.46	3.10
1999	13804	12853	784	167	93.11	5.68	1.21
2000	14550	13517	698	335	92.90	4.80	2.30
2001	14637	13596	626	415	92.89	4.28	2.84
2002	13315	11948	600	767	89.73	4.51	5.76
2003	12981	11314	581	1086	87.16	4.47	8.37
2004	13141	11380	505	1256	86.60	3.84	9.56
2005	12657	10998	353	1306	86.89	2.79	10.32
2006	10784	8560	365	1859	79.38	3.38	17.24
2007	10686	8427	339	1920	78.86	3.17	17.97
2008	10400	8428	365	1607	81.04	3.51	15.45
2009	11084	9072	352	1660	81.85	3.18	14.98
2010	11624	9234	100	2290	79.44	0.86	19.70
2011	12286	9271	130	2885	75.46	1.06	23.48
2012	12813	9596	88	3129	74.89	0.69	24.42
2013	12798	9553	33	3212	74.64	0.26	25.10
2014	12850	9680	32	3138	75.33	0.25	24.42
2015	12603	9601	31	2971	76.18	0.25	23.57

4-10 融安县主要年份在岗职工工资总额及平均工资

年份	在岗职工工资总额（万元）	国有经济单位	城镇集体单位	其他经济单位	在岗职工平均工资（元）	国有经济单位	城镇集体单位	其他经济单位
1978	756	604	155		507	511	500	
1979	798	643	152		594	628	475	
1980	932	764	168		704	727	560	
1981	983	825	158		708	767	506	
1982	1027	867	161		712	760	533	
1983	1066	932	133		751	799	490	
1984	1322	1105	217		917	1028	613	
1985	1495	1273	222		1078	1210	670	
1986	1667	1403	264		1211	1336	809	
1987	1892	1600	292		1325	1473	854	
1988	2315	1977	338		1584	1736	1048	
1989	2764	2348	416		1838	1994	1276	
1990	3337	2883	455		2103	2231	1543	
1991	3642	3133	509		2178	2307	1621	
1992	4123	3577	547		2505	2654	1831	
1993	5031	4361	635	35	2956	3205	1987	1606
1994	7016	5580	1363	72	3991	3976	4181	2546
1995	7837	6144	1598	95	4692	4497	5779	3475
1996	7473	6221	1120	132	4489	4416	5001	4138
1997	8076	6941	1010	125	4842	4877	4502	6230
1998	7473	6694	585	193	5167	5350	3853	4407
1999	7924	7443	398	82	5938	6000	5147	4958
2000	10146	9564	448	134	7081	7240	5234	5099
2001	12141	11438	523	179	8400	8544	8156	4221
2002	12626	11687	490	449	9456	9763	8145	5760
2003	14007	12908	469	630	10714	11299	8158	5868
2004	15733	14176	491	1067	11975	12463	9675	8486
2005	18150	16308	644	1197	14041	14477	17989	9189
2006	17386	14878	722	1786	16251	17466	20047	9815
2007	22330	19215	873	2242	21283	22916	25985	12662
2008	28010	24245	1365	2400	26552	28938	37117	13308
2009	31902	27602	1777	2523	29169	30910	51947	15154
2010	34167	28227	167	5774	30116	31272	16058	26066
2011	38553	30553	222	7779	32179	33138	17038	29565
2012	44014	32601	175	11238	34720	34433	17657	36137
2013	48117	36746	130	11241	38145	39494	20667	34619
2014	56744	42536	96	14112	44884	44995	30125	44705
2015	69618	55251	145	14223	55007	57722	46645	46622

注：从2014年开始，在岗职工平均工资包含劳务派遣人员平均工资。

4-11 融水苗族自治县主要年份在岗职工人数及构成

年份	在岗职工人数(人)				构成(%)		
		国有经济单位	城镇集体单位	其他经济单位	国有经济单位	城镇集体单位	其他经济单位
1978	12418	10541	1877		84.88	15.12	
1979	12989	10529	2460		81.06	18.94	
1980	13003	10692	2311		82.23	17.77	
1981	13253	11054	2199		83.41	16.59	
1982	13458	11077	2381		82.31	17.69	
1983	13175	11186	1989		84.90	15.10	
1984	12938	10354	2584		80.03	19.97	
1985	15011	12173	2838		81.09	18.91	
1986	16581	13563	3018		81.80	18.20	
1987	17796	14544	3252		81.73	18.27	
1988	18901	15355	3546		81.24	18.76	
1989	20670	16650	4020		80.55	19.45	
1990	20567	17122	3445		83.25	16.75	
1991	20984	17416	3568		83.00	17.00	
1992	22465	18488	3977		82.30	17.70	
1993	23120	19000	3951	169	82.18	17.09	0.73
1994	25775	21694	3394	687	84.17	13.17	2.67
1995	25537	21257	3728	552	83.24	14.60	2.16
1996	24895	21615	2962	318	86.82	11.90	1.28
1997	24013	21065	2770	178	87.72	11.54	0.74
1998	20195	17911	2197	87	88.69	10.88	0.43
1999	18376	16467	1828	81	89.61	9.95	0.44
2000	17581	14882	2286	413	84.65	13.00	2.35
2001	16711	14584	1756	371	87.27	10.51	2.22
2002	14731	13547	814	370	91.96	5.53	2.51
2003	13714	12469	600	645	90.92	4.38	4.70
2004	14066	12805	625	636	91.04	4.44	4.52
2005	14569	13248	781	540	90.93	5.36	3.71
2006	14960	13639	783	538	91.17	5.23	3.60
2007	15083	13914	636	533	92.25	4.22	3.53
2008	14356	12340	630	1386	85.96	4.39	9.65
2009	13917	10180	459	3278	73.15	3.30	23.55
2010	13084	11945	476	663	91.29	3.64	5.07
2011	13890	12665	488	737	91.18	3.51	5.31
2012	14802	13011	532	1259	87.90	3.59	8.51
2013	13812	11590	678	1544	83.91	4.91	11.18
2014	13660	11477	402	1781	84.02	2.94	13.04
2015	13975	11421	369	2185	81.72	2.64	15.64

4-12 融水苗族自治县主要年份在岗职工工资总额及平均工资

年份	在岗职工工资总额（万元）	国有经济单位	城镇集体单位	其他经济单位	在岗职工平均工资（元）	国有经济单位	城镇集体单位	其他经济单位
1978	709	612	97		558	573	480	
1979	748	626	122		603	612	561	
1980	972	856	116		645	669	513	
1981	928	805	123		705	733	564	
1982	980	840	140		737	761	617	
1983	1035	909	126		789	819	624	
1984	1333	1118	215		1022	1088	778	
1985	1614	1366	248		1111	1160	903	
1986	2055	1799	256		1266	1333	935	
1987	2480	2150	330		1434	1511	1075	
1988	3473	3030	443		1881	1997	1347	
1989	3897	3293	604		1949	2023	1624	
1990	4322	3885	437		2182	2349	1338	
1991	4895	4254	641		2419	2503	1977	
1992	5977	5194	783		2751	2895	2069	
1993	7870	6816	1017	37	3545	3727	2690	2782
1994	10187	8973	1034	180	4198	4391	3192	3041
1995	11400	9819	1350	231	4634	4773	3968	3678
1996	10595	9231	1241	123	4308	4357	3992	4128
1997	10069	8755	1269	45	4162	4145	4383	2542
1998	9025	8090	898	37	4372	4452	3772	4253
1999	9473	8701	730	42	5094	5219	3961	5185
2000	10377	9282	925	170	5981	6239	4367	4802
2001	13891	12905	848	138	8289	8844	4722	3720
2002	15198	14504	551	143	10465	10873	6786	3854
2003	14239	13381	515	343	10505	10832	9257	5318
2004	16078	15107	584	387	11589	11911	10064	6337
2005	20066	18763	875	428	14123	14363	12524	9594
2006	23244	21867	947	430	15994	16283	14426	9613
2007	31124	29589	1062	472	20928	21386	17938	10640
2008	37311	32689	1434	1386	25887	26417	23022	31878
2009	41660	30133	1325	10203	30153	29811	29773	31267
2010	43329	40463	1888	978	33430	34163	41229	14842
2011	47758	44387	1850	1522	35008	35683	39121	20842
2012	52941	47678	1913	3350	36152	36980	38176	33502
2013	54519	46317	3146	5056	40064	40491	49933	32854
2014	67356	58585	1733	7038	48119	50639	44005	35966
2015	78898	68003	1826	9069	55970	59335	47808	41479

注：从2014年开始，在岗职工平均工资包含劳务派遣人员平均工资。

4-13 三江侗族自治县主要年份在岗职工人数及构成

年 份	在岗职工人数(人)				构成(%)		
		国有经济单位	城镇集体单位	其他经济单位	国有经济单位	城镇集体单位	其他经济单位
1978	7903	6903	1000		87.35	12.65	
1979	7802	6802	1000		87.18	12.82	
1980	8175	6912	1263		84.55	15.45	
1981	7967	7062	905		88.64	11.36	
1982	8465	7151	1314		84.48	15.52	
1983	8265	7264	1001		87.89	12.11	
1984	8055	6504	1551		80.74	19.26	
1985	8921	7492	1429		83.98	16.02	
1986	9042	7910	1132		87.48	12.52	
1987	10068	8585	1483		85.27	14.73	
1988	10352	8527	1825		82.37	17.63	
1989	10080	8579	1501		85.11	14.89	
1990	10110	8703	1407		86.08	13.92	
1991	10327	8920	1407		86.38	13.62	
1992	10855	9598	1257		88.42	11.58	
1993	10996	9717	1279		88.37	11.63	
1994	11048	9784	1264		88.56	11.44	
1995	11113	9939	1174		89.44	10.56	
1996	11152	10305	637	210	92.40	5.71	1.89
1997	11532	10164	1186	182	88.14	10.28	1.58
1998	10660	9278	1032	350	87.04	9.68	3.28
1999	10747	8834	1574	339	82.20	14.65	3.15
2000	10053	8771	922	360	87.25	9.17	3.58
2001	10050	8870	879	301	88.26	8.75	2.99
2002	9231	7997	893	341	86.63	9.67	3.70
2003	8518	7734	662	122	90.80	7.77	1.43
2004	8144	7471	583	90	91.74	7.16	1.11
2005	7648	7337	175	136	95.93	2.29	1.78
2006	8259	7451	445	363	90.22	5.39	4.40
2007	8250	7597	266	387	92.08	3.24	4.69
2008	7620	7099	266	255	93.16	3.49	3.35
2009	7144	6818	192	134	95.44	2.69	1.88
2010	7113	6697	297	119	94.15	4.18	1.67
2011	7831	6960	584	287	88.88	8.39	3.66
2012	8984	7778	376	830	86.58	4.19	9.24
2013	8454	7082	416	956	83.77	4.92	11.31
2014	8572	7332	421	819	85.53	4.91	9.55
2015	8598	7297	247	1054	84.87	2.87	12.26

4-14 三江侗族自治县主要年份在岗职工工资总额及平均工资

年份	在岗职工工资总额（万元）	国有经济单位	城镇集体单位	其他经济单位	在岗职工平均工资（元）	国有经济单位	城镇集体单位	其他经济单位
1978	428	378	50		538	530	613	
1979	456	402	54		594	603	544	
1980	530	469	61		657	690	482	
1981	539	490	49		693	713	536	
1982	599	539	60		715	761	464	
1983	631	563	68		763	775	674	
1984	896	781	115		1107	1210	702	
1985	875	779	96		1007	1071	732	
1986	1053	970	83		1166	1224	748	
1987	1305	1105	200		1350	1339	1409	
1988	1560	1317	243		1547	1559	1486	
1989	1696	1474	222		1721	1750	1548	
1990	2071	1820	251		2062	2094	1853	
1991	2440	2172	268		2407	2472	1981	
1992	2760	2490	270		2565	2633	2072	
1993	3937	3630	307		3339	3428	2604	
1994	4576	4288	288		4235	4432	2549	
1995	4925	4485	440		4462	4515	3985	
1996	4835	4505	291	39	4348	4377	4701	1857
1997	5059	4378	490	191	4389	4310	4135	10494
1998	5147	4500	432	215	4838	4859	4181	6242
1999	5811	4953	646	212	5486	5707	4104	6239
2000	6433	5750	444	239	6446	6610	4811	6657
2001	8483	7689	533	261	8413	8651	6046	8318
2002	9022	8245	554	223	9687	10205	6198	6531
2003	8753	8234	397	122	10308	10696	5973	9473
2004	9922	9397	387	138	12113	12423	7209	15322
2005	10177	9641	310	226	13324	13161	17514	16632
2006	13515	12638	469	408	16275	16859	10535	11240
2007	17192	16130	626	437	20925	21293	24920	11203
2008	19621	18151	1003	467	25614	25421	37845	18310
2009	20805	19418	1013	374	28956	28286	54468	27888
2010	22308	20175	1751	383	31349	30138	57970	31900
2011	24626	21454	2539	633	31601	30834	46171	22200
2012	28680	24970	1721	1988	32144	32190	43470	25848
2013	32505	27960	1936	2609	38490	39430	49015	27201
2014	34582	29512	2230	2840	40593	40729	53653	34070
2015	50557	44308	1167	5082	58344	60785	46412	45998

注:从2014年开始,在岗职工平均工资包含劳务派遣人员平均工资。

4-15 全市单位从业人员人数

（2015年）　　　　单位：人

指标名称	单位数（个）	单位从业人员年末人数	#女性	在岗职工	劳务派遣人员	其他从业人员	在岗职工年平均人数（含劳务）
合计	4997	616538	176880	403135	172671	40732	552870
按执行会计标准类别分组							
企业	1356	440811	90985	245678	168537	26596	391388
事业	2074	119536	64270	107631	2528	9377	109979
机关	1309	39643	14158	36585	1330	1728	37948
民间非营利组织	80	4406	3218	4098	232	76	4338
其他	178	12142	4249	9143	44	2955	9217
按经济类型分组							
国有经济单位	3582	209090	91647	183472	9784	15834	193941
集体经济单位	190	12940	3868	10062	723	2155	10783
其他经济单位	1225	394508	81365	209601	162164	22743	348146
按国民经济行业分组							
农、林、牧、渔业	134	4494	1444	3703	4	787	3736
采矿业	9	604	97	431	4	169	419
制造业	357	162497	43503	132768	20324	9405	151268
电力、热力、燃气及水生产和供应业	50	8491	2226	7770	612	109	8712
建筑业	80	175373	5877	24582	141065	9726	147174
批发和零售业	267	18263	9804	16730	937	596	17586
交通运输、仓储和邮政业	95	17355	4809	15331	1608	416	17350
住宿和餐饮业	46	4251	2488	3591	298	362	3947
信息传输、软件和信息技术服务业	36	3196	702	2965	231		3193
金融业	62	10203	5301	9376	284	543	9644
房地产业	222	15407	5004	11082	566	3759	10877
租赁和商务服务业	153	22707	8658	19027	1919	1761	18534
科学研究、技术服务业	484	14947	4862	12327	1154	1466	13410
水利、环境和公共设施管理业	147	17101	8347	13890	524	2687	14435
居民服务、修理和其他服务业	19	1194	451	1165	12	17	1175
教育	732	59578	34403	53344	1204	5030	54697
卫生和社会工作	322	35546	23158	33803	169	1574	33661
文化、体育和娱乐业	97	2468	1119	2407		61	2415
公共管理、社会保障和社会组织	1685	42863	14627	38843	1756	2264	40637

4-15 续表1

单位:人

指 标 名 称	单位数（个）	单位从业人员年末人数	#女性	在岗职工	劳务派遣人员	其他从业人员	在岗职工年平均人数（含劳务）
国有单位合计	3582	209090	91647	183472	9784	15834	193941
按隶属关系分组							
中央	40	5798	1496	4819	868	111	5870
省、自治区、直辖市	110	43697	14090	38478	2874	2345	41244
地区	677	71081	33496	61974	3579	5528	66030
县及县以下	2084	70090	33331	62293	1491	6306	64000
其他	671	18424	9234	15908	972	1544	16797
按执行会计标准类别分组							
企业	219	51019	13885	40313	5947	4759	47106
#地方	204	46128	12698	36316	5113	4699	42092
事业	2040	118611	63722	106757	2521	9333	109088
#地方	2033	118555	63704	106701	2521	9333	109033
机关	1307	39203	13896	36163	1316	1724	37503
#地方	1289	38352	13605	35397	1282	1673	36702
民间非营利组织							
其他	16	257	144	239		18	244
按国民经济行业分组							
农、林、牧、渔业	126	4022	1276	3320		702	3358
采矿业	2	283	31	114	2	167	85
制造业	26	24141	5213	20141	3665	335	24020
电力、热力、燃气及水生产和供应业	15	2035	521	1983	46	6	2030
建筑业	19	5448	1102	3809	796	843	4566
批发和零售业	37	1618	470	1367	153	98	1501
交通运输、仓储和邮政业	40	2860	1011	2581	184	95	3184
住宿和餐饮业	12	1416	851	967	264	185	1227
信息传输、软件和信息技术服务业	18	57	14	57			58
金融业	9	2151	1113	2059	47	45	2113
房地产业	41	1316	732	936		380	934
租赁和商务服务业	62	7048	1932	5532	104	1412	5933
科学研究、技术服务业	425	10886	3477	8766	1105	1015	9817
水利、环境和公共设施管理业	139	16427	8150	13216	524	2687	13759
居民服务、修理和其他服务业	8	475	178	446	12	17	460
教育	559	51460	28301	45945	1015	4500	47104
卫生和社会工作	270	32652	21764	31482	144	1026	31277
文化、体育和娱乐业	92	1994	903	1933		61	1937
公共管理、社会保障和社会组织	1682	42801	14608	38818	1723	2260	40578

4-15　续表 2　　　　单位：人

指 标 名 称	单位数（个）	单位从业人员年末人数	#女性	在岗职工	劳务派遣人员	其他从业人员	在岗职工年平均人数（含劳务）
城镇集体单位合计	190	12940	3868	10062	723	2155	10783
按执行会计标准类别分组							
企业	159	12063	3386	9185	723	2155	9896
事业	22	356	160	356			362
机关							
民间非营利组织	2	41	35	41			41
其他	7	480	287	480			484
按国民经济行业分组							
农、林、牧、渔业	1	160	93	87		73	84
采矿业	2	70	19	68		2	68
制造业	35	4463	1295	2802	620	1041	3464
电力、热力、燃气及水生产和供应业	1	53	16	53			64
建筑业	13	3301	608	2309	3	989	2288
批发和零售业	50	972	182	958	7	7	966
交通运输、仓储和邮政业	6	528	163	528			525
住宿和餐饮业	4	48	29	46		2	46
信息传输、软件和信息技术服务业	1	101	1	101			100
金融业	15	782	268	712	48	22	748
房地产业	24	497	217	492		5	454
租赁和商务服务业	14	729	416	682	45	2	733
科学研究、技术服务业	4	147	61	147			148
水利、环境和公共设施管理业	1	115	32	115			113
居民服务、修理和其他服务业	2	263	22	263			262
教育	8	477	308	477			491
卫生和社会工作	8	229	135	217		12	224
文化、体育和娱乐业	1	5	3	5			5
公共管理、社会保障和社会组织							

单位：人

指标名称	单位数（个）	单位从业人员年末人数	#女性	在岗职工	劳务派遣人员	其他从业人员	在岗职工年平均人数（含劳务）
其他单位合计	1225	394508	81365	209601	162164	22743	348146
按登记注册类型分组							
内资	1168	346199	71248	168335	155840	22024	302605
股份合作	67	3527	1386	3423	35	69	3485
联营	5	135	36	130		5	130
#国有联营							
集体联营	4	135	36	130		5	130
有限责任公司	739	274510	42819	111876	145978	16656	238462
#国有独资	64	149308	4736	17162	131584	562	130776
股份有限公司	122	55065	18938	41325	9543	4197	48665
其他	235	12962	8069	11581	284	1097	11863
港、澳、台商投资	26	6678	1936	5463	1102	113	6353
外商投资	31	41631	8181	35803	5222	606	39188
按执行会计标准类别分组							
企业	978	377729	73714	196180	161867	19682	334386
事业	12	569	388	518	7	44	529
机关	2	440	262	422	14	4	445
民间非营利组织	78	4365	3183	4057	232	76	4297
其他	155	11405	3818	8424	44	2937	8489
按国民经济行业分组							
农、林、牧、渔业	7	312	75	296	4	12	294
采矿业	5	251	47	249	2		266
制造业	296	133893	36995	109825	16039	8029	123784
电力、热力、燃气及水生产和供应业	34	6403	1689	5734	566	103	6618
建筑业	48	166624	4167	18464	140266	7894	140320
批发和零售业	180	15673	9152	14405	777	491	15119
交通运输、仓储和邮政业	49	13967	3635	12222	1424	321	13641
住宿和餐饮业	30	2787	1608	2578	34	175	2674
信息传输、软件和信息技术服务业	17	3038	687	2807	231		3035
金融业	38	7270	3920	6605	189	476	6783
房地产业	157	13594	4055	9654	566	3374	9489
租赁和商务服务业	77	14930	6310	12813	1770	347	11868
科学研究、技术服务业	55	3914	1324	3414	49	451	3445
水利、环境和公共设施管理业	7	559	165	559			563
居民服务、修理和其他服务业	9	456	251	456			453
教育	165	7641	5794	6922	189	530	7102
卫生和社会工作	44	2665	1259	2104	25	536	2160
文化、体育和娱乐业	4	469	213	469			473
公共管理、社会保障和社会组织	3	62	19	25	33	4	59

4-16 市区单位从业人员人数

（2015年）　　单位：人

指 标 名 称	单位数（个）	单位从业人员年末人数	#女性	在岗职工	劳务派遣人员	其他从业人员	在岗职工年平均人数（含劳务）
合　计	2145	509802	132336	308435	169312	32055	456206
按执行会计标准类别分组							
企业	965	400496	77120	212481	165548	22467	356443
事业	555	74135	40330	65757	2479	5899	68271
机关	374	18745	7521	17074	1009	662	18056
民间非营利组织	80	4406	3218	4098	232	76	4338
其他	171	12020	4147	9025	44	2951	9098
按经济类型分组							
国有经济单位	1076	136992	59805	117646	9373	9973	127775
集体经济单位	98	9282	3029	7478	669	1135	8181
其他经济单位	971	363528	69502	183311	159270	20947	320250
按国民经济行业分组							
农、林、牧、渔业	16	2032	773	1348	4	680	1359
采矿业	7	321	66	317	2	2	334
制造业	273	139730	34320	113845	18146	7739	131174
电力、热力、燃气及水生产和供应业	12	4890	1292	4670	141	79	5126
建筑业	64	171992	5367	22288	141061	8643	144870
批发和零售业	168	16503	9013	15114	920	469	15981
交通运输、仓储和邮政业	62	15969	4479	14075	1493	401	15971
住宿和餐饮业	39	3770	2192	3123	298	349	3487
信息传输、软件和信息技术服务业	16	3052	657	2821	231		3049
金融业	23	8579	4674	7922	188	469	8120
房地产业	129	13729	4387	9450	547	3732	9247
租赁和商务服务业	115	19747	8158	17090	1831	826	16667
科学研究、技术服务业	126	11940	3924	9525	1150	1265	10623
水利、环境和公共设施管理业	56	14220	6903	11583	520	2117	12147
居民服务、修理和其他服务业	16	1140	444	1116	12	12	1134
教育	366	36517	22482	32595	1186	2736	34006
卫生和社会工作	127	23455	14653	21928	166	1361	21869
文化、体育和娱乐业	31	2003	907	1970		33	1978
公共管理、社会保障和社会组织	499	20213	7645	17655	1416	1142	19064

4-16 续表1

单位:人

指 标 名 称	单位数(个)	单位从业人员年末人数	#女性	在岗职工	劳务派遣人员	其他从业人员	在岗职工年平均人数(含劳务)
国有单位合计	1076	136992	59805	117646	9373	9973	127775
按隶属关系分组							
中央	15	4578	1133	3629	842	107	4615
省、自治区、直辖市	77	38043	12317	33109	2850	2084	35841
地区	664	70432	33332	61486	3579	5367	65515
县及县以下	180	13582	8098	11119	1164	1299	12597
其他	140	10357	4925	8303	938	1116	9207
按执行会计标准类别分组							
企业	151	44941	12491	35626	5899	3416	42286
#地方	140	40787	11505	32366	5065	3356	38049
事业	538	73493	39912	65129	2479	5885	67634
#地方	538	73493	39912	65129	2479	5885	67634
机关	372	18305	7259	16652	995	658	17611
#地方	368	17881	7112	16283	987	611	17233
民间非营利组织							
其他	15	253	143	239		14	244
按国民经济行业分组							
农、林、牧、渔业	9	1596	622	1001		595	1008
采矿业							
制造业	20	23599	5091	19617	3665	317	23430
电力、热力、燃气及水生产和供应业	2	112	34	112			113
建筑业	18	5335	1090	3790	796	749	4547
批发和零售业	23	1318	369	1150	153	15	1282
交通运输、仓储和邮政业	14	2072	788	1803	184	85	2402
住宿和餐饮业	11	1366	833	917	264	185	1177
信息传输、软件和信息技术服务业							
金融业	6	2089	1082	2032	47	10	2086
房地产业	15	1033	596	667		366	668
租赁和商务服务业	37	5436	1666	4845	103	488	5225
科学研究、技术服务业	71	8050	2588	6135	1101	814	7203
水利、环境和公共设施管理业	49	13610	6736	10973	520	2117	11535
居民服务、修理和其他服务业	6	441	174	417	12	12	431
教育	197	28646	16560	25406	1004	2236	26630
卫生和社会工作	76	20609	13259	19655	141	813	19533
文化、体育和娱乐业	26	1529	691	1496		33	1500
公共管理、社会保障和社会组织	496	20151	7626	17630	1383	1138	19005

4-16 续表2 单位:人

指标名称	单位数(个)	单位从业人员年末人数	#女性	在岗职工	劳务派遣人员	其他从业人员	在岗职工年平均人数(含劳务)
城镇集体单位合计	98	9282	3029	7478	669	1135	8181
按执行会计标准类别分组							
企业	83	8535	2587	6731	669	1135	7425
事业	6	226	120	226			231
机关							
民间非营利组织	2	41	35	41			41
其他	7	480	287	480			484
按国民经济行业分组							
农、林、牧、渔业	1	160	93	87		73	84
采矿业	2	70	19	68		2	68
制造业	27	4255	1212	2596	620	1039	3260
电力、热力、燃气及水生产和供应业	1	53	16	53			64
建筑业	2	1009	252	1009			1009
批发和零售业	13	685	83	680	4	1	684
交通运输、仓储和邮政业	6	528	163	528			525
住宿和餐饮业	4	48	29	46		2	46
信息传输、软件和信息技术服务业	1	101	1	101			100
金融业							
房地产业	6	441	197	436		5	398
租赁和商务服务业	11	696	403	650	45	1	700
科学研究、技术服务业	4	147	61	147			148
水利、环境和公共设施管理业	1	115	32	115			113
居民服务、修理和其他服务业	2	263	22	263			262
教育	8	477	308	477			491
卫生和社会工作	8	229	135	217		12	224
文化、体育和娱乐业	1	5	3	5			5
公共管理、社会保障和社会组织							

4-16 续表3 单位:人

指标名称	单位数（个）	单位从业人员年末人数	#女性	在岗职工	劳务派遣人员	其他从业人员	在岗职工年平均人数（含劳务）
其他单位合计	1093	375662	73982	193447	160808	21407	330124
按登记注册类型分组							
内资	1041	328083	64066	152827	154561	20695	285297
股份合作	58	3318	1302	3207	53	58	3291
联营	4	89	31	84		5	82
#国有联营							
集体联营	3	89	31	84		5	82
有限责任公司	623	256532	35562	96911	144246	15375	221916
#国有独资	55	148405	4387	16289	131557	559	129843
股份有限公司	124	55347	19143	41172	9985	4190	48292
其他	232	12797	8028	11453	277	1067	11716
港、澳、台商投资	25	6632	1911	5418	1102	112	6308
外商投资	27	40947	8005	35202	5145	600	38519
按执行会计标准类别分组							
企业	847	358966	66342	180072	160518	18376	316418
事业	11	416	298	402		14	406
机关	2	440	262	422	14	4	445
民间非营利组织	78	4365	3183	4057	232	76	4297
其他	155	11475	3897	8494	44	2937	8558
按国民经济行业分组							
农、林、牧、渔业	8	348	92	332	4	12	321
采矿业	5	251	47	249	2		266
制造业	254	121154	31575	99032	15339	6783	111876
电力、热力、燃气及水生产和供应业	37	4973	1320	4753	141	79	5197
建筑业	44	165648	4025	17489	140265	7894	139314
批发和零售业	164	14816	8671	13548	763	505	14279
交通运输、仓储和邮政业	44	13423	3536	11798	1309	316	13098
住宿和餐饮业	26	2440	1368	2238	34	168	2342
信息传输、软件和信息技术服务业	17	3021	684	2790	231		3019
金融业	21	7014	3824	6366	189	459	6550
房地产业	122	12533	3688	8611	559	3363	8459
租赁和商务服务业	69	14637	6209	12617	1683	337	11474
科学研究、技术服务业	51	3743	1275	3243	49	451	3272
水利、环境和公共设施管理业	6	495	135	495			499
居民服务、修理和其他服务业	8	436	248	436			441
教育	167	7582	5794	6900	182	500	7073
卫生和社会工作	43	2617	1259	2056	25	536	2112
文化、体育和娱乐业	4	469	213	469			473
公共管理、社会保障和社会组织	3	62	19	25	33	4	59

4-17 柳江县单位从业人员人数

（2015年）　　单位：人

指标名称	单位数（个）	单位从业人员年末人数	#女性	在岗职工	劳务派遣人员	其他从业人员	在岗职工年平均人数（含劳务）
合计	544	26494	10466	22613	1251	2630	23984
按执行会计标准类别分组							
企业	82	11452	3565	8336	1152	1964	9605
事业	295	8693	4525	8323		370	8291
机关	167	6349	2376	5954	99	296	6088
民间非营利组织							
其他							
按经济类型分组							
国有经济单位	476	17414	7296	15697	99	1618	15854
集体经济单位	22	929	245	687	24	218	708
其他经济单位	46	8151	2925	6229	1128	794	7422
按国民经济行业分组							
农、林、牧、渔业	39	501	163	501			501
采矿业							
制造业	24	6791	2370	4987	1029	775	6140
电力、热力、燃气及水生产和供应业	1	540	120	540			541
建筑业	3	531	63	227		304	229
批发和零售业	35	875	442	843	14	18	830
交通运输、仓储和邮政业	7	312	130	312			309
住宿和餐饮业	1	47	27	37		10	37
信息传输、软件和信息技术服务业							
金融业	1	266	95	240	24	2	259
房地产业	11	412	189	402	5	5	407
租赁和商务服务业	4	1869	228	935	80	854	1039
科学研究、技术服务业	55	952	328	793		159	783
水利、环境和公共设施管理业	8	620	367	620			619
居民服务、修理和其他服务业	1	13	1	8		5	8
教育	134	4700	2366	4430		270	4405
卫生和社会工作	17	2151	1617	2151			2166
文化、体育和娱乐业	2	35	13	35			35
公共管理、社会保障和社会组织	201	5879	1947	5552	99	228	5676

4-17 续表1 单位:人

指标名称	单位数（个）	单位从业人员年末人数	#女性	在岗职工	劳务派遣人员	其他从业人员	在岗职工年平均人数（含劳务）
国有单位合计	476	17414	7296	15697	99	1618	15854
按隶属关系分组							
中央	7	470	154	468		2	500
省、自治区、直辖市	7	2257	803	2141	19	97	2180
地区							
县及县以下	409	14317	6199	12718	80	1519	12803
其他	53	370	140	370			371
按执行会计标准类别分组							
企业	15	2391	401	1439		952	1495
#地方	12	2030	286	1078		952	1102
事业	294	8674	4519	8304		370	8271
#地方	294	8674	4519	8304		370	8271
机关	167	6349	2376	5954	99	296	6088
#地方	163	6240	2337	5847	99	294	5981
民间非营利组织							
其他							
按国民经济行业分组							
农、林、牧、渔业	39	501	163	501			501
采矿业							
制造业	3	227	40	209		18	248
电力、热力、燃气及水生产和供应业	1	540	120	540			541
建筑业	1	113	12	19		94	19
批发和零售业	5	78	32	78			79
交通运输、仓储和邮政业	6	276	117	276			273
住宿和餐饮业							
信息传输、软件和信息技术服务业							
金融业							
房地产业	1	54	40	54			54
租赁和商务服务业	2	1275	133	431		844	447
科学研究、技术服务业	55	952	328	793		159	783
水利、环境和公共设施管理业	8	620	367	620			619
居民服务、修理和其他服务业	1	13	1	8		5	8
教育	134	4700	2366	4430		270	4405
卫生和社会工作	17	2151	1617	2151			2166
文化、体育和娱乐业	2	35	13	35			35
公共管理、社会保障和社会组织	201	5879	1947	5552	99	228	5676

单位:人

指标名称	单位数(个)	单位从业人员年末人数	#女性	在岗职工	劳务派遣人员	其他从业人员	在岗职工年平均人数(含劳务)
城镇集体单位合计	22	929	245	687	24	218	708
按执行会计标准类别分组							
企业	21	910	239	668	24	218	688
事业	1	19	6	19			20
机关							
民间非营利组织							
其他							
按国民经济行业分组							
农、林、牧、渔业							
采矿业							
制造业	1	67	28	67			67
电力、热力、燃气及水生产和供应业							
建筑业	2	418	51	208		210	210
批发和零售业	16	146	53	140		6	139
交通运输、仓储和邮政业							
住宿和餐饮业							
信息传输、软件和信息技术服务业							
金融业	1	266	95	240	24	2	259
房地产业	1	13	12	13			13
租赁和商务服务业	1	19	6	19			20
科学研究、技术服务业							
水利、环境和公共设施管理业							
居民服务、修理和其他服务业							
教育							
卫生和社会工作							
文化、体育和娱乐业							
公共管理、社会保障和社会组织							

4-17 续表3

单位:人

指 标 名 称	单位数（个）	单位从业人员年末人数	#女性	在岗职工	劳务派遣人员	其他从业人员	在岗职工年平均人数（含劳务）
其他单位合计	46	8151	2925	6229	1128	794	7422
按登记注册类型分组							
内资	45	7926	2865	6087	1051	788	7208
股份合作	2	65	32	55		10	55
联营							
#国有联营							
集体联营							
有限责任公司	39	7120	2367	5304	1048	768	6431
#国有独资	5	471	218	471			476
股份有限公司	3	719	458	706	3	10	700
其他	1	22	8	22			22
港、澳、台商投资							
外商投资	1	225	60	142	77	6	214
按执行会计标准类别分组							
企业	46	8151	2925	6229	1128	794	7422
事业							
机关							
民间非营利组织							
其他							
按国民经济行业分组							
农、林、牧、渔业							
采矿业							
制造业	20	6497	2302	4711	1029	757	5825
电力、热力、燃气及水生产和供应业							
建筑业							
批发和零售业	14	651	357	625	14	12	612
交通运输、仓储和邮政业	1	36	13	36			36
住宿和餐饮业	1	47	27	37		10	37
信息传输、软件和信息技术服务业							
金融业							
房地产业	9	345	137	335	5	5	340
租赁和商务服务业	1	575	89	485	80	10	572
科学研究、技术服务业							
水利、环境和公共设施管理业							
居民服务、修理和其他服务业							
教育							
卫生和社会工作							
文化、体育和娱乐业							
公共管理、社会保障和社会组织							

4-18 柳城县单位从业人员人数

（2015年） 单位：人

指标名称	单位数（个）	单位从业人员年末人数	#女性	在岗职工	劳务派遣人员	其他从业人员	在岗职工年平均人数（含劳务）
合　计	479	17577	7843	15984	776	817	15939
按执行会计标准类别分组							
企业	70	6849	2372	5781	772	296	5668
事业	272	7552	4412	7088		464	7038
机关	134	3082	969	3021	4	57	3139
民间非营利组织							
其他	3	94	90	94			94
按经济类型分组							
国有经济单位	402	11190	5557	10601	4	585	10693
集体经济单位	16	320	46	315	3	2	309
其他经济单位	61	6067	2240	5068	769	230	4937
按国民经济行业分组							
农、林、牧、渔业	4	203	51	194		9	211
采矿业							
制造业	14	4639	1779	3700	739	200	3696
电力、热力、燃气及水生产和供应业	15	493	142	493			491
建筑业	1	200	6	198		2	187
批发和零售业	31	278	95	249	3	26	254
交通运输、仓储和邮政业	2	65	15	65			65
住宿和餐饮业	1	42	19	39		3	39
信息传输、软件和信息技术服务业	19	92	28	92			93
金融业	2	262	116	238	24		258
房地产业	12	224	91	217	6	1	221
租赁和商务服务业	6	637	122	590		47	444
科学研究、技术服务业	84	568	208	554	4	10	564
水利、环境和公共设施管理业	23	280	118	280			283
居民服务、修理和其他服务业							
教育	43	3888	2377	3496		392	3493
卫生和社会工作	34	1944	1401	1920		24	1871
文化、体育和娱乐业	7	118	62	98		20	99
公共管理、社会保障和社会组织	181	3644	1213	3561		83	3670

指标名称	单位数（个）	单位从业人员年末人数	#女性	在岗职工	劳务派遣人员	其他从业人员	在岗职工年平均人数（含劳务）
国有单位合计	402	11190	5557	10601	4	585	10693
按隶属关系分组							
中央	2	14	5	10	4		14
省、自治区、直辖市	5	1051	312	1051			1074
地区	4	174	35	164		10	191
县及县以下	271	8822	4508	8251		571	8282
其他	120	1129	697	1125		4	1132
按执行会计标准类别分组							
企业	10	655	205	591		64	615
#地方	10	655	205	591		64	615
事业	258	7453	4383	6989		464	6939
#地方	258	7453	4383	6989		464	6939
机关	134	3082	969	3021	4	57	3139
#地方	132	3068	964	3011		57	3125
民间非营利组织							
其他							
按国民经济行业分组							
农、林、牧、渔业	3	167	34	158		9	184
采矿业							
制造业							
电力、热力、燃气及水生产和供应业	1	369	103	369			367
建筑业							
批发和零售业							
交通运输、仓储和邮政业	1	38	11	38			38
住宿和餐饮业							
信息传输、软件和信息技术服务业	18	57	14	57			58
金融业							
房地产业	5	85	44	85			82
租赁和商务服务业	5	126	62	79		47	78
科学研究、技术服务业	84	568	208	554	4	10	564
水利、环境和公共设施管理业	23	280	118	280			283
居民服务、修理和其他服务业							
教育	40	3794	2287	3402		392	3399
卫生和社会工作	34	1944	1401	1920		24	1871
文化、体育和娱乐业	7	118	62	98		20	99
公共管理、社会保障和社会组织	181	3644	1213	3561		83	3670

4-18 续表2

单位：人

指标名称	单位数（个）	单位从业人员年末人数					在岗职工年平均人数（含劳务）
			#女性	在岗职工	劳务派遣人员	其他从业人员	
城镇集体单位合计	16	320	46	315	3	2	309
按执行会计标准类别分组							
企业	2	221	17	216	3	2	210
事业	14	99	29	99			99
机关							
民间非营利组织							
其他							
按国民经济行业分组							
农、林、牧、渔业							
采矿业							
制造业							
电力、热力、燃气及水生产和供应业							
建筑业	1	200	6	198		2	187
批发和零售业	15	120	40	117	3		122
交通运输、仓储和邮政业							
住宿和餐饮业							
信息传输、软件和信息技术服务业							
金融业							
房地产业							
租赁和商务服务业							
科学研究、技术服务业							
水利、环境和公共设施管理业							
居民服务、修理和其他服务业							
教育							
卫生和社会工作							
文化、体育和娱乐业							
公共管理、社会保障和社会组织							

4-18　续表3　　单位:人

指 标 名 称	单位数(个)	单位从业人员年末人数	#女性	在岗职工	劳务派遣人员	其他从业人员	在岗职工年平均人数(含劳务)
其他单位合计	61	6067	2240	5068	769	230	4937
按登记注册类型分组							
内资	61	6067	2240	5068	769	230	4937
股份合作	13	314	122	274	24	16	299
联营							
#国有联营							
集体联营							
有限责任公司	26	2796	911	2433	277	86	2520
#国有独资	5	96	50	85		11	78
股份有限公司	18	2827	1100	2231	468	128	1997
其他	4	130	107	130			121
港、澳、台商投资							
外商投资							
按执行会计标准类别分组							
企业	58	5973	2150	4974	769	230	4843
事业							
机关							
民间非营利组织							
其他	3	94	90	94			94
按国民经济行业分组							
农、林、牧、渔业	1	36	17	36			27
采矿业							
制造业	14	4639	1779	3700	739	200	3696
电力、热力、燃气及水生产和供应业	14	124	39	124			124
建筑业							
批发和零售业	16	158	55	132		26	132
交通运输、仓储和邮政业	1	27	4	27			27
住宿和餐饮业	1	42	19	39		3	39
信息传输、软件和信息技术服务业	1	35	14	35			35
金融业	2	262	116	238	24		258
房地产业	7	139	47	132	6	1	139
租赁和商务服务业	1	511	60	511			366
科学研究、技术服务业							
水利、环境和公共设施管理业							
居民服务、修理和其他服务业							
教育	3	94	90	94			94
卫生和社会工作							
文化、体育和娱乐业							
公共管理、社会保障和社会组织							

4-19 鹿寨县单位从业人员人数

（2015年） 单位：人

指标名称	单位数（个）	单位从业人员年末人数	#女性	在岗职工	劳务派遣人员	其他从业人员	在岗职工年平均人数（含劳务）
合　计	404	23171	9702	20927	333	1911	20894
按执行会计标准类别分组							
企业	79	11968	4482	10848	257	863	10848
事业	193	6977	3925	6047	8	922	6001
机关	132	4226	1295	4032	68	126	4045
民间非营利组织							
其他							
按经济类型分组							
国有经济单位	335	12404	5577	11209	76	1119	11182
集体经济单位	23	1278	193	935		343	908
其他经济单位	46	9489	3932	8783	257	449	8804
按国民经济行业分组							
农、林、牧、渔业	3	693	226	622		71	619
采矿业							
制造业	21	7649	3411	7063	141	445	7064
电力、热力、燃气及水生产和供应业	4	628	199	628			628
建筑业	7	1443	104	1101	1	341	1062
批发和零售业	14	301	145	301			297
交通运输、仓储和邮政业	5	572	106	446	115	11	568
住宿和餐饮业	1	136	91	136			129
信息传输、软件和信息技术服务业	1	52	17	52			51
金融业	16	302	122	267		35	260
房地产业	4	122	55	121		1	121
租赁和商务服务业	9	223	72	208		15	159
科学研究、技术服务业	8	62	19	62			62
水利、环境和公共设施管理业	15	655	344	581	4	70	582
居民服务、修理和其他服务业	2	41	6	41			33
教育	60	3259	1752	2671	3	585	2631
卫生和社会工作	25	2166	1518	2000	1	165	1978
文化、体育和娱乐业	14	103	55	103			102
公共管理、社会保障和社会组织	195	4764	1460	4524	68	172	4548

4-19 续表1 单位：人

指 标 名 称	单位数（个）	单位从业人员年末人数	#女性	在岗职工	劳务派遣人员	其他从业人员	在岗职工年平均人数（含劳务）
国有单位合计	335	12404	5577	11209	76	1119	11182
按隶属关系分组							
中央	8	500	134	498		2	506
省、自治区、直辖市	11	1824	527	1745	5	74	1716
地区	2	20	8	20			20
县及县以下	203	7989	3965	7278	68	643	7280
其他	111	2071	943	1668	3	400	1660
按执行会计标准类别分组							
企业	10	1201	357	1130		71	1136
#地方	9	825	271	754		71	752
事业	193	6977	3925	6047	8	922	6001
#地方	187	6932	3910	6002	8	922	5956
机关	132	4226	1295	4032	68	126	4045
#地方	131	4147	1262	3955	68	124	3968
民间非营利组织							
其他							
按国民经济行业分组							
农、林、牧、渔业	3	693	226	622		71	619
采矿业							
制造业							
电力、热力、燃气及水生产和供应业	2	456	116	456			464
建筑业							
批发和零售业	4	48	15	48			49
交通运输、仓储和邮政业	1	71	20	65		6	68
住宿和餐饮业							
信息传输、软件和信息技术服务业							
金融业	3	62	31	27		35	27
房地产业							
租赁和商务服务业	5	66	26	51		15	53
科学研究、技术服务业	7	40	11	40			40
水利、环境和公共设施管理业	15	655	344	581	4	70	582
居民服务、修理和其他服务业	1	21	3	21			21
教育	60	3259	1752	2671	3	585	2631
卫生和社会工作	25	2166	1518	2000	1	165	1978
文化、体育和娱乐业	14	103	55	103			102
公共管理、社会保障和社会组织	195	4764	1460	4524	68	172	4548

4-19 续表2

单位：人

指标名称	单位数（个）	单位从业人员年末人数	#女性	在岗职工	劳务派遣人员	其他从业人员	在岗职工年平均人数（含劳务）
城镇集体单位合计	23	1278	193	935		343	908
按执行会计标准类别分组							
企业	23	1278	193	935		343	908
事业							
机关							
民间非营利组织							
其他							
按国民经济行业分组							
农、林、牧、渔业							
采矿业							
制造业	4	38	10	36		2	36
电力、热力、燃气及水生产和供应业							
建筑业	5	988	88	647		341	627
批发和零售业	1	12	4	12			12
交通运输、仓储和邮政业							
住宿和餐饮业							
信息传输、软件和信息技术服务业							
金融业	13	240	91	240			233
房地产业							
租赁和商务服务业							
科学研究、技术服务业							
水利、环境和公共设施管理业							
居民服务、修理和其他服务业							
教育							
卫生和社会工作							
文化、体育和娱乐业							
公共管理、社会保障和社会组织							

4-19　续表3　　单位：人

指　标　名　称	单位数（个）	单位从业人员年末人数	#女性	在岗职工	劳务派遣人员	其他从业人员	在岗职工年平均人数（含劳务）
其他单位合计	46	9489	3932	8783	257	449	8804
按登记注册类型分组							
内资	45	9089	3832	8383	257	449	8408
股份合作	1	20	3	20			12
联营	1	46	5	46			48
#国有联营							
集体联营	1	46	5	46			48
有限责任公司	34	7566	3581	6977	257	332	7018
#国有独资	4	284	118	250	20	14	273
股份有限公司	6	1355	202	1238		117	1226
其他	3	102	41	102			104
港、澳、台商投资							
外商投资	1	400	100	400			396
按执行会计标准类别分组							
企业	46	9489	3932	8783	257	449	8804
事业							
机关							
民间非营利组织							
其他							
按国民经济行业分组							
农、林、牧、渔业							
采矿业							
制造业	17	7611	3401	7027	141	443	7028
电力、热力、燃气及水生产和供应业	2	172	83	172			164
建筑业	2	455	16	454	1		435
批发和零售业	9	241	126	241			236
交通运输、仓储和邮政业	4	501	86	381	115	5	500
住宿和餐饮业	1	136	91	136			129
信息传输、软件和信息技术服务业	1	52	17	52			51
金融业							
房地产业	4	122	55	121		1	121
租赁和商务服务业	4	157	46	157			106
科学研究、技术服务业	1	22	8	22			22
水利、环境和公共设施管理业							
居民服务、修理和其他服务业	1	20	3	20			12
教育							
卫生和社会工作							
文化、体育和娱乐业							
公共管理、社会保障和社会组织							

4-20 融安县单位从业人员人数

（2015年） 单位：人

指 标 名 称	单位数（个）	单位从业人员年末人数					在岗职工年平均人数（含劳务）
			#女性	在岗职工	劳务派遣人员	其他从业人员	
合 计	475	13025	5713	12603	141	281	12718
按执行会计标准类别分组							
企业	78	4365	1525	4015	141	209	4164
事业	257	6690	3623	6637		53	6597
机关	140	1970	565	1951		19	1957
民间非营利组织							
其他							
按经济类型分组							
国有经济单位	415	9743	4441	9601	48	94	9607
集体经济单位	7	31	10	31			31
其他经济单位	53	3251	1262	2971	93	187	3080
按国民经济行业分组							
农、林、牧、渔业	3	112	20	112			112
采矿业	1	100	1	82	2	16	53
制造业	14	2257	970	1990	92	175	2077
电力、热力、燃气及水生产和供应业	6	506	134	454	46	6	495
建筑业	2	521	126	521			571
批发和零售业	13	116	48	116			116
交通运输、仓储和邮政业	6	110	30	110			111
住宿和餐饮业	1	50	18	50			50
信息传输、软件和信息技术服务业							
金融业	17	207	78	201		6	204
房地产业	32	481	145	472	1	8	468
租赁和商务服务业	8	62	23	62			64
科学研究、技术服务业	83	670	182	669		1	669
水利、环境和公共设施管理业	17	433	189	418		15	413
居民服务、修理和其他服务业							
教育	35	3058	1738	3032		26	2988
卫生和社会工作	51	1951	1270	1942		9	1948
文化、体育和娱乐业	17	77	33	77			77
公共管理、社会保障和社会组织	169	2314	708	2295		19	2302

单位：人

指 标 名 称	单位数（个）	单位从业人员年末人数	#女性	在岗职工	劳务派遣人员	其他从业人员	在岗职工年平均人数（含劳务）
国有单位合计	415	9743	4441	9601	48	94	9607
按隶属关系分组							
中央	5	70	17	70			70
省、自治区、直辖市	5	205	67	199		6	200
地区	3	134	36	134			135
县及县以下	305	6379	2583	6272	19	88	6296
其他	97	2955	1738	2926	29		2906
按执行会计标准类别分组							
企业	19	1095	258	1025	48	22	1065
#地方	19	1095	258	1025	48	22	1065
事业	256	6678	3618	6625		53	6585
#地方	256	6678	3618	6625		53	6585
机关	140	1970	565	1951		19	1957
#地方	135	1900	548	1881		19	1887
民间非营利组织							
其他							
按国民经济行业分组							
农、林、牧、渔业	3	112	20	112			112
采矿业	1	100	1	82	2	16	53
制造业	3	315	82	315			342
电力、热力、燃气及水生产和供应业	4	447	118	395	46	6	436
建筑业							
批发和零售业	3	19	3	19			19
交通运输、仓储和邮政业	6	110	30	110			111
住宿和餐饮业	1	50	18	50			50
信息传输、软件和信息技术服务业							
金融业							
房地产业	18	116	42	114		2	114
租赁和商务服务业	7	50	18	50			52
科学研究、技术服务业	81	639	171	638		1	638
水利、环境和公共设施管理业	17	433	189	418		15	413
居民服务、修理和其他服务业							
教育	35	3058	1738	3032		26	2988
卫生和社会工作	50	1903	1270	1894		9	1900
文化、体育和娱乐业	17	77	33	77			77
公共管理、社会保障和社会组织	169	2314	708	2295		19	2302

4-20 续表2

单位：人

指 标 名 称	单位数（个）	单位从业人员年末人数	#女性	在岗职工	劳务派遣人员	其他从业人员	在岗职工年平均人数（含劳务）
城镇集体单位合计	7	31	10	31			31
按执行会计标准类别分组							
企业	6	19	5	19			19
事业	1	12	5	12			12
机关							
民间非营利组织							
其他							
按国民经济行业分组							
农、林、牧、渔业							
采矿业							
制造业	1	10	3	10			10
电力、热力、燃气及水生产和供应业							
建筑业							
批发和零售业	5	9	2	9			9
交通运输、仓储和邮政业							
住宿和餐饮业							
信息传输、软件和信息技术服务业							
金融业							
房地产业							
租赁和商务服务业	1	12	5	12			12
科学研究、技术服务业							
水利、环境和公共设施管理业							
居民服务、修理和其他服务业							
教育							
卫生和社会工作							
文化、体育和娱乐业							
公共管理、社会保障和社会组织							

4-20 续表3

单位:人

指标名称	单位数(个)	单位从业人员年末人数	#女性	在岗职工	劳务派遣人员	其他从业人员	在岗职工年平均人数(含劳务)
其他单位合计	53	3251	1262	2971	93	187	3080
按登记注册类型分组							
内资	50	3146	1221	2867	93	186	2976
股份合作	18	241	93	235		6	238
联营							
#国有联营							
集体联营							
有限责任公司	30	2841	1120	2568	93	180	2674
#国有独资	2	36	15	36			36
股份有限公司	2	64	8	64			64
其他							
港、澳、台商投资	1	46	25	45		1	45
外商投资	2	59	16	59			59
按执行会计标准类别分组							
企业	53	3251	1262	2971	93	187	3080
事业							
机关							
民间非营利组织							
其他							
按国民经济行业分组							
农、林、牧、渔业							
采矿业							
制造业	10	1932	885	1665	92	175	1725
电力、热力、燃气及水生产和供应业	2	59	16	59			59
建筑业	2	521	126	521			571
批发和零售业	5	88	43	88			88
交通运输、仓储和邮政业							
住宿和餐饮业							
信息传输、软件和信息技术服务业							
金融业	17	207	78	201		6	204
房地产业	14	365	103	358	1	6	354
租赁和商务服务业							
科学研究、技术服务业	2	31	11	31			31
水利、环境和公共设施管理业							
居民服务、修理和其他服务业							
教育							
卫生和社会工作	1	48		48			48
文化、体育和娱乐业							
公共管理、社会保障和社会组织							

4-21 融水苗族自治县单位从业人员人数

（2015年） 单位：人

指 标 名 称	单位数（个）	单位从业人员年末人数	#女性	在岗职工	劳务派遣人员	其他从业人员	在岗职工年平均人数（含劳务）
合　计	633	15530	6270	13975	634	921	14334
按执行会计标准类别分组							
企业	56	3375	1096	2622	524	229	2903
事业	364	9500	4474	8960	40	500	8968
机关	209	2627	688	2369	70	188	2438
民间非营利组织							
其他	4	28	12	24		4	25
按经济类型分组							
国有经济单位	581	12337	5141	11421	103	813	11494
集体经济单位	21	414	134	369	24	21	391
其他经济单位	31	2779	995	2185	507	87	2449
按国民经济行业分组							
农、林、牧、渔业	24	395	70	395			398
采矿业	1	183	30	32		151	32
制造业	8	1173	479	945	177	51	881
电力、热力、燃气及水生产和供应业	7	928	199	617	305	6	936
建筑业							
批发和零售业	4	45	14	45			46
交通运输、仓储和邮政业	7	237	32	233		4	236
住宿和餐饮业	2	175	123	175			173
信息传输、软件和信息技术服务业							
金融业	2	390	138	328	42	20	355
房地产业	27	264	76	253		11	247
租赁和商务服务业	8	98	25	78	1	19	81
科学研究、技术服务业	125	714	191	697		17	683
水利、环境和公共设施管理业	12	605	280	260		345	241
居民服务、修理和其他服务业							
教育	56	4560	2034	4488	15	57	4558
卫生和社会工作	49	2466	1687	2451	1	14	2403
文化、体育和娱乐业	25	111	46	105		6	105
公共管理、社会保障和社会组织	276	3186	846	2873	93	220	2959

4-21　续表1　单位:人

指　标　名　称	单位数（个）	单位从业人员年末人数	#女性	在岗职工	劳务派遣人员	其他从业人员	在岗职工年平均人数（含劳务）
国有单位合计	581	12337	5141	11421	103	813	11494
按隶属关系分组							
中央	1	87	30	65	22		87
省、自治区、直辖市	3	251	45	177		74	177
地区	2	207	37	56		151	57
县及县以下	455	10844	4647	10198	79	567	10246
其他	120	948	382	925	2	21	927
按执行会计标准类别分组							
企业	8	359	68	208		151	211
#地方	8	359	68	208		151	211
事业	363	9347	4384	8844	33	470	8845
#地方	363	9347	4384	8844	33	470	8845
机关	209	2627	688	2369	70	188	2438
#地方	208	2540	658	2304	48	188	2351
民间非营利组织							
其他	1	4	1			4	
按国民经济行业分组							
农、林、牧、渔业	24	395	70	395			398
采矿业	1	183	30	32		151	32
制造业							
电力、热力、燃气及水生产和供应业	3	79	22	79			78
建筑业							
批发和零售业	1	26	8	26			26
交通运输、仓储和邮政业	6	203	28	199		4	202
住宿和餐饮业							
信息传输、软件和信息技术服务业							
金融业							
房地产业	1	20	6	9		11	9
租赁和商务服务业	4	60	13	41	1	18	43
科学研究、技术服务业	124	596	161	579		17	563
水利、环境和公共设施管理业	12	605	280	260		345	241
居民服务、修理和其他服务业							
教育	55	4407	1944	4372	8	27	4435
卫生和社会工作	49	2466	1687	2451	1	14	2403
文化、体育和娱乐业	25	111	46	105		6	105
公共管理、社会保障和社会组织	276	3186	846	2873	93	220	2959

4-21 续表2

单位：人

指标名称	单位数(个)	单位从业人员年末人数	#女性	在岗职工	劳务派遣人员	其他从业人员	在岗职工年平均人数(含劳务)
城镇集体单位合计	21	414	134	369	24	21	391
按执行会计标准类别分组							
企业	21	414	134	369	24	21	391
事业							
机关							
民间非营利组织							
其他							
按国民经济行业分组							
农、林、牧、渔业							
采矿业							
制造业	2	93	42	93			91
电力、热力、燃气及水生产和供应业							
建筑业							
批发和零售业							
交通运输、仓储和邮政业							
住宿和餐饮业							
信息传输、软件和信息技术服务业							
金融业	1	276	82	232	24	20	256
房地产业	17	43	8	43			43
租赁和商务服务业	1	2	2	1		1	1
科学研究、技术服务业							
水利、环境和公共设施管理业							
居民服务、修理和其他服务业							
教育							
卫生和社会工作							
文化、体育和娱乐业							
公共管理、社会保障和社会组织							

指标名称	单位数（个）	单位从业人员年末人数	#女性	在岗职工	劳务派遣人员	其他从业人员	在岗职工年平均人数（含劳务）
其他单位合计	31	2779	995	2185	507	87	2449
按登记注册类型分组							
内资	31	2779	995	2185	507	87	2449
股份合作							
联营							
#国有联营							
集体联营							
有限责任公司	25	2357	753	1818	482	57	2073
#国有独资	2	172	32	172			181
股份有限公司	3	251	143	233	18		234
其他	3	171	99	134	7	30	142
港、澳、台商投资							
外商投资							
按执行会计标准类别分组							
企业	27	2602	894	2045	500	57	2301
事业	1	153	90	116	7	30	123
机关							
民间非营利组织							
其他	3	24	11	24			25
按国民经济行业分组							
农、林、牧、渔业							
采矿业							
制造业	6	1080	437	852	177	51	790
电力、热力、燃气及水生产和供应业	4	849	177	538	305	6	858
建筑业							
批发和零售业	3	19	6	19			20
交通运输、仓储和邮政业	1	34	4	34			34
住宿和餐饮业	2	175	123	175			173
信息传输、软件和信息技术服务业							
金融业	1	114	56	96	18		99
房地产业	9	201	62	201			195
租赁和商务服务业	3	36	10	36			37
科学研究、技术服务业	1	118	30	118			120
水利、环境和公共设施管理业							
居民服务、修理和其他服务业							
教育	1	153	90	116	7	30	123
卫生和社会工作							
文化、体育和娱乐业							
公共管理、社会保障和社会组织							

4-22 三江侗族自治县单位从业人员人数

（2015年） 单位：人

指标名称	单位数（个）	单位从业人员年末人数	#女性	在岗职工	劳务派遣人员	其他从业人员	在岗职工年平均人数（含劳务）
合计	317	10939	4550	8598	224	2117	8795
按执行会计标准类别分组							
企业	26	2306	825	1595	143	568	1757
事业	138	5989	2981	4819	1	1169	4813
机关	153	2644	744	2184	80	380	2225
民间非营利组织							
其他							
按经济类型分组							
国有经济单位	297	9010	3830	7297	81	1632	7336
集体经济单位	3	686	211	247	3	436	255
其他经济单位	17	1243	509	1054	140	49	1204
按国民经济行业分组							
农、林、牧、渔业	45	558	141	531		27	536
采矿业							
制造业	3	258	174	238		20	236
电力、热力、燃气及水生产和供应业	5	506	140	368	120	18	495
建筑业	3	686	211	247	3	436	255
批发和零售业	2	145	47	62		83	62
交通运输、仓储和邮政业	6	90	17	90			90
住宿和餐饮业	1	31	18	31			32
信息传输、软件和信息技术服务业							
金融业	1	197	78	180	6	11	188
房地产业	7	175	61	167	7	1	166
租赁和商务服务业	3	71	30	64	7		80
科学研究、技术服务业	3	41	10	27		14	26
水利、环境和公共设施管理业	16	288	146	148		140	150
居民服务、修理和其他服务业							
教育	38	3596	1654	2632		964	2616
卫生和社会工作	19	1413	1012	1411	1	1	1426
文化、体育和娱乐业	1	21	3	19		2	19
公共管理、社会保障和社会组织	164	2863	808	2383	80	400	2418

4-22 续表1

单位：人

指 标 名 称	单位数（个）	单位从业人员年末人数	#女性	在岗职工	劳务派遣人员	其他从业人员	在岗职工年平均人数（含劳务）
国有单位合计	297	9010	3830	7297	81	1632	7336
按隶属关系分组							
中央	2	79	23	79			78
省、自治区、直辖市	2	66	19	56		10	56
地区	2	114	48	114			112
县及县以下	261	8157	3331	6457	81	1619	6496
其他	30	594	409	591		3	594
按执行会计标准类别分组							
企业	6	377	105	294		83	298
#地方	6	377	105	294		83	298
事业	138	5989	2981	4819	1	1169	4813
#地方	137	5978	2978	4808	1	1169	4803
机关	153	2644	744	2184	80	380	2225
#地方	152	2576	724	2116	80	380	2157
民间非营利组织							
其他							
按国民经济行业分组							
农、林、牧、渔业	45	558	141	531		27	536
采矿业							
制造业							
电力、热力、燃气及水生产和供应业	2	32	8	32			31
建筑业							
批发和零售业	1	129	43	46		83	46
交通运输、仓储和邮政业	6	90	17	90			90
住宿和餐饮业							
信息传输、软件和信息技术服务业							
金融业							
房地产业	1	8	4	7		1	7
租赁和商务服务业	2	35	14	35			35
科学研究、技术服务业	3	41	10	27		14	26
水利、环境和公共设施管理业	15	224	116	84		140	86
居民服务、修理和其他服务业							
教育	38	3596	1654	2632		964	2616
卫生和社会工作	19	1413	1012	1411	1	1	1426
文化、体育和娱乐业	1	21	3	19		2	19
公共管理、社会保障和社会组织	164	2863	808	2383	80	400	2418

4-22 续表2

单位:人

指 标 名 称	单位数（个）	单位从业人员年末人数	#女性	在岗职工	劳务派遣人员	其他从业人员	在岗职工年平均人数（含劳务）
城镇集体单位合计	3	686	211	247	3	436	255
按执行会计标准类别分组							
企业	3	686	211	247	3	436	255
事业							
机关							
民间非营利组织							
其他							
按国民经济行业分组							
农、林、牧、渔业							
采矿业							
制造业							
电力、热力、燃气及水生产和供应业							
建筑业	3	686	211	247	3	436	255
批发和零售业							
交通运输、仓储和邮政业							
住宿和餐饮业							
信息传输、软件和信息技术服务业							
金融业							
房地产业							
租赁和商务服务业							
科学研究、技术服务业							
水利、环境和公共设施管理业							
居民服务、修理和其他服务业							
教育							
卫生和社会工作							
文化、体育和娱乐业							
公共管理、社会保障和社会组织							

4-22 续表3

单位:人

指标名称	单位数(个)	单位从业人员年末人数	#女性	在岗职工	劳务派遣人员	其他从业人员	在岗职工年平均人数(含劳务)
其他单位合计	17	1243	509	1054	140	49	1204
按登记注册类型分组							
内资	17	1243	509	1054	140	49	1204
股份合作	1	197	78	180	6	11	188
联营							
#国有联营							
集体联营							
有限责任公司	14	890	347	731	129	30	870
#国有独资	1	36	16	29	7		45
股份有限公司	2	156	84	143	5	8	146
其他							
港、澳、台商投资							
外商投资							
按执行会计标准类别分组							
企业	17	1243	509	1054	140	49	1204
事业							
机关							
民间非营利组织							
其他							
按国民经济行业分组							
农、林、牧、渔业							
采矿业							
制造业	3	258	174	238		20	236
电力、热力、燃气及水生产和供应业	3	474	132	336	120	18	464
建筑业							
批发和零售业	1	16	4	16			16
交通运输、仓储和邮政业							
住宿和餐饮业	1	31	18	31			32
信息传输、软件和信息技术服务业							
金融业	1	197	78	180	6	11	188
房地产业	6	167	57	160	7		159
租赁和商务服务业	1	36	16	29	7		45
科学研究、技术服务业							
水利、环境和公共设施管理业	1	64	30	64			64
居民服务、修理和其他服务业							
教育							
卫生和社会工作							
文化、体育和娱乐业							
公共管理、社会保障和社会组织							

4-23 全市单位从业人员劳动报酬

（2015年）　　单位：万元

指标名称	单位从业人员工资总额	在岗职工工资总额	劳务派遣人员工资总额	其他人员工资总额	单位从业人员平均工资（元）	在岗职工年平均工资（含劳务）（元）
合　计	3127476	2350802	647035	129640	52736	54223
按执行会计标准类别分组						
企业	2152439	1423878	636015	92546	51520	52630
事业	668970	637207	6840	24923	56161	58561
机关	250965	243431	3499	4035	63321	65071
民间非营利组织	12993	12231	557	206	29430	29477
其他	42109	34055	124	7930	34810	37083
按经济类型分组						
国有经济单位	1231453	1155848	34918	40687	58824	61398
集体经济单位	53787	45076	2545	6165	41832	44164
其他经济单位	1842236	1149878	609571	82787	49677	50538
按国民经济行业分组						
农、林、牧、渔业	19509	17280	21	2207	43304	46310
采矿业	2495	1927	38	530	43321	46905
制造业	947687	839193	83086	25407	59341	60970
电力、热力、燃气及水生产和供应业	51771	49452	1903	416	58677	58947
建筑业	695306	127141	524381	43784	44283	44269
批发和零售业	80718	75035	3624	2059	44324	44728
交通运输、仓储和邮政业	81617	72062	8523	1032	45922	46447
住宿和餐饮业	15169	12894	1120	1155	34838	35504
信息传输、软件和信息技术服务业	22824	17563	5261		71481	71481
金融业	103183	98014	1319	3851	101319	103000
房地产业	55233	45121	1922	8190	38306	43250
租赁和商务服务业	85994	75673	3578	6743	40810	42760
科学研究、技术服务业	70877	64865	2286	3727	47678	50075
水利、环境和公共设施管理业	65782	56860	1747	7175	38352	40601
居民服务、修理和其他服务业	4926	4845	27	54	41291	41465
教育	325242	309596	3113	12533	54708	57171
卫生和社会工作	219293	213556	556	5182	62243	63608
文化、体育和娱乐业	13312	13165		147	53762	54513
公共管理、社会保障和社会组织	266539	256561	4530	5448	62201	64250

单位:万元

指标名称	单位从业人员工资总额	在岗职工工资总额	劳务派遣人员工资总额	其他人员工资总额	单位从业人员平均工资(元)	在岗职工年平均工资(含劳务)(元)
国有单位合计	1231453	1155848	34918	40687	58824	61398
按隶属关系分组						
中央	38558	34564	3683	310	64467	65158
省、自治区、直辖市	305590	288023	10683	6884	70284	72424
地区	412734	385081	13489	14164	57822	60362
县及县以下	381044	362317	4368	14359	54308	57295
其他	93528	85862	2695	4970	50994	52722
按执行会计标准类别分组						
企业	319928	283348	24719	11860	61865	65399
#地方	286858	254070	21132	11655	61505	65381
事业	664932	633340	6817	24775	56263	58683
#地方	664636	633044	6817	24775	56265	58685
机关	245554	238142	3381	4030	62664	64401
#地方	240363	233152	3285	3925	62702	64421
民间非营利组织						
其他	1039	1017		22	39645	41689
按国民经济行业分组						
农、林、牧、渔业	17560	15530		2030	43295	46249
采矿业	820	280	15	525	34171	34694
制造业	178507	163875	13715	916	73390	73934
电力、热力、燃气及水生产和供应业	13733	13535	187	11	67451	67599
建筑业	25967	19866	4278	1823	48274	52877
批发和零售业	12715	12086	565	64	79616	84284
交通运输、仓储和邮政业	16610	13421	2918	271	50439	51314
住宿和餐饮业	4897	3323	906	669	33705	34465
信息传输、软件和信息技术服务业	315	315			54259	54259
金融业	22714	22119	444	152	105256	106781
房地产业	4937	4145		792	38122	44379
租赁和商务服务业	33033	29359	396	3278	45319	50152
科学研究、技术服务业	51380	46558	2144	2678	47613	49609
水利、环境和公共设施管理业	62110	53206	1729	7175	37697	39927
居民服务、修理和其他服务业	2279	2198	27	54	47680	48374
教育	297852	283670	2660	11521	58027	60787
卫生和社会工作	208396	204772	485	3140	64509	65625
文化、体育和娱乐业	11324	11177		147	56677	57705
公共管理、社会保障和社会组织	266305	256413	4449	5443	62237	64286

4-23 续表2

单位:万元

指 标 名 称	单位从业人员工资总额	在岗职工工资总额	劳务派遣人员工资总额	其他人员工资总额	单位从业人员平均工资(元)	在岗职工年平均工资(含劳务)(元)
城镇集体单位合计	53787	45076	2545	6165	41832	44164
按执行会计标准类别分组						
企业	49995	41284	2545	6165	41763	44290
事业	1427	1427			39417	39417
机关						
民间非营利组织	185	185			45073	45073
其他	2180	2180			45050	45050
按国民经济行业分组						
农、林、牧、渔业	472	330		142	33700	39310
采矿业	339	334		5	48400	49118
制造业	18941	13482	2322	3137	41979	45622
电力、热力、燃气及水生产和供应业	235	235			36703	36703
建筑业	10769	8044	16	2709	33568	35228
批发和零售业	3098	3066	15	18	31838	31887
交通运输、仓储和邮政业	1356	1356			25830	25830
住宿和餐饮业	154	149		5	32021	32370
信息传输、软件和信息技术服务业	334	334			33360	33360
金融业	9117	8950	82	85	118254	120754
房地产业	1471	1453		17	32039	32009
租赁和商务服务业	2175	2062	110	3	29595	29634
科学研究、技术服务业	796	796			53811	53811
水利、环境和公共设施管理业	686	686			60726	60726
居民服务、修理和其他服务业	723	723			27599	27599
教育	2130	2130			43371	43371
卫生和社会工作	980	935		45	41893	41737
文化、体育和娱乐业	12	12			24000	24000
公共管理、社会保障和社会组织						

4-23 续表3

单位:万元

指 标 名 称	单位从业人员工资总额	在岗职工工资总额	劳务派遣人员工资总额	其他人员工资总额	单位从业人员平均工资（元）	在岗职工年平均工资（含劳务）(元)
其他单位合计	1842236	1149878	609571	82787	49677	50538
按登记注册类型分组						
内资	1520939	854614	585510	80815	46839	47591
股份合作	19299	18934	140	225	54333	54731
联营	490	484		6	36274	37238
#国有联营						
集体联营	490	484		6	36274	37238
有限责任公司	1178956	569017	549361	60578	46317	46900
#国有独资	585387	99489	484059	1839	44563	44622
股份有限公司	277944	225666	35324	16954	51919	53630
其他	44250	40513	684	3053	34157	34728
港、澳、台商投资	28403	25300	2939	164	43920	44451
外商投资	292894	269964	21122	1808	73849	74279
按执行会计标准类别分组						
企业	1782516	1099245	608750	74520	50339	51079
事业	2611	2440	23	148	45562	46556
机关	5411	5289	117	5	120788	121492
民间非营利组织	12809	12046	557	206	29283	29329
其他	38890	30858	124	7908	34261	36497
按国民经济行业分组						
农、林、牧、渔业	1476	1420	21	35	47777	49014
采矿业	1336	1314	23		50241	50241
制造业	750239	661836	67050	21354	57328	58884
电力、热力、燃气及水生产和供应业	37803	35682	1715	406	56229	56508
建筑业	658571	99231	520087	39253	44370	44136
批发和零售业	64905	59884	3044	1978	41497	41621
交通运输、仓储和邮政业	63651	57286	5605	761	45612	46104
住宿和餐饮业	10117	9422	214	482	35462	36036
信息传输、软件和信息技术服务业	22176	16914	5261		73066	73066
金融业	71352	66945	793	3614	98348	99864
房地产业	48826	39523	1922	7381	38552	43677
租赁和商务服务业	50786	44252	3071	3463	38923	39875
科学研究、技术服务业	18701	17510	142	1049	47622	51241
水利、环境和公共设施管理业	2985	2967	18		53027	53027
居民服务、修理和其他服务业	1924	1924			42468	42468
教育	25261	23797	452	1012	33107	34144
卫生和社会工作	9917	7849	71	1997	36824	36666
文化、体育和娱乐业	1976	1976			41765	41765
公共管理、社会保障和社会组织	235	149	81	5	37839	38932

4-24 市区单位从业人员劳动报酬

（2015年） 单位：万元

指 标 名 称	单位从业人员工资总额	在岗职工工资总额	劳务派遣人员工资总额	其他人员工资总额	单位从业人员平均工资（元）	在岗职工年平均工资（含劳务）（元）
合 计	2581301	1834440	636210	110652	50633	54156
按执行会计标准类别分组						
企业	1980667	1272503	625942	82223	49455	53261
事业	425117	399822	6721	18573	57344	59548
机关	120708	116117	2866	1725	64395	65897
民间非营利组织	12993	12231	557	206	29490	29477
其他	41817	33768	124	7926	34789	37252
按经济类型分组						
国有经济单位	830709	767609	33753	29348	60639	62717
集体经济单位	35335	29547	2438	3351	38069	39097
其他经济单位	1715256	1037285	600019	77954	47184	51126
按国民经济行业分组						
农、林、牧、渔业	8621	6595	21	2005	42426	48683
采矿业	1675	1648	23	5	52190	50021
制造业	856206	759274	75812	21120	61276	63662
电力、热力、燃气及水生产和供应业	29644	28990	482	172	60622	57496
建筑业	684713	119449	524364	40900	39811	44441
批发和零售业	75409	69904	3597	1908	45694	45993
交通运输、仓储和邮政业	75229	66639	7594	996	47110	46480
住宿和餐饮业	13819	11572	1113	1134	36655	36379
信息传输、软件和信息技术服务业	21979	16718	5261		72014	72085
金融业	84378	79665	1146	3567	98354	99520
房地产业	48197	38251	1851	8094	35106	43368
租赁和商务服务业	78728	70439	3437	4853	39868	44325
科学研究、技术服务业	55815	50357	2278	3179	46746	49548
水利、环境和公共设施管理业	57082	49449	1737	5896	40142	42139
居民服务、修理和其他服务业	4691	4630	27	33	41145	41068
教育	200656	188377	3062	9217	54949	56296
卫生和社会工作	146706	141770	548	4388	62548	65078
文化、体育和娱乐业	11005	10909		96	54942	55151
公共管理、社会保障和社会组织	126748	119801	3856	3091	62706	64864

4-24 续表1 单位:万元

指标名称	单位从业人员工资总额	在岗职工工资总额	劳务派遣人员工资总额	其他人员工资总额	单位从业人员平均工资(元)	在岗职工年平均工资(含劳务)(元)
国有单位合计	830709	767609	33753	29348	60639	62717
按隶属关系分组						
中央	30684	27005	3382	298	67025	65844
省、自治区、直辖市	269635	252813	10614	6207	70876	73499
地区	409951	382799	13489	13664	58205	60488
县及县以下	69518	60933	3731	4854	51184	51333
其他	50921	44058	2538	4326	49166	50609
按执行会计标准类别分组						
企业	292050	258699	24285	9067	64985	66921
#地方	263870	234079	20930	8862	64695	67021
事业	422328	397065	6720	18545	57465	59701
#地方	422329	398065	6720	18545	57465	59849
机关	115296	110828	2748	1720	62986	64492
#地方	112792	108443	2723	1627	63079	64507
民间非营利组织						
其他	1035	1017		18	40897	41689
按国民经济行业分组						
农、林、牧、渔业	6754	4926		1828	42319	48869
采矿业						
制造业	175594	161259	13483	852	74407	74580
电力、热力、燃气及水生产和供应业	574	574			51223	50770
建筑业	25730	19803	4278	1649	48229	52961
批发和零售业	11939	11351	565	23	90582	92949
交通运输、仓储和邮政业	12916	9753	2918	245	62333	52749
住宿和餐饮业	4777	3203	906	669	34970	34905
信息传输、软件和信息技术服务业						
金融业	22401	21942	444	16	107234	107313
房地产业	3597	2845		752	34822	42591
租赁和商务服务业	28308	26508	395	1405	52075	51489
科学研究、技术服务业	36562	32297	2135	2130	45419	47802
水利、环境和公共设施管理业	53560	45944	1719	5896	39353	41321
居民服务、修理和其他服务业	2058	1998	27	33	46669	46977
教育	174322	163369	2630	8324	60854	62335
卫生和社会工作	136086	133264	477	2345	66032	68469
文化、体育和娱乐业	9017	8921		96	58976	59475
公共管理、社会保障和社会组织	126514	119653	3775	3086	62783	64945

4-24 续表2 单位:万元

指标名称	单位从业人员工资总额	在岗职工工资总额	劳务派遣人员工资总额	其他人员工资总额	单位从业人员平均工资(元)	在岗职工年平均工资(含劳务)(元)
城镇集体单位合计	35335	29547	2438	3351	38069	39097
按执行会计标准类别分组						
企业	31964	26176	2438	3351	37450	38537
事业	1006	1006			44518	43554
机关						
民间非营利组织	185	185			45073	45073
其他	2180	2180			45425	45050
按国民经济行业分组						
农、林、牧、渔业	472	330		142	29488	39310
采矿业	339	334		5	48400	49118
制造业	18383	12926	2322	3135	43202	46772
电力、热力、燃气及水生产和供应业	235	235			44321	36703
建筑业	3192	3193			31638	31644
批发和零售业	2278	2272	6	1	33257	33291
交通运输、仓储和邮政业	1356	1356			25684	25830
住宿和餐饮业	154	149		5	32021	32370
信息传输、软件和信息技术服务业	334	334			33030	33360
金融业						
房地产业	1314	1296		17	29789	32570
租赁和商务服务业	1952	1840	110	2	28046	27857
科学研究、技术服务业	796	796			54177	53811
水利、环境和公共设施管理业	686	686			59670	60726
居民服务、修理和其他服务业	723	723			27494	27599
教育	2130	2130			44644	43371
卫生和社会工作	980	935		45	42808	41737
文化、体育和娱乐业	12	12			24000	24000
公共管理、社会保障和社会组织						

4-24 续表3

单位:万元

指 标 名 称	单位从业人员工资总额	在岗职工工资总额	劳务派遣人员工资总额	其他人员工资总额	单位从业人员平均工资(元)	在岗职工年平均工资(含劳务)(元)
其他单位合计	1715256	1037285	600019	77954	45660	49597
按登记注册类型分组						
内资	1397843	745614	576223	76008	42606	46332
股份合作	10646	10469	83	94	32086	32063
联营	311	306		6	34978	37280
#国有联营						
集体联营	311	306		6	34978	37280
有限责任公司	1086676	489183	540656	56837	42360	46407
#国有独资	580206	94441	483985	1780	39096	44548
股份有限公司	257521	206563	34821	16137	46528	49984
其他	42690	39093	663	2934	33359	33933
港、澳、台商投资	28248	25151	2939	158	42594	44532
外商投资	289164	266519	20857	1788	70619	74606
按执行会计标准类别分组						
企业	1656652	987628	599219	69804	46151	50150
事业	1783	1751	2	29	42853	43172
机关	5411	5289	117	5	122984	121492
民间非营利组织	12809	12046	557	206	29344	29329
其他	38603	30570	124	7908	33641	35866
按国民经济行业分组						
农、林、牧、渔业	1395	1339	21	35	40089	42361
采矿业	1336	1314	23		53243	50241
制造业	662230	585090	60007	17133	54660	57662
电力、热力、燃气及水生产和供应业	28834	28181	482	172	57982	55155
建筑业	655790	96453	520085	39252	39589	44255
批发和零售业	61192	56281	3027	1884	41301	41535
交通运输、仓储和邮政业	60958	55531	4676	751	45413	45967
住宿和餐饮业	8888	8221	208	460	36428	35987
信息传输、软件和信息技术服务业	21645	16384	5261		71649	71696
金融业	61978	57724	702	3552	88363	89200
房地产业	43286	34109	1851	7325	34538	42511
租赁和商务服务业	48468	42092	2931	3446	33114	39239
科学研究、技术服务业	18455	17264	142	1049	49306	53198
水利、环境和公共设施管理业	2836	2818	18		57301	56842
居民服务、修理和其他服务业	1909	1909			43791	43295
教育	24204	22879	431	893	31924	32957
卫生和社会工作	9639	7572	71	1997	36833	36186
文化、体育和娱乐业	1976	1976			42122	41765
公共管理、社会保障和社会组织	235	149	81	5	37839	38932

4-25 柳江县单位从业人员劳动报酬

（2015年）　　　　单位：万元

指 标 名 称	单位从业人员工资总额	在岗职工工资总额	劳务派遣人员工资总额	其他人员工资总额	单位从业人员平均工资（元）	在岗职工年平均工资（含劳务）（元）
合　计	132261	121050	5430	5781	50074	52735
按执行会计标准类别分组						
企业	49669	40146	5240	4284	43781	47252
事业	48162	47162		1001	55404	56883
机关	34429	33742	191	496	54006	55737
民间非营利组织						
其他						
按经济类型分组						
国有经济单位	91312	87441	423	3449	52247	55420
集体经济单位	6059	5152	39	868	65931	73321
其他经济单位	34890	28457	4969	1464	43520	45036
按国民经济行业分组						
农、林、牧、渔业	2174	2174			43383	43383
采矿业						
制造业	31689	25196	5038	1455	47191	49242
电力、热力、燃气及水生产和供应业	3591	3591			66373	66373
建筑业	2107	1085		1023	41401	47358
批发和零售业	2461	2409	17	35	28992	29235
交通运输、仓储和邮政业	1231	1231			39851	39851
住宿和餐饮业	151	131		20	32106	35432
信息传输、软件和信息技术服务业						
金融业	3415	3373	39	3	130839	131737
房地产业	1943	1913	11	19	47148	47270
租赁和商务服务业	4183	2312	134	1736	22108	23549
科学研究、技术服务业	4197	3766		431	44412	48091
水利、环境和公共设施管理业	1675	1675			27060	27060
居民服务、修理和其他服务业	78	57		21	59923	71750
教育	28058	27335		723	59660	62054
卫生和社会工作	12550	12550			57941	57941
文化、体育和娱乐业	192	192			54943	54943
公共管理、社会保障和社会组织	32566	32060	191	316	55234	56819

4-25 续表1

单位:万元

指标名称	单位从业人员工资总额				单位从业人员平均工资(元)	在岗职工年平均工资(含劳务)(元)
		在岗职工工资总额	劳务派遣人员工资总额	其他人员工资总额		
国有单位合计	91312	87441	423	3449	52247	55420
按隶属关系分组						
中央	2280	2042	232	6	45424	45486
省、自治区、直辖市	13017	12660	56	301	57067	58331
地区						
县及县以下	74241	70965	134	3142	51833	55533
其他	1774	1774			47803	47803
按执行会计标准类别分组						
企业	8859	6676	232	1952	36473	46205
#地方	7172	5220		1952	35226	47370
事业	48023	47023		1001	55371	56853
#地方	48023	47023		1001	55371	56853
机关	34429	33742	191	496	54006	55737
#地方	33836	33155	191	490	54000	55753
民间非营利组织						
其他						
按国民经济行业分组						
农、林、牧、渔业	2174	2174			43383	43383
采矿业						
制造业	1358	1062	232	64	51041	52165
电力、热力、燃气及水生产和供应业	3591	3591			66373	66373
建筑业	237	62		174	24635	32789
批发和零售业	210	210			26532	26532
交通运输、仓储和邮政业	1090	1090			39912	39912
住宿和餐饮业						
信息传输、软件和信息技术服务业						
金融业						
房地产业	274	274			50704	50704
租赁和商务服务业	3064	1345		1719	23750	30078
科学研究、技术服务业	4197	3766		431	44412	48091
水利、环境和公共设施管理业	1675	1675			27060	27060
居民服务、修理和其他服务业	78	57		21	59923	71750
教育	28058	27335		723	59660	62054
卫生和社会工作	12550	12550			57941	57941
文化、体育和娱乐业	192	192			54943	54943
公共管理、社会保障和社会组织	32566	32060	191	316	55234	56819

单位:万元

指 标 名 称	单位从业人员工资总额	在岗职工工资总额	劳务派遣人员工资总额	其他人员工资总额	单位从业人员平均工资(元)	在岗职工年平均工资(含劳务)(元)
城镇集体单位合计	6059	5152	39	868	65931	73321
按执行会计标准类别分组						
企业	5920	5013	39	868	65852	73432
事业	139	139			69500	69500
机关						
民间非营利组织						
其他						
按国民经济行业分组						
农、林、牧、渔业						
采矿业						
制造业	216	216			32239	32239
电力、热力、燃气及水生产和供应业						
建筑业	1871	1022		849	45298	48676
批发和零售业	381	364		17	26241	26187
交通运输、仓储和邮政业						
住宿和餐饮业						
信息传输、软件和信息技术服务业						
金融业	3415	3373	39	3	130839	131737
房地产业	38	38			29154	29154
租赁和商务服务业	139	139			69500	69500
科学研究、技术服务业						
水利、环境和公共设施管理业						
居民服务、修理和其他服务业						
教育						
卫生和社会工作						
文化、体育和娱乐业						
公共管理、社会保障和社会组织						

单位:万元

指标名称	单位从业人员工资总额	在岗职工工资总额	劳务派遣人员工资总额	其他人员工资总额	单位从业人员平均工资(元)	在岗职工年平均工资(含劳务)(元)
其他单位合计	34890	28457	4969	1464	43520	45036
按登记注册类型分组						
内资	34025	27878	4703	1444	43638	45201
股份合作	194	174		20	29815	31636
联营						
#国有联营						
集体联营						
有限责任公司	30397	24302	4696	1399	43449	45091
#国有独资	1803	1803			37878	37878
股份有限公司	3363	3331	7	25	47102	47684
其他	71	71			32227	32227
港、澳、台商投资						
外商投资	865	580	266	20	39323	39491
按执行会计标准类别分组						
企业	34890	28457	4969	1464	43520	45036
事业						
机关						
民间非营利组织						
其他						
按国民经济行业分组						
农、林、牧、渔业						
采矿业						
制造业	30115	23919	4806	1391	47188	49313
电力、热力、燃气及水生产和供应业						
建筑业						
批发和零售业	1871	1836	17	18	29941	30276
交通运输、仓储和邮政业	142	142			39389	39389
住宿和餐饮业	151	131		20	32106	35432
信息传输、软件和信息技术服务业						
金融业						
房地产业	1631	1601	11	19	47270	47418
租赁和商务服务业	980	829	134	17	16838	16839
科学研究、技术服务业						
水利、环境和公共设施管理业						
居民服务、修理和其他服务业						
教育						
卫生和社会工作						
文化、体育和娱乐业						
公共管理、社会保障和社会组织						

4-26 柳城县单位从业人员劳动报酬

（2015年）　　单位：万元

指标名称	单位从业人员工资总额	在岗职工工资总额	劳务派遣人员工资总额	其他人员工资总额	单位从业人员平均工资（元）	在岗职工年平均工资（含劳务）（元）
合计	92532	89947	1212	1373	55481	57193
按执行会计标准类别分组						
企业	26871	25014	1204	653	45009	46255
事业	41197	40574		623	55492	57649
机关	24236	24132	8	96	75975	76903
民间非营利组织						
其他	228.5	228.5			24309	24309
按经济类型分组						
国有经济单位	69272	68441	8	823	61883	64013
集体经济单位	1139	1127	9	3	36614	36761
其他经济单位	22121	20380	1195	547	42763	43699
按国民经济行业分组						
农、林、牧、渔业	767	755		12	34845	35782
采矿业						
制造业	15686	14081	1136	469	40179	41170
电力、热力、燃气及水生产和供应业	3222	3222			65625	65625
建筑业	829	826		3	43836	44155
批发和零售业	917	832	9	76	32750	33130
交通运输、仓储和邮政业	284	284			43662	43662
住宿和餐饮业	100	92	7	2	24875	25128
信息传输、软件和信息技术服务业	458	458			49290	49290
金融业	3334	3307	27		129217	129217
房地产业	924	897	26	1	41626	41783
租赁和商务服务业	1420	1349		71	28914	30383
科学研究、技术服务业	3043	3010	8	25	53016	53505
水利、环境和公共设施管理业	1239	1239			43795	43795
居民服务、修理和其他服务业						
教育	20879	20496		383	54887	58678
卫生和社会工作	11545	11416		129	60921	61015
文化、体育和娱乐业	576	536		40	48378	54162
公共管理、社会保障和社会组织	27311	27147		164	72829	73969

4-26 续表1

单位:万元

指标名称	单位从业人员工资总额	在岗职工工资总额	劳务派遣人员工资总额	其他人员工资总额	单位从业人员平均工资(元)	在岗职工年平均工资(含劳务)(元)
国有单位合计	69272	68441	8	823	61883	64013
按隶属关系分组						
中央	50	42	8		35714	35714
省、自治区、直辖市	8653	8653			80572	80572
地区	758	745		13	37706	38979
县及县以下	53501	52704		797	61011	63637
其他	6310	6297		13	55544	55630
按执行会计标准类别分组						
企业	4043	3939		103	59538	64054
#地方	4043	3939		103	59538	64054
事业	40993	40370		623	55964	58179
#地方	40993	40370		623	55964	58179
机关	24236	24132	8	96	75975	76903
#地方	24186	24090		96	76152	77087
民间非营利组织						
其他						
按国民经济行业分组						
农、林、牧、渔业	685	674		12	35513	36620
采矿业						
制造业						
电力、热力、燃气及水生产和供应业	2646	2646			72098	72098
建筑业						
批发和零售业						
交通运输、仓储和邮政业	190	190			49974	49974
住宿和餐饮业						
信息传输、软件和信息技术服务业	315	315			54259	54259
金融业						
房地产业	390	390			47537	47537
租赁和商务服务业	682	611		71	54552	78359
科学研究、技术服务业	3043	3010	8	25	53016	53505
水利、环境和公共设施管理业	1239	1239			43795	43795
居民服务、修理和其他服务业						
教育	20651	20268		383	55662	59629
卫生和社会工作	11545	11416		129	60921	61015
文化、体育和娱乐业	576	536		40	48378	54162
公共管理、社会保障和社会组织	27311	27147		164	72829	73969

4-26 续表2

单位:万元

指标名称	单位从业人员工资总额	在岗职工工资总额	劳务派遣人员工资总额	其他人员工资总额	单位从业人员平均工资(元)	在岗职工年平均工资(含劳务)(元)
城镇集体单位合计	1139	1127	9	3	36614	36761
按执行会计标准类别分组						
企业	935	923	9	3	44108	44395
事业	204	204			20566	20566
机关						
民间非营利组织						
其他						
按国民经济行业分组						
农、林、牧、渔业						
采矿业						
制造业						
电力、热力、燃气及水生产和供应业						
建筑业	829	826		3	43836	44155
批发和零售业	310	301	9		25426	25426
交通运输、仓储和邮政业						
住宿和餐饮业						
信息传输、软件和信息技术服务业						
金融业						
房地产业						
租赁和商务服务业						
科学研究、技术服务业						
水利、环境和公共设施管理业						
居民服务、修理和其他服务业						
教育						
卫生和社会工作						
文化、体育和娱乐业						
公共管理、社会保障和社会组织						

4-26 续表3

单位:万元

指 标 名 称	单位从业人员工资总额	在岗职工工资总额	劳务派遣人员工资总额	其他人员工资总额	单位从业人员平均工资(元)	在岗职工年平均工资(含劳务)(元)
其他单位合计	22121	20380	1195	547	42763	43699
按登记注册类型分组						
内资	22121	20380	1195	547	42763	43699
股份合作	3518	3443	27	49	111679	116027
联营						
#国有联营						
集体联营						
有限责任公司	9310	8272	721	316	35683	35688
#国有独资	336	309		28	37787	39590
股份有限公司	8984	8355	447	182	42219	44076
其他	310	310			25595	25595
港、澳、台商投资						
外商投资						
按执行会计标准类别分组						
企业	21893	20151	1195	547	43105	44076
事业						
机关						
民间非营利组织						
其他	229	229			24309	24309
按国民经济行业分组						
农、林、牧、渔业	81	81			30074	30074
采矿业						
制造业	15686	14081	1136	469	40179	41170
电力、热力、燃气及水生产和供应业	576	576			46468	46468
建筑业						
批发和零售业	607	531		76	38405	40250
交通运输、仓储和邮政业	94	94			34778	34778
住宿和餐饮业	100	92	7	2	24875	25128
信息传输、软件和信息技术服务业	144	144			41057	41057
金融业	3334	3307	27		129217	129217
房地产业	534	508	26	1	38164	38388
租赁和商务服务业	738	738			20158	20158
科学研究、技术服务业						
水利、环境和公共设施管理业						
居民服务、修理和其他服务业						
教育	229	229			24309	24309
卫生和社会工作						
文化、体育和娱乐业						
公共管理、社会保障和社会组织						

4-27 鹿寨县单位从业人员劳动报酬

（2015年）　　单位：万元

指标名称	单位从业人员工资总额	在岗职工工资总额	劳务派遣人员工资总额	其他人员工资总额	单位从业人员平均工资（元）	在岗职工年平均工资（含劳务）（元）
合计	113160	106292	1757	5110	49890	51713
按执行会计标准类别分组						
企业	53115	48463	1707	2945	45604	46248
事业	35722	33795	27	1900	51975	56361
机关	24323	24034	23	265	58440	59474
民间非营利组织						
其他						
按经济类型分组						
国有经济单位	67172	64796	51	2325	54870	57992
集体经济单位	6928	6113		815	58418	67325
其他经济单位	39060	35382	1707	1970	42208	42128
按国民经济行业分组						
农、林、牧、渔业	3238	3079		159	46926	49735
采矿业						
制造业	31892	29157	777	1958	42472	42375
电力、热力、燃气及水生产和供应业	4742	4742			75513	75513
建筑业	4012	3196	2	814	29962	30113
批发和零售业	1066	1066			35875	35875
交通运输、仓储和邮政业	2676	1726	928	21	46374	46738
住宿和餐饮业	401	401			31054	31054
信息传输、软件和信息技术服务业	387	387			75843	75843
金融业	4393	4258		136	148929	163750
房地产业	439	435		4	35379	35926
租赁和商务服务业	737	681		56	42618	42855
科学研究、技术服务业	287	287			46258	46258
水利、环境和公共设施管理业	1734	1645	10	79	26590	28436
居民服务、修理和其他服务业	158	158			47758	47758
教育	16707	15677	16	1014	52719	59647
卫生和社会工作	12991	12467	2	523	60676	63034
文化、体育和娱乐业	485	485			47578	47578
公共管理、社会保障和社会组织	26817	26446	23	347	56923	58200

4-27 续表1

单位:万元

指标名称	单位从业人员工资总额	在岗职工工资总额	劳务派遣人员工资总额	其他人员工资总额	单位从业人员平均工资(元)	在岗职工年平均工资(含劳务)(元)
国有单位合计	67172	64796	51	2325	54870	57992
按隶属关系分组						
中央	3834	3828		6	75470	75646
省、自治区、直辖市	11150	10976	12	162	62396	64033
地区	65	65			32600	32600
县及县以下	42130	40534	23	1573	53370	55710
其他	9992	9393	16	583	49151	56680
按执行会计标准类别分组						
企业	7127	6967		159	59044	61332
#地方	3924	3765		159	47678	50061
事业	35722	33795	27	1900	51975	56361
#地方	35486	33558	27	1900	51971	56390
机关	24323	24034	23	265	58440	59474
#地方	23928	23646	23	259	58604	59649
民间非营利组织						
其他						
按国民经济行业分组						
农、林、牧、渔业	3238	3079		159	46926	49735
采矿业						
制造业						
电力、热力、燃气及水生产和供应业	3717	3717			80103	80103
建筑业						
批发和零售业	166	166			33959	33959
交通运输、仓储和邮政业	348	337		11	47081	49574
住宿和餐饮业						
信息传输、软件和信息技术服务业						
金融业	313	177		136	50516	65667
房地产业						
租赁和商务服务业	337	281		56	50313	53057
科学研究、技术服务业	176	176			43900	43900
水利、环境和公共设施管理业	1734	1645	10	79	26590	28436
居民服务、修理和其他服务业	143	143			68143	68143
教育	16707	15677	16	1014	52719	59647
卫生和社会工作	12991	12467	2	523	60676	63034
文化、体育和娱乐业	485	485			47578	47578
公共管理、社会保障和社会组织	26817	26446	23	347	56923	58200

4-27 续表2

单位:万元

指标名称	单位从业人员工资总额	在岗职工工资总额	劳务派遣人员工资总额	其他人员工资总额	单位从业人员平均工资(元)	在岗职工年平均工资(含劳务)(元)
城镇集体单位合计	6928	6113		815	58418	67325
按执行会计标准类别分组						
企业	6928	6113		815	58418	67325
事业						
机关						
民间非营利组织						
其他						
按国民经济行业分组						
农、林、牧、渔业						
采矿业						
制造业	105	102		3	27553	28361
电力、热力、燃气及水生产和供应业						
建筑业	2649	1836		813	29337	29289
批发和零售业	94	94			78667	78667
交通运输、仓储和邮政业						
住宿和餐饮业						
信息传输、软件和信息技术服务业						
金融业	4080	4080			175116	175116
房地产业						
租赁和商务服务业						
科学研究、技术服务业						
水利、环境和公共设施管理业						
居民服务、修理和其他服务业						
教育						
卫生和社会工作						
文化、体育和娱乐业						
公共管理、社会保障和社会组织						

4-27 续表3

单位:万元

指标名称	单位从业人员工资总额	在岗职工工资总额	劳务派遣人员工资总额	其他人员工资总额	单位从业人员平均工资(元)	在岗职工年平均工资(含劳务)(元)
其他单位合计	39060	35382	1707	1970	42208	42128
按登记注册类型分组						
内资	36723	33046	1707	1970	41458	41333
股份合作	15	15			12083	12083
联营	178	178			37167	37167
#国有联营						
集体联营	178	178			37167	37167
有限责任公司	30478	27387	1707	1385	41349	41455
#国有独资	1149	1049	68	32	40024	40901
股份有限公司	5745	5159		586	43423	42082
其他	307	307			29538	29538
港、澳、台商投资						
外商投资	2336	2336			59000	59000
按执行会计标准类别分组						
企业	39060	35382	1707	1970	42208	42128
事业						
机关						
民间非营利组织						
其他						
按国民经济行业分组						
农、林、牧、渔业						
采矿业						
制造业	31787	29055	777	1955	42547	42447
电力、热力、燃气及水生产和供应业	1025	1025			62524	62524
建筑业	1363	1360	2	1	31257	31301
批发和零售业	805	805			34097	34097
交通运输、仓储和邮政业	2327	1389	928	10	46270	46352
住宿和餐饮业	401	401			31054	31054
信息传输、软件和信息技术服务业	387	387			75843	75843
金融业						
房地产业	439	435		4	35379	35926
租赁和商务服务业	400	400			37755	37755
科学研究、技术服务业	111	111			50545	50545
水利、环境和公共设施管理业						
居民服务、修理和其他服务业	15	15			12083	12083
教育						
卫生和社会工作						
文化、体育和娱乐业						
公共管理、社会保障和社会组织						

4-28 融安县单位从业人员劳动报酬

（2015年）

单位:万元

指标名称	单位从业人员工资总额	在岗职工工资总额	劳务派遣人员工资总额	其他人员工资总额	单位从业人员平均工资（元）	在岗职工年平均工资（含劳务）(元)
合计	70436	69618	339	478	54504	55007
按执行会计标准类别分组						
企业	19886	19278	339	269	46268	47111
事业	37101	36923		178	55807	55970
机关	13449	13417		32	68027	68560
民间非营利组织						
其他						
按经济类型分组						
国有经济单位	55713	55251	203	260	57454	57722
集体经济单位	145	145				
其他经济单位	14578	14223	137	218	45627	46622
按国民经济行业分组						
农、林、牧、渔业	529	529			47188	47188
采矿业	208	154	15	38	32000	32000
制造业	8909	8615	133	161	41000	42118
电力、热力、燃气及水生产和供应业	3051	2854	187	11	60906	61430
建筑业	1418	1418			24830	24830
批发和零售业	438	438			37793	37793
交通运输、仓储和邮政业	510	508		2	45563	45802
住宿和餐饮业	121	121			24100	24100
信息传输、软件和信息技术服务业						
金融业	3114	3085		29	149010	151221
房地产业	2118	2085	3	30	43752	44607
租赁和商务服务业	327	327			51141	51141
科学研究、技术服务业	3363	3362		1	50191	50248
水利、环境和公共设施管理业	1109	1082		27	26026	26191
居民服务、修理和其他服务业						
教育	17560	17521		39	58261	58639
卫生和社会工作	12020	11912		108	61421	61150
文化、体育和娱乐业	410	410			53286	53286
公共管理、社会保障和社会组织	15231	15199		32	65593	66024

4-28　续表1　　单位:万元

指　标　名　称	单位从业人员工资总额	在岗职工工资总额	劳务派遣人员工资总额	其他人员工资总额	单位从业人员平均工资(元)	在岗职工年平均工资(含劳务)(元)
国有单位合计	55713	55251	203	260	57454	57722
按隶属关系分组						
中央	490	490			70057	70057
省、自治区、直辖市	1199	1182		17	57918	59110
地区	545	545			40363	40363
县及县以下	37187	36880	64	244	58296	58678
其他	16292	16153	139		56064	56064
按执行会计标准类别分组						
企业	5242	4989	203	51	48358	48743
#地方	5242	4989	203	51	48358	48743
事业	37023	36845		178	55790	55953
#地方	37023	36845		178	55790	55953
机关	13449	13417		32	68027	68560
#地方	12959	12927		32	67952	68504
民间非营利组织						
其他						
按国民经济行业分组						
农、林、牧、渔业	529	529			47188	47188
采矿业	208	154	15	38	32000	32000
制造业	1555	1555			45471	45471
电力、热力、燃气及水生产和供应业	2523	2325	187	11	57077	57619
建筑业						
批发和零售业	96	96			50526	50526
交通运输、仓储和邮政业	510	508		2	45563	45802
住宿和餐饮业	121	121			24100	24100
信息传输、软件和信息技术服务业						
金融业						
房地产业	553	550		3	47681	48272
租赁和商务服务业	249	249			47904	47904
科学研究、技术服务业	3318	3317		1	51925	51987
水利、环境和公共设施管理业	1109	1082		27	26026	26191
居民服务、修理和其他服务业						
教育	17560	17521		39	58261	58639
卫生和社会工作	11743	11635		108	61512	61235
文化、体育和娱乐业	410	410			53286	53286
公共管理、社会保障和社会组织	15231	15199		32	65593	66024

4-28 续表2

单位:万元

指标名称	单位从业人员工资总额	在岗职工工资总额	劳务派遣人员工资总额	其他人员工资总额	单位从业人员平均工资(元)	在岗职工年平均工资(含劳务)(元)
城镇集体单位合计	145	145			46645	46645
按执行会计标准类别分组						
企业	66	66			34947	34947
事业	78	78			65167	65167
机关						
民间非营利组织						
其他						
按国民经济行业分组						
农、林、牧、渔业						
采矿业						
制造业	32	32			31800	31800
电力、热力、燃气及水生产和供应业						
建筑业						
批发和零售业	35	35			38444	38444
交通运输、仓储和邮政业						
住宿和餐饮业						
信息传输、软件和信息技术服务业						
金融业						
房地产业						
租赁和商务服务业	78	78			65167	65167
科学研究、技术服务业						
水利、环境和公共设施管理业						
居民服务、修理和其他服务业						
教育						
卫生和社会工作						
文化、体育和娱乐业						
公共管理、社会保障和社会组织						

4-28 续表3 单位:万元

指 标 名 称	单位从业人员工资总额	在岗职工工资总额	劳务派遣人员工资总额	其他人员工资总额	单位从业人员平均工资(元)	在岗职工年平均工资(含劳务)(元)
其他单位合计	14578	14223	137	218	45627	46622
按登记注册类型分组						
内资	13894	13546	137	212	44965	45975
股份合作	3176	3146		29	130679	132189
联营						
#国有联营						
集体联营						
有限责任公司	10463	10144	137	183	37596	38445
#国有独资	203	203			56278	56278
股份有限公司	256	256			39953	39953
其他						
港、澳、台商投资	155	149		6	33696	33111
外商投资	529	529			89593	89593
按执行会计标准类别分组						
企业	14578	14223	137	218	45627	46622
事业						
机关						
民间非营利组织						
其他						
按国民经济行业分组						
农、林、牧、渔业						
采矿业						
制造业	7323	7028	133	161	40211	41514
电力、热力、燃气及水生产和供应业	529	529			89593	89593
建筑业	1418	1418			24830	24830
批发和零售业	308	308			34977	34977
交通运输、仓储和邮政业						
住宿和餐饮业						
信息传输、软件和信息技术服务业						
金融业	3114	3085		29	149010	151221
房地产业	1565	1534	3	27	42514	43427
租赁和商务服务业						
科学研究、技术服务业	45	45			14452	14452
水利、环境和公共设施管理业						
居民服务、修理和其他服务业						
教育						
卫生和社会工作	277	277			57792	57792
文化、体育和娱乐业						
公共管理、社会保障和社会组织						

4-29 融水苗族自治县单位从业人员劳动报酬

（2015年）　　单位：万元

指 标 名 称	单位从业人员工资总额	在岗职工工资总额	劳务派遣人员工资总额	其他人员工资总额	单位从业人员平均工资（元）	在岗职工年平均工资（含劳务）（元）
合　计	82708	78898	1329	2481	54267	55970
按执行会计标准类别分组						
企业	13451	11380	1111	960	43113	43030
事业	50729	49516	87	1126	53540	55311
机关	18464	17943	131	390	70555	74134
民间非营利组织						
其他	64	59		4	21966	23720
按经济类型分组						
国有经济单位	70089	68003	197	1889	56997	59694
集体经济单位	1953	1826	43	83	47278	47808
其他经济单位	10667	9069	1089	508	42144	41479
按国民经济行业分组						
农、林、牧、渔业	1790	1790			44970	44970
采矿业	612	125		487	34977	39156
制造业	2652	2280	191	181	28638	28048
电力、热力、燃气及水生产和供应业	5145	4107	834	204	54622	52794
建筑业						
批发和零售业	249	249			54065	54065
交通运输、仓储和邮政业	1212	1199		13	50483	50784
住宿和餐饮业	504	504			29133	29133
信息传输、软件和信息技术服务业						
金融业	2798	2639	77	82	74402	76490
房地产业	952	902	10	40	36737	36899
租赁和商务服务业	353	324	1	28	35300	40099
科学研究、技术服务业	3987	3948		40	57041	57799
水利、环境和公共设施管理业	2038	1292		746	34366	53593
居民服务、修理和其他服务业						
教育	22892	22683	35	174	49615	49842
卫生和社会工作	15500	15469	2	29	64077	64381
文化、体育和娱乐业	601	591		10	54135	56257
公共管理、社会保障和社会组织	21424	20798	180	446	67584	70896

单位:万元

指标名称	单位从业人员工资总额	在岗职工工资总额	劳务派遣人员工资总额	其他人员工资总额	单位从业人员平均工资(元)	在岗职工年平均工资(含劳务)(元)
国有单位合计	70089	68003	197	1889	56997	59335
按隶属关系分组						
中央	750	688	61		86184	86184
省、自治区、直辖市	1399	1229		171	55972	69418
地区	755	268		487	37725	46965
县及县以下	61942	60622	132	1188	57290	59296
其他	5243	5196	3	43	55304	56090
按执行会计标准类别分组						
企业	1720	1233		487	48576	58427
#地方	1720	1233		487	48576	58427
事业	49901	48827	66	1007	53530	55278
#地方	49901	48827	66	1007	53530	55278
机关	18464	17943	131	390	70555	74134
#地方	17714	17255	69	390	70017	73688
民间非营利组织						
其他	4			4	11000	
按国民经济行业分组						
农、林、牧、渔业	1790	1790			44970	44970
采矿业	612	125		487	34977	39156
制造业						
电力、热力、燃气及水生产和供应业	541	541			69346	69346
建筑业						
批发和零售业	191	191			73423	73423
交通运输、仓储和邮政业	1082	1069		13	52505	52896
住宿和餐饮业						
信息传输、软件和信息技术服务业						
金融业						
房地产业	82	47		35	40950	51778
租赁和商务服务业	267	239	1	27	43754	55791
科学研究、技术服务业	3898	3858		40	67316	68528
水利、环境和公共设施管理业	2038	1292		746	34366	53593
居民服务、修理和其他服务业						
教育	22064	21994	15	55	49460	49625
卫生和社会工作	15500	15469	2	29	64077	64381
文化、体育和娱乐业	601	591		10	54135	56257
公共管理、社会保障和社会组织	21424	20798	180	446	67584	70896

4-29 续表2 单位:万元

指标名称	单位从业人员工资总额	在岗职工工资总额	劳务派遣人员工资总额	其他人员工资总额	单位从业人员平均工资(元)	在岗职工年平均工资(含劳务)(元)
城镇集体单位合计	1953	1826	43	83	47278	47808
按执行会计标准类别分组						
企业	1953	1826	43	83	47278	47808
事业						
机关						
民间非营利组织						
其他						
按国民经济行业分组						
农、林、牧、渔业						
采矿业						
制造业	206	206			22582	22582
电力、热力、燃气及水生产和供应业						
建筑业						
批发和零售业						
交通运输、仓储和邮政业						
住宿和餐饮业						
信息传输、软件和信息技术服务业						
金融业	1622	1497	43	82	58567	60164
房地产业	119	119			27605	27605
租赁和商务服务业	6	5		1	30500	49000
科学研究、技术服务业						
水利、环境和公共设施管理业						
居民服务、修理和其他服务业						
教育						
卫生和社会工作						
文化、体育和娱乐业						
公共管理、社会保障和社会组织						

4-29 续表3 单位:万元

指标名称	单位从业人员工资总额	在岗职工工资总额	劳务派遣人员工资总额	其他人员工资总额	单位从业人员平均工资(元)	在岗职工年平均工资(含劳务)(元)
其他单位合计	10667	9069	1089	508	42144	41479
按登记注册类型分组						
内资	10667	9069	1089	508	42144	41479
股份合作						
联营						
#国有联营						
集体联营						
有限责任公司	8191	6766	1035	390	38546	37634
#国有独资	1571	1571			86818	86818
股份有限公司	1603	1570	33		68504	68504
其他	873	733	21	119	50727	53077
港、澳、台商投资						
外商投资						
按执行会计标准类别分组						
企业	9779	8321	1068	390	41560	40806
事业	828	689	21	119	54131	57675
机关						
民间非营利组织						
其他	59	59			23720	23720
按国民经济行业分组						
农、林、牧、渔业						
采矿业						
制造业	2446	2074	191	181	29298	28677
电力、热力、燃气及水生产和供应业	4605	3566	834	204	53293	51289
建筑业						
批发和零售业	58	58			28900	28900
交通运输、仓储和邮政业	130	130			38235	38235
住宿和餐饮业	504	504			29133	29133
信息传输、软件和信息技术服务业						
金融业	1175	1142	33		118707	118707
房地产业	751	737	10	5	38311	38262
租赁和商务服务业	80	80			21622	21622
科学研究、技术服务业	90	90			7467	7467
水利、环境和公共设施管理业						
居民服务、修理和其他服务业						
教育	828	689	21	119	54131	57675
卫生和社会工作						
文化、体育和娱乐业						
公共管理、社会保障和社会组织						

4-30 三江侗族自治县单位从业人员劳动报酬

（2015年）　　　　单位:万元

指 标 名 称	单位从业人员工资总额	在岗职工工资总额	劳务派遣人员工资总额	其他人员工资总额	单位从业人员平均工资（元）	在岗职工年平均工资（含劳务）(元)
合　计	55079	50557	757	3765	51041	58344
按执行会计标准类别分组						
企业	8780	7095	473	1212	37712	43072
事业	30942	29416	4	1522	52685	61125
机关	15357	14046	280	1031	59295	64388
民间非营利组织						
其他						
按经济类型分组						
国有经济单位	47186	44308	284	2594	53354	60785
集体经济单位	2228	1167	16	1045	32102	46412
其他经济单位	5665	5082	457	126	45204	45998
按国民经济行业分组						
农、林、牧、渔业	2391	2360		31	41865	44032
采矿业						
制造业	653	590		63	25275	24975
电力、热力、燃气及水生产和供应业	2375	1946	399	30	46569	47376
建筑业	2228	1167	16	1045	32102	46412
批发和零售业	178	137		41	12262	22048
交通运输、仓储和邮政业	474	474			52700	52700
住宿和餐饮业	74	74			22969	22969
信息传输、软件和信息技术服务业						
金融业	1751	1687	31	33	88005	91394
房地产业	661	638	21	2	39551	39639
租赁和商务服务业	246	240	6		30407	30750
科学研究、技术服务业	186	136		50	46575	52269
水利、环境和公共设施管理业	905	478		427	31880	31840
居民服务、修理和其他服务业						
教育	18490	17506		984	53302	66920
卫生和社会工作	7982	7972	4	6	55938	55937
文化、体育和娱乐业	42	41		1	20095	21632
公共管理、社会保障和社会组织	16443	15111	280	1052	58661	63653

4-30 续表1

单位:万元

指标名称	单位从业人员工资总额	在岗职工工资总额	劳务派遣人员工资总额	其他人员工资总额	单位从业人员平均工资(元)	在岗职工年平均工资(含劳务)(元)
国有单位合计	47186	44308	284	2594	53354	60785
按隶属关系分组						
中央	469	469			60128	60128
省、自治区、直辖市	536	509		27	81273	90911
地区	660	660			58911	58911
县及县以下	42525	39679	284	2562	53216	61520
其他	2996	2991		5	50189	50352
按执行会计标准类别分组						
企业	887	846		41	23289	28396
#地方	887	846		41	23289	28396
事业	30942	29416	4	1522	52685	61125
#地方	30881	28355	4	1522	52672	61227
机关	15357	14046	280	1031	59295	64388
#地方	14949	13637	280	1031	59272	64522
民间非营利组织						
其他						
按国民经济行业分组						
农、林、牧、渔业	2391	2360		31	41865	44032
采矿业						
制造业						
电力、热力、燃气及水生产和供应业	142	142			45806	45806
建筑业						
批发和零售业	113	72		41	15587	15587
交通运输、仓储和邮政业	474	474			52700	52700
住宿和餐饮业						
信息传输、软件和信息技术服务业						
金融业						
房地产业	41	39		2	50250	53857
租赁和商务服务业	126	126			36057	36057
科学研究、技术服务业	186	136		50	46575	52269
水利、环境和公共设施管理业	756	329		427	34391	38233
居民服务、修理和其他服务业						
教育	18490	17506		984	53302	66920
卫生和社会工作	7982	7972	4	6	55938	55937
文化、体育和娱乐业	42	41		1	20095	21632
公共管理、社会保障和社会组织	16443	15111	280	1052	58661	63653

4-30 续表2

单位：万元

指标名称	单位从业人员工资总额	在岗职工工资总额	劳务派遣人员工资总额	其他人员工资总额	单位从业人员平均工资（元）	在岗职工年平均工资（含劳务）（元）
城镇集体单位合计	2228	1167	16	1045	32102	46412
按执行会计标准类别分组						
企业	2228	1167	16	1045	32102	46412
事业						
机关						
民间非营利组织						
其他						
按国民经济行业分组						
农、林、牧、渔业						
采矿业						
制造业						
电力、热力、燃气及水生产和供应业						
建筑业	2228	1167	16	1045	32102	46412
批发和零售业						
交通运输、仓储和邮政业						
住宿和餐饮业						
信息传输、软件和信息技术服务业						
金融业						
房地产业						
租赁和商务服务业						
科学研究、技术服务业						
水利、环境和公共设施管理业						
居民服务、修理和其他服务业						
教育						
卫生和社会工作						
文化、体育和娱乐业						
公共管理、社会保障和社会组织						

4-30　续表3　　　　单位:万元

指　标　名　称	单位从业人员工资总额	在岗职工工资总额	劳务派遣人员工资总额	其他人员工资总额	单位从业人员平均工资(元)	在岗职工年平均工资(含劳务)(元)
其他单位合计	5665	5082	457	126	45204	45998
按登记注册类型分组						
内资	5665	5082	457	126	45204	45998
股份合作	1751	1687	31	33	88005	91394
联营						
#国有联营						
集体联营						
有限责任公司	3442	2964	409	69	38321	38762
#国有独资	120	114	6		26109	26622
股份有限公司	472	431	17	24	30231	30658
其他						
港、澳、台商投资						
外商投资						
按执行会计标准类别分组						
企业	5665	5082	457	126	45204	45998
事业						
机关						
民间非营利组织						
其他						
按国民经济行业分组						
农、林、牧、渔业						
采矿业						
制造业	653	590		63	25275	24975
电力、热力、燃气及水生产和供应业	2233	1804	399	30	46618	47481
建筑业						
批发和零售业	65	65			40625	40625
交通运输、仓储和邮政业						
住宿和餐饮业	74	74			22969	22969
信息传输、软件和信息技术服务业						
金融业	1751	1687	31	33	88005	91394
房地产业	620	599	21		39013	39013
租赁和商务服务业	120	114	6		26109	26622
科学研究、技术服务业						
水利、环境和公共设施管理业	149	149			23250	23250
居民服务、修理和其他服务业						
教育						
卫生和社会工作						
文化、体育和娱乐业						
公共管理、社会保障和社会组织						

农　　业　　5

5-1 全市主要年份农林牧渔业总产值

单位:万元

年份	农林牧渔业总产值	农业产值	林业产值	畜牧业产值	渔业产值	农林牧渔服务业产值
1978	38770	27280	4787	6362	341	
1979	41145	29027	5897	5932	289	
1980	44076	31857	5267	6654	299	
1981	48068	35080	4844	7170	300	
1982	52065	38695	5581	7303	306	
1983	56906	41558	5331	9606	410	
1984	61959	40265	10430	10502	762	
1985	73579	45971	11916	14438	1254	
1986	76600	47953	11652	15649	1346	
1987	98817	57171	12043	19864	9739	
1988	116102	69243	14648	29565	2646	
1989	139821	86944	14430	35222	3225	
1990	172786	113748	17514	37887	3637	
1991	188737	122367	21198	40513	4659	
1992	209517	132733	24727	47240	4817	
1993	254820	163810	28126	56539	6345	
1994	369075	252413	30295	76241	10126	
1995	469086	324245	30152	100072	14617	
1996	501568	342415	29962	111438	17753	
1997	533598	362650	26719	123127	21102	
1998	562880	380078	23307	131831	27664	
1999	582356	389712	26451	138056	28137	
2000	612085	390779	27959	163423	29924	
2001	650711	417582	29491	172267	31371	
2002	683385	435369	32666	181020	34330	
2003	727944	428184	42073	221150	27539	
2004	883345	509121	46383	284752	32805	10284
2005	957124	549975	49710	311639	34768	11032
2006	1072306	606978	61895	355769	35493	12171
2007	1286831	698695	82626	412898	35513	57099
2008	1421038	757210	101790	459726	41129	61183
2009	1492874	822100	106136	456531	41767	66340
2010	1795371	1019618	134893	522059	49342	69459
2011	2250955	1269527	166595	679013	60728	75092
2012	2435735	1396352	202535	695276	63119	78453
2013	2596913	1495934	202274	740400	71621	86685
2014	2741632	1598259	214804	753637	82126	92803
2015	2861812	1695308	209747	769031	89864	97864

5-2 全市主要年份农林牧渔业总产值发展速度

（按可比价计算，上年＝100）　　单位：%

年　份	农林牧渔业总产值	农业产值	林业产值	畜牧业产值	渔业产值	农林牧渔服务业产值
1978	100.00	100.00	100.00	100.00	100.00	
1979	111.34	106.11	158.76	102.94	59.96	
1980	99.96	108.13	74.94	99.30	151.79	
1981	119.10	117.63	146.21	95.74	115.39	
1982	107.99	108.31	111.09	111.97	103.55	
1983	106.44	102.71	88.29	129.79	93.38	
1984	93.04	88.40	127.79	104.34	170.47	
1985	104.29	100.54	100.77	110.71	141.11	
1986	104.89	106.27	93.24	106.10	117.63	
1987	111.18	110.11	110.45	111.30	118.18	
1988	95.80	93.04	96.35	106.05	93.93	
1989	112.84	115.22	111.04	110.50	111.46	
1990	128.40	115.71	105.69	118.99	140.57	
1991	107.77	106.99	115.37	106.56	113.54	
1992	110.15	109.48	112.65	111.68	104.40	
1993	104.04	103.76	108.93	103.18	119.39	
1994	103.77	103.31	100.76	106.19	116.15	
1995	113.91	117.73	91.96	115.95	132.97	
1996	104.35	104.33	93.45	108.48	119.55	
1997	111.79	112.01	86.35	120.17	133.81	
1998	106.05	104.90	91.20	110.89	127.04	
1999	103.24	107.48	109.21	90.92	103.26	
2000	105.53	101.23	105.32	117.13	110.99	
2001	109.91	109.76	111.78	110.68	105.36	
2002	111.66	110.23	121.44	114.93	105.39	
2003	105.85	101.03	109.71	114.83	108.13	
2004	105.44	104.17	103.23	108.26	104.01	
2005	107.93	105.83	107.49	111.77	107.76	
2006	108.52	105.70	125.18	111.01	106.29	
2007	107.13	107.91	107.86	105.38	109.43	
2008	105.39	103.10	119.72	106.67	102.72	
2009	105.43	104.79	104.79	106.2	104.52	109.24
2010	105.57	105.12	104.78	106.5	107.54	104.70
2011	105.98	105.96	109.63	104.66	107.56	108.11
2012	106.30	106.63	112.70	104.26	107.01	104.48
2013	103.89	104.76	96.28	103.34	107.03	110.50
2014	103.55	104.09	100.75	102.44	107.30	107.06
2015	103.36	104.35	100.88	101.53	105.08	105.45

5-3 全市主要年份农民人均纯收入及主要农产品产量

年　份	农民人均纯收入(元)	粮食产量(吨)	甘蔗产量(吨)	水果产量(吨)	猪牛羊肉产量(吨)	水产品产量(吨)
1978	82	598500	245700	8125	19548	1576
1979	91	637415	292200	13257	18547	1235
1980	81	629287	308325	10949	14963	1973
1981	103	671535	408806	15160	15650	1963
1982	159	761499	580600	14034	20231	2189
1983	254	757870	535800	10675	24913	2921
1984	270	634956	415700	13423	24445	3653
1985	316	594735	598630	14991	26509	4330
1986	352	613998	854157	18869	31591	5360
1987	392	723514	989188	26624	33056	6168
1988	453	608574	1120176	16562	41007	5617
1989	518	744962	1004926	29628	42050	6305
1990	586	814574	1233591	38730	49037	7583
1991	694	795806	1852104	40244	56315	9294
1992	783	861726	1783957	58499	62143	10094
1993	890	858754	1814118	65641	66931	11225
1994	1120	785888	2050099	72222	74604	13156
1995	1440	925770	2677517	81002	76195	16532
1996	1701	887814	3066106	79878	81927	19762
1997	2035	933187	3592019	105517	98951	27145
1998	2155	966843	4012577	97362	109504	34718
1999	2183	967861	3739241	152656	119189	35252
2000	1658	972533	4036335	120216	128696	38867
2001	1797	935310	5130940	174744	144743	40798
2002	1954	874402	6505783	176884	161419	43130
2003	2082	798890	6291567	195657	173741	46603
2004	2250	795552	6181128	225627	184929	48036
2005	2534	841567	6101538	247241	203109	51551
2006	2914	858191	6409426	271297	216096	55113
2007	3497	768290	8083880	326371	123576	48737
2008	3956	765681	8291027	341025	132261	49884
2009	4330	811277	6687480	388467	141293	52177
2010	4935	776906	6970209	459297	146374	55721
2011	5721	787211	7121690	538511	148054	59828
2012	6747	816816	7642220	601188	157634	64076
2013	7663	845969	7414503	665922	163310	68139
2014	8606	853347	6920281	747162	166673	71920
2015	9449	850966	6754543	850860	165532	75600

注:根据国家统计局、区统计局的规定,农民人均纯收入的历史资料统计口径有调整,使用时请注意。

5-4 柳江县主要年份农林牧渔业总产值

单位:万元

年份	农林牧渔业总产值	农业产值	林业产值	畜牧业产值	渔业产值	农林牧渔服务业产值
1978	7963	6324	105	1501	33	
1979	8084	6890	94	1053	47	
1980	9550	7566	55	1910	20	
1981	11569	9139	130	2275	25	
1982	9852	8309	102	1421	20	
1983	11227	8834	226	2120	47	
1984	12194	8886	351	2858	99	
1985	15137	11279	540	3133	185	
1986	16729	12241	842	3360	286	
1987	19932	15146	387	4047	352	
1988	28542	21673	451	5941	477	
1989	30969	23475	277	6771	446	
1990	34597	26403	563	7119	512	
1991	35571	26860	762	7285	664	
1992	40111	30620	646	8173	672	
1993	49800	38970	1041	8915	874	
1994	80267	62908	2849	12973	1537	
1995	102642	83657	1076	16040	1869	
1996	109899	89555	1143	16943	2258	
1997	116166	91921	799	20947	2499	
1998	116362	89966	1356	21413	3627	
1999	121222	89734	1416	26041	4031	
2000	131746	94343	1147	32588	3668	
2001	142571	101716	2288	33938	4629	
2002	151272	106653	2941	36395	5283	
2003	173663	118881	3629	43643	5093	
2004	209197	140696	3120	56571	6225	2585
2005	223307	148110	3550	62484	6449	2714
2006	257189	170586	4927	72009	6654	3013
2007	308392	195102	6865	85327	6526	14572
2008	340037	210337	7280	97998	8065	16357
2009	352249	222541	8443	96085	8170	17010
2010	408978	261836	11618	106694	10358	18472
2011	509910	310703	19371	145622	13280	20934
2012	537140	328778	21422	148756	15657	22527
2013	582996	353041	26177	160391	18826	24561
2014	610003	367711	27255	166914	21966	26157
2015	634807	385818	23424	173341	24759	27465

5-5 柳江县主要年份农林牧渔业总产值发展速度

（按可比价计算，上年＝100）　　单位：%

年　份	农林牧渔业总产值	农业产值	林业产值	畜牧业产值	渔业产值	农林牧渔服务业产值
1978	100.00	100.00	100.00	100.00	100.00	
1979	101.90	97.29	173.85	112.74	120.00	
1980	104.63	103.59	47.76	114.55	100.00	
1981	105.72	119.91	144.26	64.19	98.48	
1982	112.71	113.02	79.35	115.49	76.92	
1983	106.46	102.77	221.56	115.79	174.00	
1984	97.79	92.50	149.66	112.79	174.71	
1985	103.89	102.30	156.28	97.15	186.18	
1986	100.75	97.20	111.98	109.30	131.45	
1987	106.84	113.02	38.69	105.52	122.31	
1988	94.45	90.55	120.20	106.04	94.51	
1989	112.24	116.21	55.23	108.32	93.26	
1990	114.28	113.26	149.13	115.93	109.48	
1991	102.15	101.26	135.79	101.36	115.95	
1992	114.60	119.94	82.14	101.73	97.25	
1993	107.95	109.48	155.32	94.96	145.45	
1994	99.62	92.22	262.16	107.50	110.00	
1995	114.52	123.56	34.54	108.09	121.59	
1996	111.11	113.16	90.72	101.13	138.11	
1997	115.98	114.43	75.32	125.99	128.20	
1998	106.37	102.22	189.24	113.19	145.92	
1999	107.33	102.84	107.42	124.94	110.73	
2000	110.34	107.00	80.97	124.68	108.24	
2001	114.26	116.23	167.11	106.60	107.38	
2002	107.02	106.30	111.46	109.12	105.65	
2003	105.03	100.06	124.65	117.61	105.14	
2004	103.08	101.74	82.75	108.14	105.87	
2005	106.16	103.22	115.96	113.1	105.37	
2006	111.33	110.52	140.08	112.12	107.49	
2007	107.9	107.75	118.17	107.32	109.14	
2008	104.3	102.35	103.31	108.85	105.19	
2009	104.4	102.06	115.27	107.87	108.16	106.98
2010	105.10	104.37	110.33	104.85	115.32	108.59
2011	106.61	104.77	124.39	107.66	110.32	113.33
2012	106.18	106.17	101.67	106.00	112.50	107.61
2013	104.83	103.70	118.14	104.36	108.49	109.03
2014	102.10	101.53	88.97	104.33	106.42	106.50
2015	103.15	103.67	94.06	102.93	105.23	105.00

5-6　柳江县主要年份农民人均纯收入及主要农产品产量

年　份	农民人均纯收入(元)	粮食产量(吨)	甘蔗产量(吨)	水果产量(吨)	猪牛羊肉产量(吨)	水产品产量(吨)
1978	104	121742	77099	2377	5048	150
1979	116	121808	84292	3229	5038	149
1980	181	123576	76769	3814	3115	182
1981	251	151300	93147	4897	4222	179
1982	294	171420	137641	3210	5181	141
1983	312	180650	122875	3802	5429	234
1984	269	148205	103593	4260	6271	412
1985	324	138579	116742	3866	5460	769
1986	343	132956	177785	4588	7525	1020
1987	420	162233	237931	4136	5978	1257
1988	573	131635	325603	3369	6665	1192
1989	629	164445	327496	2954	7491	1116
1990	814	181951	350707	3524	8428	1220
1991	756	162086	523008	4614	9970	1207
1992	883	196769	534779	6638	9913	1301
1993	940	202103	542997	7558	9923	1748
1994	1082	151931	587644	7379	10840	1921
1995	1553	205720	781020	9940	12470	2336
1996	1612	206308	971217	11174	12971	3226
1997	1670	210827	1161958	11943	16961	4137
1998	1730	217541	1271128	12079	20261	6258
1999	1792	221626	1110000	14100	22014	6880
2000	1853	223326	1385629	13614	26706	7237
2001	2061	195323	1819068	18581	30191	7808
2002	2267	182120	2115167	21046	32771	8070
2003	2414	165573	1909240	35840	36255	8579
2004	2589	171143	1914721	35932	39288	9015
2005	2844	182650	1892802	37090	43067	9509
2006	3615	191491	2087241	40128	46815	10200
2007	4379	158194	2547114	47780	27641	8855
2008	4883	158327	2414307	51137	30773	9277
2009	5358	166706	1840431	53793	33104	10018
2010	5975	159179	1946539	61026	34584	11401
2011	6878	160137	1957822	72729	35527	12559
2012	8099	168696	2081431	80573	37478	13690
2013	9192	179008	2017582	84355	39200	14776
2014	10258	174837	1884234	97144	40185	15727
2015	11253	175305	1780999	111473	40253	16743

5-7 柳城县主要年份农林牧渔业总产值

单位:万元

年份	农林牧渔业总产值	农业产值	林业产值	畜牧业产值	渔业产值	农林牧渔服务业产值
1978	5085	4343	182	555	5	
1979	5161	4569	138	443	11	
1980	5253	4853	59	332	9	
1981	6601	5592	254	744	11	
1982	9666	8643	161	838	24	
1983	10130	8758	216	1106	50	
1984	9445	7847	205	1392	1	
1985	10971	8631	156	2070	114	
1986	12625	9771	185	2477	192	
1987	15486	11653	263	3343	227	
1988	19094	12683	334	5740	337	
1989	26330	19083	393	6399	455	
1990	33915	24588	593	8070	664	
1991	38348	28141	630	8771	806	
1992	42488	30921	872	9810	885	
1993	56035	43640	1361	10032	1002	
1994	79039	63809	1432	11957	1841	
1995	101996	73567	1312	24656	2461	
1996	116727	84090	1349	28108	3180	
1997	128705	94833	1494	28823	3555	
1998	146002	103933	2110	34009	5950	
1999	137530	100977	1562	28688	6303	
2000	146785	105070	1759	33053	6903	
2001	156458	111069	2068	35878	7443	
2002	166671	118943	3044	35848	8836	
2003	160147	109924	3042	38664	5888	
2004	187615	123310	3297	50998	7122	2888
2005	204491	132224	3966	57626	7443	3232
2006	233655	146774	5536	70160	7646	3539
2007	276712	165665	6076	81923	7419	15629
2008	299235	180088	5803	88070	8979	16295
2009	316588	193359	7098	89022	8810	18299
2010	391016	241949	8762	111463	10542	18300
2011	502045	310691	14461	145259	13334	18300
2012	542510	329515	19676	159304	14060	19955
2013	578975	352540	19015	168596	15869	22954
2014	622315	381328	24729	172189	18450	25619
2015	670954	417166	29312	175580	20636	28260

5-8 柳城县主要年份农林牧渔业总产值发展速度

（按可比价计算，上年＝100）　　单位：%

年　份	农林牧渔业总产值	农业产值	林业产值	畜牧业产值	渔业产值	农林牧渔服务业产值
1978	100.00	100.00	100.00	100.00	100.00	
1979	112.74	117.40	84.57	88.68	217.65	
1980	106.16	111.52	33.78	78.46	227.03	
1981	130.86	120.96	450.00	222.94	35.71	
1982	105.01	110.84	45.33	80.79	156.67	
1983	114.05	110.28	146.08	143.66	221.28	
1984	89.01	84.27	90.83	124.37	128.85	
1985	102.74	101.81	91.63	107.30	145.52	
1986	119.21	118.57	109.14	120.52	169.23	
1987	110.08	105.87	151.48	126.85	106.97	
1988	101.19	96.70	126.02	115.82	112.75	
1989	113.05	112.49	95.48	117.45	114.07	
1990	113.10	113.53	119.86	111.08	110.35	
1991	109.59	111.17	74.18	108.36	113.97	
1992	112.84	112.60	142.40	111.39	109.46	
1993	107.24	107.37	167.24	98.17	134.88	
1994	112.25	115.46	109.44	101.20	103.68	
1995	106.52	107.19	66.18	109.56	127.92	
1996	108.31	109.41	89.87	106.49	102.50	
1997	110.72	109.80	105.78	111.13	146.60	
1998	111.67	109.13	149.03	112.40	155.89	
1999	104.36	103.37	63.43	110.98	118.33	
2000	107.68	106.28	117.06	111.58	112.00	
2001	107.85	105.98	128.56	113.33	107.69	
2002	116.31	119.06	119.21	108.48	106.45	
2003	105.29	102.56	113.07	115.18	101.21	
2004	102.18	98.90	104.57	110.71	104.91	
2005	107.23	103.49	120.14	115.33	106.23	
2006	108.32	103.80	138.91	116.72	106.89	
2007	107.89	108.14	97.78	108.09	108.92	
2008	104.71	105.12	92.08	105.07	102.97	
2009	105.56	104.24	120.94	106.11	104.59	112.30
2010	106.60	105.23	106.03	110.75	108.90	108.90
2011	107.35	107.97	127.87	105.3	110.65	100.00
2012	106.27	105.57	119.51	105.77	109.74	109.04
2013	104.77	105.74	93.34	102.67	107.35	115.03
2014	106.72	106.39	125.34	104.45	109.00	111.61
2015	106.23	106.56	119.81	102.72	108.28	110.31

5-9 柳城县主要年份农民人均纯收入及主要农产品产量

年　　份	农民人均纯收入(元)	粮食产量（吨）	甘蔗产量（吨）	水果产量（吨）	猪牛羊肉产量（吨）	水产品产量（吨）
1978	70	94851	90244	1849	2055	340
1979	76	104200	110958	2051	1980	255
1980	77	103876	116065	2309	1118	216
1981	113	132370	136728	2118	863	200
1982	136	153159	193801	2783	1343	263
1983	227	150034	182788	1313	1223	381
1984	315	110275	163368	3352	5387	738
1985	381	95561	257119	2950	4433	625
1986	426	108133	374547	5203	5037	821
1987	479	126518	394617	6409	6153	858
1988	527	104864	425883	2950	8183	39
1989	667	131145	388049	8951	8125	642
1990	643	144208	491515	8517	8822	1216
1991	754	147022	673735	8994	9914	1386
1992	687	155979	761026	15083	11544	1516
1993	846	163370	824765	18788	13005	2045
1994	1165	163924	929213	19291	15371	2097
1995	1450	170109	1064981	21034	13265	2708
1996	1550	165065	1225491	21346	14452	2780
1997	1657	176750	1409744	27266	17313	4076
1998	1772	183833	1571553	19127	18804	6550
1999	1895	188343	1504466	30933	22264	7725
2000	2027	191201	1708102	24491	24804	8461
2001	2230	190691	2036025	29615	27878	9100
2002	2432	182393	2611715	29733	29763	9686
2003	2579	165329	2596340	34460	32517	9830
2004	2739	161059	2566540	47575	34848	10308
2005	2905	171083	2413415	59100	38072	10902
2006	3273	171951	2527157	70300	40373	11653
2007	3954	148672	3112078	90616	23589	10077
2008	4396	147412	3190025	98736	25494	10379
2009	4826	155964	2533042	123772	27439	10856
2010	5464	151025	2618749	167050	28364	11820
2011	6621	150949	2666528	213133	28593	13071
2012	7777	153116	2749713	244778	35315	14348
2013	8780	162128	2551939	273579	36770	15450
2014	9904	173357	2420414	316564	38174	16844
2015	10954	170572	2594859	368005	38154	18348

5-10 鹿寨县主要年份农林牧渔业总产值

单位:万元

年份	农林牧渔业总产值	农业产值	林业产值	畜牧业产值	渔业产值	农林牧渔服务业产值
1978	5197	4293	239	567	98	
1979	5928	4658	475	788	7	
1980	6291	5577	16	681	17	
1981	10125	8997	364	703	61	
1982	10390	9153	275	929	33	
1983	11072	9730	156	1167	19	
1984	9591	8227	198	1084	82	
1985	12697	9779	541	2234	143	
1986	14566	11346	479	2592	149	
1987	17541	13344	996	3043	158	
1988	20846	14750	872	4836	388	
1989	25975	17770	1876	5920	409	
1990	29780	22153	1257	5926	444	
1991	34579	26804	1101	6226	448	
1992	35117	25964	1850	6780	523	
1993	42913	29149	2034	10914	816	
1994	67336	44851	2529	18805	1151	
1995	89177	62006	3369	22174	1628	
1996	97131	64911	4035	25891	2294	
1997	98334	63252	3004	29029	3049	
1998	101706	64303	3220	30771	3412	
1999	114702	76761	4284	30285	3372	
2000	120908	72874	5140	39359	3535	
2001	128197	79105	5924	39570	3598	
2002	136845	84187	7231	41706	3721	
2003	141540	78658	6789	52162	3367	
2004	181986	103644	7308	66265	4044	725
2005	205355	117867	7720	74364	4610	794
2006	226194	126127	8894	85829	4490	854
2007	263016	146342	15185	89572	4772	7145
2008	273961	155317	15699	91062	4338	7545
2009	290364	165344	19258	91268	5597	8897
2010	362598	210331	24444	111268	6786	9769
2011	386346	213120	28245	126831	7485	10665
2012	417486	231566	37127	129645	8012	11136
2013	451021	245437	46247	137771	9136	12430
2014	464511	256816	44460	139448	10304	13483
2015	483358	275194	44317	138377	11388	14082

5-11 鹿寨县主要年份农林牧渔业总产值发展速度

（按可比价计算，上年＝100） 单位：%

年份	农林牧渔业总产值	农业产值	林业产值	畜牧业产值	渔业产值	农林牧渔服务业产值
1978	100.00	100.00	100.00	100.00	100.00	
1979	114.82	111.54	198.84	138.98	7.10	
1980	103.84	122.26	3.35	86.42	245.83	
1981	160.81	152.58	2284.78	103.22	357.63	
1982	103.32	108.99	75.55	132.00	54.03	
1983	106.22	93.28	56.05	122.00	57.89	
1984	70.84	72.88	104.49	100.52	219.70	
1985	118.69	110.08	259.57	117.67	173.79	
1986	101.15	104.17	77.55	102.08	100.00	
1987	118.82	114.89	139.42	131.62	120.63	
1988	92.63	86.64	117.55	105.77	107.89	
1989	112.98	108.18	195.05	105.31	105.18	
1990	107.11	119.00	41.41	109.58	106.09	
1991	111.63	118.66	85.63	104.76	121.04	
1992	103.31	100.48	163.43	108.31	89.62	
1993	100.49	98.82	91.06	127.00	121.16	
1994	102.92	96.67	133.63	113.88	119.13	
1995	128.55	128.42	97.58	135.07	142.76	
1996	108.24	102.22	91.40	122.74	141.69	
1997	118.32	111.03	76.73	135.02	151.08	
1998	113.80	107.08	106.79	125.09	111.88	
1999	95.65	123.71	127.11	55.97	92.70	
2000	104.93	95.69	125.26	129.84	104.96	
2001	106.47	104.17	120.65	110.16	101.73	
2002	109.03	106.11	127.85	112.96	103.25	
2003	105.92	100.61	108.14	114.38	113.53	
2004	112.13	117.05	102.36	106.18	106.44	
2005	111.32	110.84	102.63	112.58	115.92	
2006	105.75	102.32	114.46	110.37	101.48	
2007	107.94	107.95	128.31	105.7	109.55	
2008	102.19	101.69	100.32	103.17	99.87	
2009	105.32	103.63	119.66	104.56	107.65	117.92
2010	105.36	104.28	99.66	107.78	110.47	109.80
2011	91.63	88.90	101.96	92.73	95.62	109.17
2012	106.64	104.12	128.61	106.00	109.41	104.42
2013	105.17	104.01	118.56	102.65	108.71	111.62
2014	102.86	103.21	94.74	104.32	105.11	108.47
2015	104.12	105.16	102.09	102.67	105.96	104.44

5-12 鹿寨县主要年份农民人均纯收入及主要农产品产量

年 份	农民人均纯收入(元)	粮食产量(吨)	甘蔗产量(吨)	水果产量(吨)	猪牛羊肉产量(吨)	水产品产量(吨)
1978	80	134565	58717	486	4760	323
1979	93	153515	72609	998	3722	111
1980	94	158610	85294	142	1974	291
1981	133	152875	143857	1483	3063	465
1982	226	180540	193239	2008	2852	288
1983	343	173260	152328	779	4506	348
1984	295	130530	88045	1371	3501	365
1985	409	126015	164045	2073	4890	509
1986	444	137335	220275	306	5883	610
1987	447	162506	278164	5391	6705	1031
1988	527	129401	276405	2709	7445	777
1989	673	159281	201156	4768	7576	817
1990	675	176299	263973	7269	9866	889
1991	827	178149	421969	7956	13230	988
1992	890	181598	383096	10417	14464	935
1993	1050	179836	287909	12730	15695	1166
1994	1269	160236	345513	15813	17004	1391
1995	1631	195745	525632	17067	19081	1984
1996	1853	191684	543864	20055	21220	2811
1997	2070	201004	683017	24841	28688	4588
1998	2205	205785	822591	26994	33504	5098
1999	2316	204323	770519	54400	32619	4383
2000	1780	200432	622309	41956	32197	4776
2001	1951	191620	713382	60402	35797	4848
2002	2155	181117	916785	60166	39139	4998
2003	2306	166789	944642	60026	41320	5810
2004	2539	161607	908730	68162	42514	6103
2005	3008	171165	1005358	72182	47332	6811
2006	3239	176743	963568	77903	50335	7113
2007	3973	165841	1295121	89580	24518	6586
2008	4534	163156	1318059	91288	25465	6748
2009	4938	176159	1120671	91731	26920	7224
2010	5595	172769	1177799	96754	27851	7921
2011	6190	157687	979924	97745	23342	7527
2012	7276	166905	1109960	104696	24458	8203
2013	8295	172019	1155720	110418	25175	8942
2014	9415	170046	1067699	119536	25947	9321
2015	10394	170866	1057453	134701	21993	9893

5-13 融安县主要年份农林牧渔业总产值

单位：万元

年份	农林牧渔业总产值	农业产值	林业产值	畜牧业产值	渔业产值	农林牧渔服务业产值
1978	5109	3681	315	1081	32	
1979	6039	3844	1078	1078	39	
1980	5582	3814	685	1046	37	
1981	5730	3193	857	961	44	
1982	6377	4279	963	914	41	
1983	6547	4581	791	1109	66	
1984	7214	4395	1204	1553	62	
1985	7611	4265	1593	1675	78	
1986	7661	4290	1407	1836	128	
1987	8488	4930	1491	1908	159	
1988	10144	4730	1812	3021	581	
1989	11369	5471	2014	3200	684	
1990	19908	12014	3726	3664	504	
1991	21140	12371	4477	3765	527	
1992	23905	13135	5388	4806	576	
1993	26078	14951	5756	4740	631	
1994	34498	22313	5507	5912	766	
1995	38138	26776	5329	4671	1362	
1996	38852	23528	6812	7245	1267	
1997	43594	26824	6057	8940	1773	
1998	47101	30172	3852	10105	2972	
1999	49657	31922	3602	11220	2913	
2000	49631	31736	4345	11302	2248	
2001	52272	33564	4472	11923	2313	
2002	54527	35366	4169	12612	2380	
2003	62378	34017	5592	19645	2137	
2004	76362	40935	6829	25037	2353	1208
2005	81175	44311	6298	26922	2436	1208
2006	90566	47090	8661	30964	2508	1343
2007	110758	53520	11387	36667	2617	6567
2008	129457	62000	15264	41926	3305	6962
2009	134848	66748	15744	41407	3417	7532
2010	159507	83392	18079	46032	4069	7935
2011	215515	119095	24159	59097	5110	8054
2012	235238	133115	27231	61425	5171	8296
2013	253261	147740	26151	64709	5951	8710
2014	265480	158222	24334	67058	6721	9145
2015	277192	167247	23576	70011	7214	9145

5-14 融安县主要年份农林牧渔业总产值发展速度

（按可比价计算，上年＝100）　　单位：%

年　份	农林牧渔业总产值	农业产值	林业产值	畜牧业产值	渔业产值	农林牧渔服务业产值
1978	100.00	100.00	100.00	100.00	100.00	
1979	115.36	115.33	115.31	115.44	116.47	
1980	95.94	95.92	95.93	95.96	96.97	
1981	102.15	96.78	147.66	74.71	113.54	
1982	107.66	107.64	107.73	107.69	106.42	
1983	98.81	94.08	86.34	149.76	93.97	
1984	103.80	103.75	103.82	103.83	106.41	
1985	104.31	95.93	123.21	107.34	132.35	
1986	100.22	103.11	86.06	108.36	157.78	
1987	113.06	112.59	122.18	103.42	123.94	
1988	93.77	92.15	90.69	100.85	112.50	
1989	110.78	119.72	98.35	100.59	113.13	
1990	110.43	111.66	105.04	112.53	110.71	
1991	109.56	106.31	126.92	102.20	103.55	
1992	112.17	105.77	119.22	125.53	102.51	
1993	97.10	103.10	103.75	69.84	116.04	
1994	100.69	100.50	88.96	120.01	122.07	
1995	108.80	115.32	88.94	112.99	111.79	
1996	97.62	88.00	132.22	95.00	93.11	
1997	106.28	112.23	80.23	120.00	144.86	
1998	97.31	100.38	67.13	113.00	125.65	
1999	105.88	106.93	93.31	111.86	99.92	
2000	105.72	99.71	138.19	104.55	103.49	
2001	108.47	109.44	107.51	107.13	111.88	
2002	109.75	114.64	94.69	108.59	103.52	
2003	105.44	96.05	121.17	116.64	104.50	
2004	108.05	107.26	113.23	108.25	98.50	
2005	108.35	109.99	93.02	110.55	105.14	
2006	110.71	105.69	138.93	112.67	107.02	
2007	107.87	107.71	109.41	107.46	109.69	
2008	110.63	109.36	130.61	107.38	106.88	
2009	105.07	105.34	101.25	105.08	110.77	108.19
2010	106.12	108.80	94.66	106.11	108.46	105.35
2011	106.45	107.76	109.04	103.64	109.46	101.50
2012	108.05	110.08	104.69	106.08	107.05	103.00
2013	105.89	109.98	92.84	102.45	111.72	104.99
2014	103.15	105.43	89.83	102.80	106.03	104.99
2015	104.11	105.43	99.77	102.99	105.43	100.00

5-15 融安县主要年份农民人均纯收入及主要农产品产量

年份	农民人均纯收入(元)	粮食产量（吨）	甘蔗产量（吨）	水果产量（吨）	猪牛羊肉产量（吨）	水产品产量（吨）
1978	94	82928	3688	1122	2007	95
1979	100	87130	6721	1988	2401	140
1980	75	82345	5452	1562	2330	140
1981	90	77575	4633	2667	1959	76
1982	110	87725	4272	2632	2093	179
1983	316	88176	2624	3120	3129	227
1984	311	85821	4709	2398	2941	457
1985	313	79435	8933	3000	3469	351
1986	319	80377	10480	3209	3609	582
1987	332	97069	6690	4005	3663	721
1988	412	88095	5512	3114	3643	806
1989	466	102491	5269	3356	3711	911
1990	670	109473	7617	6552	4877	1013
1991	713	112836	24881	6314	4977	1056
1992	779	116259	18325	7313	6276	1108
1993	838	109493	12000	7308	6457	1253
1994	1094	109716	17495	7647	7246	1500
1995	1352	121575	33125	8035	7623	1696
1996	1435	104622	30029	6781	7571	1577
1997	1776	115177	43884	8379	8595	2556
1998	1927	115819	36494	9931	8867	3061
1999	2083	111852	51906	13640	10282	3100
2000	1407	115871	53621	11402	11549	3110
2001	1589	111928	103529	17954	12636	3400
2002	1717	103788	191788	19110	13835	3380
2003	1859	89784	161790	19103	14624	3518
2004	2032	95097	154384	21743	15884	3520
2005	2310	99295	162671	25807	17428	3710
2006	2672	100481	181501	27712	18540	3981
2007	3161	92075	267871	35716	10989	3752
2008	3695	92847	429712	36666	11839	3824
2009	4076	97481	317462	45935	12536	4283
2010	4715	94549	364946	57073	13028	4628
2011	5480	97264	393345	68713	13025	5041
2012	6494	99338	472386	79469	13656	5401
2013	7403	100695	553010	94465	14148	6004
2014	8336	101910	483346	109283	14561	6427
2015	9245	101245	447289	125168	14541	6778

5-16 融水苗族自治县主要年份农林牧渔业总产值

单位：万元

年份	农林牧渔业总产值	农业产值	林业产值	畜牧业产值	渔业产值	农林牧渔服务业产值
1978	5509	3471	1267	716	55	
1979	5857	3690	1347	761	59	
1980	6821	4297	1569	887	68	
1981	6707	4234	1568	874	31	
1982	7798	4194	2165	1403	36	
1983	9032	4391	2726	1861	54	
1984	12361	4401	5920	1979	61	
1985	12525	4256	5780	2356	133	
1986	12607	4625	5450	2361	171	
1987	12632	4998	4769	2667	198	
1988	12783	4747	5226	2647	163	
1989	17151	8533	4551	3846	221	
1990	23862	12186	7152	4138	386	
1991	25594	11979	8669	4572	374	
1992	27800	12795	9860	4754	391	
1993	33236	13756	12069	6747	664	
1994	44172	24595	10523	7795	1259	
1995	62740	35802	12532	12724	1682	
1996	59303	33908	9751	13131	2513	
1997	64698	38618	8766	13865	3449	
1998	63095	39660	7114	12372	3949	
1999	65674	39168	9951	12439	4116	
2000	66020	36835	10300	13965	4920	
2001	66532	37484	9103	15591	4354	
2002	68060	38475	9064	16135	4386	
2003	75809	37259	13894	20502	2646	
2004	90868	45197	13674	27175	3050	1772
2005	97019	47840	14390	29657	3274	1858
2006	106042	52007	16374	32244	3358	2059
2007	140972	62476	24383	45043	3428	5642
2008	163829	68311	31991	53356	4237	5934
2009	165860	72785	30200	52552	3974	6349
2010	192598	86817	37712	56550	4916	6603
2011	224578	105143	33360	72599	6009	7467
2012	239708	108478	44020	73541	6053	7616
2013	243028	113574	38267	76759	6660	7768
2014	261881	117527	49846	78821	7671	8016
2015	261831	118159	45529	81709	8258	8176

5-17 融水苗族自治县主要年份农林牧渔业总产值发展速度

（按可比价计算，上年＝100） 单位：%

年份	农林牧渔业总产值	农业产值	林业产值	畜牧业产值	渔业产值	农林牧渔服务业产值
1978	100.00	100.00	100.00	100.00	100.00	
1979	106.32	106.35	106.32	106.20	105.00	
1980	116.47	116.45	116.46	116.64	114.29	
1981	118.28	111.11	152.40	109.14	91.67	
1982	107.70	95.94	136.77	112.39	95.45	
1983	104.54	100.65	97.08	136.63	100.00	
1984	106.49	90.96	141.51	98.58	142.86	
1985	95.51	95.68	80.67	125.23	210.00	
1986	96.88	106.98	92.18	81.37	119.05	
1987	105.43	110.27	95.90	106.02	116.00	
1988	98.03	94.96	105.29	98.04	81.61	
1989	119.01	133.89	99.22	108.87	108.45	
1990	289.34	84.45	162.07	101.94	177.07	
1991	104.12	97.66	112.08	104.83	100.54	
1992	106.63	105.03	109.69	102.29	105.39	
1993	108.61	96.94	115.66	123.12	112.02	
1994	104.79	125.16	87.79	101.52	118.49	
1995	118.90	127.89	109.83	112.94	133.53	
1996	91.10	93.97	77.72	103.34	152.53	
1997	110.48	119.16	86.52	119.43	138.22	
1998	96.81	103.55	90.48	81.20	120.05	
1999	106.87	101.42	125.87	103.42	102.05	
2000	100.08	94.64	101.67	112.62	113.30	
2001	107.75	109.66	101.82	114.40	93.24	
2002	104.59	109.00	98.10	101.33	100.58	
2003	104.26	99.20	105.87	113.79	94.74	
2004	103.87	104.42	92.62	109.77	101.78	
2005	108.06	105.46	107.22	112.99	109.11	
2006	107.40	105.11	114.59	107.41	106.69	
2007	107.70	106.50	119.01	103.63	110.57	
2008	108.59	100.40	129.48	109.35	104.96	
2009	104.17	104.86	98.16	106.75	102.10	106.99
2010	106.03	106.34	105.06	105.93	112.38	104.00
2011	105.02	105.95	106.22	101.63	107.75	113.08
2012	106.20	101.93	122.27	105.40	106.72	102.00
2013	98.08	100.61	83.88	101.75	106.56	102.00
2014	105.00	100.86	124.71	101.18	108.59	103.19
2015	98.65	98.30	95.07	100.42	105.58	102.00

5-18 融水苗族自治县主要年份农民人均纯收入及主要农产品产量

年　份	农民人均纯收入(元)	粮食产量(吨)	甘蔗产量(吨)	水果产量(吨)	猪牛羊肉产量(吨)	水产品产量(吨)
1978	83	85100	4381	924	1661	200
1979	86	87675	5082	1335	1888	80
1980	71	85530	8193	277	2088	249
1981	80	88605	9702	853	1772	237
1982	172	89130	13828	987	2796	169
1983	206	80235	13956	648	2643	412
1984	279	79630	11667	617	2529	295
1985	245	69250	15331	514	3512	511
1986	255	76877	11840	854	3453	612
1987	287	88304	9046	770	3766	707
1988	376	70884	14106	792	5742	581
1989	441	94310	25688	844	5420	910
1990	404	103957	29038	869	5577	912
1991	579	101533	52057	1198	6112	1709
1992	586	111669	57892	1595	7144	3317
1993	536	105993	31053	1848	8328	1508
1994	782	109321	96397	2987	9423	2021
1995	1122	125736	182030	6002	10053	3395
1996	1198	120974	165880	4649	10997	2476
1997	1318	127480	148532	12330	11190	3517
1998	1460	133035	130667	13529	10761	4407
1999	1546	131034	114166	17200	12845	4203
2000	1085	130679	104650	14281	12962	4920
2001	1241	132309	215946	22537	15308	4500
2002	1380	121576	296059	25787	16223	4520
2003	1487	118361	325650	25392	17813	4759
2004	1562	120997	322118	28023	19751	4607
2005	1794	123346	319241	30161	22018	5046
2006	1959	121718	356588	29800	23192	5379
2007	2265	111421	523730	34110	15450	4735
2008	2699	111050	569666	34710	16058	4908
2009	2920	116149	462283	39532	17117	5069
2010	3370	109914	528044	40151	17803	5564
2011	3952	113772	540125	42677	18065	5995
2012	4640	116222	554249	45015	18894	6399
2013	5280	117024	556494	48232	19443	6830
2014	5966	118990	503073	50416	19838	7413
2015	6586	118811	379178	54775	19674	7867

5-19 三江侗族自治县主要年份农林牧渔业总产值

单位:万元

年份	农林牧渔业总产值	农业产值	林业产值	畜牧业产值	渔业产值	农林牧渔服务业产值
1978	7665	3952	2664	950	99	
1979	7890	4071	2741	977	101	
1980	8111	4181	2818	1009	104	
1981	4704	2425	1634	585	60	
1982	5100	2470	1854	687	89	
1983	5104	2916	1096	992	100	
1984	7454	3357	2417	1430	250	
1985	8081	2900	3094	1694	393	
1986	8650	3354	3068	1876	352	
1987	10241	3560	4063	2183	435	
1988	11755	4136	4816	2482	320	
1989	13241	5078	4795	2963	405	
1990	12813	5422	3524	3391	476	
1991	14951	5450	4910	4070	521	
1992	17752	7691	5404	4115	542	
1993	19265	8643	5097	4953	572	
1994	26718	13310	6269	6182	957	
1995	29031	15632	5442	6947	1010	
1996	30782	16813	5405	7496	1068	
1997	31772	17080	5130	8362	1200	
1998	34878	18795	3710	10973	1400	
1999	35102	19414	4149	10059	1480	
2000	36691	18550	3722	12619	1800	
2001	39377	20463	4151	13019	1744	
2002	39752	19753	2727	15432	1840	
2003	43167	18565	4377	18192	1417	
2004	53963	20273	7299	23980	1635	776
2005	59064	22396	8359	25823	1628	858
2006	62581	23561	8623	27671	1791	935
2007	76856	28077	9242	32149	1707	5681
2008	90386	30061	15212	37236	1664	6213
2009	102058	42781	13519	37402	2084	6272
2010	131461	65137	18929	38587	2461	6347
2011	171518	92133	22573	47475	2990	6347
2012	207514	124218	25519	48142	2907	6728
2013	228926	142642	25055	51324	3177	6728
2014	256987	167637	25143	53499	3576	7132
2015	275565	180366	27389	56082	4328	7400

5-20 三江侗族自治县主要年份农林牧渔业总产值发展速度

（按可比价计算，上年＝100） 单位：%

年份	农林牧渔业总产值	农业产值	林业产值	畜牧业产值	渔业产值	农林牧渔服务业产值
1978	100.00	100.00	100.00	100.00	100.00	
1979	120.53	91.23	226.54	64.36	117.54	
1980	82.10	93.45	71.86	72.69	231.34	
1981	103.84	90.92	115.28	126.58	100.00	
1982	107.79	102.46	109.76	117.30	150.32	
1983	100.12	118.64	76.08	139.30	59.23	
1984	114.93	102.32	130.32	111.13	249.28	
1985	96.21	89.16	94.67	120.74	106.69	
1986	104.99	111.88	96.29	110.50	89.92	
1987	110.17	103.75	130.95	85.25	108.18	
1988	92.08	100.68	80.44	106.58	61.34	
1989	114.36	105.50	122.53	118.60	127.85	
1990	98.33	109.01	75.89	106.87	116.79	
1991	107.88	101.28	119.81	102.28	109.48	
1992	104.48	104.74	106.13	100.42	104.19	
1993	101.51	101.55	96.08	113.03	105.36	
1994	100.06	100.83	98.40	101.42	100.25	
1995	102.59	108.13	91.64	109.99	105.58	
1996	101.51	104.50	93.12	107.34	105.77	
1997	97.04	101.55	83.27	104.25	112.27	
1998	96.92	100.92	76.82	107.86	117.00	
1999	106.48	101.08	106.95	98.25	105.53	
2000	104.08	99.53	92.42	120.67	121.64	
2001	114.23	116.72	119.23	107.14	112.94	
2002	98.19	96.58	70.94	118.35	109.80	
2003	98.91	95.37	101.53	99.95	105.88	
2004	107.71	96.42	147.64	109.71	100.99	
2005	110.83	110.81	112.80	111.06	101.22	
2006	106.13	105.20	105.68	106.45	114.62	
2007	105.75	114.04	91.75	102.77	103.85	
2008	109.18	99.03	153.51	105.39	106.97	
2009	108.10	118.69	91.74	107.48	106.85	100.95
2010	106.78	109.13	112.32	102.92	108.78	101.20
2011	107.17	111.38	105.43	102.10	107.35	100.00
2012	108.06	113.71	95.82	103.38	104.82	106.00
2013	106.47	110.49	96.88	102.08	106.43	100.00
2014	104.77	108.66	91.66	100.15	105.85	106.00
2015	106.24	107.18	109.88	101.17	117.28	103.76

5-21 三江侗族自治县主要年份农民人均纯收入及主要农产品产量

年　份	农民人均纯收入(元)	粮食产量(吨)	甘蔗产量(吨)	水果产量(吨)	猪牛羊肉产量(吨)	水产品产量(吨)
1978	97	65119	139	115	1951	139
1979	123	68310	71	239	1925	77
1980	93	63600	127	325	1571	412
1981	81	57060	139	660	1756	249
1982	191	64670	71	549	2090	631
1983	209	62190	127	477	2035	710
1984	272	60305	186	410	1974	884
1985	286	65495	227	208	2938	848
1986	299	56855	111	573	3380	801
1987	349	64069	146	766	3278	870
1988	391	63943	55	502	4695	587
1989	436	70187	102	812	4706	676
1990	406	73829	56	1791	5001	793
1991	552	71206	17	2228	5605	868
1992	583	72910	22	2215	5955	904
1993	773	69540	30	2412	6402	954
1994	889	67975	29	2533	6630	957
1995	1092	75457	22	2622	6797	1010
1996	1204	72315	13	2515	7374	1068
1997	1408	69463	33	2665	7954	1200
1998	1456	76428	30	2345	8534	1400
1999	1549	75627	25	2605	9385	1480
2000	1188	76449	74	2061	10985	1800
2001	1356	78779	59	7519	11846	2030
2002	1368	71571	30	5155	14551	2230
2003	1450	63533	89	4730	14616	2360
2004	1616	57657	132	5694	16222	2370
2005	1903	62887	165	5423	18248	2410
2006	2090	63448	166	6023	19295	2750
2007	2391	63728	166	6159	11413	2371
2008	2819	63616	4402	6663	11881	2490
2009	3062	68347	2722	7651	12646	2589
2010	3562	62184	5555	8438	12997	2816
2011	4062	62692	6717	8849	13046	3021
2012	4826	64508	7715	9419	12738	3157
2013	5420	67407	8567	9953	13187	3346
2014	6060	69370	7372	10316	13313	3577
2015	6672	69632	6932	11608	13153	3819

5-22 农村基本情况及从业人员构成

（2015年）

指标名称	单位	全市	市区	#城中区	鱼峰区	柳南区	柳北区	柳东新区	阳和工业新区
农村基层组织									
乡镇个数	个	86	6			1	3	2	
#镇个数	个	50	6			1	3	2	
村民委员会	个	935	82	6	3	20	35	15	3
居民委员会	个	280	211	26	53	62	63	3	4
村民小组	个	13214	940	76	25	207	347	244	41
农村社会基础设施									
自来水受益村数	个	804	73	6	3	13	33	15	3
通有线电视村数	个	751	79	6	3	18	34	15	3
通宽带村数	个	749	79	5	3	20	35	13	3
乡村人口与从业人员									
乡(镇)村户数	万户	63.54	5.49	0.74	0.12	1.12	1.61	1.50	0.40
乡(镇)村人口数	万人	247.34	20.03	1.81	0.32	4.11	6.28	6.01	1.50
男	万人	128.94	9.43	0.91	0.15	1.93	3.17	2.47	0.80
女	万人	118.40	10.6	0.90	0.17	2.18	3.11	3.54	0.70
乡(镇)村劳动力资源数	万人	153.16	12.58	1.41	0.2	2.59	3.76	3.77	0.85
男	万人	82.40	6.41	0.73	0.1	1.25	1.95	1.93	0.45
女	万人	70.76	6.17	0.68	0.1	1.34	1.81	1.84	0.40
乡(镇)村从业人员数	万人	139.06	11	1.21	0.09	2.47	2.89	3.52	0.82
男	万人	74.77	5.51	0.60	0.04	1.22	1.41	1.81	0.43
#农业从业人员	万人	49.64	1.39	0.31	0.02		0.84	0.07	0.15
女	万人	64.29	5.49	0.61	0.05	1.25	1.48	1.71	0.39
#农业从业人员	万人	42.07	1.5	0.37	0.01		0.92	0.05	0.15
农业用地情况									
耕地	公顷	343054	16901	374	20	2545	8455	4727	780
园地	公顷	48652	2317	704		442	1140	31	
林地	公顷	1092832	15694	2680		2471	9920	623	
草地	公顷	92124	379	48		16	194	121	
设施农业用地	公顷	787	175	50		3	122		

5-22 续表

指标名称	单位	柳江县	柳城县	鹿寨县	融安县	融水苗族自治县	三江侗族自治县
农村基层组织							
乡镇个数	个	12	12	9	12	20	15
#镇个数	个	12	9	6	6	6	5
村民委员会	个	127	121	110	137	198	160
居民委员会	个	20	16	8	10	8	7
村民小组	个	1405	1393	2147	2041	3128	2160
农村社会基础设施							
自来水受益村数	个	88	98	58	137	190	160
通有线电视村数	个	95	84	86	127	120	160
通宽带村数	个	54	100	69	136	151	160
乡村人口与从业人员							
乡(镇)村户数	万户	12.62	10.10	8.60	7.20	10.55	8.98
乡(镇)村人口数	万人	50.05	34.49	34.34	28.00	43.71	36.72
男	万人	26.11	17.82	18.60	15.16	23.11	18.71
女	万人	23.94	16.67	15.74	12.84	20.60	18.01
乡(镇)村劳动力资源数	万人	29.94	22.41	22.63	18.41	26.94	20.25
男	万人	16.32	11.83	12.38	10.08	14.61	10.77
女	万人	13.62	10.58	10.25	8.33	12.33	9.48
乡(镇)村从业人员数	万人	27.87	20.31	20.72	16.85	23.79	18.52
男	万人	15.18	10.73	11.42	9.22	12.91	9.80
#农业从业人员	万人	8.09	8.42	8.32	7.03	9.71	6.68
女	万人	12.69	9.58	9.30	7.63	10.88	8.72
#农业从业人员	万人	6.95	7.23	6.91	6.00	7.54	5.94
农业用地情况							
耕地	公顷	86125	77635	58990	26876	55733	20794
园地	公顷	2483	12348	11008	9080	6218	5198
林地	公顷	116006	45662	179705	214281	349008	172476
草地	公顷		14332	18561	19277	21685	17890
设施农业用地	公顷	154	301	54	58		45

5-23 农林牧渔业总产值

（2015年）　　单位:万元

指标名称	全市		市区	
	按上年现行价格计算	按当年现行价格计算	按上年现行价格计算	按当年现行价格计算
农林牧渔业总产值	2833783	2861812	252095	258105
农业产值	1667723	1695308	148091	151358
主产品产值	1647755	1675755	147298	150591
粮食作物合计	240362	240653	12581	12598
经济作物合计	361594	375955	22914	23935
#油料	24343	23253	2028	1931
糖类	284799	299784	20380	21500
中草药材	50221	50525	493	493
蔬菜(食用菌)作物	600992	609812	95175	97024
#蔬菜	500386	508638	71382	73669
食用菌	76317	77404	5033	5008
水果、饮料和香料	402385	407134	16244	16652
#水果	261335	266237	16196	16604
茶及饮料原料	136732	136572		
其他农作物	42420	42203	383	381
副产品产值	19970	19552	795	767
粮食作物副产品	4112	3875	250	236
经济作物副产品	15856	15676	544	531
林业产值	216697	209747	16747	16200
林木的培育和种植	52105	50149	1139	1167
全社会竹木采伐	118720	115029	10471	10196
林产品	45870	44569	5137	4837
牧业产值	765198	769031	71009	73931
牲畜饲养	156648	155037	3983	3965
牛的饲养	137027	136171	3278	3265
羊的饲养	19001	18235	463	445
其他牲畜饲养(马、驴、骡)	618	632	242	256
猪的饲养	268813	301986	26209	29033
家禽的饲养	127158	125306	25468	25729
活的畜禽产品	20684	20595	13404	13415
狩猎和捕捉野生动物				
其他动物饲养	191895	166108	1945	1789
#蚕茧	179192	153649	1003	860
渔业产值	86302	89864	12912	13281
农林牧渔服务业产值	97864	97864	3336	3336

单位:万元

指标名称	城中区		鱼峰区	
	按上年现行价格计算	按当年现行价格计算	按上年现行价格计算	按当年现行价格计算
农林牧渔业总产值	16868	17072	2911	2933
农业产值	3672	3891	913	952
主产品产值	3647	3866	913	952
粮食作物合计	349	361		
经济作物合计	134	126		
#油料	100	94		
糖类	26	24		
中草药材				
蔬菜(食用菌)作物	3001	3206	899	939
#蔬菜	2586	2791	899	939
食用菌	134	134		
水果、饮料和香料	163	173	14	13
#水果	163	173	14	13
茶及饮料原料				
其他农作物				
副产品产值	25	25		
粮食作物副产品	21	21		
经济作物副产品	4	4		
林业产值	6680	6718		
林木的培育和种植	541	577		
全社会竹木采伐	5565	5572		
林产品	574	569		
牧业产值	5988	5913	1674	1654
牲畜饲养	43	51		
牛的饲养	43	51		
羊的饲养				
其他牲畜饲养(马、驴、骡)				
猪的饲养	2143	1955	342	385
家禽的饲养	3726	3824	386	323
活的畜禽产品	76	83	946	946
狩猎和捕捉野生动物				
其他动物饲养				
#蚕茧				
渔业产值	397	419	302	305
农林牧渔服务业产值	131	131	22	22

单位:万元

指 标 名 称	柳南区		柳北区	
	按上年现行价格计算	按当年现行价格计算	按上年现行价格计算	按当年现行价格计算
农林牧渔业总产值	43619	44911	148893	151898
农业产值	17661	18367	93771	94988
主产品产值	17610	18319	93228	94457
粮食作物合计	2382	2390	4689	4697
经济作物合计	568	551	12644	13205
#油料	467	444	1050	1002
糖类	101	107	11096	11706
中草药材			493	493
蔬菜(食用菌)作物	13561	14228	63360	63597
#蔬菜	12694	13507	42229	42787
食用菌	125		3394	3465
水果、饮料和香料	1093	1143	12160	12585
#水果	1093	1143	12112	12537
茶及饮料原料				
其他农作物	7	6	374	373
副产品产值	51	48	544	531
粮食作物副产品	40	38	92	86
经济作物副产品	10	10	452	445
林业产值	2951	2748	6719	6346
林木的培育和种植	101	99	380	376
全社会竹木采伐	944	870	3682	3482
林产品	1906	1779	2657	2489
牧业产值	20561	21277	36740	38631
牲畜饲养	1717	1696	1165	1170
牛的饲养	1414	1405	876	870
羊的饲养	303	291	65	63
其他牲畜饲养(马、驴、骡)			224	238
猪的饲养	6300	7088	13927	15670
家禽的饲养	4383	4345	15708	15990
活的畜禽产品	7786	7786	4373	4377
狩猎和捕捉野生动物				
其他动物饲养	375	362	1567	1424
#蚕茧			1003	860
渔业产值	1697	1769	10309	10580
农林牧渔服务业产值	750	750	1353	1353

5-23 续表3

单位:万元

指 标 名 称	柳东新区		阳和工业新区	
	按上年现行价格计算	按当年现行价格计算	按上年现行价格计算	按当年现行价格计算
农林牧渔业总产值	36436	38023	3368	3268
农业产值	30842	31933	1232	1227
主产品产值	30689	31790	1211	1207
粮食作物合计	4629	4618	532	532
经济作物合计	9287	9772	281	281
#油料	261	249	150	142
糖类	9026	9524	131	139
中草药材				
蔬菜(食用菌)作物	14020	14724	334	330
#蔬菜	12640	13315	334	330
食用菌	1380	1409		
水果、饮料和香料	2750	2674	64	64
#水果	2750	2674	64	64
茶及饮料原料				
其他农作物	2	2		
副产品产值	154	143	21	20
粮食作物副产品	78	73	19	18
经济作物副产品	76	70	2	2
林业产值	27	27	370	361
林木的培育和种植	26	26	91	89
全社会竹木采伐	1	1	279	271
林产品				
牧业产值	4360	4856	1686	1600
牲畜饲养	882	876	176	172
牛的饲养	882	876	63	63
羊的饲养			95	91
其他牲畜饲养(马、驴、骡)			18	18
猪的饲养	3161	3557	336	378
家禽的饲养	105	211	1160	1036
活的畜禽产品	209	209	14	14
狩猎和捕捉野生动物				
其他动物饲养	3	3		
#蚕茧				
渔业产值	207	208		
农林牧渔服务业产值	1000	1000	80	80

5-23 续表4

单位：万元

指标名称	柳江县		柳城县	
	按上年现行价格计算	按当年现行价格计算	按上年现行价格计算	按当年现行价格计算
农林牧渔业总产值	629213	634807	661082	670954
农业产值	381191	385818	406348	417166
主产品产值	376340	381071	399581	410509
粮食作物合计	49613	49652	48401	48433
经济作物合计	79515	83165	120283	125872
#油料	3331	3175	6905	6581
糖类	75879	79690	108543	114452
中草药材	180	180	4764	4764
蔬菜（食用菌）作物	200023	198546	117601	120550
#蔬菜	188695	187316	61161	63051
食用菌	7954	7918	56440	57498
水果、饮料和香料	40646	43170	100392	102766
#水果	40450	42974	99176	101549
茶及饮料原料			1211	1211
其他农作物	6543	6538	12904	12889
副产品产值	4851	4747	6767	6657
粮食作物副产品	928	869	720	678
经济作物副产品	3923	3878	6046	5978
林业产值	25637	23424	29627	29312
林木的培育和种植	11130	9306	16513	16510
全社会竹木采伐	12110	11826	11983	11680
林产品	2397	2292	1130	1122
牧业产值	171805	173341	176869	175580
牲畜饲养	45633	45093	30182	29919
牛的饲养	38226	37985	28044	27867
羊的饲养	7407	7108	2138	2052
其他牲畜饲养（马、驴、骡）				
猪的饲养	62447	70259	64325	72372
家禽的饲养	23301	22989	16474	16339
活的畜禽产品	1165	1056	1842	1842
狩猎和捕捉野生动物				
其他动物饲养	39259	33944	64046	55108
#蚕茧	36769	31528	62248	53375
渔业产值	23115	24759	19978	20636
农林牧渔服务业产值	27465	27465	28260	28260

5-23 续表5 单位:万元

指标名称	鹿寨县		融安县	
	按上年现行价格计算	按当年现行价格计算	按上年现行价格计算	按当年现行价格计算
农林牧渔业总产值	483646	483358	276385	277192
农业产值	270079	275194	166812	167247
主产品产值	266254	271454	165111	165581
粮食作物合计	48062	48028	28629	28705
经济作物合计	72788	74846	40307	41401
#油料	7824	7463	1573	1511
糖类	44720	47041	18820	19819
中草药材	20087	20177	19685	19850
蔬菜(食用菌)作物	92917	97043	40541	39944
#蔬菜	92367	96517	38717	38134
食用菌	174	155	1734	1722
水果、饮料和香料	38080	37307	52627	52529
#水果	37259	36652	50801	50693
茶及饮料原料	370	202	160	168
其他农作物	14407	14230	3007	3003
副产品产值	3825	3740	1701	1665
粮食作物副产品	943	888	404	380
经济作物副产品	2882	2852	1297	1285
林业产值	45390	44317	24278	23576
林木的培育和种植	5436	5373	3770	3735
全社会竹木采伐	31938	31084	15847	15259
林产品	8015	7860	4661	4582
牧业产值	143176	138377	69065	70011
牲畜饲养	18776	18523	16270	16063
牛的饲养	14843	14750	13179	13096
羊的饲养	3932	3773	3059	2936
其他牲畜饲养(马、驴、骡)			31	31
猪的饲养	42447	47757	22651	25484
家禽的饲养	13546	12508	15332	15448
活的畜禽产品	2066	2074	904	904
狩猎和捕捉野生动物				
其他动物饲养	66341	57515	13908	12111
#蚕茧	61917	53091	12247	10501
渔业产值	10918	11388	7086	7214
农林牧渔服务业产值	14082	14082	9145	9145

5-23 续表6 单位:万元

指 标 名 称	融水苗族自治县		三江侗族自治县	
	按上年现行价格计算	按当年现行价格计算	按上年现行价格计算	按当年现行价格计算
农林牧渔业总产值	258338	261831	273024	275565
农业产值	115524	118159	179678	180366
主产品产值	113838	116512	179333	180037
粮食作物合计	33086	33225	19990	20012
经济作物合计	22214	22957	3573	3779
#油料	1470	1425	1212	1167
糖类	16163	16973	294	309
中草药材	3623	3626	1389	1435
蔬菜(食用菌)作物	38764	40193	15971	16512
#蔬菜	32894	34257	15170	15694
食用菌	4180	4285	802	818
水果、饮料和香料	18733	19097	135663	135613
#水果	13902	14265	3551	3500
茶及饮料原料	3475	3475	131516	131516
其他农作物	1041	1040	4135	4122
副产品产值	1686	1647	345	329
粮食作物副产品	595	567	272	257
经济作物副产品	1091	1080	73	72
林业产值	47390	45529	27628	27389
林木的培育和种植	7976	7934	6141	6124
全社会竹木采伐	26962	25703	9409	9281
林产品	12452	11892	12078	11984
牧业产值	79149	81709	54125	56082
牲畜饲养	21004	20811	20800	20663
牛的饲养	19246	19124	20211	20084
羊的饲养	1758	1687	244	234
其他牲畜饲养(马、驴、骡)			345	345
猪的饲养	31436	35369	19298	21712
家禽的饲养	20668	20222	12369	12071
活的畜禽产品	324	324	979	980
狩猎和捕捉野生动物				
其他动物饲养	5717	4983	679	658
#蚕茧	5008	4294		
渔业产值	8099	8258	4194	4328
农林牧渔服务业产值	8176	8176	7400	7400

5-24 农林牧渔业中间消耗

（2015年） 单位：万元

指标名称	全市	市区	#城中区	鱼峰区	柳南区	柳北区	柳东新区	阳和工业新区
农林牧渔业总产值	2861812	258105	17072	2933	44911	151898	38023	3268
农林牧渔业生产中间消耗总计	1129055	107933	6997	1287	17280	65487	15678	1204
农林牧渔业增加值	1732759	150172	10075	1645	27631	86411	22346	2064
农业产值	1695308	151358	3891	952	18367	94988	31933	1227
农业中间消耗合计	557344	52781	1274	96	4167	34866	12178	200
农业增加值	1137964	98577	2617	856	14200	60122	19755	1027
林业产值	209747	16200	6718		2748	6346	27	361
林业中间物质消耗	66612	4913	2292		296	2050	27	248
林业增加值	143135	11287	4426		2452	4296		113
牧业产值	769031	73931	5913	1654	21277	38631	4856	1600
牧业中间消耗合计	437727	44424	3155	987	12174	24570	2818	720
牧业增加值	331304	29507	2758	667	9103	14061	2038	880
渔业产值	89864	13281	419	305	1769	10580	208	
渔业中间消耗合计	31250	4664	233	195	511	3611	108	6
渔业增加值	58614	8617	186	110	1258	6969	100	-6
农林牧渔服务业产值	97864	3336	131	22	750	1353	1000	80
农林牧渔服务业中间消耗	36122	1152	43	10	132	390	547	30
农林牧渔服务业增加值	61742	2184	88	12	618	963	453	50

项目	柳江县	柳城县	鹿寨县	融安县	融水苗族自治县	三江侗族自治县
农林牧渔业总产值	634807	670954	483358	277192	261831	275565
农林牧渔业生产中间消耗总计	249148	272137	183908	110524	105846	99559
农林牧渔业增加值	385659	398817	299451	166669	155985	176006
农业产值	385818	417166	275194	167247	118159	180366
农业中间消耗合计	121958	139584	85789	58710	38803	59719
农业增加值	263860	277582	189405	108537	79356	120647
林业产值	23424	29312	44317	23576	45529	27389
林业中间物质消耗	6782	11840	12875	7528	14917	7757
林业增加值	16642	17472	31442	16048	30612	19632
牧业产值	173341	175580	138377	70011	81709	56082
牧业中间消耗合计	104551	98852	76161	39368	45994	28377
牧业增加值	68790	76728	62216	30643	35715	27705
渔业产值	24759	20636	11388	7214	8258	4328
渔业中间消耗合计	8606	6687	2943	3624	3140	1586
渔业增加值	16153	13949	8445	3590	5118	2742
农林牧渔服务业产值	27465	28260	14082	9145	8176	7400
农林牧渔服务业中间消耗	7251	15174	6139	1294	2992	2120
农林牧渔服务业增加值	20214	13086	7943	7851	5184	5280

5-25 农作物播种面积和产量

（2015年）

指标名称	单位	全市	市区	#城中区	鱼峰区	柳南区	柳北区	柳东新区	阳和工业新区
农作物总播种面积	**公顷**	400303	28760	1260	264	4117	12014	10127	978
粮食播种面积	**公顷**	166274	8984	267		1673	3241	3365	438
公顷产量	公斤/公顷	49641	24112	4801		5054	5157	4815	4295
产量	吨	850966	44535	1282		8456	16714	16202	1881
夏收播种面积	公顷	79369	5107	188		904	1873	1907	235
公顷产量	公斤/公顷	55635	25350	4851		5229	5414	5456	4400
产量	吨	414080	27217	912		4727	10140	10404	1034
秋收播种面积	公顷	84753	3824	79		765	1359	1418	203
公顷产量	公斤/公顷	53162	22539	4684		4858	4815	4010	4172
产量	吨	430902	17162	370		3716	6543	5686	847
稻谷播种面积	公顷	132490	6951	98		1386	2568	2684	215
公顷产量	公斤/公顷	61110	27224	5918		5373	5399	5227	5307
产量	吨	739410	37063	580		7447	13865	14030	1141
早稻播种面积	公顷	62043	3770	55		726	1460	1410	119
公顷产量	公斤/公顷	62463	28912	6473		5627	5558	5918	5336
产量	吨	348960	21535	356		4085	8115	8344	635
中稻播种面积	公顷	21455	10			10			
公顷产量	公斤/公顷	43196	5600			5600			
产量	吨	134332	56			56			
晚稻播种面积	公顷	48894	3171	43		650	1108	1274	96
公顷产量	公斤/公顷	55706	25219	5209		5086	5190	4463	5271
产量	吨	255706	15472	224		3306	5750	5686	506
玉米播种面积	公顷	17229	1678	163		203	513	631	168
公顷产量	公斤/公顷	45404	20279	4239		4005	4936	3266	3833
产量	吨	76506	6741	691		813	2532	2061	644
豆类播种面积	公顷	5679	213	1		50	74	33	55
公顷产量	公斤/公顷	19434	10063	2000		1740	2730	1848	1745
产量	吨	8851	448	2		87	202	61	96
#大豆播种面积	公顷	3702	176	1		46	61	13	55
公顷产量	公斤/公顷	20258	10557	2000		1783	2721	2308	1745
产量	吨	5906	376	2		82	166	30	96
红薯播种面积	公顷	8269	117	5		34	78		
公顷产量	公斤/公顷	97936	30603	9000		16000	5603		
产量	吨	91037	1026	45		544	437		
经济作物播种面积	**公顷**	119703	8087	61		276	3265	4325	160
油料作物播种面积	公顷	14467	1182	48		234	666	144	90
公顷产量	公斤/公顷	23993	11536	2542		2538	1997	2326	2133
产量	吨	31256	2568	122		594	1325	335	192
#花生播种面积	公顷	10303	1060	48		229	549	144	90
公顷产量	公斤/公顷	26534	11715	2542		2581	2133	2326	2133
产量	吨	26555	2412	122		591	1172	335	192
油菜籽播种面积	公顷	3796	100				100		
公顷产量	公斤/公顷	8058	1400				1400		
产量	吨	4209	140				140		

5-25　续表1

指 标 名 称	单 位	柳江县	柳城县	鹿寨县	融安县	融水苗族自治县	三江侗族自治县
农作物总播种面积	**公顷**	88441	87403	80221	43948	45001	26529
粮食播种面积	**公顷**	33800	32550	32578	20677	23618	14067
公顷产量	公斤/公顷	5187	5240	5245	4897	0	4950
产 量	吨	175305	170572	170866	101245	118811	69632
夏收播种面积	公顷	17950	17436	18450	9597	8223	2606
公顷产量	公斤/公顷	5140	5494	5279	5163	4957	4252
产 量	吨	92269	95800	97403	49548	40761	11082
秋收播种面积	公顷	15520	14544	13894	10978	15202	10791
公顷产量	公斤/公顷	5279	5009	5231	4675	5084	5345
产 量	吨	81932	72853	72673	51318	77290	57674
稻谷播种面积	公顷	25930	27840	25530	17729	18607	9903
公顷产量	公斤/公顷	5643	5535	5561	5288	5601	6258
产 量	吨	146329	154095	141983	93752	104213	61975
早稻播种面积	公顷	12550	15010	14510	8307	6537	1359
公顷产量	公斤/公顷	5743	5754	5565	5400	5464	5625
产 量	吨	72077	86372	80755	44858	35719	7644
中稻播种面积	公顷	600	120	650	5693	7003	7379
公顷产量	公斤/公顷	6570	5817	6589	5735	6324	6561
产 量	吨	3942	698	4283	32651	44285	48417
晚稻播种面积	公顷	12780	12710	10370	3693	5013	1157
公顷产量	公斤/公顷	5502	5273	5491	4346	4792	5083
产 量	吨	70310	67025	56945	16049	24024	5881
玉米播种面积	公顷	4740	2280	3848	1510	2071	1102
公顷产量	公斤/公顷	4790	4582	5321	3432	3346	3654
产 量	吨	22703	10447	20476	5183	6929	4027
豆类播种面积	公顷	2070	970	800	286	158	1182
公顷产量	公斤/公顷	1515	1401	1778	1920	1291	1466
产 量	吨	3136	1359	1422	549	204	1733
#大豆播种面积	公顷	1670	670	690	273	75	148
公顷产量	公斤/公顷	1493	1336	1810	1945	1360	1757
产 量	吨	2493	895	1249	531	102	260
红薯播种面积	公顷	650	890	1660	1050	2407	1495
公顷产量	公斤/公顷	15031	15460	13182	6581	13330	3749
产 量	吨	9770	13759	21882	6910	32085	5605
经济作物播种面积	**公顷**	24623	38859	24424	11310	9959	2441
油料作物播种面积	公顷	1603	3699	3510	1325	1953	1195
公顷产量	公斤/公顷	2704	2312	2880	1709	1355	1497
产 量	吨	3459	8552	10110	2194	2646	1727
#花生播种面积	公顷	1355	3127	3024	589	638	510
公顷产量	公斤/公顷	2952	2564	3127	2241	1835	2100
产 量	吨	3132	8018	9457	1320	1171	1045
油菜籽播种面积	公顷	108	533	358	715	1315	667
公顷产量	公斤/公顷	1074	929	1388	1145	1122	1000
产 量	吨	116	495	497	819	1475	667

5-25 续表2

指标名称	单位	全市	市区						
				#城中区	鱼峰区	柳南区	柳北区	柳东新区	阳和工业新区
芝麻播种面积	公顷	157	5			5			
公顷产量	公斤/公顷	3612	600			600			
产　　量	吨	169	3			3			
生麻播种面积	公顷	196							
公顷产量	公斤/公顷	4396							
产　　量	吨	444							
#生黄红麻播种面积	公顷	196							
公顷产量	公斤/公顷	4396							
产　　量	吨	444							
甘蔗播种面积	公顷	92890	6606			36	2438	4062	70
公顷产量	公斤/公顷	703218	274921			67611	109023	53287	45000
产　　量	吨	6754543	487833			2434	265799	216450	3150
糖蔗播种面积	公顷	91933	6603			36	2435	4062	70
公顷产量	公斤/公顷	705189	274892			67611	108994	53287	45000
产　　量	吨	6656118	487434			2434	265400	216450	3150
果蔗播种面积	公顷	957	3				3		
公顷产量	公斤/公顷	672011	133000				133000		
产　　量	吨	98425	399				399		
烟叶播种面积	公顷	147							
公顷产量	公斤/公顷	3875							
产　　量	吨	147							
#晒烟播种面积	公顷	147							
公顷产量	公斤/公顷	3875							
产　　量	吨	147							
药材播种面积	公顷	7633	255			5	131	119	
木薯播种面积	公顷	2607	40	13		1	26		
公顷产量	公斤/公顷	32805	7384	5538			1846		
产　　量	吨	11619	120	72			48		
红瓜子播种面积	公顷	1191	4				4		
公顷产量	公斤/公顷	7689	1250				1250		
产　　量	吨	1728	5				5		
其他农作物播种面积	**公顷**	114326	11689	932	264	2168	5508	2437	380
蔬菜播种面积	公顷	97137	10681	925	257	2043	4899	2177	380
产　　量	吨	2077636	286294	11926	4178	45726	166252	56692	1520
食用菌播种面积	公顷	1612	64	4		2	58		
产　　量	吨	72087	3756	143		113	3500		
瓜果类	公顷	4383	512		7	3	279	223	
产　　量	吨	108681	12910		53	60	8235	4562	
青饲料	公顷	4217	143	3		92	45	3	
饲　草	公顷	2712	55				21	34	
绿　肥	公顷	3114	93			20	73		
马　蹄	公顷	936	133				133		

5-25 续表3

指标名称	单位	柳江县	柳城县	鹿寨县	融安县	融水苗族自治县	三江侗族自治县
芝麻播种面积	公顷		39	95			18
公顷产量	公斤/公顷		1000	1179			833
产量	吨		39	112			15
生麻播种面积	公顷		86	110			
公顷产量	公斤/公顷		1651	2745			
产量	吨		142	302			
#生黄红麻播种面积	公顷		86	110			
公顷产量	公斤/公顷		1651	2745			
产量	吨		142	302			
甘蔗播种面积	公顷	22238	34538	16351	7523	5548	86
公顷产量	公斤/公顷	80088	75131	64672	59456	68345	80605
产量	吨	1780999	2594859	1057453	447289	379178	6932
糖蔗播种面积	公顷	21761	34442	16145	7471	5431	80
公顷产量	公斤/公顷	79500	75030	64274	59160	67770	84563
产量	吨	1730000	2584175	1037704	441982	368058	6765
果蔗播种面积	公顷	477	96	206	52	117	6
公顷产量	公斤/公顷	106916	111292	95869	102058	95043	27833
产量	吨	50999	10684	19749	5307	11120	167
烟叶播种面积	公顷		1		8	138	
公顷产量	公斤/公顷		2000		875	1000	
产量	吨		2		7	138	
#晒烟播种面积	公顷		1		8	138	
公顷产量	公斤/公顷		2000		875	1000	
产量	吨		2		7	138	
药材播种面积	公顷	24	292	3944	2136	644	338
木薯播种面积	公顷	249		40	300	1650	328
公顷产量	公斤/公顷	4635		4525	6470	3791	6000
产量	吨	1154		181	1941	6255	1968
红瓜子播种面积	公顷	485	229	464		9	
公顷产量	公斤/公顷	953	3100	1164		1222	
产量	吨	462	710	540		11	
其他农作物播种面积	**公顷**	30018	15994	23219	11961	11424	10021
蔬菜播种面积	公顷	28989	11912	19362	10349	9769	6075
产量	吨	788186	239431	384519	172426	141998	64782
食用菌播种面积	公顷	160	873	25	76	198	216
产量	吨	7231	57144	157	1117	1860	822
瓜果类	公顷	203	1425	1234	328	215	466
产量	吨	2826	40495	39922	3581	4225	4722
青饲料	公顷	73	584	1332	388	552	1145
饲草	公顷	282	831	475	262	60	747
绿肥	公顷	246	222	203	520	630	1200
马蹄	公顷	30	147	588	38		

5-26 茶叶、水果、食用坚果及桑园生产

（2015年）

指标名称	单位	全市	市区	#城中区	鱼峰区	柳南区	柳北区	柳东新区	阳和工业新区
茶叶合计	**吨**	12948							
绿茶	吨	4257							
青茶	吨								
红茶	吨	8565							
其它茶	吨	126							
园林水果合计	**吨**	850860	45130	668	7	3492	33615	7105	243
梨	吨	15273	255			148	107		
#雪花梨	吨	123							
鸭梨	吨	308							
柑橘类水果	吨	629531	30940	402		930	23217	6391	
#柑	吨	444689	23737	372		820	20068	2477	
橘	吨	124868	5396				1500	3896	
橙	吨	22906	1435			100	1319	16	
柚	吨	36866	170	30		10	130		
热带水果	吨	25287	2215	149		449	1021	464	132
#香蕉	吨	392	357				320	22	15
菠萝	吨								
荔枝	吨	619	46	23			12	11	
龙眼	吨	8960	1439	40		360	588	426	25
芒果	吨	86	78	10		50	18		
其他水果	吨	180769	11720	117	7	1965	9270	250	111
#桃	吨	19299	260	10		80	145	25	
猕猴桃	吨	14							
葡萄	吨	71019	7521		7	800	6551	139	24
红枣(按鲜枣计算)	吨	1173	120			10	110		
柿子(按鲜柿计算)	吨	25372	707	4		50	617		36
李子	吨	13181	121	15		15	81	10	
其他	吨	50711	2991	88		1010	1766	76	51
食用坚果	**吨**	3124	75			1	74		
#核桃	吨								
板栗	吨	3015	45			1	44		
白果	吨	109	30				30		
年末实有茶园面积	**公顷**	13287							
#当年采摘面积	公顷	11181							
年末实有桑园面积	**公顷**	32346	200				200		
年末果园面积	**公顷**	63271	2601	176	10	428	1824	142	21
梨　园	公顷	1536	25	1		14	10		
柑橘园(含金橘)	公顷	37799	960	22		65	767	106	
橙　园	公顷	1870	66			13	53		
柚子园	公顷	2543	39	30		3	6		
蕉　园	公顷	359	136	77		14	30	11	4
#香蕉园	公顷	40	36				25	11	
菠萝园	公顷								
荔枝园	公顷	56	3	1			1		1
龙眼园	公顷	728	105	40		40	13	8	4
芒果园	公顷	73	4	1		3			
桃　园	公顷	2144	12	1		7	3	1	
猕猴桃园	公顷	2							
葡萄园	公顷	5023	822		10	135	667	7	3
枣　园	公顷	121	6			2	4		
柿子园	公顷	1277	25	2		16	7		
李子园	公顷	787	7	1		2	3	1	
其他果园	公顷	8427	372			100	255	8	9

5-26 续表

指标名称	单位	柳江县	柳城县	鹿寨县	融安县	融水苗族自治县	三江侗族自治县
茶叶合计	**吨**		235	81	55	621	11956
绿茶	吨		152	70	29	300	3706
青茶	吨						
红茶	吨		83	11		321	8150
其它茶	吨				26		100
园林水果合计	**吨**	111473	368005	134701	125168	54775	11608
梨	吨	10897	374	1883	658	942	264
#雪花梨	吨		123				
鸭梨	吨		66				242
柑橘类水果	吨	12459	344500	70103	116791	46175	8563
#柑	吨	10036	337178	37998	5036	26984	3720
橘	吨			14505	104847	89	31
橙	吨	881	7053	7994	2108	2112	1323
柚	吨	1542	269	9606	4800	16990	3489
热带水果	吨	14367	1032	5067	2483	123	
#香蕉	吨		35				
菠萝	吨						
荔枝	吨	12	308	253			
龙眼	吨	3057	615	3848	1		
芒果	吨			8			
其他水果	吨	73750	22099	57648	5236	7535	2781
#桃	吨	2943	2951	11317	690	800	338
猕猴桃	吨						14
葡萄	吨	49186	9032	2463	2302	156	359
红枣(按鲜枣计算)	吨	372	69	330	92	27	163
柿子(按鲜柿计算)	吨	4533	5189	13018	391	1012	522
李子	吨	4395	445	6944	488	550	238
其他	吨	12321	4413	23576	1273	4990	1147
食用坚果	**吨**	282	8	659	1321	310	469
#核桃	吨						
板栗	吨	282	8	589	1321	310	460
白果	吨			70			9
年末实有茶园面积	**公顷**		371	224	59	2400	10233
#当年采摘面积	公顷		369	224	54	1467	9067
年末实有桑园面积	**公顷**	6953	9396	11746	1886	2142	23
年末果园面积	**公顷**	7617	22578	14124	10194	3554	2603
梨园	公顷	804	145	322	67	83	90
柑橘园(含金橘)	公顷	1161	20027	3883	9033	1880	855
橙 园	公顷	96	372	578	182	125	451
柚子园	公顷	152	7	668	293	824	560
蕉 园	公顷	184	5	20	10	4	
#香蕉园	公顷		4				
菠萝园	公顷						
荔枝园	公顷	4	23	26			
龙眼园	公顷	183	76	364			
芒果园	公顷		68	1			
桃 园	公顷	171	277	1405	65	128	86
猕猴桃园	公顷						2
葡萄园	公顷	2650	786	419	237	24	85
枣 园	公顷	23	4	35	7	7	39
柿子园	公顷	299	221	558	41	43	90
李子园	公顷	125	80	460	46	44	25
其他果园	公顷	1375	458	5385	125	392	320

5-27 蔬菜播种面积

（2015年）　　　　单位：公顷

指标名称	全市	市区						
			#城中区	鱼峰区	柳南区	柳北区	柳东新区	阳和工业新区
蔬菜合计	97137	10681	925	257	2043	4899	2177	380
叶菜类	22376	3019	447	168	663	1330	236	175
#芹菜	1796	144		3	60	38	36	7
菜心菜	6334	1156		43	233	537	180	163
菠菜	1757	185		11	29	145		
白菜类	19501	1455	135	89	198	447	516	70
#大白菜	11591	781		26	103	211	371	70
甘蓝类	489	89	2		24	63		
#卷心菜(结球甘蓝)	311	66			15	51		
根茎类	9996	1051	13		25	929	63	21
#白萝卜	5804	898			16	811	60	11
胡萝卜	271	16				13	3	
生姜	2291	34				28		6
榨菜头	43							
瓜菜类	7148	859	70		57	530	151	51
#黄瓜	3614	430			28	221	151	30
南瓜	1003	69			18	49		2
冬瓜	411	34			2	32		
豆类	10330	1286	77		75	374	722	38
#豆角	7462	942			50	163	700	29
四季豆	1856	121			23	73	22	3
茄果类	9059	1013	64		88	444	392	25
#茄子	2019	194			32	91	53	18
辣椒	3389	499			30	147	321	1
西红柿	2771	165			26	116	18	5
葱蒜类	5839	824	7		538	237	42	
#大葱	702	95			1	72	22	
蒜头	905	70			6	44	20	
水生菜类	7621	394	1		114	261	18	
#莲藕	5566	159			18	123	18	
其他蔬菜	4778	691	109		261	284	37	

单位：公顷

指标名称	柳江县	柳城县	鹿寨县	融安县	融水苗族自治县	三江侗族自治县
蔬菜合计	28989	11912	19362	10349	9769	6075
叶菜类	5823	2527	3214	2616	4573	604
#芹菜	605	263	412	147		225
菜心菜	1965	910	1230	908		165
菠菜	334	318	365	341		214
白菜类	5005	3645	3491	2480	2787	638
#大白菜	4460	2204	1456	2068		622
甘蓝类	21	162		124		93
#卷心菜(结球甘蓝)	21	95		101		28
根茎类	3933	1544	1031	1425	231	781
#白萝卜	1333	942	851	1064	131	585
胡萝卜		38	33	158		26
生姜	1662	104	102	121	100	168
榨菜头			41			2
瓜菜类	2253	811	1115	725	275	1110
#黄瓜	855	443	617	533	170	566
南瓜	228	51	201	146	10	298
冬瓜	10	13	62	46		246
豆类	2038	738	4124	1005	275	864
#豆角	1303	314	3494	792	197	420
四季豆	508	209	378	118	78	444
茄果类	1581	742	3052	1452	270	949
#茄子	473	153	455	364	89	291
辣椒	402	206	1232	530	86	434
西红柿	555	226	950	556	95	224
葱蒜类	2328	434	591	200	1188	274
#大葱		146	283	67		111
蒜头	149	108	294	121		163
水生菜类	5211	351	1559	76		30
#莲藕	3806	232	1265	76		28
其他蔬菜	796	958	1185	246	170	732

5-28 蔬菜产量

（2015年）

指 标 名 称	全市	市区	#城中区	鱼峰区	柳南区	柳北区	柳东新区	阳和工业新区
蔬菜合计	2077636	286294	11926	4178	45726	166252	56692	1520
叶菜类	463311	66950	5330	2798	11931	41927	4401	563
#芹菜	34734	4929		30	1376	3451	37	35
菜心菜	127061	27503		694	4263	18676	3356	514
菠菜	32504	5986		146	573	5267		
白菜类	435320	38967	1857	1380	3891	16739	14797	303
#大白菜	290652	26609		281	2266	12877	10882	303
甘蓝类	9635	2579	15		473	2091		
#卷心菜（结球甘蓝）	6874	2103			366	1737		
根茎类	243477	34570	191		591	31842	1702	244
#白萝卜	133926	30554			408	28365	1644	137
胡萝卜	5977	500				442	58	
生姜	57670	509				439		70
榨菜头	843							
瓜菜类	163541	25618	828		1378	19417	3836	159
#黄瓜	78764	12960			668	8359	3836	97
南瓜	19568	2709			432	2271		6
冬瓜	7887	1566			48	1518		
豆类	168905	34018	793		1749	12158	19172	146
#豆角	122952	25568			1189	5870	18409	100
四季豆	25813	3845			517	2554	763	11
茄果类	182110	24925	1325		2044	11644	9807	105
#茄子	38642	4494			627	2832	962	73
辣椒	58066	12544			570	3721	8248	5
西红柿	64053	5077			519	3941	597	20
葱蒜类	104219	23183	85		16132	6365	601	
#大葱	12038	2234			32	1906	296	
蒜头	14037	1718			150	1263	305	
水生菜类	192361	13245	17		2782	10104	342	
#莲藕	146559	5088			512	4234	342	
其他蔬菜	114757	22239	1485		4755	13965	2034	

指标名称	柳江县	柳城县	鹿寨县	融安县	融水苗族自治县	三江侗族自治县
蔬菜合计	788186	239431	384519	172426	141998	64782
叶菜类	160585	52193	77650	33130	66471	6332
#芹菜	13733	3117	8276	2242		2437
菜心菜	49575	16073	21828	11065		1017
菠菜	8911	3781	6643	4305		2878
白菜类	183350	44775	68272	51067	40510	8379
#大白菜	161366	30945	28856	34807		8069
甘蓝类	536	3385		2050		1085
#卷心菜(结球甘蓝)	536	2170		1711		354
根茎类	116267	29805	21311	29500	3358	8666
#白萝卜	40006	16100	17628	21381	2215	6042
胡萝卜		480	664	4039		294
生姜	46639	1790	2133	3144	1143	2312
榨菜头			825			18
瓜菜类	62817	21275	21503	14639	3979	13710
#黄瓜	25956	7827	11631	11931	2582	5877
南瓜	6397	891	3581	2171	152	3667
冬瓜	270	250	1098	537		4166
豆类	28004	14352	69760	11833	4176	6762
#豆角	18415	4258	57978	10662	2992	3079
四季豆	6672	2986	6272	1171	1184	3683
茄果类	43597	17010	63082	20446	4100	8950
#茄子	13238	2548	9908	4743	1352	2359
辣椒	9696	3020	22255	4899	1306	4346
西红柿	17708	4965	21812	10804	1442	2245
葱蒜类	37099	9061	12355	3086	17268	2167
#大葱		2150	6018	760		876
蒜头	1096	1771	6241	1920		1291
水生菜类	136387	7166	33582	1563		418
#莲藕	110303	4146	25053	1563		406
其他蔬菜	19544	40409	17004	5112	2136	8313

5-29 林业生产

（2015年）

指标名称	单位	全市	市区						
				#城中区	鱼峰区	柳南区	柳北区	柳东新区	阳和工业新区
营林情况									
荒山荒地造林面积	公顷	5041	40				40		
#人工造林	公顷	5041	40				40		
#用材林	公顷	4402	40				40		
#速丰林	公顷	4147	20				20		
经济林	公顷	639							
防护林	公顷								
有林地造林面积	公顷	516	7	7					
更新造林(迹地更新)	公顷	7336	564	292		67	170	35	
低产低效林改造面积	公顷	2410							
四旁(零星)植树	万株	597.81	37.01	10	10.01	10	2	5	
年末实有封山(沙)育林面积	公顷	369							
未成林抚育作业面积	公顷	221246	5150	5128			22		
未成林抚育实际面积	公顷	77134	4310	4266			44		
成林抚育面积	公顷	222311	4817	1916		133	2501	134	133
抚育改造出材量	立方米	2773	441				441		
林木种子采集量	吨								
当年苗木产量	万株	18257.4	1222	275			947		
育苗面积	公顷	1453	812	10			802		
年末实有母树林面积	公顷								
年末实有种子园面积	公顷	469							
主要林产品产量(包括农户自用)									
油桐籽(籽:油=4:1)	吨	1871							
油茶籽(籽:油=5:1))	吨	27702	170	15		10	145		
棕片	吨	49							
松脂	吨	6642	1585	615		400	570		
竹笋干(鲜笋按1/3折干)	吨	4235	980			420	560		
八角	吨	2144							
桂皮	吨	1							
全社会竹木采伐量									
1. 全社会木材采伐	立方米	1501300	206700	28800		7700	53400	111500	5300
原木	立方米	1481300	206700	28800		7700	53400	111500	5300
#桉木	立方米	952300	196100	26400		6600	48500	109500	5100
其中:村及村以下木材采伐	立方米	962700	115800			7700	44000	58800	5300
原木	立方米	942700	115800			7700	44000	58800	5300
#桉木	立方米	548200	109500			6600	41000	56800	5100
2. 全社会竹材采伐									
毛竹	万根	2304							
篙竹	万根	2309	110	50		50	10		
大杂竹	万根	2223	56			36	20		
小杂竹	吨	60669	15235	235		5000	10000		

5-29 续表

指标名称	单位	柳江县	柳城县	鹿寨县	融安县	融水苗族自治县	三江侗族自治县
营林情况							
荒山荒地造林面积	公顷	519	502	1820	1278	735	147
#人工造林	公顷	519	502	1820	1278	735	147
#用材林	公顷	452	502	1820	929	525	134
#速丰林	公顷	452	502	1820	828	525	
经济林	公顷	67			349	210	13
防护林	公顷						
有林地造林面积	公顷				509		
更新造林(迹地更新)	公顷	113	151	3180	1393	1258	677
低产低效林改造面积	公顷					1173	1237
四旁(零星)植树	万株	111	110	52.8	80	176	31
年末实有封山(沙)育林面积	公顷	224		145			
未成林抚育作业面积	公顷	53283	77000	26	16000	53913	15874
未成林抚育实际面积	公顷	17761	9615	13	16000	21498	7937
成林抚育面积	公顷	44280	100000	11820	5000	12488	43906
抚育改造出材量	立方米				2297		35
林木种子采集量	吨						
当年苗木产量	万株	1232	261.4	1114	5910	4620	3898
育苗面积	公顷	170	197	56	120	66	32
年末实有母树林面积	公顷						
年末实有种子园面积	公顷			399	70		
主要林产品产量(包括农户自用)							
油桐籽(籽:油=4:1)	吨	264		408	331	698	170
油茶籽(籽:油=5:1))	吨	705	4	2163	3808	5448	15404
棕片	吨					49	
松脂	吨	112	282	3675	682	300	6
竹笋干(鲜笋按1/3折干)	吨	350	14	487	250	1849	305
八角	吨	12		22	771	1100	239
桂皮	吨						1
全社会竹木采伐量							
1. 全社会木材采伐	立方米	147800	113000	518600	216500	213700	85000
原木	立方米	147800	113000	518600	196500	213700	85000
#桉木	立方米	135200	94000	462400	41800	22800	
其中:村及村以下木材采伐	立方米	109200	91000	247300	196400	148900	54100
原木	立方米	109200	91000	247300	176400	148900	54100
#桉木	立方米	107700	79300	191100	42300	18300	
2. 全社会竹材采伐							
毛竹	万根			26	291	1448	539
篙竹	万根	655	861	135	158	348	42
大杂竹	万根	281	714	75	130	838	129
小杂竹	吨	3642	6549	4950	11474	16828	1991

5-30 主要牲畜年末存栏

（2015年）

指标名称	单位	全市	市区	#城中区	鱼峰区	柳南区	柳北区	柳东新区	阳和工业新区
大牲畜	万头	37.68	0.59	0.01	0.05	0.09	0.34	0.01	0.09
#役用畜	万头	19.45	0.02			0.02			
牛	万头	36	0.59	0.01	0.05	0.09	0.34	0.01	0.09
#肉牛	万头	21.12	0.42	0.01		0.08	0.24		0.09
奶牛	万头	0.18	0.16		0.05	0.01	0.1		
马	万匹	1.68							
猪	万头	134.85	18.68	1.65	0.24	3.14	10.18	3.28	0.19
#能繁殖母猪	万头	12.71	2.55	0.19	0.04	0.34	1.58	0.36	0.04
山羊	万只	21.76	0.44			0.22	0.1		0.12
家禽	万只	1362.93	294.76	10	1.76	91.89	158.48	10.63	22
#鸡	万只	909.88	229.53	3	0.05	87.07	125.37	4.54	9.5
鸭	万只	422.27	43.98	7	1.71	4.16	31.11		
鹅	万只	12.19	2.66			0.66	2		

5-30 续表

指标名称	单位	柳江县	柳城县	鹿寨县	融安县	融水苗族自治县	三江侗族自治县
大牲畜	万头	8.71	8.2	5.38	4.1	4.58	6.12
#役用畜	万头	5.49	6.29	5.3		2.22	0.13
牛	万头	8.47	8.18	5.37	3.3	4.1	5.99
#肉牛	万头	3.23	8.18		3.3		5.99
奶牛	万头	0.02					
马	万匹	0.24	0.02	0.01	0.8	0.48	0.13
猪	万头	26.71	26.98	21.37	9.86	20.25	11
#能繁殖母猪	万头	2.94	2.98	1.76	0.79	1.25	0.44
山羊	万只	6.04	2.85	5.58	3.94	2.6	0.31
家禽	万只	176.31	157.09	225.56	116.73	286.5	105.98
#鸡	万只	113.61	101.47	96.65	104.86	191.2	72.56
鸭	万只	60.94	54.13	127.81	11.31	93.1	31
鹅	万只	1.76	1.49	1.1	0.56	2.2	2.42

5-31 主要牲畜全年出栏

（2015年）

指标名称	单位	全市	市区	#城中区	鱼峰区	柳南区	柳北区	柳东新区	阳和工业新区
猪	万头	183.96	17.84	1.34	0.24	4.27	9.5	2.12	0.37
牛	万头	23.07	0.63			0.22	0.14	0.14	0.13
山羊	万只	31.99	0.78			0.51	0.11		0.16
家禽	万只	3341.89	686.48	107.50	11.56	105.56	380.89	30.17	50.8
#鸡	万只	2244.88	440.25	9.80	0.42	80.52	320.48	16.33	12.7
鸭	万只	1024.63	189.64	97.70	11.14	23.39	57.41		
鹅	万只	20.44	4.65			1.65	3		
家兔	万只	74.98	1.09			0.09	1		
肉狗	万只	29.15	0.27			0.27			
肉鸽	万只	19.79	12			12.00			
鹌鹑	万只	23.93	15				15		

5-31 续表

指标名称	单位	柳江县	柳城县	鹿寨县	融安县	融水苗族自治县	三江侗族自治县
猪	万头	42.72	44.22	29.04	15.57	21.48	13.09
牛	万头	6.08	4.76	2.51	2.23	3.46	3.4
山羊	万只	12.47	3.60	6.62	5.15	2.96	0.41
家禽	万只	588.68	413.66	353.16	381.36	623.02	295.53
#鸡	万只	421.56	310.96	134.69	326.86	433.53	177.03
鸭	万只	165.3	100.49	214.84	53.63	186.5	114.23
鹅	万只	1.82	2.21	3.63	0.87	2.99	4.27
兔	万只	18.96	6.19	23.95	10.38	7.7	6.71
肉狗	万只	6.33	11.15	3.31	1.84	2.8	3.45
肉鸽	万只	2.71		0.08	5.00		
鹌鹑	万只	8.85		0.08			

5-32 牧业主要产品产量

（2015年）　　　　单位：吨

指标名称	全市	市区	#城中区	鱼峰区	柳南区	柳北区	柳东新区	阳和工业新区
肉类总产量	227109	26350	2988	368	5480	14141	2321	1052
#猪肉	139252	13551	1007	177	3264	7216	1638	249
牛肉	20961	514	8		216	134	135	21
羊肉	5319	109			68	25		16
禽肉	55638	11815	1973	191	1855	6501	545	750
#鸡肉	33738	6784	157	5	1208	5014	222	178
鸭肉	21056	4681	1816	186	597	1187	323	572
鹅肉	844	350			50	300		
兔肉	1519	34			3	31		
狗肉	2984	15			15			
鸽肉	69	14			14			
鹌鹑肉	161	18				18		
其他肉产量	1151	280			45	216	3	16
禽蛋产量	15350	9454			6739	2703		12
奶类产量	6737	5371	195	1826	330	2617	403	
#牛奶产量	6737	5371	195	1826	330	2617	403	
天然蜂蜜产量	791	50				50		
蚕茧产量	50377	282				282		

5-32 续表　　　　单位：吨

指标名称	柳江县	柳城县	鹿寨县	融安县	融水苗族自治县	三江侗族自治县
肉类总产量	52049	46413	32731	21729	28979	18858
#猪肉	32356	33329	21993	11736	16288	9999
牛肉	5844	4287	2269	2015	2942	3090
羊肉	2053	538	1321	790	444	64
禽肉	10039	6991	6150	6373	8980	5290
#鸡肉	6468	4597	2136	5294	5440	3019
鸭肉	3516	2243	3905	1059	3497	2155
鹅肉	55	151	109	20	43	116
兔肉	415	161	479	214	115	101
狗肉	714	750	503	534	210	258
鸽肉	42		1	12		
鹌鹑肉	142		1			
其他肉产量	444	357	14			56
禽蛋产量	777	1626	1531	802	287	873
奶类产量	570	18	778			
#牛奶产量	570	18	778			
天然蜂蜜产量	50		589	60	27	15
蚕茧产量	10337	17500	17407	3443	1408	

5-33 渔业生产

（2015年）

指标名称	单位	全市	市区	#城中区	鱼峰区	柳南区	柳北区	柳东新区	阳和工业新区
水产品总产量	**吨**	75600	12152	338	311	1468	9807	204	24
淡水产品产量	吨	75600	12152	338	311	1468	9807	204	24
淡水捕捞	吨	4520	304	42	18	33	84	127	
鱼类	吨	3611	245	38	18	33	63	93	
虾蟹类	吨	270	19	1			9	9	
贝类	吨	565	35	2			8	25	
其他类	吨	74	5	1			4		
淡水养殖	吨	71080	11848	296	293	1435	9723	77	24
鱼类	吨	69028	11592	296	282	1374	9539	77	24
虾蟹类	吨	214	70		10	17	43		
贝类	吨	421	63		1	13	49		
其他类	吨	1417	123			31	92		
淡水养殖面积	**公顷**	7898	800	12	23	129	563	71	2
池塘养殖	公顷	3319	429	12	22	63	308	22	2
河沟养殖	公顷	62	1				1		
山塘水库养殖	公顷	4400	367		1	63	254	49	
其他养殖	公顷	117	3			3			
补充资料：稻田养鱼面积	公顷	9823							

5-33 续表

指标名称	单位	柳江县	柳城县	鹿寨县	融安县	融水苗族自治县	三江侗族自治县
水产品总产量	**吨**	16743	18348	9893	6778	7867	3819
淡水产品产量	吨	16743	18348	9893	6778	7867	3819
淡水捕捞	吨	396	238	1550	1234	572	226
鱼类	吨	328	201	941	1220	450	226
虾蟹类	吨	63	14	158	3	13	
贝类	吨	3		451	10	66	
其他类	吨	2	23		1	43	
淡水养殖	吨	16347	18110	8343	5544	7295	3593
鱼类	吨	15505	17742	8079	5412	7157	3541
虾蟹类	吨	50	4	49	14	27	
贝类	吨	7	111	54	79	65	42
其他类	吨	785	253	161	39	46	10
淡水养殖面积	**公顷**	1487	2385	1472	881	645	228
池塘养殖	公顷	525	923	547	308	395	192
河沟养殖	公顷	6	38	4	6	6	1
山塘水库养殖	公顷	907	1373	915	564	241	33
其他养殖	公顷	49	51	6	3	3	2
补充资料：稻田养鱼面积	公顷				6	4850	4967

5-34 农业机械化

（2015年）

指标名称	单位	全市	市区
农业机械总动力	千瓦	2264328	182597
柴油发动机动力	千瓦	1853911	146481
汽油发动机动力	千瓦	129707	6739
电动机动力	千瓦	272356	24480
其他机械动力	千瓦	8354	4897
主要农业机械与设备			
大中型拖拉机	台	5887	475
小型拖拉机	台	31051	1573
大中型拖拉机配套农具	部	6247	780
小型拖拉机配套农具	部	61925	1971
农用排灌电动机	台	9595	531
农用排灌柴油机	台	38615	4687
农用排灌其他动力机械	台	1491	575
联合收割机	台	3760	200
机动脱粒机	台	59458	4021
农用运输车	台	3074	397
养殖渔船	艘	220	107
捕捞渔船	艘	709	47
农用水泵	台	41207	4244
节水灌溉机械	套	5967	133
农机作业情况			
机耕面积	公顷	330477	10397
机播面积	公顷	50568	2433
机收面积	公顷	158859	28287

5-34 续表

指标名称	单位	柳江县	柳城县	鹿寨县	融安县	融水苗族自治县	三江侗族自治县
农业机械总动力	**千瓦**	418941	467967	465228	231889	276929	220777
柴油发动机动力	千瓦	375593	432159	423150	190599	136877	149052
汽油发动机动力	千瓦	2510	3086	2435	11296	91806	11835
电动机动力	千瓦	39857	32614	39592	29994	46601	59218
其他机械动力	千瓦	981	108	51		1645	672
主要农业机械与设备							
大中型拖拉机	台	1617	974	1483	774	563	1
小型拖拉机	台	4793	6200	13198	2715	2157	415
大中型拖拉机配套农具	部	1933	1084	698	1583	165	4
小型拖拉机配套农具	部	6319	4486	12013	2980	6959	27197
农用排灌电动机	台	1302	942	4205	1173	320	1122
农用排灌柴油机	台	5198	5392	15930	3463	3124	821
农用排灌其他动力机械	台	214	128		278	292	4
联合收割机	台	633	867	1314	436	274	36
机动脱粒机	台	7814	15788	15223	3407	9599	3606
农用运输车	台	366	680	583	357	194	497
养殖渔船	艘		93			20	
捕捞渔船	艘		113	295	107	20	127
农用水泵	台	4728	4744	18653	4435	3722	681
节水灌溉机械	套	4728	620		447		39
农机作业情况							
机耕面积	公顷	85345	81041	71632	22212	39753	20097
机播面积	公顷	15216	17539	11326	902	2268	884
机收面积	公顷	26650	35947	28703	15659	15528	8085

5-35 农村能源、物资消耗及农田水利情况

（2015年）

指标名称	单位	全市	市区	#城中区	鱼峰区	柳南区	柳北区	柳东新区	阳和工业新区
农业主要能源									
乡镇办水电站	个	14							
装机容量	千瓦	13476							
发电量	千瓦小时	40930000							
村和村民小组办水电站	个	12	1					1	
装机容量	千瓦	2082							
发电量	千瓦小时	6261619	119					59	60
农村用电量	**万千瓦小时**	52504.52	4212.85	218		1511	1932	551.85	
农用化肥施用量									
按实物量计算	吨	636495	73713	305	42	3220	20228	49218	700
氮肥	吨	183026	21072	75		943	4482	15412	160
磷肥	吨	121464	12904	28		581	2241	9869	185
钾肥	吨	103326	12268	22		573	3461	8062	150
复合肥	吨	228679	27469	180	42	1123	10044	15875	205
按折纯法计算	吨	192711	19730	123	4	1020	6505	11803	275
氮肥	吨	45406	4519	34		249	1361	2805	70
磷肥	吨	17092	1549	6		97	372	999	75
钾肥	吨	48926	4998	11		258	1439	3230	60
复合肥	吨	81287	8664	72	4	416	3333	4769	70
农用塑料薄膜使用量	**吨**	1701	223	8		16	139	45	15
#地膜使用量	吨	1041	194	7		11	125	41	10
地膜覆盖面积	**公顷**	18002	2715	100		17	1515	1011	72
农用柴油使用量	**吨**	17010	1510	44		118	940	328	80
农药使用量（按实物量计算）	**吨**	7802	1732	4	1	38	147	1540	2
农田水利建设情况									
有效灌溉面积	公顷	89740	4449	190	3	1158	2332	586	180
旱涝保收面积	公顷	69868	4108		3	692	1619	1664	130
机电排灌面积	公顷	13864	1749	210	3	341	904	241	50
机电井	眼	2209	41	5		22	12	2	

指　标　名　称	单　位	柳江县	柳城县	鹿寨县	融安县	融水苗族自治县	三江侗族自治县
水电建设							
乡(镇)办水电站	个	1	2		2	9	
装机容量	千瓦	600	956		900	11020	
发电量	千瓦小时		2300000		1500000	37130000	
村和村民小组办水电站	个				2	9	
装机容量	千瓦				310	1772	
发电量	千瓦小时				751500	5510000	
农村用电量	**万千瓦小时**	16080	8607.24	6901	4154	6339.32	6210.11
农用化肥施用量							
按实物量计算	吨	103741	181390	115617	72585	69060	20389
氮肥	吨	31761	57976	35680	17195	14213	5129
磷肥	吨	21764	38963	19010	12648	12560	3615
钾肥	吨	16668	38865	16845	9802	7564	1314
复合肥	吨	33548	45586	44082	32940	34723	10331
按折纯法计算	吨	33318	57218	34078	22899	19557	5911
氮肥	吨	9820	15072	7902	3610	2842	1641
磷肥	吨	3353	5336	2586	2221	1505	542
钾肥	吨	8095	19040	8095	4664	3404	630
复合肥	吨	12050	17770	15495	12404	11806	3098
农用塑料薄膜使用量	**吨**	240	113	295	569	85	176
#地膜使用量	吨	206	77	185	303	25	51
地膜覆盖面积	**公顷**	4316	2293	5080	2087	747	764
农用柴油使用量	**吨**	6004	2843	2496	2952	284	921
农药使用量(按实物量计算)	**吨**	2628	1359	592	720	261	510
灌溉情况							
有效灌溉面积	公顷	21749	19450	18006	3875	13690	8521
旱涝保收面积	公顷	14620	15700	13296	3763	11089	7292
机电排灌面积	公顷	816	4110	5314	95	1520	260
机电井	眼	2106	6	56			

工　业　6

6-1 全市主要年份工业总产值

（按当年价格计算）　　单位：万元

年　　份	全部工业总产值	轻　工　业	重　工　业
1978	136997	57425	79572
1979	152033	67452	84581
1980	168701	84910	83791
1981	187464	109746	77718
1982	209010	123163	85847
1983	226472	129560	96912
1984	262851	141747	121104
1985	355692	163387	192305
1986	412518	180653	231865
1987	516286	231564	284722
1988	664057	319364	344693
1989	792060	369577	422483
1990	824869	390534	434335
1991	956670	414707	541963
1992	1273284	491927	781357
1993	2003126	615306	1387820
1994	2554145	788154	1765991
1995(旧口径)	3069320	1096126	1973194
1995(新口径)	2665127	931714	1733413
1996	2570572	923732	1646840
1997	2750692	964328	1786364
1998	2892219	963388	1928831
1999	3002125	965195	2036930
2000	3283229	1010347	2272882
2001	3683987	1076703	2607284
2002	4178409	1160373	3018036
2003	5006187	1168493	3837694
2004	7351643	1624850	5726793
2005	8464482	1792235	6672247
2006	10873420	2145479	8727941
2007	13909275	2689016	11220259
2008	17502118	3198993	14303125
2009	20151857	3039541	17112316
2010	26537584	3533509	23004075
2011	31519795	4276739	27243056
2012	36217838	4777286	31440552
2013	40248805	4743640	35505165
2014	44351238	5031656	39319582
2015	45461950	5188056	40273895

6-2 全市主要年份工业总产值发展速度

（按可比价计算,上年=100） 单位:%

年份	全部工业总产值	轻工业	重工业
1978	114.74	115.41	114.24
1979	111.67	119.86	105.54
1980	115.29	134.19	99.20
1981	110.40	123.00	95.89
1982	113.08	114.89	110.44
1983	110.08	108.53	112.43
1984	111.76	108.63	116.33
1985	127.85	113.97	146.86
1986	110.28	106.62	114.16
1987	118.37	120.11	116.63
1988	115.05	118.35	111.67
1989	104.72	104.68	104.76
1990	103.97	106.06	101.71
1991	111.73	103.80	119.44
1992	126.96	119.61	133.17
1993	130.24	115.67	141.30
1994	119.90	112.31	124.62
1995(旧口径)	118.79	122.21	116.88
1995(新口径)			
1996	98.86	97.60	99.58
1997	107.08	105.35	108.04
1998	108.69	101.69	112.48
1999	108.06	107.07	108.55
2000	110.14	100.59	114.75
2001	113.30	103.36	117.52
2002	119.86	112.98	122.42
2003	118.14	104.67	122.78
2004	146.85	139.06	149.22
2005	115.14	110.30	116.51
2006	128.46	119.71	130.81
2007	127.92	125.33	128.56
2008	126.06	119.01	127.51
2009	118.51	97.80	123.14
2010	131.69	116.25	134.43
2011	118.77	121.03	118.43
2012	114.91	111.70	115.41
2013	111.13	99.30	112.93
2014	110.19	106.07	110.74
2015	102.50	103.11	102.43

注:从2004年起,发展速度按当年价格计算。

6-3 市区主要年份工业总产值

（按当年价格计算） 单位:万元

年份	全部工业总产值	轻工业	重工业
1978	112518	47042	65476
1979	125386	56542	68844
1980	142670	72506	70164
1981	157575	96237	61338
1982	177242	107351	69891
1983	192018	112475	79543
1984	226260	126687	99573
1985	311156	145938	165218
1986	353374	156589	196785
1987	436958	199201	237757
1988	577076	277307	299768
1989	686254	316508	369746
1990	709512	332175	377337
1991	818860	341238	477622
1992	1090105	390697	699408
1993	1726198	472134	1254064
1994	2151671	585489	1566182
1995(旧口径)	2483683	811992	1671691
1995(新口径)	2148304	685323	1462981
1996	2014901	646769	1368132
1997	2145835	645279	1500556
1998	2283367	613242	1670125
1999	2405731	636704	1769027
2000	2642927	661300	1981627
2001	2948066	715488	2232578
2002	3328415	743112	2585303
2003	4103551	752865	3350686
2004	6227249	1210541	5016708
2005	7078856	1279958	5798898
2006	9143126	1516213	7626913
2007	11444044	1783967	9660077
2008	14266233	2129873	12136360
2009	16279830	1844487	14435344
2010	21689925	2048518	19641407
2011	26521853	2815372	23706482
2012	30875591	3091510	27784081
2013	34680480	2908870	31771610
2014	38022220	3051910	34970310
2015	38814235	3192176	35622058

6-4 柳江县主要年份工业总产值

（按当年价格计算） 单位:万元

年份	全部工业总产值	轻工业	重工业
1978	2611	1850	761
1979	3020	1912	1108
1980	3197	2273	924
1981	3596	2171	1425
1982	4206	2865	1341
1983	5023	3353	1670
1984	4756	3170	1586
1985	6226	3255	2971
1986	8246	4698	3548
1987	13340	7675	5665
1988	17213	9161	8052
1989	18647	12001	6646
1990	23357	15812	7545
1991	29929	20244	9685
1992	45531	31287	14244
1993	61192	37713	23479
1994	100249	50417	49832
1995(旧口径)	146308	60299	86009
1995(新口径)	127983	53199	74784
1996	133205	66541	66664
1997	160791	86898	73893
1998	180251	107199	73052
1999	190032	96054	93978
2000	203800	109697	94103
2001	224774	103174	121600
2002	302250	121092	181158
2003	386416	140965	245451
2004	460208	137338	322870
2005	513756	174228	339528
2006	693374	198783	494591
2007	1012656	304610	708046
2008	1252359	314400	937959
2009	1372569	316161	1056408
2010	1787592	344114	1443477
2011	2206805	389787	1817018
2012	2232469	401652	1830817
2013	2416112	434692	1981420
2014	2736939	383824	2353115
2015	2907288	364207	2543082

6-5 柳江县主要年份工业总产值发展速度

（按可比价计算,上年=100）

单位:%

年　　份	全部工业总产值	轻　工　业	重　工　业
1978	128.37	127.18	131.81
1979	125.83	117.66	148.70
1980	99.70	109.04	79.01
1981	110.64	96.38	154.24
1982	119.42	131.44	96.46
1983	120.10	117.36	127.25
1984	92.72	93.18	91.62
1985	114.87	93.88	166.12
1986	123.92	134.84	108.82
1987	153.19	162.80	136.81
1988	109.98	101.55	127.14
1989	95.35	102.92	83.04
1990	119.82	123.23	112.95
1991	134.45	133.78	136.24
1992	171.83	183.74	140.82
1993	106.17	97.44	135.79
1994	135.53	96.35	231.01
1995(旧口径)	138.38	96.72	180.74
1995(新口径)			
1996	104.48	133.37	88.76
1997	119.10	134.41	106.58
1998	112.68	129.08	95.78
1999	123.79	116.63	133.73
2000	101.93	101.65	102.26
2001	104.54	83.09	130.38
2002	148.27	134.70	158.68
2003	131.72	126.16	135.34
2004	119.10	97.43	131.54
2005	111.64	126.86	105.16
2006	134.96	114.09	145.67
2007	146.05	153.24	143.16
2008	123.67	103.21	132.47
2009	116.40	107.12	119.51
2010	130.24	108.84	136.64
2011	123.45	113.27	125.88
2012	101.16	103.04	100.76
2013	108.23	108.23	108.23
2014	113.28	88.30	118.76
2015	106.22	94.89	108.07

注:从2004年起,发展速度按当年价格计算。

6-6 柳城县主要年份工业总产值

（按当年价格计算） 单位：万元

年 份	全部工业总产值	轻 工 业	重 工 业
1978	4347	2674	1673
1979	4598	3431	1167
1980	5769	4102	1667
1981	6454	4194	2260
1982	7317	4347	2970
1983	7922	4631	3291
1984	6969	3090	3879
1985	8917	4483	4434
1986	12950	7468	5482
1987	15495	8984	6511
1988	21210	11989	9221
1989	26201	14863	11338
1990	28520	14740	13780
1991	34162	18971	15191
1992	39734	23346	16388
1993	59828	31589	28239
1994	87949	45036	42913
1995（旧口径）	142425	78725	63700
1995（新口径）	125155	69688	55467
1996	132326	78779	53547
1997	150364	93226	57138
1998	152941	98586	54355
1999	134362	80634	53728
2000	136923	83268	53655
2001	170863	102002	68861
2002	183556	120039	63517
2003	167068	106126	60942
2004	161391	93787	67604
2005	206483	114362	92121
2006	262305	153650	108655
2007	325836	196865	128971
2008	389799	227486	162313
2009	442789	208161	234627
2010	539625	260790	278835
2011	669737	336975	332763
2012	698549	360861	337688
2013	754524	407443	347081
2014	863377	444747	418630
2015	915751	462118	453633

6-7 柳城县主要年份工业总产值发展速度

（按可比价计算,上年=100）　　单位:%

年　份	全部工业总产值	轻 工 业	重 工 业
1978	102.49	101.51	104.11
1979	103.22	125.23	68.04
1980	127.26	125.48	132.48
1981	105.54	99.79	121.56
1982	115.38	106.21	134.23
1983	106.47	105.32	108.35
1984	81.94	61.25	114.68
1985	129.30	143.70	117.12
1986	142.30	168.74	114.88
1987	114.54	117.11	110.63
1988	113.18	117.93	105.53
1989	104.92	103.99	106.59
1990	96.88	87.77	112.89
1991	113.71	119.91	105.93
1992	129.04	139.93	113.59
1993	130.06	113.40	159.18
1994	123.42	110.10	140.00
1995(旧口径)	131.84	135.66	128.10
1995(新口径)			
1996	106.11	119.30	92.47
1997	113.06	120.36	103.33
1998	113.66	115.64	110.58
1999	100.76	102.28	98.28
2000	94.81	93.35	97.27
2001	116.40	110.03	126.72
2002	120.71	136.44	98.55
2003	98.07	98.55	97.14
2004	96.60	88.37	110.93
2005	127.94	121.94	136.27
2006	127.00	134.11	118.00
2007	124.22	128.13	118.70
2008	119.63	115.55	125.85
2009	106.59	105.35	108.33
2010	121.87	125.28	118.84
2011	124.11	129.21	119.34
2012	104.30	107.09	101.48
2013	108.01	112.91	102.78
2014	114.43	109.16	120.61
2015	106.07	103.91	108.36

注:从2004年起,发展速度按当年价格计算。

6-8 鹿寨县主要年份工业总产值

（按当年价格计算） 单位:万元

年份	全部工业总产值	轻工业	重工业
1978	7197	2985	4212
1979	7891	3039	4852
1980	6996	3506	3490
1981	8760	3852	4908
1982	9182	4948	4234
1983	9986	5309	4677
1984	11396	5135	6261
1985	15421	6049	9372
1986	22395	8302	14093
1987	27936	10673	17263
1988	29435	13266	16169
1989	36487	17719	18768
1990	35789	17674	18115
1991	43112	22061	21051
1992	55811	27645	28166
1993	85763	39245	46518
1994	111119	57076	54043
1995(旧口径)	160938	90518	70420
1995(新口径)	140060	74026	66034
1996	166601	88685	77916
1997	180201	95956	84245
1998	185890	112080	73810
1999	176014	120398	55616
2000	186993	124706	62287
2001	215132	123668	91464
2002	238380	134461	103919
2003	242663	134882	107781
2004	306588	128947	177641
2005	417945	162467	255478
2006	483265	208353	274912
2007	701792	301339	400453
2008	1055590	393793	661797
2009	1262876	469114	793762
2010	1556243	536380	1019863
2011	1001526	384929	616597
2012	1236724	568087	668637
2013	1299925	633689	666236
2014	1505710	796938	708772
2015	1565665	821978	743687

注:2011年数据不含原鹿寨县雒容镇。

6-9 鹿寨县主要年份工业总产值发展速度

（按可比价计算，上年=100）　　　　单位：%

年　份	全部工业总产值	轻 工 业	重 工 业
1978	135.59	124.38	144.84
1979	98.49	91.42	103.49
1980	89.15	116.01	72.33
1981	123.44	114.47	132.45
1982	99.13	121.41	81.62
1983	100.67	99.32	102.25
1984	107.62	91.20	126.26
1985	129.57	112.79	143.32
1986	129.74	122.62	134.33
1987	117.46	121.05	115.35
1988	94.56	111.55	84.05
1989	102.86	110.84	96.32
1990	101.43	111.59	91.84
1991	117.77	126.09	109.65
1992	124.26	121.39	127.48
1993	125.17	120.13	130.54
1994	123.56	126.71	120.46
1995(旧口径)	127.70	149.36	105.29
1995(新口径)			
1996	125.49	111.96	145.02
1997	102.13	119.18	83.13
1998	103.42	110.32	92.39
1999	108.08	117.83	89.51
2000	107.85	101.63	123.47
2001	117.55	97.76	158.45
2002	118.10	121.64	113.60
2003	113.26	116.24	109.21
2004	126.34	95.60	164.82
2005	136.32	126.00	143.82
2006	115.63	128.00	108.00
2007	145.22	144.63	145.67
2008	150.41	130.68	165.26
2009	119.41	121.49	118.18
2010	123.23	114.34	128.48
2011			
2012	123.48	147.58	108.44
2013	105.11	111.55	99.64
2014	115.83	125.76	106.38
2015	103.98	103.14	104.93

注：1.从2004年起，发展速度按当年价格计算。
2.2011年数据不含原鹿寨县雒容镇，故无法计算指数。

6-10 融安县主要年份工业总产值

（按当年价格计算） 单位：万元

年份	全部工业总产值	轻工业	重工业
1978	3445	1012	2433
1979	3906	1121	2785
1980	3746	1301	2445
1981	3700	1086	2614
1982	4000	1518	2482
1983	4100	1378	2722
1984	4400	1280	3120
1985	5358	1685	3673
1986	5955	1367	4588
1987	8356	1612	6744
1988	7487	2710	4777
1989	10485	3072	7413
1990	12327	3106	9221
1991	12894	4130	8764
1992	15264	6613	8651
1993	23964	11703	12261
1994	36103	18707	17396
1995(旧口径)	45427	17782	27645
1995(新口径)	40701	15837	24864
1996	45190	10048	35142
1997	44591	10670	33921
1998	35264	5863	29401
1999	40566	5032	35534
2000	54872	4064	50808
2001	64101	4044	60057
2002	62154	7533	54621
2003	54663	6558	48105
2004	87383	10485	76898
2005	124159	21728	102431
2006	142170	24968	117202
2007	206728	31138	175590
2008	265715	46500	219215
2009	307726	58262	249464
2010	368890	92398	276492
2011	436965	154054	282911
2012	478285	146954	331331
2013	461848	138554	323294
2014	499414	128748	370666
2015	521812	137710	384103

6-11 融安县主要年份工业总产值发展速度

（按可比价计算，上年=100） 单位：%

年份	全部工业总产值	轻工业	重工业
1978	112.34	98.28	119.44
1979	107.61	105.16	108.62
1980	100.58	121.67	92.10
1981	90.09	79.00	95.99
1982	103.47	116.85	96.84
1983	95.22	92.68	96.74
1984	102.74	90.40	109.81
1985	124.66	141.70	116.61
1986	102.29	88.64	110.12
1987	109.97	108.45	110.67
1988	104.52	149.34	84.24
1989	106.03	94.82	115.02
1990	109.08	96.67	117.29
1991	84.40	103.01	78.30
1992	114.87	137.31	105.19
1993	179.27	243.19	143.31
1994	123.86	131.41	116.66
1995（旧口径）	110.88	83.36	140.46
1995（新口径）			
1996	108.83	62.19	138.54
1997	97.83	105.29	95.70
1998	78.70	54.68	86.26
1999	123.89	104.76	127.71
2000	127.26	84.01	134.33
2001	111.92	98.76	113.27
2002	106.34	181.96	99.59
2003	95.54	98.86	95.00
2004	159.86	159.88	159.85
2005	142.09	207.23	133.20
2006	114.51	114.91	114.42
2007	145.41	124.71	149.82
2008	128.53	149.34	124.84
2009	111.23	120.29	109.31
2010	119.88	158.59	110.83
2011	118.45	166.73	102.32
2012	109.46	95.39	117.11
2013	96.56	94.28	97.57
2014	108.13	92.92	114.65
2015	104.48	106.96	103.62

注：从2004年起，发展速度按当年价格计算。

6-12 融水苗族自治县主要年份工业总产值

（按当年价格计算）　　单位：万元

年　份	全部工业总产值	轻　工　业	重　工　业
1978	5195	1297	3898
1979	5557	1142	4415
1980	5089	931	4158
1981	5506	1241	4265
1982	5056	1126	3930
1983	5028	1225	3803
1984	6678	1410	5268
1985	5671	1248	4423
1986	6574	1265	5309
1987	10041	2014	8027
1988	8611	2849	5762
1989	10328	3018	7310
1990	10578	3785	6793
1991	13017	4463	8554
1992	19056	6645	12411
1993	29500	10023	19477
1994	48705	19376	29329
1995(旧口径)	60908	21009	39899
1995(新口径)	53845	17802	36043
1996	52619	19587	33032
1997	41267	17948	23319
1998	31248	13390	17858
1999	28937	11813	17124
2000	29313	9642	19671
2001	33829	12643	21186
2002	36001	16457	19544
2003	31283	19200	12083
2004	79602	35673	43929
2005	92421	31027	61394
2006	111064	36422	74642
2007	157037	56785	100252
2008	198407	69641	128766
2009	286270	95912	190358
2010	355243	108214	247029
2011	425117	132559	292558
2012	504536	144277	360259
2013	503362	142827	360535
2014	591364	157832	433533
2015	640065	158590	481475

6-13 融水苗族自治县主要年份工业总产值发展速度

（按可比价计算，上年=100） 单位：%

年 份	全部工业总产值	轻 工 业	重 工 业
1978	87.85	106.73	82.97
1979	106.94	88.06	113.22
1980	112.30	100.00	115.48
1981	88.04	102.05	84.90
1982	105.98	104.57	106.40
1983	94.88	103.78	92.34
1984	95.29	82.57	99.38
1985	108.55	134.11	101.71
1986	102.96	103.63	102.72
1987	127.35	138.65	123.33
1988	98.69	130.70	85.88
1989	104.73	104.51	104.85
1990	107.26	110.36	105.38
1991	120.13	126.72	116.27
1992	133.32	134.03	132.87
1993	121.19	145.78	105.37
1994	171.19	154.61	185.95
1995(旧口径)	110.09	96.26	120.32
1995(新口径)			
1996	100.81	109.17	95.84
1997	73.78	81.04	68.87
1998	79.82	100.88	63.04
1999	97.37	71.11	130.85
2000	102.44	78.94	118.72
2001	105.62	127.23	95.66
2002	117.71	153.19	95.97
2003	99.32	132.58	66.78
2004	254.46	185.80	363.56
2005	116.10	86.98	139.76
2006	120.17	117.00	122.00
2007	141.39	155.91	134.31
2008	126.34	122.64	128.44
2009	113.43	112.10	114.15
2010	124.09	112.83	129.77
2011	119.67	122.50	118.43
2012	118.68	108.84	123.14
2013	99.77	99.00	100.08
2014	117.48	110.51	120.25
2015	108.24	100.48	111.06

注:从2004年起,发展速度按当年价格计算。

6-14 三江侗族自治县主要年份工业总产值

（按当年价格计算） 单位：万元

年份	全部工业总产值	轻工业	重工业
1978	1684	565	1119
1979	1675	265	1410
1980	1234	291	943
1981	1873	965	908
1982	2007	1008	999
1983	2395	1189	1206
1984	2392	975	1417
1985	2943	729	2214
1986	3024	964	2060
1987	4160	1405	2755
1988	3025	2082	944
1989	3658	2396	1262
1990	4786	3242	1544
1991	4696	3600	1096
1992	7783	5694	2089
1993	16681	12899	3782
1994	18349	12053	6296
1995（旧口径）	29631	15801	13830
1995（新口径）	29079	15839	13240
1996	25730	13323	12407
1997	27643	14351	13292
1998	23258	13028	10230
1999	26483	14560	11923
2000	28401	17670	10731
2001	27222	15684	11538
2002	27653	17679	9974
2003	20543	7897	12646
2004	29222	8079	21143
2005	30862	8465	22397
2006	38116	7090	31026
2007	61182	14312	46870
2008	74015	17300	56715
2009	199798	47444	152354
2010	240066	143095	96971
2011	257791	63063	194729
2012	191684	63944	127740
2013	132554	77565	54989
2014	132215	67658	64557
2015	97134	51277	45858

6-15 三江侗族自治县主要年份工业总产值发展速度

（按可比价计算，上年=100）　　单位：%

年　　份	全部工业总产值	轻　工　业	重　工　业
1978	92.70	75.15	109.62
1979	91.55	106.53	81.65
1980	106.57	126.82	89.09
1981	85.93	84.14	88.13
1982	118.13	115.15	121.29
1983	92.44	91.37	93.51
1984	121.45	99.68	142.90
1985	85.87	102.09	74.72
1986	123.61	147.48	101.18
1987	149.11	136.67	166.13
1988	66.03	100.16	27.59
1989	122.15	119.00	135.03
1990	139.40	138.68	141.98
1991	95.47	111.85	58.93
1992	149.02	140.77	183.91
1993	226.11	236.29	193.11
1994	96.25	79.18	163.91
1995（旧口径）	129.96	110.10	167.98
1995（新口径）			
1996	88.95	85.98	92.63
1997	111.67	108.33	115.52
1998	87.57	91.50	83.33
1999	125.83	121.04	131.52
2000	107.93	128.69	85.29
2001	95.00	85.80	110.16
2002	101.43	118.41	79.67
2003	81.16	54.40	132.16
2004	142.25	102.30	167.19
2005	105.61	104.78	105.93
2006	123.50	83.76	138.53
2007	160.52	201.86	151.07
2008	120.97	120.87	121.00
2009	112.73	114.53	112.18
2010	120.15	301.61	63.65
2011	107.38	44.07	200.81
2012	74.36	101.40	65.60
2013	69.15	121.30	43.05
2014	99.74	87.23	117.40
2015	73.47	75.79	71.03

注：从2004年起，发展速度按当年价格计算。

6-16 全市主要年份规模以上工业总产值

（按当年价格计算） 单位：万元

年份	规模以上工业总产值	轻工业	重工业
1998	2300474	657884	1642590
1999	2405761	654142	1751619
2000	2672795	685800	1986995
2001	2979298	693999	2285299
2002	3451608	756294	2695314
2003	4265218	759080	3506138
2004	5689557	847197	4842360
2005	6914282	935692	5978590
2006	8973135	1095501	7877634
2007	11498137	1356773	10141364
2008	14551665	1578929	12972735
2009	17715987	1873401	15842586
2010	23887937	2265026	21622911
2011	28723855	2980133	25743722
2012	34268856	3881755	30387101
2013	39178509	4251854	34926655
2014	43239443	4600171	38639272
2015	44552506	4833372	39719134

注:1998年至2006年为全部国有及年主营业务收入在500万元以上非国有工业企业(以下表均同)。
2007年至2010年为年主营业务收入在500万元以上工业企业(以下表均同)。
2011年以后为年主营业务收入2000万元以上工业企业(以下表均同)。

6-17 市区主要年份规模以上工业总产值

（按当年价格计算） 单位：万元

年份	规模以上工业总产值	轻工业	重工业
1998	1937165	458780	1478385
1999	2061006	485965	1575041
2000	2294376	503373	1791003
2001	2567645	515435	2052210
2002	2952898	537005	2415893
2003	3688500	524781	3163719
2004	4964225	560472	4403753
2005	6048847	589198	5459649
2006	7870083	675760	7194323
2007	9842538	726625	9115913
2008	12527664	937951	11589713
2009	15087627	1057373	14030254
2010	20391206	1273660	19117546
2011	25104977	1966784	23138193
2012	30024245	2581627	27442618
2013	34162956	2716675	31446281
2014	37474630	2848548	34626082
2015	38415918	3021543	35394375

6-18 柳江县主要年份规模以上工业总产值

（按当年价格计算）　　单位：万元

年份	规模以上工业总产值	轻工业	重工业
1998	118300	61002	57298
1999	124147	53286	70861
2000	133148	61977	71171
2001	125903	52946	72957
2002	201200	66559	134641
2003	270749	78387	192362
2004	317876	110670	207206
2005	324765	127104	197661
2006	457277	139913	317364
2007	675856	220410	455446
2008	801587	201710	599877
2009	953361	211359	742002
2010	1336270	231283	1104986
2011	1717565	295608	1421957
2012	1855106	334951	1520155
2013	2248882	335730	1913152
2014	2573226	362542	2210684
2015	2688096	324774	2363323

6-19 柳城县主要年份规模以上工业总产值

（按当年价格计算）　　单位：万元

年份	规模以上工业总产值	轻工业	重工业
1998	119244	78417	40827
1999	97453	61145	36308
2000	99738	63348	36390
2001	107741	71379	36362
2002	114122	86810	27312
2003	93744	70390	23354
2004	125704	81106	44598
2005	153507	93336	60171
2006	196918	132419	64499
2007	247241	166057	81184
2008	300054	159763	140291
2009	322055	165079	156975
2010	409642	208797	200845
2011	517577	263938	253640
2012	593624	308399	285225
2013	696905	374195	322711
2014	803523	412426	391097
2015	872175	440090	432085

6-20 鹿寨县主要年份规模以上工业总产值

（按当年价格计算）　　单位：万元

年份	规模以上工业总产值	轻工业	重工业
1998	88448	51666	36782
1999	80582	47151	33431
2000	89652	50234	39418
2001	112921	45477	67444
2002	123180	53921	69259
2003	154122	71476	82646
2004	197408	75088	122320
2005	283771	103217	180554
2006	325709	121298	204411
2007	509792	201227	308565
2008	817884	291194	526690
2009	1014862	366864	647998
2010	1289230	441080	848150
2011	800521	292329	508192
2012	1042436	451515	590921
2013	1193230	599988	593242
2014	1394878	730438	664440
2015	1484973	781424	703549

6-21 融安县主要年份规模以上工业总产值

（按当年价格计算）　　单位：万元

年份	规模以上工业总产值	轻工业	重工业
1998	17064	1470	15594
1999	22331	813	21518
2000	34982	1766	33216
2001	40852	1817	39035
2002	35457	1848	33609
2003	32197	2677	29520
2004	42874	2585	40289
2005	52991	8516	44475
2006	61797	9742	52055
2007	108047	12444	95603
2008	143331	17331	126000
2009	170828	32355	138473
2010	221504	44137	177367
2011	281441	76522	204919
2012	350042	89245	260797
2013	391423	93203	298220
2014	426258	99486	326772
2015	468191	113044	355148

6-22 融水苗族自治县主要年份规模以上工业总产值

（按当年价格计算） 单位：万元

年 份	规模以上工业总产值	轻 工 业	重 工 业
1998	12149	5325	6824
1999	10536	4571	5965
2000	11006	2254	8752
2001	13881	5188	8693
2002	18016	9997	8019
2003	19189	11220	7969
2004	30600	17121	13479
2005	38212	14122	24090
2006	49162	16170	32992
2007	78285	30010	48275
2008	97236	32075	65161
2009	117011	31594	85417
2010	173018	47223	125795
2011	226534	66828	159706
2012	337600	89839	247761
2013	421687	100122	321565
2014	506522	122876	383647
2015	578297	133111	445186

6-23 三江侗族自治县主要年份规模以上工业总产值

（按当年价格计算） 单位：万元

年 份	规模以上工业总产值	轻 工 业	重 工 业
1998	8104	1224	6880
1999	9706	1211	8495
2000	9893	2848	7045
2001	10355	1757	8598
2002	6735	154	6581
2003	6717	149	6568
2004	10870	155	10715
2005	12189	199	11990
2006	18979	209	18771
2007	36378		36378
2008	37473		37473
2009	50244	8777	41467
2010	67067	18847	48221
2011	75240	18124	57117
2012	65803	26179	39624
2013	63425	31940	31485
2014	60406	23855	36551
2015	44855	19387	25469

6-24 规模以上工业企业单位数

（2015年）　　单位：个

指标名称	全市	市区	柳江县	柳城县
总计	818	532	111	39
#国有控股企业	94	62	9	5
按轻重工业分				
轻工业	159	79	17	16
重工业	659	453	94	23
按企业规模分				
大型企业	35	27	3	1
中型企业	161	112	16	9
小型企业	583	364	86	27
微型企业	39	29	6	2
按登记注册类型分组				
国有企业	19	11	2	1
集体企业	16	14	1	
股份合作企业	8	8		
联营企业	1	1		
有限责任公司	240	161	34	15
股份有限公司	30	19	3	3
私营企业	468	285	70	20
港澳台商投资企业	13	13		
外商投资企业	19	16	1	
按经济组织类型分组				
独资企业	99	67	15	1
国有企业	19	11	2	1
集体企业	16	14	1	
私营独资企业	54	33	12	
港澳台商独资经营企业	3	3		
外资企业	7	6		

6-24 续表1

单位:个

指 标 名 称	鹿寨县	融安县	融水苗族自治县	三江侗族自治县
总 计	48	41	35	12
#国有控股企业	7	3	6	2
按轻重工业分				
轻工业	25	9	5	8
重工业	23	32	30	4
按企业规模分				
大型企业	4			
中型企业	18	3	2	1
小型企业	25	38	33	10
微型企业	1			1
按登记注册类型分组				
国有企业	1	3	1	
集体企业			1	
股份合作企业				
联营企业				
有限责任公司	11	8	6	5
股份有限公司	2	1	1	1
私营企业	33	28	26	6
港澳台商投资企业				
外商投资企业	1	1		
按经济组织类型分组				
独资企业	4	9	3	
国有企业	1	3	1	
集体企业			1	
私营独资企业	2	6	1	
港澳台商独资经营企业				
外资企业	1			

6-24 续表2

单位:个

指标名称	全市	市区	柳江县	柳城县
合作、合伙企业	25	20	2	
股份合作企业	8	8		
集体联营企业				
国有与集体联营企业	1	1		
私营合伙企业	10	6	2	
港或澳、台资合作经营企业	1	1		
中外合作经营企业	1			
股份有限公司	48	27	8	4
股份有限公司(内资)	30	19	3	3
私营股份有限公司	17	7	5	1
有限责任公司	646	418	86	34
国有独资公司	16	11	1	1
私营有限责任公司	387	239	51	19
港澳台合资经营企业	9	9		
中外合资经营企业	10	9	1	
其他有限责任公司	224	150	33	14

6-24 续表3

单位:个

指标名称	鹿寨县	融安县	融水苗族自治县	三江侗族自治县
合作、合伙企业	1	1	1	
股份合作企业				
集体联营企业				
国有与集体联营企业				
私营合伙企业	1		1	
港或澳、台资合作经营企业				
中外合作经营企业		1		
股份有限公司	5	1	2	1
股份有限公司(内资)	2	1	1	1
私营股份有限公司	3		1	
有限责任公司	38	30	29	11
国有独资公司	2		1	
私营有限责任公司	27	22	23	6
港澳台合资经营企业				
中外合资经营企业				
其他有限责任公司	9	8	5	5

6-25 全部工业总产值

（2015年，按当年价格计算） 单位：万元

指 标 名 称	全 市	市 区	柳江县	柳城县
总 计	45461950	38814235	2907288	915751
轻工业	5188056	3192176	364207	462118
重工业	40273895	35622058	2543082	453633
按统计口径分组				
年主营业务收入2000万元以上工业企业	44552506	38415918	2688096	872175
#国有控股企业	22664497	21129772	820780	241662
#轻工业	4833372	3021543	324774	440090
重工业	39719134	35394375	2363323	432085
#大型企业	22734861	21699881	540604	157701
中型企业	10750321	8420946	1036992	314770
小型企业	10592617	7873456	1076847	389086
微型企业	474707	421635	33653	10618
按登记注册类型分组				
国有企业	6387710	6194460	78235	22110
集体企业	247031	241770	1430	
股份合作企业	154652	154652		
联营企业	543	543		
有限责任公司	11662574	9307004	1269492	323023
股份有限公司	2039096	1698018	64842	209511
私营企业	12253267	9045940	1260825	317531
港澳台商投资企业	668783	668783		
外商投资企业	10669757	10635655	13272	
按经济组织类型分组				
独资企业	8000507	7595476	203014	22110
国有企业	6387710	6194460	78235	22110
集体企业	247031	241770	1430	
私营独资企业	1025806	832261	123349	
港澳台商独资经营企业	21260	21260		
外资企业	318701	305725		

6-25 续表1

单位:万元

指 标 名 称	鹿寨县	融安县	融水苗族自治县	三江侗族自治县
总　　计	1565665	521812	640065	97134
轻工业	821978	137710	158590	51277
重工业	743687	384103	481475	45858
按统计口径分组				
年主营业务收入2000万元以上工业企业	1484973	468191	578297	44855
#国有控股企业	304998	39975	107347	19965
#轻工业	781424	113044	133111	19387
重工业	703549	355148	445186	25469
#大型企业	336674			
中型企业	801302	76643	85345	14323
小型企业	341139	391549	492952	27587
微型企业	5857			2945
按登记注册类型分组				
国有企业	50777	39975	2154	
集体企业			3830	
股份合作企业				
联营企业				
有限责任公司	425134	146377	165663	25881
股份有限公司	55525	2038	6601	2560
私营企业	940561	271947	400049	16415
港澳台商投资企业				
外商投资企业	12976	7855		
按经济组织类型分组				
独资企业	76719	91592	11597	
国有企业	50777	39975	2154	
集体企业			3830	
私营独资企业	12966	51618	5612	
港澳台商独资经营企业				
外资企业	12976			

6-25 续表2　　　　单位:万元

指标名称	全市	市区	柳江县	柳城县
合作、合伙企业	803433	761692	24906	
股份合作企业	154652	154652		
集体联营企业				
国有与集体联营企业	543	543		
私营合伙企业	140763	106877	24906	
港或澳、台资合作经营企业	30526	30526		
中外合作经营企业	7855			
股份有限公司	2374034	1846806	121912	219081
股份有限公司(内资)	2039096	1698018	64842	209511
私营股份有限公司	234707	48557	57070	9570
有限责任公司	33374532	28211944	2338264	630984
国有独资公司	798026	752474	24904	4537
私营有限责任公司	10851992	8058246	1055500	307961
港澳台合资经营企业	616996	616996		
中外合资经营企业	10242970	10229698	13272	
其他有限责任公司	10864548	8554530	1244588	318486
年主营业务收入2000万元以下工业企业	909445	398316	219192	43576
#轻工业	354683	170633	39433	22028
重工业	554761	227683	179759	21548

6-25 续表3

单位:万元

指标名称	鹿寨县	融安县	融水苗族自治县	三江侗族自治县
合作、合伙企业	5857	7855	3122	
股份合作企业				
集体联营企业				
国有与集体联营企业				
私营合伙企业	5857		3122	
港或澳、台资合作经营企业				
中外合作经营企业		7855		
股份有限公司	167606	2038	14031	2560
股份有限公司(内资)	55525	2038	6601	2560
私营股份有限公司	112081		7430	
有限责任公司	1234791	366706	549547	42296
国有独资公司	6138		9974	
私营有限责任公司	809657	220329	383884	16415
港澳台合资经营企业				
中外合资经营企业				
其他有限责任公司	418996	146377	155689	25881
年主营业务收入2000万元以下工业企业	80692	53621	61768	52279
#轻工业	40554	24666	25479	31890
重工业	40138	28955	36289	20389

6-26 主要工业产品产量

（2015年）

产品名称	单位	全市	市区	柳江县	柳城县
铁矿石原矿	吨	1706063	1598736		
铜金属含量	吨	170			
锌金属含量	吨	3450			
锡金属含量	吨	292			
高岭土(瓷土)	吨	19176			
小麦粉	吨	135977	135977		
大米	吨	154611	14412		
饲料	吨	873763	504586	95153	
其中:配合饲料	吨	652151	397108		
混合饲料	吨	182666	68532	95153	
精制食用植物油	吨	11204	3781		
成品糖	吨	772010	33070	216177	307233
加工糖	吨	70291		70291	
冷冻蔬菜	吨	1453			
冷冻蔬菜	吨	1453			
饼干	吨	632	632		
焙烤松脆食品	吨	113			
糖果	吨	3	3		
乳制品	吨	23194	23194		
液体乳	吨	23194	23194		
酱油	吨	1067	1067		
食品添加剂	吨	86033	1486	51575	32885
发酵酒精(折96度,商品量)	千升	31356			4600
饮料酒	千升	96569	1227	65674	
其中:白酒(折65度,商品量)	千升	30368		700	
啤酒	千升	1227	1227		
黄酒	千升	29080		29080	
果酒及配制酒	千升	31345		31345	
软饮料	吨	65264	64869	395	
其中:碳酸型饮料(汽水)	吨	1884	1489	395	
包装饮用水	吨	63380	63380		
精制茶	吨	347			
卷烟	万支	4155480	4155480		
纱	吨	32429	29746		
棉纱	吨	9239	6556		
棉混纺纱	吨	20543	20543		
化学纤维纱	吨	2647	2647		
布	万米	1032	1032		
其中:色织布(含牛仔布)	万米	7	7		
其中:棉布	万米	100	100		

6-26 续表

产品名称	单位	鹿寨县	融安县	融水苗族自治县	三江侗族自治县
铁矿石原矿	吨		107327		
铜金属含量	吨			170	
锌金属含量	吨		3450		
锡金属含量	吨			292	
高岭土(瓷土)	吨			19176	
小麦粉	吨				
大米	吨	140199			
饲料	吨	274024			
其中:配合饲料	吨	255043			
混合饲料	吨	18981			
精制食用植物油	吨	5619		1685	119
成品糖	吨	70112	42512	102905	
加工糖	吨				
冷冻蔬菜	吨			1453	
冷冻蔬菜	吨			1453	
饼干	吨				
焙烤松脆食品	吨	113			
糖果	吨				
乳制品	吨				
液体乳	吨				
酱油	吨				
食品添加剂	吨	87			
发酵酒精(折96度,商品量)	千升	26756			
饮料酒	千升	29668			
其中:白酒(折65度,商品量)	千升	29668			
啤酒	千升				
黄酒	千升				
果酒及配制酒	千升				
软饮料	吨				
其中:碳酸型饮料(汽水)	吨				
包装饮用水	吨				
精制茶	吨				347
卷烟	万支				
纱	吨	2683			
棉纱	吨	2683			
棉混纺纱	吨				
化学纤维纱	吨				
布	万米				
其中:色织布(含牛仔布)	万米				
其中:棉布	万米				

6-26　续表1

产品名称	单位	全市	市区	柳江县	柳城县
化学纤维短纤布	万米	9	9		
蚕丝	吨	13635	618		1560
服装	万件	765	623	114	
梭织服装	万件	103	18	57	
西服套装	万件	18	18		
针织服装	万件	643	585	57	
皮革服装	万件	3089			
锯材	立方米	17548			
人造板	立方米	4316921	817670		156677
其中:胶合板	立方米	3328880	550778		38433
纤维板	立方米	778770	186363		118244
刨花板	立方米	98583			
实木木地板	平方米	360911			
家具	件	742920	594706		
其中:木质家具	件	126583	9819		
金属家具	件	307312	307312		
软体家具	件	23111	23111		
衣架	万个	2646			
纸浆(原生浆及废纸浆)	吨	79078	32026		
机制纸及纸板(外购原纸加工除外)	吨	239152	38110	19365	106939
其中:未涂布印刷书写用纸	吨	1415	1415		
卫生用纸原纸	吨	48102	36695		
纸制品	吨	8707	7750	957	
其中:瓦楞纸箱	吨	957		957	
单色印刷品	令	617832	617832		
多色印刷品	对开色令	134834	134834		
硫酸(折100%)	吨	740828	39809		202610
盐酸(氯化氢,含量31%)	吨	107874			
浓硝酸(折100%)	吨	74315	74315		
烧碱(折100%)	吨	162875			46243
其中:离子膜法烧碱(折100%)	吨	116632			
纯碱(碳酸钠)	吨	61211	61211		
精甲醇	吨	114448	51961		
硫磺	吨	46296	46296		
合成氨(无水氨)	吨	556820	509273		
农用氮、磷、钾化学肥料(折纯)	吨	475475	167387		42565
氮肥(折含氮100%)	吨	253534	167387		
其中:尿素(折含氮100%)	吨	140428	140428		
磷肥(折五氧化二磷100%)	吨	221941			42565
合成复合肥料(实物量)	吨	434457	188132		37973

6-26 续表2

产品名称	单位	鹿寨县	融安县	融水苗族自治县	三江侗族自治县
化学纤维短纤布	万米				
蚕丝	吨	10036	745	676	
服装	万件	28			
梭织服装	万件	28			
西服套装	万件				
针织服装	万件				
皮革服装	万件	3089			
锯材	立方米			17548	
人造板	立方米	941211	961386	1439978	
其中:胶合板	立方米	467047	929679	1342943	
纤维板	立方米	474164			
刨花板	立方米		31707	66876	
实木木地板	平方米			360911	
家具	件	40487	31450	76277	
其中:木质家具	件	40487		76277	
金属家具	件				
软体家具	件				
衣架	万个			2646	
纸浆(原生浆及废纸浆)	吨	47052			
机制纸及纸板(外购原纸加工除外)	吨	74738			
其中:未涂布印刷书写用纸	吨				
卫生用纸原纸	吨	11407			
纸制品	吨				
其中:瓦楞纸箱	吨				
单色印刷品	令				
多色印刷品	对开色令				
硫酸(折100%)	吨	418833	79576		
盐酸(氯化氢,含量31%)	吨	107874			
浓硝酸(折100%)	吨				
烧碱(折100%)	吨	116632			
其中:离子膜法烧碱(折100%)	吨	116632			
纯碱(碳酸钠)	吨				
精甲醇	吨	62487			
硫磺	吨				
合成氨(无水氨)	吨	47547			
农用氮、磷、钾化学肥料(折纯)	吨	265523			
氮肥(折含氮100%)	吨	86147			
其中:尿素(折含氮100%)	吨				
磷肥(折五氧化二磷100%)	吨	179376			
合成复合肥料(实物量)	吨			208352	

6-26 续表3

产品名称	单位	全市	市区	柳江县	柳城县
磷酸一铵(实物量)	吨	92656			
磷酸二铵(实物量)	吨	197364			
涂料	吨	5539	4573	825	
颜料	吨	2335			
初级形态塑料	吨	227	227		
化学试剂	吨	24366			
松香	吨	14787			
改性松香	吨	10446			
松节油	吨	1585			
肥(香)皂	吨	2595	2595		
合成洗涤剂	吨	14740	14740		
其中:合成洗衣粉	吨	5736	5736		
液体洗涤剂	吨	8814	8814		
牙膏(折65克标准支)	万支	16759	16759		
香精	吨	199	199		
化学药品原药	吨	25	25		
中成药	吨	52812	4086	5954	30196
橡胶输送带	平方米	333818		333818	
橡胶管	万标米	13		13	
塑料制品	吨	89247	55105	22003	
其中:塑料薄膜	吨	1757	1757		
塑料丝、绳及编织品	吨	4449			
泡沫塑料	吨	56	56		
日用塑料制品	吨	6651	6651		
硅酸盐水泥熟料	吨	4638459	3202678		
其中:窑外分解窑水泥熟料	吨	4638459	3202678		
水泥	吨	7397185	3373516	133252	214285
其中:强度等级42.5水泥(含R型)	吨	3593766	2681980		94061
强度等级52.5水泥(含R型)	吨	239955	239955		
石灰	吨	861313		298426	562887
商品混凝土	立方米	6479255	5438147	267256	
砖	万块	122043	53934	211	8389
天然大理石建筑板材	平方米	45603		45603	
钢化玻璃	平方米	217144	217144		
夹层玻璃	平方米	25418	25418		
耐火材料制品	吨	1278	1278		
生铁	吨	10514859	10514859		
粗钢	吨	10826595	10826595		
铸铁件	吨	266896	258265	8631	
铸钢件	吨	46921	7574	1212	38135

6-26　续表4

产　品　名　称	单　位	鹿寨县	融安县	融水苗族自治县	三江侗族自治县
磷酸一铵(实物量)	吨	92656			
磷酸二铵(实物量)	吨	197364			
涂料	吨	141			
颜料	吨	2335			
初级形态塑料	吨				
化学试剂	吨	24366			
松香	吨	4468		10319	
改性松香	吨			10446	
松节油	吨			1585	
肥(香)皂	吨				
合成洗涤剂	吨				
其中:合成洗衣粉	吨				
液体洗涤剂	吨				
牙膏(折65克标准支)	万支				
香精	吨				
化学药品原药	吨				
中成药	吨	3136	9440		
橡胶输送带	平方米				
橡胶管	万标米				
塑料制品	吨	12139			
其中:塑料薄膜	吨				
塑料丝、绳及编织品	吨	4449			
泡沫塑料	吨				
日用塑料制品	吨				
硅酸盐水泥熟料	吨	1435781			
其中:窑外分解窑水泥熟料	吨	1435781			
水泥	吨	2858407	778014		39711
其中:强度等级42.5水泥(含R型)	吨		778014		39711
强度等级52.5水泥(含R型)	吨				
石灰	吨				
商品混凝土	立方米	277496	65391	430965	
砖	万块	23147	31658	4705	
天然大理石建筑板材	平方米				
钢化玻璃	平方米				
夹层玻璃	平方米				
耐火材料制品	吨				
生铁	吨				
粗钢	吨				
铸铁件	吨				
铸钢件	吨				

6-26 续表5

产品名称	单位	全市	市区	柳江县	柳城县
钢材	吨	13957057	13957057		
中小型型钢	吨	16600	16600		
棒材	吨	46684	46684		
钢筋	吨	4250357	4250357		
线材(盘条)	吨	814100	814100		
特厚板	吨	178172	178172		
厚钢板	吨	409115	409115		
中板	吨	198781	198781		
中厚宽钢带	吨	5068897	5068897		
冷轧薄宽钢带	吨	2850185	2850185		
无缝钢管	吨	109178	109178		
其他钢材	吨	14988	14988		
用外购国产钢材再加工生产钢材	吨	2901145	2901145		
用外购钢材再加工生产钢材	吨	2901145	2901145		
十种有色金属	吨	45417	11033		8216
锌	吨	45417	11033		8216
单一稀土金属	千克	986			986
铝材	吨	13715		13715	
钢丝绳	吨	51206			51206
锻件	吨	99911	99911		
工业锅炉	蒸发量吨	2126	2126		
发动机	千瓦	138679350	138679350		
其中:汽车用发动机	千瓦	138679350	138679350		
电站水轮机	千瓦	326520	326520		
金属切削机床	台	161	161		
其中:数控金属切削机床	台	124	124		
起重机	吨	3730	3730		
内燃叉车	台	7449	7449		
泵	台	6843	6843		
气体压缩机	台	4181	4181		

6-26 续表6

产 品 名 称	单 位	鹿寨县	融安县	融水苗族自治县	三江侗族自治县
钢材	吨				
中小型型钢	吨				
棒材	吨				
钢筋	吨				
线材(盘条)	吨				
特厚板	吨				
厚钢板	吨				
中板	吨				
中厚宽钢带	吨				
冷轧薄宽钢带	吨				
无缝钢管	吨				
其他钢材	吨				
用外购国产钢材再加工生产钢材	吨				
用外购钢材再加工生产钢材	吨				
十种有色金属	吨		26168		
锌	吨		26168		
单一稀土金属	千克				
铝材	吨				
钢丝绳	吨				
锻件	吨				
工业锅炉	蒸发量吨				
发动机	千瓦				
其中:汽车用发动机	千瓦				
电站水轮机	千瓦				
金属切削机床	台				
其中:数控金属切削机床	台				
起重机	吨				
内燃叉车	台				
泵	台				
气体压缩机	台				

6-26 续表7

产品名称	单位	全市	市区	柳江县	柳城县
非制冷设备用压缩机	台	4019	4019		
液压元件	件	1102472	1102472		
齿轮	吨	296	296		
钢铁铰接链(工业链条)	吨	848	848		
工商用制冷、空调设备	台(套)	73519	12364	61155	
其中:工商用空调设备	台(套)	65772	6627	59145	
其中:车用空调设备	台(套)	65720	6627	59093	
金属紧固件	吨	74542		74542	
弹簧	吨	2027	2027		
建筑工程用机械	台	9647	8486	1161	
其中:挖掘、铲土运输机械	台	9647	8486	1161	
其中:挖掘机	台	1161		1161	
装载机	台	8060	8060		
塑料加工专用设备	台	110		110	
模具	套	24	24		
小型拖拉机	台	151		151	
机械化农业及园艺机具	台	166		166	
其中:土壤耕整机械	台	74		74	
收获机械	台	64		64	
汽车	辆	2288692	2288692		
其中:基本型乘用车(轿车)	辆	31669	31669		
轿车(排量≤1升)	辆	10388	10388		
轿车(1升<排量≤1.6升)	辆	21281	21281		
多功能乘用车(MPV)	辆	1239285	1239285		
运动型多用途乘用车(SUV)	辆	145592	145592		
交叉型乘用车	辆	602416	602416		
载货汽车	辆	239124	239124		
改装汽车	辆	71714	66747	4967	
汽车车身(包括驾驶室)	辆	95608		95608	
机动车(汽车)零配件	千元	23484605	12939168	7748441	2796996
民用钢质船舶	载重吨	53173			53173
钢质机动货船	载重吨	53173			53173
发电机组(发电设备)	千瓦	282000	282000		
其中:水轮发电机组	千瓦	282000	282000		
电动机	千瓦	12010	12010		
交流电动机	千瓦	12010	12010		
变压器	千伏安	3661417	3423667	237750	
高压开关板	面	27599	27599		
低压开关板	面	33684	33684		
电线	千米	8989	2041	6948	
电力电缆	千米	25644		25644	
铅酸蓄电池	千伏安时	673430		673430	
灯具及照明装置	套(台、个)	19717	19717		
光电子器件	万只(片、套)	3325			
液晶显示屏	万片	2835			
自来水生产量	万立方米	20142	16585		

6-26 续表8

产品名称	单位	鹿寨县	融安县	融水苗族自治县	三江侗族自治县
非制冷设备用压缩机	台				
液压元件	件				
齿轮	吨				
钢铁铰接链(工业链条)	吨				
工商用制冷、空调设备	台(套)				
其中:工商用空调设备	台(套)				
其中:车用空调设备	台(套)				
金属紧固件	吨				
弹簧	吨				
建筑工程用机械	台				
其中:挖掘、铲土运输机械	台				
其中:挖掘机	台				
装载机	台				
塑料加工专用设备	台				
模具	套				
小型拖拉机	台				
机械化农业及园艺机具	台				
其中:土壤耕整机械	台				
收获机械	台				
汽车	辆				
其中:基本型乘用车(轿车)	辆				
轿车(排量≤1升)	辆				
轿车(1升<排量≤1.6升)	辆				
多功能乘用车(MPV)	辆				
运动型多用途乘用车(SUV)	辆				
交叉型乘用车	辆				
载货汽车	辆				
改装汽车	辆				
汽车车身(包括驾驶室)	辆				
机动车(汽车)零配件	千元				
民用钢质船舶	载重吨				
钢质机动货船	载重吨				
发电机组(发电设备)	千瓦				
其中:水轮发电机组	千瓦				
电动机	千瓦				
交流电动机	千瓦				
变压器	千伏安				
高压开关板	面				
低压开关板	面				
电线	千米				
电力电缆	千米				
铅酸蓄电池	千伏安时				
灯具及照明装置	套(台、个)				
光电子器件	万只(片、套)		3325		
液晶显示屏	万片		2835		
自来水生产量	万立方米	2489	427	641	

6-27　全市规模以上工业企业主要财务状况

（2015年）　　　　　　　　　　　　　　　　　　单位：万元

指标名称	单位数(个)	#亏损企业	工业总产值（当年价）	工业销售产值（当年价）
总　计	818	163	44552506	43224583
#亏损企业	163	163	7723296	7468177
#国有控股企业	94	29	22664497	22442503
按登记注册类型分组				
内资企业	786	155	33213966	31871479
国有企业	19	4	6387710	6342794
中央企业	7		1400105	1392822
地方企业	12	4	4987605	4949972
集体企业	16	2	247031	245251
股份合作企业	8	2	154652	147406
联营企业	1	1	543	510
有限责任公司	240	51	11662574	11262631
#国有独资公司	16	6	798026	794857
其他有限责任公司	224	45	10864548	10467774
股份有限公司	30	13	2039096	1832369
私营企业	468	81	12253267	11573323
港、澳、台商投资企业	13	3	668783	571078
外商投资企业	19	5	10669757	10782026
按经济组织类型分组				
独资企业	99	18	8000507	7906817
#国有企业	19	4	6387710	6342794
集体企业	16	2	247031	245251
合作、合伙企业	25	4	803433	779554
股份有限公司	48	19	2374034	2163683
有限责任公司	646	122	33374532	32374529
按轻重工业分				
轻工业	159	26	4833372	4564711
重工业	659	137	39719134	38659872
按企业规模分				
#大型工业	35	6	22734861	22584795
中型工业	161	31	10750321	10128641
小型工业	583	112	10592617	10050022
微型工业	39	14	474707	461126

注：规模以上工业企业指年主营业务收入在2000万元以上工业企业。

单位:万元

指 标 名 称	单位数(个)	#亏损企业	工业总产值(当年价)	工业销售产值(当年价)
按工业行业大类分	818	163	44552506	43224583
黑色金属矿采选业	9	1	481272	472094
有色金属矿采选业	4	4	22669	13000
非金属矿采选业	2	1	8976	8976
农副食品加工业	31	10	1080704	965484
食品制造业	20	2	280026	269811
酒、饮料和精制茶制造业	11		80268	76506
烟草制品业	1		1046878	1050537
纺织业	25	6	807549	720229
纺织服装、服饰业	2	1	13527	13527
木材加工和木、竹、藤、棕、草制品业	70	5	1411644	1378118
家具制造业	9		365928	363714
造纸和纸制品业	15	2	230324	217403
印刷和记录媒介复制业	6	1	13022	12296
文教、工美、体育和娱乐用品制造业	2		40004	34911
石油加工、炼焦和核燃料加工业	2	1	16915	23066
化学原料和化学制品制造业	39	10	1200634	1146621
医药制造业	12	2	264536	238781
橡胶和塑料制品业	13	4	183822	180405
非金属矿物制品业	47	17	1076737	1050443
黑色金属冶炼和压延加工业	33	10	7328760	7309575
有色金属冶炼和压延加工业	17	4	309056	251966
金属制品业	27	4	718014	692859
通用设备制造业	38	10	999940	939657
专用设备制造业	37	11	1797573	1667267
汽车制造业	266	47	22289822	21728728
铁路、船舶、航空航天和其他运输设备制造业	7		246971	244689
电气机械和器材制造业	33	4	722792	642788
计算机、通信和其他电子设备制造业	4		107111	107020
仪器仪表制造业	2		33135	33135
其他制造业	1		52538	52538
废弃资源综合利用业	6	3	202567	201976
金属制品、机械和设备修理业	1		2081	2081
电力、热力生产和供应业	24	3	1076868	1074542
燃气生产和供应业	1		19843	19843
水的生产和供应业	1		19999	19999

6-27 续表1 单位:万元

指标名称	资产合计	流动资产合计	#存货	#产成品	固定资产合计	固定资产原价	累计折旧
总　计	30722355	17730394	4186047	1993835	9444883	13758731	5180312
#亏损企业	10556353	4798252	1411186	365475	3904598	5854248	2059609
#国有控股企业	19599356	10813007	2630162	1208187	6389298	9733637	4058975
按登记注册类型分组							
内资企业	24027006	13517046	3303229	1193399	7366802	11307785	4216905
国有企业	5680808	3103389	1222814	139445	2116359	3548829	1467264
中央企业	1233360	887219	328975	9760	179531	398051	243861
地方企业	4447448	2216170	893839	129686	1936828	3150777	1223403
集体企业	106213	78360	12924	6504	24972	32822	11130
股份合作企业	40421	20644	3108	913	12730	22587	9903
联营企业	2150	1966	1893	26			
有限责任公司	8123929	4833892	915758	486259	2451896	4012666	1698621
#国有独资公司	824924	230657	55031	14096	471250	985723	514933
其他有限责任公司	7299005	4603234	860727	472163	1980646	3026943	1183689
股份有限公司	4002108	1913889	295484	151479	999631	1435081	477662
私营企业	5892604	3458838	801518	375551	1710477	2194153	541416
港、澳、台商投资企业	552753	331806	48209	25173	170894	267694	97489
外商投资企业	6142596	3881541	834608	775263	1907186	2183253	865917
按经济组织类型分组							
独资企业	6226573	3493018	1290944	170053	2236356	3740850	1548548
#国有企业	5680808	3103389	1222814	139445	2116359	3548829	1467264
集体企业	106213	78360	12924	6504	24972	32822	11130
合作、合伙企业	305619	180764	65284	38629	89630	142944	53359
股份有限公司	4355233	2087984	339948	175542	1141202	1604677	506190
有限责任公司	19834929	11968628	2489870	1609611	5977695	8270261	3072215
按轻重工业分							
轻工业	3504330	2073137	648451	158289	858545	1418672	585420
重工业	27218025	15657257	3537595	1835546	8586338	12340059	4594891
按企业规模分							
#大型工业	17877121	10427995	2305342	1215977	5423070	8135415	3305418
中型工业	7321250	3863393	1025723	362224	2560084	3541806	1142609
小型工业	5323265	3286986	816469	407496	1416331	2029306	705795
微型工业	200719	152020	38512	8139	45399	52204	26490

6-27　续表2　　　　单位:万元

指　标　名　称	资产合计	流动资产合计	#存货	#产成品	固定资产合计	固定资产原价	累计折旧
按工业行业大类分	30722355	17730394	4186047	1993835	9444883	13758731	5180312
黑色金属矿采选业	188969	105941	16842	7141	64861	68089	3228
有色金属矿采选业	20580	12835	4858	3210	4044	7267	3223
非金属矿采选业	6072	4443	246	236	634	892	270
农副食品加工业	695380	435719	156687	82433	191477	362218	176301
食品制造业	175323	69906	22838	9696	83933	126357	43379
酒、饮料和精制茶制造业	48191	24182	6064	1345	15189	19610	5308
烟草制品业	966005	665428	300601	2510	122956	294516	171560
纺织业	329922	174759	59543	18932	145903	169014	25412
纺织服装、服饰业	10046	8730	3045	1409	1316	2303	1009
木材加工和木、竹、藤、棕、草制品业	405031	208658	73809	25194	142573	171943	35837
家具制造业	178805	135280	11840	5124	22430	32072	10936
造纸和纸制品业	133017	41098	12172	4921	68524	91784	25558
印刷和记录媒介复制业	17064	12880	1278	293	3716	7526	3936
文教、工美、体育和娱乐用品制造业	7323	4876	1666	537	1968	2689	807
石油加工、炼焦和核燃料加工业	37427	24689	2660	1388	5132	8626	3494
化学原料和化学制品制造业	1809872	752353	150053	86508	775169	1108349	420950
医药制造业	203019	140581	23802	9809	30748	48062	28490
橡胶和塑料制品业	183105	142287	25172	12323	25709	32337	9907
非金属矿物制品业	889167	396525	64064	21784	343748	536097	214168
黑色金属冶炼和压延加工业	5128605	2738304	876363	89047	2084359	3308529	1229898
有色金属冶炼和压延加工业	410382	142420	66700	21270	232263	251388	23898
金属制品业	219481	106427	27633	14354	94223	117641	29089
通用设备制造业	433588	278251	87835	36595	123210	213050	97914
专用设备制造业	2502283	1563082	269280	128964	224897	337678	121998
汽车制造业	13109846	8557838	1771689	1334819	3434679	4227778	1455667
铁路、船舶、航空航天和其他运输设备制造业	331807	263741	25280	4114	46019	111234	65283
电气机械和器材制造业	349835	254002	73458	40926	51673	69800	26930
计算机、通信和其他电子设备制造业	20584	14020	4412	1532	2797	4572	1880
仪器仪表制造业	14013	10368	1876	1233	1981	2818	837
其他制造业	13553	12535	2039	2039	1018	2356	1338
废弃资源综合利用业	163966	131871	21238	20321	9384	11579	2195
金属制品、机械和设备修理业	6027	4661	11		965	2008	1043
电力、热力生产和供应业	1588923	272219	19494	3830	1007931	1868733	878209
燃气生产和供应业	70584	9666	1061		38004	55142	17138
水的生产和供应业	54564	9823	440		41451	84675	43224

6-27 续表3　　单位:万元

指 标 名 称	负债合计	流动负债	所有者权益合计	实收资本	国家资本	集体资本
总　计	21603839	18042030	9115351	3419798	1327245	86246
#亏损企业	7373643	5807441	3182327	1467646	655417	62235
#国有控股企业	13727972	11555562	5872383	2207914	1270809	30852
按登记注册类型分组						
内资企业	16402990	13187209	7620851	2897927	1188830	79231
国有企业	3809167	3465862	1871640	543528	528022	1315
中央企业	459716	451193	773644	285398	284453	
地方企业	3349452	3014669	1097996	258130	243568	1315
集体企业	55983	34885	50231	10552		8821
股份合作企业	17408	17408	23013	12362		
联营企业	3150					
有限责任公司	5725521	4726457	2397024	1262043	484636	13269
#国有独资公司	708098	244848	116826	131107	126518	
其他有限责任公司	5017424	4481609	2280198	1130936	358118	13269
股份有限公司	2289707	1339611	1712401	513018	171004	27299
私营企业	4389271	3540014	1500552	548893	5169	28527
港、澳、台商投资企业	353253	254621	199500	100207	29651	3450
外商投资企业	4847595	4600200	1295001	421663	108763	3565
按经济组织类型分组						
独资企业	4167232	3788318	2059340	624626	528611	10136
#国有企业	3809167	3465862	1871640	543528	528022	1315
集体企业	55983	34885	50231	10552		8821
合作、合伙企业	180461	117961	126158	36297		1440
股份有限公司	2527324	1538485	1827909	555803	171004	37734
有限责任公司	14728822	12597267	5101944	2203072	627631	36936
按轻重工业分						
轻工业	1734428	1395129	1769900	659891	299322	60715
重工业	19869411	16646901	7345451	2759907	1027922	25530
按企业规模分						
#大型工业	13244882	11175280	4632239	1258202	602214	27299
中型工业	4632283	3723133	2688966	1163284	593618	32355
小型工业	3574457	3023118	1748802	968077	124029	23142
微型工业	152217	120500	45344	30234	7385	3450

6-27 续表4 单位:万元

指 标 名 称	负债合计	流动负债	所有者权益合计	实收资本	国家资本	集体资本
按工业行业大类分	21603839	18042030	9115351	3419798	1327245	86246
黑色金属矿采选业	125803	102443	61785	14402	30	51
有色金属矿采选业	13525	13017	7056	4874	174	
非金属矿采选业	471	471	5601	55		5
农副食品加工业	380621	275547	314758	58781	6121	1230
食品制造业	99699	85276	75624	70019		19498
酒、饮料和精制茶制造业	28938	24188	19253	8080		
烟草制品业	257297	256883	708708	242010	242010	
纺织业	261852	218228	68069	24030	140	
纺织服装、服饰业	3951	3951	6094	4530		
木材加工和木、竹、藤、棕、草制品业	195653	177456	206602	44527	80	20
家具制造业	130495	123922	48309	24373		
造纸和纸制品业	125941	40027	7076	38294	19731	
印刷和记录媒介复制业	8088	7297	8976	7745	2014	5050
文教、工美、体育和娱乐用品制造业	4883	4467	2440	1895		
石油加工、炼焦和核燃料加工业	16271	16052	21155	13722	6120	
化学原料和化学制品制造业	987502	702237	822369	376447	39073	35437
医药制造业	109534	96572	93485	26249	1134	
橡胶和塑料制品业	110958	95092	72147	31229	4200	51
非金属矿物制品业	534965	447400	354202	228675	7675	5208
黑色金属冶炼和压延加工业	3858591	3496417	1270014	352307	239288	6450
有色金属冶炼和压延加工业	317343	123955	93038	112602	105526	
金属制品业	125800	96194	93681	27703	330	
通用设备制造业	250933	224890	182655	146098	72865	594
专用设备制造业	1291232	785610	1212051	293039	150694	672
汽车制造业	10537364	9454999	2572478	836846	239020	7518
铁路、船舶、航空航天和其他运输设备制造业	259306	232552	72501	47534	44159	
电气机械和器材制造业	217442	195744	132393	69753		
计算机、通信和其他电子设备制造业	5966	5911	14618	5963		
仪器仪表制造业	7959	7832	6054	2000		
其他制造业	8322		5231	1540		
废弃资源综合利用业	152241	146223	11725	4917	500	
金属制品、机械和设备修理业	348	348	5679	5000	5000	
电力、热力生产和供应业	1129426	553164	459496	244760	116114	4462
燃气生产和供应业	32201	18586	38383	15000	7500	
水的生产和供应业	12919	9083	41645	34800	17748	

单位:万元

指 标 名 称					主营业务收入	#主营业务成本	#主营业务税金及附加
	法人资本	个人资本	港澳台资本	外商资本			
总 计	1130053	619825	29711	226718	41307790	36495942	1094352
#亏损企业	466543	233720	12869	36861	7073683	6889616	18288
#国有控股企业	624662	117615	7936	156040	22301984	18889440	1028780
按登记注册类型分组							
内资企业	1008233	613525	436	7672	29831904	27038268	768034
国有企业	14192				6259623	5363843	614203
中央企业	945				1443549	620489	604538
地方企业	13247				4816075	4743354	9666
集体企业	530	1202			250548	229974	1301
股份合作企业	3015	9347			148087	141700	946
联营企业					404	375	2
有限责任公司	648018	109941		6180	10485317	9629380	99658
#国有独资公司	4589				802009	786705	1620
其他有限责任公司	643428	109941		6180	9683308	8842675	98038
股份有限公司	146664	166124	436	1492	1718005	1489476	9289
私营企业	195815	319382			10525180	9775436	42102
港、澳、台商投资企业	15991	6300	26775	18041	584678	511962	1615
外商投资企业	105830		2500	201006	10891209	8945712	324704
按经济组织类型分组							
独资企业	16916	21322	2259	45383	7752880	6745121	624214
#国有企业	14192				6259623	5363843	614203
集体企业	530	1202			250548	229974	1301
合作、合伙企业	3115	25982		5760	753153	698308	1928
股份有限公司	154868	187895	436	3867	2023465	1763466	10890
有限责任公司	955155	384627	27016	171708	30778294	27289048	457321
按轻重工业分							
轻工业	161624	92869	936	44424	4526142	3400869	619893
重工业	968429	526956	28775	182294	36781649	33095074	474459
按企业规模分							
#大型工业	384546	117496	2821	123826	22456109	19788593	421647
中型工业	325086	141893	14698	55635	9110943	7673349	640247
小型工业	411202	353359	9089	47256	9280224	8594444	32138
微型工业	9220	7077	3103		460516	439557	320

6-27 续表6

单位：万元

指 标 名 称	法人资本	个人资本	港澳台资本	外商资本	主营业务收入	#主营业务成本	#主营业务税金及附加
按工业行业大类分	1130053	619825	29711	226718	41307790	36495942	1094352
黑色金属矿采选业	6021	8300			429421	415119	717
有色金属矿采选业		4700			19720	19330	90
非金属矿采选业		50			8976	6389	281
农副食品加工业	43838	7423		170	896067	826115	1383
食品制造业	16331	9468		24722	262139	230398	2041
酒、饮料和精制茶制造业	2370	5710			75292	56734	3504
烟草制品业					1136950	351922	603637
纺织业	1158	22732			686877	652092	2470
纺织服装、服饰业	3000	1530			13324	11817	43
木材加工和木、竹、藤、棕、草制品业	14899	29528			1279379	1213355	5133
家具制造业	16709	6675		989	351259	330849	622
造纸和纸制品业	8150	10413			209345	199993	1618
印刷和记录媒介复制业		681			14225	11821	89
文教、工美、体育和娱乐用品制造业	1895				37679	34245	130
石油加工、炼焦和核燃料加工业	1722	5880			62681	60214	484
化学原料和化学制品制造业	217786	81723	936	1492	1128609	1010111	4069
医药制造业	13500	11615			229884	145085	1784
橡胶和塑料制品业	8860	18118			165706	148318	452
非金属矿物制品业	165925	41504	8364		967967	826195	13423
黑色金属冶炼和压延加工业	75127	28339	3103		6944546	6846167	13778
有色金属冶炼和压延加工业	3978	3098			252977	249245	319
金属制品业	6100	16550		4723	601246	552307	2139
通用设备制造业	29527	23193		19918	829593	759803	1665
专用设备制造业	36117	96575		8982	1607953	1439336	9147
汽车制造业	311477	126112	9808	142910	20793622	17973815	415505
铁路、船舶、航空航天和其他运输设备制造业	2885	490			200654	179466	1807
电气机械和器材制造业	21437	48316			602662	548643	1005
计算机、通信和其他电子设备制造业		5963			94730	86756	66
仪器仪表制造业		2000			26041	21865	140
其他制造业		1540			52538	49831	
废弃资源综合利用业	3817	600			189264	194521	116
金属制品、机械和设备修理业					1842	1786	23
电力、热力生产和供应业	117424	1000		5760	1078807	1007348	6347
燃气生产和供应业			7500		35819	24503	209
水的生产和供应业				17052	19999	10450	121

单位:万元

指　标　名　称	销售费用	其他业务利润	管理费用	#税　金
总　　计	1095244	56192	1593968	58970
#亏损企业	110995	22862	368971	16493
#国有控股企业	786718	43601	1029045	42683
按登记注册类型分组				
内资企业	514405	50426	1127844	43168
国有企业	44597	23361	293062	8883
中央企业	23349	3380	87851	1731
地方企业	21248	19981	205211	7152
集体企业	1994	256	14147	36
股份合作企业	1133	-7	1576	15
联营企业	24		86	
有限责任公司	206765	17344	382384	19169
#国有独资公司	3314	2358	20214	1055
其他有限责任公司	203451	14987	362170	18113
股份有限公司	105076	4791	121338	4646
私营企业	147165	2766	300056	8066
港、澳、台商投资企业	18321	1275	21705	574
外商投资企业	562518	4491	444419	15228
按经济组织类型分组				
独资企业	66351	23647	341224	10193
#国有企业	44597	23361	293062	8883
集体企业	1994	256	14147	36
合作、合伙企业	10532	1926	20808	2449
股份有限公司	108088	8794	138309	5063
有限责任公司	910274	21825	1093627	41265
按轻重工业分				
轻工业	128457	5863	186515	6220
重工业	966787	50329	1407453	52750
按企业规模分				
#大型工业	786409	34703	942084	29488
中型工业	153984	15026	359263	14992
小型工业	152429	5654	276049	14376
微型工业	2423	809	16572	114

6-27 续表8 单位:万元

指 标 名 称	销售费用	其他业务利润	管理费用	#税 金
按工业行业大类分	1095244	56192	1593968	58970
黑色金属矿采选业	2607		3573	68
有色金属矿采选业	109		1602	20
非金属矿采选业	1388		527	230
农副食品加工业	10126	781	31771	1135
食品制造业	9971		9144	333
酒、饮料和精制茶制造业	1747		9249	404
烟草制品业	21543	2528	56766	1485
纺织业	3247	624	16031	323
纺织服装、服饰业	550		635	
木材加工和木、竹、藤、棕、草制品业	17567	126	22451	1056
家具制造业	6026		6568	219
造纸和纸制品业	1232	28	7720	328
印刷和记录媒介复制业	297	31	1551	
文教、工美、体育和娱乐用品制造业	668		1515	3
石油加工、炼焦和核燃料加工业	1454	283	2272	249
化学原料和化学制品制造业	55966	1263	66784	2932
医药制造业	41503	142	13479	326
橡胶和塑料制品业	2606	143	5000	56
非金属矿物制品业	42494	267	36126	761
黑色金属冶炼和压延加工业	22524	19529	204990	7420
有色金属冶炼和压延加工业	5757	150	12426	823
金属制品业	8987	172	26951	152
通用设备制造业	19204	506	33412	955
专用设备制造业	55728	3705	81917	2838
汽车制造业	732799	20031	851968	26854
铁路、船舶、航空航天和其他运输设备制造业	2348	562	16881	531
电气机械和器材制造业	16857	514	23546	574
计算机、通信和其他电子设备制造业	1948	3	2799	30
仪器仪表制造业	736		1946	
其他制造业	527		633	282
废弃资源综合利用业	310	7	1837	100
金属制品、机械和设备修理业		105	134	14
电力、热力生产和供应业	2571	4112	36328	8347
燃气生产和供应业	1918		1009	46
水的生产和供应业	1931	580	4428	76

6-27 续表9

单位:万元

指 标 名 称	财务费用	#利息支出	营业利润	利润总额	亏损企业亏损额	利税总额
总 计	268092	307209	893659	964884	427325	3022834
#亏损企业	181951	180497	-448615	-427325	427325	-311415
#国有控股企业	141583	188404	520726	568442	334856	2288151
按登记注册类型分组						
内资企业	262614	291478	249718	315359	411335	1695681
国有企业	97669	84355	-63285	-54796	199169	778569
中央企业	-1551	3039	132520	132326		884775
地方企业	99220	81316	-195806	-187122	199169	-106206
集体企业	395	154	3120	3923	293	11699
股份合作企业	512	486	2230	2353	179	3923
联营企业			-83	-83	83	-63
有限责任公司	35372	62877	158149	189380	86647	472547
#国有独资公司	6259	1393	-7290	-7821	14868	16848
其他有限责任公司	29113	61484	165439	197201	71779	455699
股份有限公司	51354	73663	-49616	-38028	91914	13606
私营企业	71949	64327	189061	202287	33035	400895
港、澳、台商投资企业	5623	5892	28923	30970	2651	44215
外商投资企业	-145	9838	615018	618554	13339	1282938
按经济组织类型分组						
独资企业	106357	91774	-39922	-29839	205776	836040
#国有企业	97669	84355	-63285	-54796	199169	778569
集体企业	395	154	3120	3923	293	11699
合作、合伙企业	7007	7262	16843	17131	278	26658
股份有限公司	53760	75787	-43250	-29941	99360	36875
有限责任公司	100969	132386	959988	1007533	121911	2123262
按轻重工业分						
轻工业	28436	37175	190590	194521	41869	1043390
重工业	239655	270034	703069	770363	385456	1979444
按企业规模分						
#大型工业	119797	167899	487854	527699	263721	1494963
中型工业	68624	76639	258922	275769	92634	1187456
小型工业	77467	60376	148037	163812	66711	339660
微型工业	2204	2295	-1154	-2396	4260	755

6-27 续表10

单位:万元

指 标 名 称	财务费用	#利息支出	营业利润	利润总额	亏损企业亏损额	利税总额
按工业行业大类分	268092	307209	893659	964884	427325	3022834
黑色金属矿采选业	2120	2259	5309	5491	486	9998
有色金属矿采选业	175	175	-1585	-1382	1382	-1057
非金属矿采选业	139	139	253	151	12	636
农副食品加工业	8348	10191	20759	25487	4796	49457
食品制造业	4979	4567	5260	6696	4344	13732
酒、饮料和精制茶制造业	1930	1943	3106	1961		8398
烟草制品业	-1871	1730	126651	126129		869920
纺织业	4222	3915	7617	8117	6224	30277
纺织服装、服饰业	113	80	167	167	57	495
木材加工和木、竹、藤、棕、草制品业	4041	3827	15347	16792	1468	42696
家具制造业	2141	2286	5760	5924		10735
造纸和纸制品业	3324	2905	-5625	-8691	12839	-3666
印刷和记录媒介复制业	229	176	257	460	120	1081
文教、工美、体育和娱乐用品制造业	-19	20	1252	466		1731
石油加工、炼焦和核燃料加工业	729	711	-1820	-1738	2664	-666
化学原料和化学制品制造业	24346	31069	-27450	-24725	44019	4237
医药制造业	1751	2045	27417	28355	604	45097
橡胶和塑料制品业	820	616	8083	8321	559	11740
非金属矿物制品业	9617	8693	32534	34291	3836	71774
黑色金属冶炼和压延加工业	108703	90448	-186877	-179243	203522	-97394
有色金属冶炼和压延加工业	13165	13882	-27973	-25568	27624	-23167
金属制品业	3240	3091	7757	8935	198	15918
通用设备制造业	3658	4188	12215	14485	8882	25268
专用设备制造业	21912	31944	-9093	-95	29800	31629
汽车制造业	25228	63903	836410	867416	40050	1788724
铁路、船舶、航空航天和其他运输设备制造业	680	1869	3382	4823		17339
电气机械和器材制造业	5765	5560	8534	10588	1220	18963
计算机、通信和其他电子设备制造业	205	192	2950	3257		3927
仪器仪表制造业	145	143	1211	1275		1804
其他制造业	120	120	1428	1428		1428
废弃资源综合利用业	1912	1916	-9820	-9783	10645	-7877
金属制品、机械和设备修理业	-14		13	1		251
电力、热力生产和供应业	15498	11815	18737	23417	21977	67098
燃气生产和供应业	510	502	8064	8169		8057
水的生产和供应业	235	292	3432	3507		4252

6-27 续表11

单位:万元

指 标 名 称	本年应付工资总额	本年应交增值税	全部从业人员年平均数(人)
总 计	1996101	960616	271287
#亏损企业	435604	96055	61223
#国有控股企业	1175043	688937	111491
按登记注册类型分组			
内资企业	1564157	609308	227826
国有企业	369628	218176	25661
中央企业	97680	147547	4867
地方企业	271948	70629	20794
集体企业	14555	6472	2991
股份合作企业	3838	624	1233
联营企业		18	
有限责任公司	550731	182342	71387
#国有独资公司	49610	22784	5944
其他有限责任公司	501121	159558	65443
股份有限公司	148501	42152	23601
私营企业	402446	155875	101219
港、澳、台商投资企业	19318	11628	4967
外商投资企业	412626	339681	38494
按经济组织类型分组			
独资企业	421252	240672	38557
#国有企业	369628	218176	25661
集体企业	14555	6472	2991
合作、合伙企业	86961	7599	4896
股份有限公司	173304	55733	29198
有限责任公司	1314584	656612	198636
按轻重工业分			
轻工业	276070	228674	43079
重工业	1720032	731942	228208
按企业规模分			
#大型工业	1086858	544333	115315
中型工业	523754	270453	86336
小型工业	371253	142998	68718
微型工业	14236	2832	918

6-27 续表12

单位:万元

指 标 名 称	本年应付工资总额	本年应交增值税	全部从业人员年平均数(人)
按工业行业大类分	1996101	960616	271287
黑色金属矿采选业	7573	3789	1184
有色金属矿采选业	1218	236	408
非金属矿采选业	432	204	115
农副食品加工业	42718	22518	9247
食品制造业	9844	4959	2903
酒、饮料和精制茶制造业	1681	2934	854
烟草制品业	49620	140153	886
纺织业	67588	19689	10055
纺织服装、服饰业	1058	285	440
木材加工和木、竹、藤、棕、草制品业	46520	20772	12741
家具制造业	13983	4190	2816
造纸和纸制品业	11543	3407	2524
印刷和记录媒介复制业	1537	521	395
文教、工美、体育和娱乐用品制造业	1584	1134	1021
石油加工、炼焦和核燃料加工业	1483	588	230
化学原料和化学制品制造业	71597	24709	13867
医药制造业	28242	14958	2836
橡胶和塑料制品业	7442	2967	2015
非金属矿物制品业	41137	24061	10296
黑色金属冶炼和压延加工业	331170	67315	21712
有色金属冶炼和压延加工业	12857	2081	2090
金属制品业	23635	4842	5201
通用设备制造业	32921	8719	7541
专用设备制造业	103821	22372	15867
汽车制造业	911307	505433	119363
铁路、船舶、航空航天和其他运输设备制造业	41943	10223	5243
电气机械和器材制造业	30214	7023	7066
计算机、通信和其他电子设备制造业	1824	604	590
仪器仪表制造业	2966	389	435
其他制造业	664		205
废弃资源综合利用业	4912	1791	557
金属制品、机械和设备修理业	145	221	47
电力、热力生产和供应业	83867	37230	9438
燃气生产和供应业	697	-322	467
水的生产和供应业	6361	624	632

6-28 市区规模以上工业企业主要财务状况

（2015年）　　　　　　　　　　　　　　　　　　单位：万元

指标名称	单位数(个)	#亏损企业	工业总产值(当年价)	工业销售产值(当年价)
总　计	532	113	38415918	37653928
#亏损企业	113	113	7075324	6914478
#国有控股企业	62	25	21129772	21081834
按登记注册类型分组				
内资企业	503	106	27111481	26334439
国有企业	11	3	6194460	6161441
中央企业	5		1323108	1323174
地方企业	6	3	4871351	4838267
集体企业	14	1	241770	239950
股份合作企业	8	2	154652	147406
联营企业	1	1	543	510
有限责任公司	161	39	9307004	9102794
#国有独资公司	11	6	752474	750997
其他有限责任公司	150	33	8554530	8351798
股份有限公司	19	9	1698018	1568427
私营企业	285	50	9045940	8646718
港、澳、台商投资企业	13	3	668783	571078
外商投资企业	16	4	10635655	10748410
按经济组织类型分组				
独资企业	67	14	7595476	7514855
#国有企业	11	3	6194460	6161441
集体企业	14	1	241770	239950
合作、合伙企业	20	4	761692	741164
股份有限公司	27	12	1846806	1731960
有限责任公司	418	83	28211944	27665949
按轻重工业分				
轻工业	79	18	3021543	2981755
重工业	453	95	35394375	34672173
按企业规模分				
#大型工业	27	5	21699881	21687508
中型工业	112	24	8420946	8039356
小型工业	364	71	7873456	7516307
微型工业	29	13	421635	410757

单位:万元

指 标 名 称	单位数(个)	#亏损企业	工业总产值(当年价)	工业销售产值(当年价)
按工业行业大类分	532	113	38415918	37653928
黑色金属矿采选业	8	1	472131	464878
有色金属矿采选业	1	1	14268	7750
非金属矿采选业	2	1	8976	8976
农副食品加工业	16	6	501754	494203
食品制造业	14	2	145287	136210
酒、饮料和精制茶制造业	1		2247	2247
烟草制品业	1		1046878	1050537
纺织业	9	5	213202	207633
木材加工和木、竹、藤、棕、草制品业	17		785958	779975
家具制造业	6		322376	320623
造纸和纸制品业	6	1	98803	90867
印刷和记录媒介复制业	6	1	13022	12296
石油加工、炼焦和核燃料加工业	2	1	16915	23066
化学原料和化学制品制造业	21	4	677740	663883
医药制造业	5	2	96843	92900
橡胶和塑料制品业	7	2	121549	121314
非金属矿物制品业	28	7	765647	767747
黑色金属冶炼和压延加工业	28	9	7282257	7268790
有色金属冶炼和压延加工业	10	4	228783	177068
金属制品业	20	4	534128	522369
通用设备制造业	35	9	980545	922333
专用设备制造业	30	10	1511247	1400921
汽车制造业	202	35	20457364	20081382
铁路、船舶、航空航天和其他运输设备制造业	6		237401	235118
电气机械和器材制造业	29	3	661388	581401
计算机、通信和其他电子设备制造业	3		92190	92808
仪器仪表制造业	2		33135	33135
其他制造业	1		52538	52538
废弃资源综合利用业	5	2	187087	186495
金属制品、机械和设备修理业	1		2081	2081
电力、热力生产和供应业	8	3	812338	812541
燃气生产和供应业	1		19843	19843
水的生产和供应业	1		19999	19999

6-28 续表1

单位:万元

指 标 名 称	资产合计	流动资产合计	#存货	#产成品	固定资产合计	固定资产原价	累计折旧
总 计	26773232	15856472	3694816	1746511	7762818	11342216	4276446
#亏损企业	9672966	4411158	1291600	291305	3474050	5272423	1818561
#国有控股企业	18219405	10273484	2487941	1125960	5646605	8578310	3541402
按登记注册类型分组							
内资企业	20161177	11663740	2816581	947456	5732328	8966129	3343848
国有企业	5605795	3071167	1218729	136631	2078358	3504949	1447021
中央企业	1202159	871154	325961	6945	164393	382741	236571
地方企业	4403637	2200013	892768	129686	1913965	3122208	1210449
集体企业	102214	76223	11465	6369	23585	30951	10646
股份合作企业	40421	20644	3108	913	12730	22587	9903
联营企业	2150	1966	1893	26			
有限责任公司	6330359	4018762	687669	358388	1579379	2671097	1123827
#国有独资公司	789591	220443	53117	13943	448357	933704	482491
其他有限责任公司	5540768	3798319	634552	344445	1131022	1737392	641336
股份有限公司	3510855	1708386	268729	136060	800612	1153145	374274
私营企业	4390609	2660525	575259	275848	1186927	1521753	367268
港、澳、台商投资企业	552753	331806	48209	25173	170894	267694	97489
外商投资企业	6059303	3860926	830025	773883	1859595	2108393	835109
按经济组织类型分组							
独资企业	6046624	3388220	1265238	162039	2175051	3663772	1517612
#国有企业	5605795	3071167	1218729	136631	2078358	3504949	1447021
集体企业	102214	76223	11465	6369	23585	30951	10646
合作、合伙企业	264270	158577	61703	36906	73712	97841	24174
股份有限公司	3727976	1828366	294408	153636	882038	1255436	395139
有限责任公司	16734362	10481309	2073467	1393931	4632018	6325167	2339520
按轻重工业分							
轻工业	2603469	1585808	501180	91557	561971	913987	356621
重工业	24169763	14270664	3193636	1654955	7200847	10428229	3919825
按企业规模分							
#大型工业	17308406	10159337	2203691	1158717	5178390	7666864	3047913
中型工业	5718694	3105314	862879	283684	1825565	2580060	823447
小型工业	3587966	2469759	596006	300151	722481	1056467	383444
微型工业	158167	122061	32239	3960	36383	38824	21642

6-28 续表2

单位:万元

指 标 名 称	资产合计	流动资产合计	#存货	#产成品	固定资产合计	固定资产原价	累计折旧
按工业行业大类分	26773232	15856472	3694816	1746511	7762818	11342216	4276446
黑色金属矿采选业	187418	105753	16808	7141	63725	66688	2963
有色金属矿采选业	5381	4475	1327	901	187	491	304
非金属矿采选业	6072	4443	246	236	634	892	270
农副食品加工业	357839	254184	110666	50187	91694	109411	17763
食品制造业	100265	46112	12231	4193	40248	72385	33075
酒、饮料和精制茶制造业	1117	768	56	56			
烟草制品业	966005	665428	300601	2510	122956	294516	171560
纺织业	156220	66043	18352	5761	88421	96192	8685
木材加工和木、竹、藤、棕、草制品业	162349	90717	25043	10158	55842	59059	3339
家具制造业	164937	130017	7346	4741	15059	22867	8779
造纸和纸制品业	90069	23880	6991	3372	48398	62748	14350
印刷和记录媒介复制业	17064	12880	1278	293	3716	7526	3936
石油加工、炼焦和核燃料加工业	37427	24689	2660	1388	5132	8626	3494
化学原料和化学制品制造业	1159882	529822	74781	40256	364224	569036	215324
医药制造业	71188	53294	5425	3443	5230	12730	8609
橡胶和塑料制品业	105629	82435	12221	2375	15433	18847	6578
非金属矿物制品业	544469	255072	44367	11622	184670	338655	166361
黑色金属冶炼和压延加工业	5067537	2697996	872103	86117	2074745	3294811	1223787
有色金属冶炼和压延加工业	357516	112579	64414	19520	222678	229218	11033
金属制品业	96577	72694	12149	4809	12340	25119	14783
通用设备制造业	419144	267706	84774	35204	120110	207618	95582
专用设备制造业	2340290	1425545	238234	112117	211911	321992	117743
汽车制造业	12306171	8055927	1638288	1268374	3219236	3905850	1325246
铁路、船舶、航空航天和其他运输设备制造业	330825	262900	25280	4114	46019	111234	65283
电气机械和器材制造业	321480	237445	71065	39283	44674	61429	24980
计算机、通信和其他电子设备制造业	16942	12703	3541	976	1980	3319	1445
仪器仪表制造业	14013	10368	1876	1233	1981	2818	837
其他制造业	13553	12535	2039	2039	1018	2356	1338
废弃资源综合利用业	161685	129980	21226	20313	8994	11147	2153
金属制品、机械和设备修理业	6027	4661	11		965	2008	1043
电力、热力生产和供应业	1062996	183933	17915	3781	611146	1282813	665444
燃气生产和供应业	70584	9666	1061		38004	55142	17138
水的生产和供应业	54564	9823	440		41451	84675	43224

指标名称	负债合计	流动负债	所有者权益合计	实收资本	国家资本	集体资本
总计	19287141	16208840	7482931	2629061	1233666	66492
#亏损企业	6811864	5360688	2860720	1139580	619624	51223
#国有控股企业	12948304	10921701	5272100	1831662	1196207	27299
按登记注册类型分组						
内资企业	14130766	11390163	6027251	2159113	1095251	60917
国有企业	3782366	3440532	1823429	518030	507073	
中央企业	443345	435949	758813	282597	281652	
地方企业	3339021	3004583	1064616	235433	225421	
集体企业	52484	32998	49730	9666		8801
股份合作企业	17408	17408	23013	12362		
联营企业	3150					
有限责任公司	4709190	3938457	1619787	849639	419356	4852
#国有独资公司	678882	226680	110709	125518	125018	
其他有限责任公司	4030307	3711777	1509079	724121	294338	4852
股份有限公司	1982669	1101465	1528186	420641	168654	27299
私营企业	3470717	2796332	917115	341246	169	19966
港、澳、台商投资企业	353253	254621	199500	100207	29651	3450
外商投资企业	4803122	4564056	1256181	369740	108763	2125
按经济组织类型分组						
独资企业	4075754	3703782	1970870	580570	507662	8801
#国有企业	3782366	3440532	1823429	518030	507073	
集体企业	52484	32998	49730	9666		8801
合作、合伙企业	161752	102340	103519	28672		
股份有限公司	2151399	1246319	1576577	435430	168654	29424
有限责任公司	12898236	11156399	3831966	1584389	557351	28268
按轻重工业分						
轻工业	1230734	935411	1372734	511065	293062	51205
重工业	18056406	15273429	6110197	2117995	940604	15287
按企业规模分						
#大型工业	12943725	10896322	4364680	1091724	594404	27299
中型工业	3715409	3007305	2003284	939514	536624	22845
小型工业	2503647	2208894	1084317	573442	95254	12899
微型工业	124359	96319	30650	24380	7385	3450

单位:万元

指标名称	负债合计	流动负债	所有者权益合计	实收资本	国家资本	集体资本
按工业行业大类分	19287141	16208840	7482931	2629061	1233666	66492
黑色金属矿采选业	125479	102119	60558	14372		51
有色金属矿采选业	3881	3881	1501	150		
非金属矿采选业	471	471	5601	55		5
农副食品加工业	215080	114610	142759	9371		30
食品制造业	49571	38446	50693	55750		19498
酒、饮料和精制茶制造业	390	390	727	50		
烟草制品业	257297	256883	708708	242010	242010	
纺织业	147543	107190	8677	9260		
木材加工和木、竹、藤、棕、草制品业	90417	81607	69156	7128	80	
家具制造业	124731	118158	40206	22723		
造纸和纸制品业	109639	27045	-19570	20295	19731	
印刷和记录媒介复制业	8088	7297	8976	7745	2014	5050
石油加工、炼焦和核燃料加工业	16271	16052	21155	13722	6120	
化学原料和化学制品制造业	639655	460289	520226	150318	10425	26627
医药制造业	30565	28220	40623	2614	1134	
橡胶和塑料制品业	56537	43091	49092	18811	4200	51
非金属矿物制品业	270978	252624	273492	187079	6033	2391
黑色金属冶炼和压延加工业	3814024	3472235	1253513	344373	239288	6450
有色金属冶炼和压延加工业	274834	93032	82682	107781	105526	
金属制品业	67908	62855	28669	8563	1	
通用设备制造业	242231	217373	176913	144865	72865	594
专用设备制造业	1232885	729511	1108406	272257	148344	672
汽车制造业	9979176	8986306	2326993	716650	226210	5074
铁路、船舶、航空航天和其他运输设备制造业	259288	232552	71537	46534	44159	
电气机械和器材制造业	202394	182601	119086	61193		
计算机、通信和其他电子设备制造业	4385	4330	12557	4100		
仪器仪表制造业	7959	7832	6054	2000		
其他制造业	8322		5231	1540		
废弃资源综合利用业	150060	144122	11625	4817	500	
金属制品、机械和设备修理业	348	348	5679	5000	5000	
电力、热力生产和供应业	851616	389704	211380	98140	74778	
燃气生产和供应业	32201	18586	38383	15000	7500	
水的生产和供应业	12919	9083	41645	34800	17748	

6-28 续表5 单位:万元

指 标 名 称	法人资本	个人资本	港澳台资本	外商资本	主营业务收入	#主营业务成本	#主营业务税金及附加
总　计	691242	397895	29711	210055	36523396	32225438	1063101
#亏损企业	268841	150163	12869	36861	6620268	6474153	16848
#国有控股企业	341550	108811	7936	149860	21239110	17977939	1021645
按登记注册类型分组							
内资企业	609422	391595	436	1492	25079520	22797645	736952
国有企业	10957				6095854	5217012	613500
中央企业	945				1383556	574199	604341
地方企业	10013				4712299	4642813	9159
集体企业	530	336			245247	224833	1291
股份合作企业	3015	9347			148087	141700	946
联营企业					404	375	2
有限责任公司	353751	71680			8792634	8140194	90932
#国有独资公司	500				756654	750710	1378
其他有限责任公司	353251	71680			8035981	7389484	89555
股份有限公司	102609	120152	436	1492	1510956	1322794	7961
私营企业	138560	182551			7841598	7342653	21786
港、澳、台商投资企业	15991	6300	26775	18041	584678	511962	1615
外商投资企业	65830		2500	190522	10859198	8915831	324534
按经济组织类型分组							
独资企业	12636	8553	2259	40660	7364915	6396226	619405
#国有企业	10957				6095854	5217012	613500
集体企业	530	336			245247	224833	1291
合作、合伙企业	3015	25657			714421	665465	1716
股份有限公司	104809	128241	436	3867	1669391	1465107	8611
有限责任公司	570783	235444	27016	165528	26774669	23698641	433369
按轻重工业分							
轻工业	77500	43939	936	44424	3018877	2057501	609616
重工业	613743	353956	28775	165631	33504519	30167937	453485
按企业规模分							
#大型工业	227858	115516	2821	123826	21587242	18994103	418492
中型工业	251130	69487	14698	44732	7513997	6275562	626669
小型工业	206443	208262	9089	41496	7012804	6562108	17812
微型工业	5812	4631	3103		409354	393664	128

6-28 续表6

单位:万元

指标名称					主营业务收入	#主营业务成本	#主营业务税金及附加
	法人资本	个人资本	港澳台资本	外商资本			
按工业行业大类分	691242	397895	29711	210055	36523396	32225438	1063101
黑色金属矿采选业	6021	8300			421849	408094	600
有色金属矿采选业		150			14267	14159	11
非金属矿采选业		50			8976	6389	281
农副食品加工业	4877	4294		170	470032	447951	197
食品制造业	3031	8499		24722	143626	127662	1200
酒、饮料和精制茶制造业		50			2247	2192	6
烟草制品业					1136950	351922	603637
纺织业	600	8660			169307	163341	216
木材加工和木、竹、藤、棕、草制品业	5565	1483			675140	655304	2618
家具制造业	16209	5525		989	308169	292141	515
造纸和纸制品业	160	404			90598	90773	99
印刷和记录媒介复制业		681			14225	11821	89
石油加工、炼焦和核燃料加工业	1722	5880			62681	60214	484
化学原料和化学制品制造业	70736	40102	936	1492	697531	623946	2744
医药制造业		1480			100293	47076	1203
橡胶和塑料制品业	2560	12000			112012	100960	222
非金属矿物制品业	158447	11844	8364		724571	630768	4395
黑色金属冶炼和压延加工业	70922	24610	3103		6909161	6814044	13736
有色金属冶炼和压延加工业		2255			178065	177755	246
金属制品业	2150	6412			447741	413722	1947
通用设备制造业	29527	21960		19918	812469	746114	1621
专用设备制造业	29420	84840		8982	1480706	1326991	8535
汽车制造业	238895	99933	9808	136730	19573958	16854965	412977
铁路、船舶、航空航天和其他运输设备制造业	1885	490			191084	171294	1756
电气机械和器材制造业	21437	39756			541275	491433	977
计算机、通信和其他电子设备制造业		4100			92715	85057	54
仪器仪表制造业		2000			26041	21865	140
其他制造业		1540			52538	49831	
废弃资源综合利用业	3717	600			181722	186997	99
金属制品、机械和设备修理业					1842	1786	23
电力、热力生产和供应业	23362				825788	813921	2145
燃气生产和供应业			7500		35819	24503	209
水的生产和供应业				17052	19999	10450	121

6-28 续表7

单位:万元

指标名称	销售费用	其他业务利润	管理费用	#税金
总计	998981	52829	1386223	45797
#亏损企业	98448	22433	329500	14640
#国有控股企业	771769	41453	965147	33319
按登记注册类型分组				
内资企业	419086	47063	924769	30199
国有企业	44006	23329	281547	8792
中央企业	23288	3380	77181	1644
地方企业	20719	19949	204366	7148
集体企业	1824	256	14064	36
股份合作企业	1133	-7	1576	15
联营企业	24		86	
有限责任公司	176939	14700	296533	8996
#国有独资公司	2896	1839	14603	1037
其他有限责任公司	174043	12861	281931	7958
股份有限公司	89702	4664	103114	4248
私营企业	97808	2206	212655	5759
港、澳、台商投资企业	18321	1275	21705	574
外商投资企业	561574	4491	439749	15023
按经济组织类型分组				
独资企业	61998	23591	321268	9609
#国有企业	44006	23329	281547	8792
集体企业	1824	256	14064	36
合作、合伙企业	9908	1908	19173	2401
股份有限公司	90969	8669	110642	4455
有限责任公司	836107	18661	935140	29331
按轻重工业分				
轻工业	96487	4559	128625	4090
重工业	902494	48270	1257598	41706
按企业规模分				
#大型工业	777650	33681	909143	28061
中型工业	114058	13996	273267	12227
小型工业	105291	4343	190585	5436
微型工业	1982	809	13229	72

6-28 续表8 单位:万元

指 标 名 称	销售费用	其他业务利润	管理费用	#税 金
按工业行业大类分	998981	52829	1386223	45797
黑色金属矿采选业	2518		3434	68
有色金属矿采选业	85		174	19
非金属矿采选业	1388		527	230
农副食品加工业	4584	36	13261	214
食品制造业	6568		5254	154
酒、饮料和精制茶制造业	21		14	4
烟草制品业	21543	2528	56766	1485
纺织业	1486	113	8065	215
木材加工和木、竹、藤、棕、草制品业	3980		6015	544
家具制造业	4816		4506	209
造纸和纸制品业	843	28	4201	197
印刷和记录媒介复制业	297	31	1551	
石油加工、炼焦和核燃料加工业	1454	283	2272	249
化学原料和化学制品制造业	42693	1139	36267	1696
医药制造业	25990	92	6399	123
橡胶和塑料制品业	1715	1	3195	36
非金属矿物制品业	29480	190	24853	714
黑色金属冶炼和压延加工业	21650	19529	204050	7419
有色金属冶炼和压延加工业	4635	150	10914	787
金属制品业	6873	172	19998	82
通用设备制造业	18533	488	31646	905
专用设备制造业	53051	3692	74848	2503
汽车制造业	717320	18506	796626	24898
铁路、船舶、航空航天和其他运输设备制造业	2062	562	16229	531
电气机械和器材制造业	15529	514	22266	564
计算机、通信和其他电子设备制造业	1876	3	2708	30
仪器仪表制造业	736		1946	0
其他制造业	527		633	282
废弃资源综合利用业	310	7	1821	100
金属制品、机械和设备修理业		105	134	14
电力、热力生产和供应业	2571	4080	20214	1404
燃气生产和供应业	1918		1009	46
水的生产和供应业	1931	580	4428	76

6-28 续表9 单位:万元

指标名称	财务费用	#利息支出	营业利润	利润总额	亏损企业亏损额	利税总额
总　计	208416	250463	758986	821655	396683	2719747
#亏损企业	165821	164014	-418134	-396683	396683	-291625
#国有控股企业	115655	164047	469506	515209	329950	2188432
按登记注册类型分组						
内资企业	204504	236368	109863	167087	388093	1389094
国有企业	97685	84107	-69306	-61159	199032	765057
中央企业	-1670	2822	129668	129370		879633
地方企业	99355	81285	-198974	-190529	199032	-114576
集体企业	395	154	3223	4026	101	11688
股份合作企业	512	486	2230	2353	179	3923
联营企业			-83	-83	83	-63
有限责任公司	4187	35425	103571	135220	78918	364231
#国有独资公司	5759	783	-11423	-9638	14868	9124
其他有限责任公司	-1572	34642	114994	144857	64050	355107
股份有限公司	46813	67123	-54293	-45561	85382	-4775
私营企业	49549	43458	114379	121968	24383	234528
港、澳、台商投资企业	5623	5892	28923	30970	2651	44215
外商投资企业	-1710	8203	620201	623597	5940	1286438
按经济组织类型分组						
独资企业	103030	88334	-48452	-38876	205354	809992
#国有企业	97685	84107	-69306	-61159	199032	765057
集体企业	395	154	3223	4026	101	11688
合作、合伙企业	6781	6923	13634	13944	278	21364
股份有限公司	47618	67811	-49554	-40399	89072	7522
有限责任公司	50988	87395	843358	886985	101979	1880869
按轻重工业分						
轻工业	10190	17496	141303	142657	35687	927084
重工业	198227	232967	617683	678998	360996	1792663
按企业规模分						
#大型工业	112705	159047	458162	496096	260293	1437750
中型工业	45858	52904	214439	226798	81047	1069978
小型工业	47839	36290	89628	102058	51479	213643
微型工业	2015	2221	-3243	-3297	3864	-1623

6-28 续表10 单位:万元

指 标 名 称	财务费用	#利息支出	营业利润	利润总额	亏损企业亏损额	利税总额
按工业行业大类分	208416	250463	758986	821655	396683	2719747
黑色金属矿采选业	2089	2259	5139	5321	486	9241
有色金属矿采选业	36	36	-198	-116	116	-16
非金属矿采选业	139	139	253	151	12	636
农副食品加工业	736	850	3577	4959	2764	10776
食品制造业	2615	2005	-201	836	4344	3391
酒、饮料和精制茶制造业	3	4	11	11		48
烟草制品业	-1871	1730	126651	126129		869920
纺织业	1291	1183	-6230	-5679	6045	-4045
木材加工和木、竹、藤、棕、草制品业	390	348	6336	6424		17375
家具制造业	1921	2066	4977	5141		8730
造纸和纸制品业	2508	2484	-9085	-12190	12615	-11519
印刷和记录媒介复制业	229	176	257	460	120	1081
石油加工、炼焦和核燃料加工业	729	711	-1820	-1738	2664	-666
化学原料和化学制品制造业	14155	20481	-19141	-16170	31441	7380
医药制造业	753	698	19729	20162	604	30693
橡胶和塑料制品业	274	218	5506	5693	418	7836
非金属矿物制品业	7840	7045	19531	20918	1655	39651
黑色金属冶炼和压延加工业	108054	89922	-187632	-179983	203486	-98732
有色金属冶炼和压延加工业	13084	13770	-28570	-26204	27624	-24508
金属制品业	1946	1796	3218	3288	198	8968
通用设备制造业	3523	4023	11378	13673	8843	23889
专用设备制造业	19710	29967	-14081	-5904	28628	20463
汽车制造业	12877	52190	815549	844473	30831	1738358
铁路、船舶、航空航天和其他运输设备制造业	671	1869	2982	4423		16599
电气机械和器材制造业	5376	5166	7382	9432	1186	17482
计算机、通信和其他电子设备制造业	175	162	2837	3145		3672
仪器仪表制造业	145	143	1211	1275		1804
其他制造业	120	120	1428	1428		1428
废弃资源综合利用业	1910	1916	-9803	-9767	10628	-7958
金属制品、机械和设备修理业	-14		13	1		251
电力、热力生产和供应业	6260	6195	-13711	-9615	21977	15210
燃气生产和供应业	510	502	8064	8169		8057
水的生产和供应业	235	292	3432	3507		4252

6-28 续表11

单位:万元

指标名称	本年应付工资总额	本年应交增值税	全部从业人员年平均数(人)
总计	1662053	832208	204496
#亏损企业	399406	86643	51356
#国有控股企业	1086763	649662	97162
按登记注册类型分组			
内资企业	1235289	482273	161686
国有企业	349529	211735	23357
中央企业	91257	145559	4274
地方企业	258272	66176	19083
集体企业	14221	6368	2869
股份合作企业	3838	624	1233
联营企业		18	
有限责任公司	437464	136984	49517
#国有独资公司	45773	17189	5250
其他有限责任公司	391691	119795	44267
股份有限公司	130365	32632	20108
私营企业	225414	90264	62868
港、澳、台商投资企业	19318	11628	4967
外商投资企业	407446	338307	37843
按经济组织类型分组			
独资企业	390788	228474	33399
#国有企业	349529	211735	23357
集体企业	14221	6368	2869
合作、合伙企业	84441	5704	4439
股份有限公司	139336	39117	22712
有限责任公司	1047488	558913	143946
按轻重工业分			
轻工业	147374	174581	21005
重工业	1514679	657627	183491
按企业规模分			
#大型工业	997432	521879	99385
中型工业	386399	215714	61820
小型工业	264944	93069	42740
微型工业	13278	1546	551

6-28 续表12

单位:万元

指 标 名 称	本年应付工资总额	本年应交增值税	全部从业人员年平均数(人)
按工业行业大类分	1662053	832208	204496
黑色金属矿采选业	7365	3320	1119
有色金属矿采选业	152	89	34
非金属矿采选业	432	204	115
农副食品加工业	10481	5620	2282
食品制造业	6455	1319	2110
酒、饮料和精制茶制造业	59	31	50
烟草制品业	49620	140153	886
纺织业	8608	1418	2526
木材加工和木、竹、藤、棕、草制品业	12826	8333	3899
家具制造业	12683	3075	2365
造纸和纸制品业	6356	571	1175
印刷和记录媒介复制业	1537	521	395
石油加工、炼焦和核燃料加工业	1483	588	230
化学原料和化学制品制造业	51220	20624	8907
医药制造业	9193	9328	1326
橡胶和塑料制品业	4176	1922	1089
非金属矿物制品业	27931	14338	6855
黑色金属冶炼和压延加工业	328726	66759	21118
有色金属冶炼和压延加工业	10492	1449	1658
金属制品业	7264	3730	2410
通用设备制造业	31058	8195	7168
专用设备制造业	99376	17627	14893
汽车制造业	830851	480657	101178
铁路、船舶、航空航天和其他运输设备制造业	41868	9934	5178
电气机械和器材制造业	28652	6727	6665
计算机、通信和其他电子设备制造业	1824	473	468
仪器仪表制造业	2966	389	435
其他制造业	664		205
废弃资源综合利用业	4327	1710	482
金属制品、机械和设备修理业	145	221	47
电力、热力生产和供应业	56204	22582	6129
燃气生产和供应业	697	-322	467
水的生产和供应业	6361	624	632

6-29 各县规模以上工业企业主要经济指标

（2015年） 单位：万元

指标名称	柳江县	柳城县	鹿寨县	融安县	融水苗族自治县	三江侗族自治县
企业单位数（个）	111	39	48	41	35	12
#亏损企业	24	11	8	4	3	
工业总产值（当年价格）	2688096	872175	1484973	468191	578297	44855
工业销售产值（当年价格）	2424518	788446	1329267	438764	547483	42176
#出口交货值	24834	6500	2651		20	
资产合计	1538506	779030	997701	253582	296774	83530
流动资产合计	958977	300125	379775	149801	64051	21193
#应收账款净额	299678	61050	79425	19344	10455	4380
存货	226221	72377	117782	54044	17286	3522
#产成品	120042	33913	63948	21033	7306	1081
固定资产小计	446696	404504	525153	70470	206613	28629
固定资产原价	675385	525349	734340	135653	306796	38994
累计折旧	270875	146703	293919	68670	113098	10602
负债合计	930073	390174	636374	159839	175996	24241
#流动负债合计	774291	253017	503884	138112	148642	15245
所有者权益合计	608430	388855	361326	93743	120777	59289
主营业务收入	1819095	681389	1309115	409964	518774	46059
主营业务成本	1616373	608027	1161126	376572	472618	35788
主营业务税金及附加	9589	2360	14836	2465	1769	233
营业费用	39049	13445	23730	7725	11039	1274
管理费用	86679	34959	52578	9135	21462	2933
财务费用	25946	9053	14768	4741	4674	494
利润总额	56078	21311	42567	8132	9467	5675
亏损企业亏损总额	11580	7973	7695	2729	665	
利税总额	115183	41138	91616	20926	26913	7313
本年应交增值税	49324	17464	34210	10330	15676	1404
本年应付工资总额	107581	49633	127784	26425	19261	3365
全部从业人员平均人数（人）	24925	8400	20540	6349	5360	1217

6-30 各县规模以上工业企业分行业情况

（2015年）　　单位：个

指标名称	柳江县	柳城县	鹿寨县	融安县	融水苗族自治县	三江侗族自治县
按工业行业大类分	111	39	48	41	35	12
黑色金属矿采选业				1		
有色金属矿采选业				1	2	
非金属矿采选业						
农副食品加工业	5	3	4	1	2	
食品制造业	3	2	1			
酒、饮料和精制茶制造业	2	1	1			6
烟草制品业						
纺织业		4	9	2	1	
纺织服装、服饰业	2					
木材加工和木、竹、藤、棕、草制品业	1	4	3	24	18	3
家具制造业		1			2	
造纸和纸制品业	2	3	4			
印刷和记录媒介复制业						
文教、工美、体育和娱乐用品制造业			2			
石油加工、炼焦和核燃料加工业						
化学原料和化学制品制造业	2	5	8		3	
医药制造业	2	2	1	2		
橡胶和塑料制品业	4		2			
非金属矿物制品业	5	4	6	3	1	
黑色金属冶炼和压延加工业	2	2	1			
有色金属冶炼和压延加工业	2	1		3		1
金属制品业	4	1	2			
通用设备制造业	2		1			
专用设备制造业	7					
汽车制造业	60	3	1			
铁路、船舶、航空航天和其他运输设备制造业		1				
电气机械和器材制造业	4					
计算机、通信和其他电子设备制造业				1		
仪器仪表制造业						
其他制造业						
废弃资源综合利用业				1		
金属制品、机械和设备修理业						
电力、热力生产和供应业	2	2	2	2	6	2
燃气生产和供应业						
水的生产和供应业						

6-31 各县规模以上工业分行业总产值

（2015年）　　　　单位：万元

指标名称	柳江县	柳城县	鹿寨县	融安县	融水苗族自治县	三江侗族自治县
按工业行业大类分	2688096	872175	1484973	468191	578297	44855
黑色金属矿采选业				9141		
有色金属矿采选业				3000	5400	
非金属矿采选业						
农副食品加工业	126836	200397	157909	23166	70643	
食品制造业	71656	55727	7356			
酒、饮料和精制茶制造业	41359	4537	15712			16413
烟草制品业						
纺织业		77694	449428	41846	25379	
纺织服装、服饰业	13527					
木材加工和木、竹、藤、棕、草制品业	2841	36881	80583	211688	288160	5533
家具制造业		6463			37090	
造纸和纸制品业	17690	34253	79579			
印刷和记录媒介复制业						
文教、工美、体育和娱乐用品制造业			40004			
石油加工、炼焦和核燃料加工业						
化学原料和化学制品制造业	3650	168672	262906		87667	
医药制造业	52068	61020	13735	40870		
橡胶和塑料制品业	45695		16579			
非金属矿物制品业	21132	22427	210613	45126	11793	
黑色金属冶炼和压延加工业	5270	29872	11361			
有色金属冶炼和压延加工业	24836	12708		39785		2945
金属制品业	54201	59566	70120			
通用设备制造业	16601		2793			
专用设备制造业	286327					
汽车制造业	1766395	58363	7701			
铁路、船舶、航空航天和其他运输设备制造业		9570				
电气机械和器材制造业	61404					
计算机、通信和其他电子设备制造业				14922		
仪器仪表制造业						
其他制造业						
废弃资源综合利用业				15481		
金属制品、机械和设备修理业						
电力、热力生产和供应业	76611	34026	58594	23168	52166	19965
燃气生产和供应业						
水的生产和供应业						

6-32 全市规模以上工业增加值

（2015年） 单位：万元

指标名称	全市	轻工业	重工业	国有企业	集体企业	股份合作企业	股份制企业
按工业行业大类分	11403709	2016409	9387300	821757	73119	70712	7505134
黑色金属矿采选业	181029		181029				176087
有色金属矿采选业	3983		3983	1009			
非金属矿采选业	8424		8424				7385
其他采矿业	2428		2428				2428
农副食品加工业	285864	285864		1263			263761
食品制造业	97223	97223					96923
酒、饮料和精制茶制造业	26108	26108					12399
烟草制品业	839701	839701					
纺织业	249396	249396					236223
纺织服装、服饰业	10694	10694					10697
皮革、毛皮、羽毛及其制品和制鞋业	8719	8719					8634
木材加工和木、竹、藤、棕、草制品业	473053	38047	435006				408637
家具制造业	103697	103697					103697
造纸和纸制品业	58883	58883					56807
印刷和记录媒介复制业	4588	4588					951
文教、工美、体育和娱乐用品制造业	10180	10180					10180
石油加工、炼焦和核燃料加工业	35183		35183				19821
化学原料和化学制品制造业	330757	73753	257004		12789		297053
医药制造业	117243	117243					116084
橡胶和塑料制品业	47015	12635	34380				40975
非金属矿物制品业	319853		319853	5148			305671
黑色金属冶炼和压延加工业	1235356		1235356	621989		48627	573458
有色金属冶炼和压延加工业	60605		60605				63994
金属制品业	214694		214694		5398		106384
通用设备制造业	420867		420867				333295
专用设备制造业	375282	11422	363859				368490
汽车制造业	4965115		4965115	67070	40677	15257	2451481
铁路、船舶、航空航天和其他运输设备制造业	18390		18390	650	7195		6679
电气机械和器材制造业	261918	9954	251964				257857
计算机、通信和其他电子设备制造业	46190		46190				48790
仪器仪表制造业	8099		8099				7246
其他制造业	40108	40108					34834
废弃资源综合利用业	73524		73524				69815
金属制品、机械和设备修理业	40793		40793				1311
电力、热力生产和供应业	402038		402038	45275			282362
燃气生产和供应业	10906		10906				
水的生产和供应业	15806	15806					

注：分行业增加值采用2011年行业标准划分

6-32 续表 单位:万元

指 标 名 称	外商及港澳台商投资企业	其它经济类型企业	国有控股企业	非公有工业	大中型企业	其中:国有企业	私有企业
按工业行业大类分	2468208	464778	4832669	6192281	8190418	728604	3614465
黑色金属矿采选业				176080	29991		146210
有色金属矿采选业			1009		1009	1009	
非金属矿采选业			5359	1815	6287		1944
其他采矿业				2428			
农副食品加工业			45580	232807	237506	1241	50370
食品制造业			11671	77832	11671		14406
酒、饮料和精制茶制造业				21311	1129		12113
烟草制品业			839701		839701		
纺织业	426	9047		248765	175985		209261
纺织服装、服饰业			3364	2366			2400
皮革、毛皮、羽毛及其制品和制鞋业				8077	9015		7556
木材加工和木、竹、藤、棕、草制品业		42109		471791	169510		434817
家具制造业				103697	85538		33518
造纸和纸制品业			8012	47150	27009		27521
印刷和记录媒介复制业		988	1764	2062			1119
文教、工美、体育和娱乐用品制造业				10180	10180		10180
石油加工、炼焦和核燃料加工业			2390	11011			
化学原料和化学制品制造业	2725	10014	93858	146635	193091		38848
医药制造业				78376	58679		24009
橡胶和塑料制品业		2202	979	40682	15524		29124
非金属矿物制品业	5776	870	31345	283574	160885		162115
黑色金属冶炼和压延加工业		65652	632513	788762	875357	618940	203497
有色金属冶炼和压延加工业			29820	36423	28512		14741
金属制品业		52480		175034	67014		98638
通用设备制造业	9211	3881	14645	369992	239785		306503
专用设备制造业	1970		181780	220301	249398		172080
汽车制造业	2185492	232654	2530818	2245172	4222810	67070	1446590
铁路、船舶、航空航天和其他运输设备制造业			1326	7129	5043		3146
电气机械和器材制造业				217770	92469		67789
计算机、通信和其他电子设备制造业				45854			4597
仪器仪表制造业				8099			8099
其他制造业				31631	4024		23386
废弃资源综合利用业				60812			59890
金属制品、机械和设备修理业			27		27		
电力、热力生产和供应业			369996	18667	346559	40343	
燃气生产和供应业	9491		10906		10906		
水的生产和供应业	14777		15806		15806		

交通、邮电通信业 7

7-1 全市主要年份邮电情况

年　份	邮电业务总量(万元)	年末电话用户(含移动、固定电话、小灵通、大灵通)(户)
1978	316	4991
1979	345	5382
1980	387	5432
1981	461	6045
1982	494	6095
1983	567	6437
1984	565	6082
1985	680	6749
1986	682	7448
1987	829	8599
1988	1123	9716
1989	1246	24087
1990	2465	28693
1991	3293	32592
1992	4691	45157
1993	8282	63913
1994	14549	89032
1995	23885	130465
1996	34003	162950
1997	47027	214439
1998	63833	271622
1999	84033	354026
2000	107828	573818
2001	121988	809204
2002	126124	1046077
2003	173428	1264142
2004	197390	1582387
2005	191980	1826291
2006	428931	2317435
2007	561498	2390623
2008	671688	2504600
2009	729063	2854000
2010	813803	2854800
2011	329351	3112700
2012	357186	3420800
2013	375209	3766100
2014	510768	4051200
2015	644149	4063262

7-2 各县主要年份邮电业务总量

单位:万元

年 份	柳江县	柳城县	鹿寨县	融安县	融水苗族自治县	三江侗族自治县
1978	15	27	34	24	17	18
1979	16	28	37	25	19	18
1980	18	28	39	27	18	19
1981	19	34	52	36	20	19
1982	18	33	51	36	27	21
1983	20	33	53	39	34	23
1984	23	34	58	42	40	28
1985	27	36	65	47	42	34
1986	29	86	68	46	46	32
1987	34	44	78	50	50	37
1988	43	53	91	59	59	45
1989	48	58	99	64	56	44
1990	110	62	210	115	62	46
1991	157	125	260	131	130	92
1992	211	178	320	170	154	103
1993	285	267	418	226	215	138
1994	460	357	682	286	280	181
1995	923	555	1054	382	434	259
1996	1480	730	1243	636	635	391
1997	2490	1315	1892	949	941	576
1998	3470	1791	2576	1384	1287	801
1999	4056	1554	2872	1737	2036	923
2000	5591	2324	5172	1795	2045	1257
2001	7001	3609	5761	2845	3194	1452
2002	7801	4190	5385	3612	3238	1458
2003	14994	8204	11252	6873	5543	3989
2004	18283	13531	13359	8340	6834	4451
2005	15994	10993	13267	8131	7023	4448
2006	36563	23186	32129	19509	19729	11898
2007	40659	25204	36545	21147	23844	13076
2008	58217	34656	51701	28256	35090	20704
2009	63922	36541	57840	32465	40657	24870
2010	72730	42592	63039	37836	47437	29360
2011	27607	15808	14830	18135	11889	11889
2012	29649	17083	23800	15306	19968	13498
2013	31959	18556	25476	16860	21957	15085
2014	39788	22108	30592	23519	26046	18782
2015	57024	33454	45336	30904	42075	29058

7-3 全市民用车辆拥有量

（2015年）　　单位：辆

指 标 名 称	总计	#个人
合计	892149	825288
汽车	467384	407412
#载客汽车	417693	386857
#大型	2441	12
中型	1149	194
小型	395896	369507
微型	18207	17144
载货汽车	47405	19572
#重型	15407	1479
中型	6157	1828
轻型	25448	15996
微型	393	269
其他汽车	2286	983
#三轮汽车	47	46
低速汽车	426	387
摩托车	394853	391842
#普通	392243	389236
轻便	2610	2606
拖拉机	25883	25883
挂车	3953	130
其他类型车	76	21

7-4 全社会交通运输情况

（2015年）

指 标 名 称	计量单位	全市	市区	柳江县	柳城县
公路客运周转量	万人公里	155266	89073	10166	6127
公路货物周转量	万吨公里	2381727	1029065	1068534	72843
水路客运周转量	万人公里	196	196		
水路货物周转量	万吨公里	459693	293407	12289	98953
铁路客运量	万人	1012			
铁路货运量	万吨	474			
公路客运量	万人	2591	1471	172	104
公路货运量	万吨	14650	6341	6564	446
境内公路里程	公里	8398			
#境内等级公路里程	公里	7176			
#境内高速公路里程	公里	261			
内河港口货物吞吐量(规模以上)	万吨	234	223		
水运客运量	万人	21	21		
水运货运量	万吨	809	498	24	192
民用航空货邮运量	吨	1735	1735		
民用航空客运量	人	531088	531088		

7-4 续表

指 标 名 称	计量单位	鹿寨县	融安县	融水苗族自治县	三江侗族自治县
公路客运周转量	万人公里	7019	13302	20335	9243
公路货物周转量	万吨公里	126462	33389	27101	24333
水路客运周转量	万人公里				
水路货物周转量	万吨公里	8436	24159	19468	2981
铁路客运量	万人				
铁路货运量	万吨				
公路客运量	万人	118	226	342	158
公路货运量	万吨	779	205	166	148
境内公路里程	公里				
#境内等级公路里程	公里				
#境内高速公路里程	公里				
内河港口货物吞吐量(规模以上)	万吨	10			
水运客运量	万人				
水运货运量	万吨	17	40	34	5
民用航空货邮运量	吨				
民用航空客运量	人				

固 定 资 产 投 资　8

8-1 全市主要年份固定资产投资

单位:万元

年 份	全社会固定资产投资额	#基本建设投资额	#更新改造投资额	#房地产开发投资
1978	12288	12288		
1979	9556	9556		
1980	17302	17128	174	
1981	13269	8750	3847	
1982	16801	8639	6939	
1983	18064	7862	8326	
1984	29890	17856	8556	
1985	48756	25805	15511	
1986	53719	22593	23029	
1987	86652	18727	55352	
1988	97575	25954	52584	
1989	76326	24146	37583	
1990	65881	22720	31807	
1991	107140	24383	62453	
1992	156432	55214	80440	
1993	353403	122472	111009	
1994	457769	171241	163182	
1995	386777	121826	125983	
1996	405356	134864	138198	
1997	413562	141445	130638	
1998	461678	194313	144040	
1999	454624	175936	130420	
2000	448313	185795	92727	
2001	507723	160431	144268	
2002	757782	249577	226928	
2003	1093675	411050	306719	
2004	1413167	520850	413789	384921
2005	1717576	580618	579858	410577
2006	2006914	679170	677981	452001
2007	3020360	983519	1002864	737351
2008	4302999	1402919	1493058	920145
2009	6818560	2145296	3002675	1200886
2010	10048841	3505604	4056773	1654073
2011	13055573	4297390	5415625	1991690
2012	16831269	5384909	7613677	2302717
2013	15667102	4316249	7764101	2458540
2014	18109355	5068649	9202165	2775238
2015	20828907	5965500	10672043	3016449

注:2003年以前的房地产开发投资数据暂缺。2013年统计口径为计划总投资500万元以上项目,后同。

8-2 柳江县主要年份固定资产投资

单位:万元

年 份	全社会固定资产投资额	#基本建设投资额	#更新改造投资额	#房地产开发投资
1978	856	856		
1979	367	367		
1980	375	312	63	
1981	289	217	72	
1982	869	488	214	
1983	988	541	435	
1984	719	537	128	
1985	1642	978	102	
1986	2183	1029	233	
1987	3786	697	450	
1988	9671	7166	1774	
1989	4572	1206	1138	
1990	5025	953	645	
1991	5164	1633	1386	
1992	6982	2765	1135	
1993	13794	7913	1259	
1994	32959	5388	3846	
1995	28624	6059	2584	
1996	26897	4944	8087	
1997	23520	5509	4769	
1998	26355	7313	1124	
1999	22154	4111	370	
2000	23795	9142	135	
2001	24690	5743	1897	
2002	35019	7502	14990	
2003	60810	30626	12362	
2004	115082	87169	5909	6328
2005	132485	82774	24075	8053
2006	266227	97881	97117	30399
2007	351110	80152	147734	55251
2008	439104	98858	155632	63054
2009	712623	128280	437944	63003
2010	1098936	207491	578553	105873
2011	1365582	181144	751875	105308
2012	1743043	270732	985533	174766
2013	1647432	257483	1025472	152285
2014	1931038	307878	1232018	145271
2015	2208745	344987	1555047	70538

8-3 柳城县主要年份固定资产投资

单位:万元

年 份	全社会固定资产投资额	#基本建设投资额	#更新改造投资额	#房地产开发投资
1978	1420	1420		
1979	1226	1226		
1980	1180	1180		
1981	1222	1222		
1982	1342	1342		
1983	1141	799	334	
1984	817	720	93	
1985	1140	660	130	
1986	877	441	436	
1987	1543	437	1106	
1988	2936	1649	1287	
1989	3061	1323	723	
1990	2137	1807	330	
1991	3873	571	3302	
1992	4762	4103	164	
1993	12897	7832	1782	
1994	14144	10011	2680	
1995	19041	9930	4317	
1996	19774	6353	8342	
1997	23825	5729	6336	
1998	16011	6600	1535	
1999	15974	3788	800	
2000	23331	6002	2844	98
2001	20901	6563	290	250
2002	38830	19682	1635	110
2003	43166	30409	1223	1060
2004	52108	38289	1391	1760
2005	30006	12397	1388	4110
2006	63126	25116	10419	8898
2007	103452	31819	26264	15762
2008	154153	59825	35668	12813
2009	263117	83697	115008	29316
2010	429695	125132	223949	53576
2011	603848	161224	321043	63647
2012	805209	189175	416906	116894
2013	768014	157031	441013	87996
2014	912086	180379	565779	94913
2015	1105836	390904	523356	104406

8-4 鹿寨县主要年份固定资产投资

单位:万元

年份	全社会固定资产投资额	#基本建设投资额	#更新改造投资额	#房地产开发投资
1978	743	743		
1979	824	813		
1980	1114	1013	96	
1981	1079	584	489	
1982	1689	618	1014	
1983	876	197	513	
1984	1668	552	605	
1985	3298	592	298	
1986	1563	382	800	
1987	4049	565	1851	
1988	5559	471	1988	
1989	5106	841	1006	
1990	5522	344	2550	
1991	11825	2511	3191	
1992	12100	4043	4430	
1993	25998	6702	5362	
1994	36598	13810	7033	
1995	43673	15796	8359	
1996	47460	22241	3341	
1997	54698	45399	771	
1998	92000	82420	360	
1999	64704	34237	5120	
2000	72033	36624	2512	
2001	61938	30362	7882	
2002	63743	23589	2634	
2003	80636	38111	8673	
2004	110235	61865	7139	14619
2005	185926	115555	11050	19581
2006	193425	70411	65712	19100
2007	411181	171012	139599	37297
2008	633812	175099	337418	33555
2009	1229905	452077	662522	47743
2010	1681553	859662	628823	72375
2011	1027733	173864	520682	58148
2012	1355691	290437	859140	80261
2013	1258041	177088	879585	100715
2014	1449208	235351	1049286	103983
2015	1668616	303303	1195023	113830

注:2011年及以后年份数据按新的行政区划统计的数据。

8-5 融安县主要年份固定资产投资

单位:万元

年 份	全社会固定资产投资额	#基本建设投资额	#更新改造投资额	#房地产开发投资
1978	120	120		
1979	187	187		
1980	151	143	8	
1981	254	154	97	
1982	460	190	89	
1983	655	166	108	
1984	1365	360	390	
1985	1464	544	352	
1986	1542	462	562	
1987	2020	399	889	
1988	2405	554	622	
1989	2461	596	781	
1990	1899	206	555	
1991	2483	481	991	
1992	4906	2915	1074	
1993	8312	4438	1515	
1994	13765	7125	2347	
1995	16824	8498	1696	
1996	18146	8639	535	
1997	23182	11042	1239	
1998	23997	12864	2159	
1999	17357	11071	334	
2000	30520	14956	2853	
2001	31468	13055	3744	
2002	31849	13711	3679	
2003	27529	9475	1097	
2004	35148	16273	4289	
2005	62500	20649	8395	9008
2006	72663	13580	13405	3351
2007	103228	27663	17423	5353
2008	145578	48028	31558	17571
2009	247728	63778	91614	52455
2010	396155	121688	122231	87107
2011	525988	176327	170814	99742
2012	706541	220176	230682	120676
2013	670337	245999	253770	100270
2014	772450	364184	307918	56161
2015	885452	440287	351769	62153

8-6 融水苗族自治县主要年份固定资产投资

单位:万元

年 份	全社会固定资产投资额	#基本建设投资额	#更新改造投资额	#房地产开发投资
1978	427	427		
1979	398	398		
1980	354	354		
1981	210	210		
1982	696	696		
1983	490	490		
1984	858	858		
1985	827	827		
1986	804	804		
1987	1677	1677		
1988	4824	4824		
1989	3409	3409		
1990	2139	1939		
1991	2700	1215	514	
1992	5621	2106	1630	
1993	9470	5115	2412	
1994	15491	3716	7280	
1995	16237	3532	9000	
1996	8916	3630	1100	
1997	8765	2655	851	
1998	9452	2157	67	
1999	22392	3368	67	
2000	12209	9071		
2001	13458	7459	837	
2002	20727	8846	4614	
2003	24310	13678	2080	
2004	37303	24745	700	4970
2005	60187	28583	688	3310
2006	67026	28900	10982	11485
2007	101974	37252	20000	17838
2008	143806	37409	20733	24213
2009	256917	41699	75297	31102
2010	424365	105927	91624	57073
2011	557683	139488	125500	58867
2012	737915	209771	170416	43705
2013	722878	229467	222786	90825
2014	889656	437107	221105	88560
2015	1065504	470411	269403	134322

8-7 三江侗族自治县主要年份固定资产投资

单位:万元

年 份	全社会固定资产投资额	#基本建设投资额	#更新改造投资额	#房地产开发投资
1978	365	365		
1979	252	246		
1980	322	299	7	
1981	446	186	247	
1982	405	352	31	
1983	392	251	34	
1984	530	199	50	
1985	400	271	129	
1986	656	452	30	
1987	932	371	150	
1988	1708	1169	108	
1989	1506	1261	50	
1990	1759	1543	50	
1991	1446	1194		
1992	1443	886	242	
1993	2562	688		
1994	4290	2657	798	
1995	3936	902	280	
1996	6662	1631		
1997	5907	1757	675	
1998	11984	4113	330	
1999	13995	1340	190	
2000	15051	7638	61	
2001	16205	8021	624	
2002	21878	14750	446	
2003	26120	14883	1116	
2004	29192	19966	1555	1857
2005	24599	15262	2010	974
2006	28486	8261	3418	2774
2007	59999	30599	7623	6618
2008	110541	62011	8148	15518
2009	220399	93102	51025	23223
2010	426071	177471	86023	66031
2011	395670	148759	70661	49518
2012	592560	206115	94220	60124
2013	665518	324678	52091	75979
2014	717439	326740	69623	48117
2015	658755	364217	68044	30678

8-8 全市固定资产投资

（2015年） 单位：万元

指 标 名 称	总 计	基本建设	更新改造	其他投资
本年完成投资	20505482	5965500	10672043	329673
#地方	20382353	5890466	10624348	329673
国有控股	6884968	3881134	2087591	58968
住宅	2300155	91653		
1. 按经济类型分：				
内资企业	19787767	5934886	10107145	316263
国有企业	3021611	2042599	803204	57768
集体企业	242102	53425	76151	650
股份合作企业	37319	18600	18094	
联营企业	4710	3600	1110	
国有联营企业	1110		1110	
集体联营企业				
国有与集体联营企业				
其他联营企业	3600	3600		
有限责任公司	7027553	2109594	2986367	23538
国有独资公司	2782673	1762752	686226	
其他有限责任公司	4244880	346842	2300141	23538
股份有限公司	484681	143162	262648	4800
私营企业	6981159	1019438	4886525	189962
其他企业	1988632	544468	1073046	39545
港、澳、台商投资企业	104323		31052	
合资经营企业(港或澳、台资)	17815		17815	
合作经营企业(港或澳、台资)	1337		1337	
港、澳、台商独资经营企业	73271			
港、澳、台商投资股份有限公司				
外商投资企业	476091	12900	463191	
中外合资经营企业	28791	12900	15891	
中外合作经营企业	12825		12825	
外资企业	16395		16395	
外商投资股份有限公司	399585		399585	
个体经营	110579	17714	70655	13410
个体户	76490	10914	58566	6210

8-8 续表1

单位:万元

指标名称	总计	基本建设	更新改造	其他投资
个人合伙	34089	6800	12089	7200
2. 按建设性质分:				
(1)新建	8833085	5263960	3130924	31061
(2)扩建	1065294	442171	563590	7755
(3)改建	6166921	173643	5948150	8000
3. 按构成分:				
(1)建筑工程	9274367	3800856	2882326	30801
(2)安装工程	3235983	880221	2076306	1111
(3)设备、工具、器具购置	6276981	465863	5464632	293686
#用于更新设备	2850093	215646	2441967	178710
(4)其他费用	1718151	818560	248779	4075
4. 按国民经济行业分:				
农、林、牧、渔业	807977	510297	200756	17358
农业	262676	136343	99523	4250
林业	207903	166417	20536	605
畜牧业	152384	66655	53861	8000
渔业	20718	12828	4890	
农、林、牧、渔服务业	164296	128054	21946	4503
采矿业	217520	40174	164100	13246
煤炭开采和洗选业	9540		3000	6540
石油和天然气开采业	6480	4800	1680	
黑色金属矿采选业	38744	2600	36144	
有色金属矿采选业	42436		42436	
非金属矿采选业	111370	32774	71890	6706
开采辅助活动	6000		6000	
其他采矿业	2950		2950	
制造业	8136720	479505	7627499	16619
农副食品加工业	191652	36638	150399	
食品制造业	149465		149465	
酒、饮料和精制茶制造业	95097	14899	80198	
烟草制品业	15347		15347	
纺织业	155847	868	153879	1100
纺织服装、服饰业	97752	23170	74582	
皮革、毛皮、羽毛及其制品和制鞋业	16578		16578	
木材加工和木、竹、藤、棕、草制品业	504060	58062	443376	
家具制造业	76731	7918	64953	

单位:万元

指 标 名 称	总 计	基本建设	更新改造	其他投资
造纸和纸制品业	118449	2150	116299	
印刷和记录媒介复制业	90841	2500	87641	700
文教、工美、体育和娱乐用品制造业	25592	2800	22792	
石油加工、炼焦和核燃料加工业	35634		35634	
化学原料和化学制品制造业	348844	7784	340560	500
医药制造业	109491	7786	101705	
化学纤维制造业				
橡胶和塑料制品业	257623	12474	245149	
非金属矿物制品业	454604	27586	425808	1210
黑色金属冶炼和压延加工业	149007	13702	135305	
有色金属冶炼和压延加工业	112106	3400	105917	2789
金属制品业	205022	20670	184352	
通用设备制造业	674207	24470	647737	
专用设备制造业	543322	38040	499372	5910
汽车制造业	3096987	99759	2997228	
铁路、船舶、航空航天和其他运输设备制造业	50602	2650	47952	
电气机械和器材制造业	331408	14750	315048	1610
计算机、通信和其他电子设备制造业	100232	11639	88593	
仪器仪表制造业	20944		20944	
其他制造业	36200	34878	1322	
废弃资源综合利用业	45199	7445	34954	2800
金属制品、机械和设备修理业	27877	3467	24410	
电力、热力、燃气及水生产和供应业	413272	129528	282944	800
电力、热力生产和供应业	271542	25796	245746	
燃气生产和供应业	46578	36713	9865	
水的生产和供应业	95152	67019	27333	800
建筑业	157416	21461	86473	26320
房屋建筑业	9768	800	6968	2000
土木工程建筑业	100628	12112	57924	7430
建筑安装业	9915		5815	4100
建筑装饰和其他建筑业	37105	8549	15766	12790
批发和零售业	756996	316283	374968	56145
批发业	492460	164854	279703	47903
零售业	264536	151429	95265	8242

8-8 续表3

单位:万元

指标名称	总计	基本建设	更新改造	其他投资
交通运输、仓储和邮政业	1598207	1052544	462348	10200
铁路运输业	87082	71973	15109	
道路运输业	1197233	845711	284407	5600
水上运输业	131622	23470	91952	4600
航空运输业	29500	29500		
管道运输业				
装卸搬运和运输代理业	34977	17647	17330	
仓储业	115298	61748	53550	
邮政业	2495	2495		
住宿和餐饮业	161101	37811	83825	39465
住宿业	75563	7310	48028	20225
餐饮业	85538	30501	35797	19240
信息传输、软件和信息技术服务业	80968	22847	51289	6832
电信、广播电视和卫星传输服务	29634	16072	12950	612
互联网和相关服务	3173		2383	790
软件和信息技术服务业	48161	6775	35956	5430
金融业	34240	20135	4969	9136
货币金融服务	24204	20135	2869	1200
资本市场服务	8936		2100	6836
保险业				
其他金融业	1100			1100
房地产业	3826437	627556	154449	3040
房地产业	3826437	627556	154449	3040
租赁和商务服务业	510428	203239	256447	36736
租赁业	15085	7400	6485	1200
商务服务业	495343	195839	249962	35536
科学研究和技术服务业	158053	65924	74453	15916
研究和试验发展	13050	6373	6077	600
专业技术服务业	72328	23879	36923	11526
科技推广和应用服务业	72675	35672	31453	3790
水利、环境和公共设施管理业	2172489	1647420	412215	16453
水利管理业	326693	123044	156135	7553
生态保护和环境治理业	77914	51986	25928	
公共设施管理业	1767882	1472390	230152	8900
居民服务、修理和其他服务业	68024	25237	33247	8150
居民服务业	34808	19117	11041	3260

单位:万元

指标名称	总计	基本建设	更新改造	其他投资
机动车、电子产品和日用产品修理业	27901	2620	20391	4890
其他服务业	5315	3500	1815	
教育	315634	216228	84184	9888
教育	315634	216228	84184	9888
卫生和社会工作	208455	143370	54380	10559
卫生	196309	134912	50838	10559
社会工作	12146	8458	3542	
文化、体育和娱乐业	178957	73186	81445	14320
新闻和出版业				
广播、电视、电影和影视录音制作业	23590	3514	13736	6340
文化艺术业	73042	33185	27647	2710
体育	44899	27815	16484	600
娱乐业	37426	8672	23578	4670
公共管理、社会保障和社会组织	702588	332755	182052	18490
中国共产党机关				
国家机构	553713	284884	163492	17930
人民政协、民主党派				
社会保障				
群众团体、社会团体和其他成员组织	26156	18946	3000	560
基层群众自治组织	122719	28925	15560	
国际组织				
国际组织				
新增固定资产(万元)	12819353	2914515	8366982	303593
其中:地方	12754593	2899209	8334404	303593
项目个数(个)				
1. 施工项目个数	4088	1363	2379	19
其中:地方	4058	1353	2359	19
2. 本年新开工	3290	1070	1902	17
其中:地方	3270	1064	1888	17
3. 本年投产项目个数	2977	861	1814	16
其中:地方	2970	859	1809	16

8-8 续表5

单位:万元

指 标 名 称	总 计	基本建设	更新改造	其他投资
房屋建筑面积(平方米)				
1. 施工面积	24542069	2933623	753744	
其中:住宅	15151387	243832		
2. 竣工面积	2845353	517555	78461	
其中:住宅	1705571	147581		
3. 本年竣工房屋价值	751584	155862	17518	
其中:住宅	425285	36309		
本年资金来源合计(万元)	23424911	5989924	11637074	339873
其中:地方	23353558	5972161	11583484	339873
其中:引进资金				
1. 上年末结余资金	1632390	74783	238397	980
其中:引进资金				
2. 本年资金来源小计	21792521	5915141	11398677	338893
(1)国家预算内资金	639532	429611	159153	14350
其中:中央预算资金	167593	138631	26799	1163
(2)国内贷款	7188405	2437417	3740673	1278
(3)债券	5300		4500	800
(4)利用外资	8890	3260	4230	600
其中:外商直接投资	3860	3260		600
(5)自筹资金	11069131	2391370	7128899	316234
其中:企、事业单位自有资金	6209410	1158057	4228796	293859
其中:股东投入资金	378168	44750	183257	6775
其中:借入资金	275090	13060	35593	
(6)其他资金来源	2881263	653483	361222	5631
各项应付款合计(万元)	2306013	985801	478188	11600
其中:工程款	849842	22864	192246	11600

8-9 市区固定资产投资

（2015年） 单位:万元

指标名称	总计	基本建设	更新改造	其他投资
本年完成投资	13235999	3651391	6709401	265839
#地方	13190276	3639582	6675487	265839
国有控股	4834762	2451418	1573361	4700
住宅	1840802	49808		
1.按经济类型分:				
内资企业	12568939	3625077	6176848	257239
国有企业	1228618	764029	388744	3500
集体企业	135766	41135	61401	
股份合作企业	32883	18600	14283	
联营企业				
国有联营企业				
集体联营企业				
国有与集体联营企业				
其他联营企业				
有限责任公司	5543133	1868796	1924816	23538
国有独资公司	2655865	1652597	672136	
其他有限责任公司	2887268	216199	1252680	23538
股份有限公司	348837	122862	161390	4800
私营企业	4249500	548676	2976061	189456
其他企业	1030202	260979	650153	35945
港、澳、台商投资企业	104323		31052	
合资经营企业(港或澳、台资)	17815		17815	
合作经营企业(港或澳、台资)	1337		1337	
港、澳、台商独资经营企业	73271			
港、澳、台商投资股份有限公司				
外商投资企业	463266	12900	450366	
中外合资经营企业	28791	12900	15891	
中外合作经营企业				
外资企业	16395		16395	
外商投资股份有限公司	399585		399585	
个体经营	73149	13414	51135	8600
个体户	63160	10914	46846	5400

指 标 名 称	总 计	基本建设	更新改造	其他投资
个人合伙	9989	2500	4289	3200
2.按建设性质分:				
(1)新建	5165769	3218576	1851500	4800
(2)扩建	576389	291071	276036	6500
(3)改建	3661256	73584	3586672	
3.按构成分:				
(1)建筑工程	5191129	2179724	1210330	4513
(2)安装工程	2428949	758388	1434063	811
(3)设备、工具、器具购置	4584005	333841	3970950	260515
#用于更新设备	2287571	203642	1914653	167406
(4)其他费用	1031916	379438	94058	
4.按国民经济行业分:				
农、林、牧、渔业	106420	50675	50245	
农业	28446	16280	9366	
林业	22205	16837	5368	
畜牧业	31149	1500	28949	
渔业	17718	12828	4890	
农、林、牧、渔服务业	6902	3230	1672	
采矿业	78696	18900	51056	8740
煤炭开采和洗选业	9540		3000	6540
石油和天然气开采业	4800	4800		
黑色金属矿采选业	16194	2600	13594	
有色金属矿采选业	7250		7250	
非金属矿采选业	31962	11500	18262	2200
开采辅助活动	6000		6000	
其他采矿业	2950		2950	
制造业	5316588	360019	4939950	16619
农副食品加工业	67562	10438	57124	
食品制造业	39329		39329	
酒、饮料和精制茶制造业	12688		12688	
烟草制品业	15347		15347	
纺织业	90988	868	89020	1100
纺织服装、服饰业	59747	23170	36577	
皮革、毛皮、羽毛及其制品和制鞋业	16578		16578	
木材加工和木、竹、藤、棕、草制品业	122665	13627	109038	
家具制造业	50213	3153	47060	

8-9 续表2 单位:万元

指标名称	总计	基本建设	更新改造	其他投资
造纸和纸制品业	66388	2150	64238	
印刷和记录媒介复制业	75035	2500	71835	700
文教、工美、体育和娱乐用品制造业	17262	1900	15362	
石油加工、炼焦和核燃料加工业	32664		32664	
化学原料和化学制品制造业	72322	3905	67917	500
医药制造业	67367	7786	59581	
化学纤维制造业				
橡胶和塑料制品业	172231	12474	159757	
非金属矿物制品业	239811	18686	219915	1210
黑色金属冶炼和压延加工业	90591	13702	76889	
有色金属冶炼和压延加工业	54991	3400	48802	2789
金属制品业	112168	14870	97298	
通用设备制造业	435028	22870	412158	
专用设备制造业	378947	38040	334997	5910
汽车制造业	2531861	91651	2440210	
铁路、船舶、航空航天和其他运输设备制造业	37502	2650	34852	
电气机械和器材制造业	274850	14750	258490	1610
计算机、通信和其他电子设备制造业	84797	11639	73158	
仪器仪表制造业	10954		10954	
其他制造业	36200	34878	1322	
废弃资源综合利用业	23475	7445	13230	2800
金属制品、机械和设备修理业	27027	3467	23560	
电力、热力、燃气及水生产和供应业	101139	87032	13307	800
电力、热力生产和供应业	10042	3090	6952	
燃气生产和供应业	34432	28077	6355	
水的生产和供应业	56665	55865		800
建筑业	99558	8005	65233	26320
房屋建筑业	3870		1870	2000
土木工程建筑业	49928	716	41782	7430
建筑安装业	9915		5815	4100
建筑装饰和其他建筑业	35845	7289	15766	12790
批发和零售业	706090	303133	337212	56145
批发业	479498	164104	267491	47903
零售业	226592	139029	69721	8242

单位:万元

指标名称	总计	基本建设	更新改造	其他投资
交通运输、仓储和邮政业	481192	207840	263152	10200
铁路运输业	24295	12365	11930	
道路运输业	209979	84165	120214	5600
水上运输业	115207	23470	87137	4600
航空运输业	29500	29500		
管道运输业				
装卸搬运和运输代理业	16795	2847	13948	
仓储业	82921	52998	29923	
邮政业	2495	2495		
住宿和餐饮业	124931	10851	75425	38655
住宿业	62273	2420	39628	20225
餐饮业	62658	8431	35797	18430
信息传输、软件和信息技术服务业	44665	20977	16856	6832
电信、广播电视和卫星传输服务	14814	14202		612
互联网和相关服务	2063		1273	790
软件和信息技术服务业	27788	6775	15583	5430
金融业	33275	20135	4004	9136
货币金融服务	23239	20135	1904	1200
资本市场服务	8936		2100	6836
保险业				
其他金融业	1100			1100
房地产业	3193437	534020	130912	3040
房地产业	3193437	534020	130912	3040
租赁和商务服务业	470378	195515	230621	30236
租赁业	15085	7400	6485	1200
商务服务业	455293	188115	224136	29036
科学研究和技术服务业	112837	26978	69943	15916
研究和试验发展	8810	6373	1837	600
专业技术服务业	65092	16913	36653	11526
科技推广和应用服务业	38935	3692	31453	3790
水利、环境和公共设施管理业	1703378	1409526	237545	7400
水利管理业	86034	21042	61989	
生态保护和环境治理业	48570	38912	9658	
公共设施管理业	1568774	1349572	165898	7400
居民服务、修理和其他服务业	68024	25237	33247	8150
居民服务业	34808	19117	11041	3260

单位:万元

指标名称	总计	基本建设	更新改造	其他投资
机动车、电子产品和日用产品修理业	27901	2620	20391	4890
其他服务业	5315	3500	1815	
教育	226614	165362	56862	4390
教育	226614	165362	56862	4390
卫生和社会工作	153360	115218	30262	7880
卫生	145878	108268	29730	7880
社会工作	7482	6950	532	
文化、体育和娱乐业	117624	53449	49855	14320
新闻和出版业				
广播、电视、电影和影视录音制作业	14526		8186	6340
文化艺术业	35002	19340	12952	2710
体育	42399	27815	13984	600
娱乐业	25697	6294	14733	4670
公共管理、社会保障和社会组织	97793	38519	53714	1060
中国共产党机关				
国家机构	78137	22923	53714	500
人民政协、民主党派				
社会保障				
群众团体、社会团体和其他成员组织	9156	8596		560
基层群众自治组织	10500	7000		
国际组织				
国际组织				
新增固定资产(万元)	7186477	1476554	4822556	265839
其中:地方	7150440	1464865	4798208	265839
项目个数(个)				
1. 施工项目个数	1975	635	1305	5
其中:地方	1951	628	1288	5
2. 本年新开工	1654	503	1117	5
其中:地方	1635	497	1104	5
3. 本年投产项目个数	1383	373	985	4
其中:地方	1378	372	981	4

单位:万元

指标名称	总计	基本建设	更新改造	其他投资
房屋建筑面积(平方米)				
1.施工面积	18378321	2452568	646022	
其中:住宅	10772201	114057		
2.竣工面积	2058258	375700	47159	
其中:住宅	1139683	58795		
3.本年竣工房屋价值	572054	126173	10801	
其中:住宅	296381	21681		
本年资金来源合计(万元)	15795894	3982016	7417401	267339
其中:地方	15741760	3967870	7377413	267339
其中:引进资金				
1.上年末结余资金	1443329	53530	218994	
其中:引进资金				
2.本年资金来源小计	14352565	3928486	7198407	267339
(1)国家预算内资金	108002	74119	27610	
其中:中央预算资金	8450	8450		
(2)国内贷款	5915518	2152541	2819635	1000
(3)债券				
(4)利用外资	3860	3260		600
其中:外商直接投资	3860	3260		600
(5)自筹资金	6779507	1504341	4309455	265739
其中:企、事业单位自有资金	4753648	978685	3108406	259314
其中:股东投入资金	286978	36250	176257	2775
其中:借入资金	208422	8880	35443	
(6)其他资金来源	1545678	194225	41707	
各项应付款合计(万元)	1048050	395665	38408	
其中:工程款	522049		3838	

8-10 各县固定资产投资

（2015年） 单位：万元

指标名称	柳江县	柳江县	鹿寨县	融安县	融水苗族自治县	三江侗族自治县
本年完成投资	2178809	1062885	1667373	885452	891488	583476
#地方	2119175	1062885	1665001	885052	891488	568476
国有控股	428156	448659	420080	165605	283884	303822
住宅	101573	85536	90414	48775	107511	25544
1.按经济类型分：						
内资企业	2137629	1062885	1667373	881077	886388	583476
国有企业	309330	448659	317432	153187	260750	303635
集体企业	79896		14240	3700	6000	2500
股份合作企业	4436					
联营企业			1110		3600	
国有联营企业			1110			
集体联营企业						
国有与集体联营企业						
其他联营企业					3600	
有限责任公司	567051	18993	707012	87712	91740	11912
国有独资公司	73159		21644	12418	19400	187
其他有限责任公司	493892	18993	685368	75294	72340	11725
股份有限公司	78093	3000	30930	13561	9800	460
私营企业	916275	588533	269027	490057	428626	39141
其他企业	182548	3700	327622	132860	85872	225828
港、澳、台商投资企业						
合资经营企业(港或澳、台资)						
合作经营企业(港或澳、台资)						
港、澳、台商独资经营企业						
港、澳、台商投资股份有限公司						
外商投资企业	8850			3975		
中外合资经营企业						
中外合作经营企业	8850			3975		
外资企业						
外商投资股份有限公司						
个体经营	32330				5100	
个体户	13330					

8-10 续表1 单位:万元

指 标 名 称	柳江县	柳城县	鹿寨县	融安县	融水苗族自治县	三江侗族自治县
个人合伙	19000				5100	
2. 按建设性质分:						
(1)新建	986556	362793	884991	449422	498800	484754
(2)扩建	158077	63108	239326	24748	3646	
(3)改建	926808	509510	414806	349129	237368	68044
3. 按构成分:						
(1)建筑工程	941961	687734	992294	352426	689860	418963
(2)安装工程	283561	267233	87241	116262	38577	14160
(3)设备、工具、器具购置	842259	45341	493235	184415	107924	19802
#用于更新设备	429114	26042	75643		17981	13742
(4)其他费用	111028	62577	94603	232349	55127	130551
4. 按国民经济行业分:						
农、林、牧、渔业	66378	109417	136196	277949	108767	2850
农业	7102	6600	86612	119116	14800	
林业	11450	21946	17978	110691	20983	2650
畜牧业	22828	33090	16872	32595	15850	
渔业	3000					
农、林、牧、渔服务业	21998	47781	14734	15547	57134	200
采矿业	17030		1900	55748	64146	
煤炭开采和洗选业						
石油和天然气开采业					1680	
黑色金属矿采选业			550	22000		
有色金属矿采选业				4500	30686	
非金属矿采选业	17030		1350	29248	31780	
开采辅助活动						
其他采矿业						
制造业	1387168	480910	584916	258466	106026	2646
农副食品加工业	60682	18850	13008	6150	25400	
食品制造业	73636	30700	2450	3350		
酒、饮料和精制茶制造业	49183		6616	8510	18100	
烟草制品业						
纺织业	12843	23700	28316			
纺织服装、服饰业	25555		12450			
皮革、毛皮、羽毛及其制品和制鞋业						
木材加工和木、竹、藤、棕、草制品业	37440	47700	77184	170228	48437	406
家具制造业	3860	5000	2900	14758		

指　标　名　称	柳江县	柳城县	鹿寨县	融安县	融水苗族自治县	三江侗族自治县
造纸和纸制品业	8970	20500	22591			
印刷和记录媒介复制业	8283		4203	3320		
文教、工美、体育和娱乐用品制造业	2940		5390			
石油加工、炼焦和核燃料加工业				2970		
化学原料和化学制品制造业	92933	77300	101000		5289	
医药制造业	15874	26250				
化学纤维制造业						
橡胶和塑料制品业	53310	23290	8792			
非金属矿物制品业	77363	50670	57176	24344	3000	2240
黑色金属冶炼和压延加工业		54050	2536	1830		
有色金属冶炼和压延加工业	26575	19400		11140		
金属制品业	44451	14400	28203		5800	
通用设备制造业	154807	28750	55622			
专用设备制造业	129853	14800	19722			
汽车制造业	439529	15700	109897			
铁路、船舶、航空航天和其他运输设备制造业	3250	9850				
电气机械和器材制造业	50871		5687			
计算机、通信和其他电子设备制造业	9120			6315		
仪器仪表制造业	4990		5000			
其他制造业						
废弃资源综合利用业			16173	5551		
金属制品、机械和设备修理业	850					
电力、热力、燃气及水生产和供应业	35493	9219	152049	35400	79972	
电力、热力生产和供应业	31143	3362	135233	21204	70558	
燃气生产和供应业		3510		8636		
水的生产和供应业	4350	2347	16816	5560	9414	
建筑业	41050		12403	2625	1780	
房屋建筑业			5898			
土木工程建筑业	41050		6505	1365	1780	
建筑安装业						
建筑装饰和其他建筑业				1260		
批发和零售业	3274		34067	7165	6400	
批发业			11797	1165		
零售业	3274		22270	6000	6400	

8-10 续表3 单位:万元

指 标 名 称	柳江县	柳城县	鹿寨县	融安县	融水苗族自治县	三江侗族自治县
交通运输、仓储和邮政业	233927	84920	221780	99489	209873	267026
铁路运输业	47787					15000
道路运输业	156585	84920	188361	99489	205873	252026
水上运输业	11600		4815			
航空运输业						
管道运输业						
装卸搬运和运输代理业	8300		9882			
仓储业	9655		18722		4000	
邮政业						
住宿和餐饮业	2110	7000	600	21570	4890	
住宿业			600	7800	4890	
餐饮业	2110	7000		13770		
信息传输、软件和信息技术服务业	27573	7620	1110			
电信、广播电视和卫星传输服务	7200	7620				
互联网和相关服务			1110			
软件和信息技术服务业	20373					
金融业	965					
货币金融服务	965					
资本市场服务						
保险业						
其他金融业						
房地产业	119741	109806	159640	62153	147782	33878
房地产业	119741	109806	159640	62153	147782	33878
租赁和商务服务业	8345	7500	15636	8569		
租赁业						
商务服务业	8345	7500	15636	8569		
科学研究和技术服务业		29306	11750		4160	
研究和试验发展			4240			
专业技术服务业		2806	270		4160	
科技推广和应用服务业		26500	7240			
水利、环境和公共设施管理业	91630	53584	198446	17403	97516	10532
水利管理业	50922	30369	100843	10113	37880	10532
生态保护和环境治理业	7124		18100		4120	
公共设施管理业	33584	23215	79503	7290	55516	
居民服务、修理和其他服务业						
居民服务业						

8-10 续表4　　　　　　　　　　　　　　　　　单位:万元

指标名称	柳江县	柳城县	鹿寨县	融安县	融水苗族自治县	三江侗族自治县
机动车、电子产品和日用产品修理业						
其他服务业						
教育	20452	21561	21210	7545	17862	390
教育	20452	21561	21210	7545	17862	390
卫生和社会工作	4669	16261	22972		11193	
卫生	4669	16261	18308		11193	
社会工作			4664			
文化、体育和娱乐业	35646		15073		1514	9100
新闻和出版业						
广播、电视、电影和影视录音制作业	5000		2550		1514	
文化艺术业	16745		12195			9100
体育	2500					
娱乐业	11401		328			
公共管理、社会保障和社会组织	83358	125781	77625	31370	29607	257054
中国共产党机关						
国家机构	7091	120581	58728	16400	15722	257054
人民政协、民主党派						
社会保障						
群众团体、社会团体和其他成员组织		5200	3900	7900		
基层群众自治组织	76267		14997	7070	13885	
国际组织						
国际组织						
新增固定资产(万元)	2020663	842340	1111365	669086	706960	282462
其中:地方	2008816	842340	1094489	669086	706960	282462
项目个数(个)						
1. 施工项目个数	627	231	586	195	205	269
其中:地方	623	231	585	195	205	268
2. 本年新开工	469	207	401	183	165	211
其中:地方	468	207	401	183	165	211
3. 本年投产项目个数	483	179	414	141	167	210
其中:地方	481	179	414	141	167	210

8-10 续表5

单位:万元

指标名称	柳江县	柳城县	鹿寨县	融安县	融水苗族自治县	三江侗族自治县
房屋建筑面积(平方米)						
1.施工面积	1966848	751724	777751	1037615	1100453	529357
其中:住宅	1613441	555585	497198	698341	641130	373491
2.竣工面积	436160	126773	96420	24511	51000	52231
其中:住宅	312900	109161	46048	23668	43000	31111
3.本年竣工房屋价值	88508	32731	26073	4386	15300	12532
其中:住宅	63916	27911	13791	3956	12900	6430
本年资金来源合计(万元)	2315741	1185517	1780324	947305	920100	480030
其中:地方	2300894	1185517	1777952	947305	920100	480030
其中:引进资金						
1.上年末结余资金	74345	62175	15966	15157	6737	14681
其中:引进资金						
2.本年资金来源小计	2241396	1123342	1764358	932148	913363	465349
(1)国家预算内资金	132459	157014	74834	3350	141843	22030
其中:中央预算资金	52454	72092	14564	900	19133	
(2)国内贷款	747048	7054	52922	401200	49479	15184
(3)债券	4500	800				
(4)利用外资	800		4230			
其中:外商直接投资						
(5)自筹资金	1076701	894692	1381047	450837	419300	67047
其中:企、事业单位自有资金	559870	794775	30492	25030	24025	21570
其中:股东投入资金	35757	9400	1400	4650	36533	3450
其中:借入资金		24726	16421	16118	7740	1663
(6)其他资金来源	279888	63782	251325	76761	302741	361088
各项应付款合计(万元)	204359	431369	210002	93752	96293	222188
其中:工程款	37760	186569	56038	15357	19818	12251

8-11 全市房地产开发投资

（2015年）　　单位：万元

指 标 名 称	数 值	指 标 名 称	数 值
本年完成投资	3016449	#144平方米以上	263875
#土地购置费	384955	#别墅、高档公寓	134437
按登记注册类型划分：		办公楼	98575
内资企业	2916456	商业营业用房	406814
国有企业	3619	其他	331444
集体企业		本年新增固定资产	744032
股份合作企业		本年购置土地面积（平方米）	339213
联营企业		本年土地成交价款	140236
有限责任公司	1907354	**本年资金来源合计**	4894575
股份有限公司	74071	上年末结余资金	1311097
私营企业	851677	本年资金来源小计	3583478
其他企业	80135	国内贷款	971792
港、澳、台商投资企业	73271	利用外资	
外商投资企业	26322	#外商直接投资	
个体企业		自筹资金	1009798
按构成分：		#自有资金	437673
建筑工程	2130481	#股东投入资金	128906
安装工程	261848	#借入资金	226437
设备工器具购置	17290	其他资金来源	1601888
其他费用	606830	#定金及预收款	946393
按工程用途分：		个人按揭贷款	461206
住宅	2179616	**各项应付款合计**	772474
#90平方米以下	727507	#工程款	594532

8-12 全市房地产施工销售面积

（2015年）

指标名称	单位	合计	住宅				办公楼	商业营业用房	其他房屋
				90平米及以下	144平米以上	别墅、高档公寓			
房屋施工面积	平方米	20667219	14832128	3814845	1415864	23689	608995	2442493	2783603
#新开工面积	平方米	4259591	2985131	510808	235554		110038	547001	617421
房屋竣工面积	平方米	2178775	1545094	386562	224753		75274	172163	386244
#不可销售面积	平方米	47846	14053					11819	21974
商品住宅竣工套数	套		13993	4987	1090				
竣工房屋价值	万元	563243	382147	85774	37346		21215	57378	102503
批准预售面积	平方米	2661313	2318215	438505	193184		25877	191734	125487
批准预售套数	套		21772	5953	1093				
出租房屋面积	平方米	42893					20493	22400	
商品房销售面积	平方米	3291531	2880908	710820	404058	37607	24027	289507	97089
#现房销售面积	平方米	290409	223302	41911	46950		15694	28790	22623
期房销售面积	平方米	3001122	2657606	668909	357108	37607	8333	260717	74466
商品房销售额	万元	2203896	1737614	429555	299778	35617	19058	258772	188452
#现房销售额	万元	178140	106067	24390	18598		11661	31305	29107
期房销售额	万元	2025756	1631547	405165	281180	35617	7397	227467	159345
商品住宅销售套数	套		26589	8968	2125	290			
#现房销售套数	套		1960	541	262				
期房销售套数	套		24629	8427	1863	290			
待售面积	平方米	962014	521303	98165	108817		25756	199843	215112
#待售1-3年(含1年)	平方米	580427	392417	45722	86931		15746	84571	87693
待售3年以上(含3年)	平方米	15237	3759		3759			10365	1113

8-13 市区房地产开发投资

（2015年）　　　　单位：万元

指标名称	数值	指标名称	数值
本年完成投资	2500522	#144平方米以上	233329
#土地购置费	356044	#别墅、高档公寓	130883
按登记注册类型划分：		办公楼	95021
内资企业	2400929	商业营业用房	346488
国有企业	3619	其他	294857
集体企业		本年新增固定资产	512682
股份合作企业		本年购置土地面积(平方米)	205855
联营企业		本年土地成交价款	111304
有限责任公司	1725283	**本年资金来源合计**	4016852
股份有限公司	59785	上年末结余资金	1170205
私营企业	532107	本年资金来源小计	2846647
其他企业	80135	国内贷款	941342
港、澳、台商投资企业	73271	利用外资	
外商投资企业	26322	#外商直接投资	
个体企业		自筹资金	616929
按构成分：		#自有资金	328180
建筑工程	1704011	#股东投入资金	70716
安装工程	233442	#借入资金	164099
设备工器具购置	12029	其他资金来源	1288376
其他费用	551040	#定金及预收款	807278
按工程用途分：		个人按揭贷款	353143
住宅	1764156	**各项应付款合计**	613977
#90平方米以下	649553	#工程款	518211

8-14 市区房地产施工销售面积

（2015年）

指标名称	单位	合计	住宅				办公楼	商业营业用房	其他房屋
				90平米及以下	144平米以上	别墅、高档公寓			
房屋施工面积	平方米	15179705	10587013	3067296	1149516	23689	586084	1684929	2321679
#新开工面积	平方米	2962572	2091774	440350	198899		100812	302174	467812
房屋竣工面积	平方米	1615494	1072288	202075	163667		75274	134165	333767
#不可销售面积	平方米	36301	3030					11819	21452
商品住宅竣工套数	套		9536	2821	859				
竣工房屋价值	万元	425486	269919	38981	21371		21215	46491	87861
批准预售面积	平方米	1682730	1440548	347474	129287		25877	130885	85420
批准预售套数	套		13935	4787	737				
出租房屋面积	平方米	42893					20493	22400	
商品房销售面积	平方米	2143392	1768061	469672	271340	8672	24027	262185	89119
#现房销售面积	平方米	123480	66124	4234	7911		15694	22923	18739
期房销售面积	平方米	2019912	1701937	465438	263429	8672	8333	239262	70380
商品房销售额	万元	1770863	1329159	324240	262009	9865	19058	240175	182471
#现房销售额	万元	110533	47299	3281	7097		11661	26570	25003
期房销售额	万元	1660330	1281860	320959	254912	9865	7397	213605	157468
商品住宅销售套数	套		16351	5952	1460	21			
#现房销售套数	套		516	55	46				
期房销售套数	套		15835	5897	1414	21			
待售面积	平方米	568768	213214	27640	78185		18459	149798	187297
#待售1-3年(含1年)	平方米	308742	186797	26615	68552		12220	47811	61914
待售3年以上(含3年)	平方米	8858						7815	1043

8-15　柳江县房地产开发投资

（2015年）　　单位：万元

指标名称	数值	指标名称	数值
本年完成投资	70538	#144平方米以上	2236
#土地购置费	3805	#别墅、高档公寓	2740
按登记注册类型划分：		办公楼	2740
内资企业	70538	商业营业用房	4645
国有企业		其他	5473
集体企业		本年新增固定资产	70668
股份合作企业		本年购置土地面积(平方米)	18706
联营企业		本年土地成交价款	3900
有限责任公司	25384	**本年资金来源合计**	296686
股份有限公司	12680	上年末结余资金	64151
私营企业	32474	本年资金来源小计	232535
其他企业		国内贷款	13450
港、澳、台商投资企业		利用外资	
外商投资企业		#外商直接投资	
个体企业		自筹资金	57204
按构成分：		#自有资金	35827
建筑工程	44208	#股东投入资金	5957
安装工程	6007	#借入资金	
设备工器具购置	3750	其他资金来源	161881
其他费用	16573	#定金及预收款	87023
按工程用途分：		个人按揭贷款	53918
住宅	57680	**各项应付款合计**	27933
#90平方米以下	25793	#工程款	16660

8-16　柳江县房地产施工销售面积

（2015年）

指标名称	单位	合计	住宅				办公楼	商业营业用房	其他房屋
				90平米及以下	144平米以上	别墅、高档公寓			
房屋施工面积	平方米	1718823	1479370	382443	42098		4093	123809	111551
#新开工面积	平方米	112180	92652	18083	6127		91	9049	10388
房屋竣工面积	平方米	252418	219818	114725				2298	30302
#不可销售面积	平方米								
商品住宅竣工套数	套		2258	1306					
竣工房屋价值	万元	55932	47240	30892				689	8003
批准预售面积	平方米	226436	214081	43190	5292			8600	3755
批准预售套数	套		2186	602	26				
出租房屋面积	平方米								
商品房销售面积	平方米	355621	351346	164438	490	28935		3844	431
#现房销售面积	平方米	35806	35806	22910					
期房销售面积	平方米	319815	315540	141528	490	28935		3844	431
商品房销售额	万元	177408	172724	76560	224	25752		4464	220
#现房销售额	万元	13027	13027	9091					
期房销售额	万元	164381	159697	67469	224	25752		4464	220
商品住宅销售套数	套		3833	2063	3	269			
#现房销售套数	套		428	298					
期房销售套数	套		3405	1765	3	269			
待售面积	平方米	41015	29443	5025	3317			11353	219
#待售1-3年(含1年)	平方米	38974	27402	5025	3317			11353	219
待售3年以上(含3年)	平方米								

8-17 柳城县房地产开发投资

（2015年）

单位：万元

指 标 名 称	数 值	指 标 名 称	数 值
本年完成投资	104406	#144平方米以上	3398
#土地购置费	10046	#别墅、高档公寓	
按登记注册类型划分：		办公楼	
内资企业	104406	商业营业用房	12009
国有企业		其他	6861
集体企业		本年新增固定资产	35281
股份合作企业		本年购置土地面积（平方米）	21854
联营企业		本年土地成交价款	2280
有限责任公司	11493	**本年资金来源合计**	145600
股份有限公司		上年末结余资金	39826
私营企业	92913	本年资金来源小计	105774
其他企业		国内贷款	800
港、澳、台商投资企业		利用外资	
外商投资企业		#外商直接投资	
个体企业		自筹资金	69570
按构成分：		#自有资金	12341
建筑工程	87842	#股东投入资金	6200
安装工程	5208	#借入资金	20546
设备工器具购置	340	其他资金来源	35404
其他费用	11016	#定金及预收款	12395
按工程用途分：		个人按揭贷款	23009
住宅	85536	**各项应付款合计**	13201
#90平方米以下	3626	#工程款	10710

8-18 柳城县房地产施工销售面积

（2015年）

指标名称	单位	合计	住宅	90平米及以下	144平米以上	别墅、高档公寓	办公楼	商业营业用房	其他房屋
房屋施工面积	平方米	713474	555585	59675	91283			95931	61958
#新开工面积	平方米	266766	211643	5620	10793			27319	27804
房屋竣工面积	平方米	126773	109161	35620	45576			16710	902
#不可销售面积	平方米	1568	1568						
商品住宅竣工套数	套		807	421	125				
竣工房屋价值	万元	32731	27911	8891	12588			4583	237
批准预售面积	平方米	77984	74250					2045	1689
批准预售套数	套		549						
出租房屋面积	平方米								
商品房销售面积	平方米	189926	170044	15356	62148			17552	2330
#现房销售面积	平方米	46161	41377	3011	9874			3691	1093
期房销售面积	平方米	143765	128667	12345	52274			13861	1237
商品房销售额	万元	57951	47926	4082	16730			8736	1289
#现房销售额	万元	14044	10956	817	2355			2449	639
期房销售额	万元	43907	36970	3265	14375			6287	650
商品住宅销售套数	套		1267	200	234				
#现房销售套数	套		352	44	43				
期房销售套数	套		915	156	191				
待售面积	平方米	38106	26278	1579	2734		3771	2587	5470
#待售1-3年(含1年)	平方米	19197	13150	728				2543	3504
待售3年以上(含3年)	平方米								

8-19 鹿寨县房地产开发投资

（2015年）　　　　　　　　单位：万元

指标名称	数值	指标名称	数值
本年完成投资	113830	#144平方米以上	2827
#土地购置费	1900	#别墅、高档公寓	677
按登记注册类型划分：		办公楼	677
内资企业	113830	商业营业用房	15071
国有企业		其他	7668
集体企业		本年新增固定资产	16910
股份合作企业		本年购置土地面积(平方米)	
联营企业		本年土地成交价款	
有限责任公司	35150	**本年资金来源合计**	119501
股份有限公司		上年末结余资金	1840
私营企业	78680	本年资金来源小计	117661
其他企业		国内贷款	
港、澳、台商投资企业		利用外资	
外商投资企业		#外商直接投资	
个体企业		自筹资金	56675
按构成分：		#自有资金	700
建筑工程	111784	#股东投入资金	1400
安装工程	80	#借入资金	16271
设备工器具购置	20	其他资金来源	60986
其他费用	1946	#定金及预收款	16783
按工程用途分：		个人按揭贷款	10496
住宅	90414	**各项应付款合计**	47915
#90平方米以下	25518	#工程款	1525

8-20 鹿寨县房地产施工销售面积

（2015年）

指标名称	单位	合计	住宅				办公楼	商业营业用房	其他房屋
				90平米及以下	144平米以上	别墅、高档公寓			
房屋施工面积	平方米	608825	497198	36847	1643		6157	73650	31820
#新开工面积	平方米	208359	153322	12000				37372	17665
房屋竣工面积	平方米	56348	46048	15536				10300	
#不可销售面积	平方米								
商品住宅竣工套数	套		477	220					
竣工房屋价值	万元	16876	13791	4505				3085	
批准预售面积	平方米	187786	177283	5389				7604	2899
批准预售套数	套		1706	60					
出租房屋面积	平方米								
商品房销售面积	平方米	184077	182739	17455	28304			1214	124
#现房销售面积	平方米	26423	25688		25688			735	
期房销售面积	平方米	157654	157051	17455	2616			479	124
商品房销售额	万元	65431	63623	6120	9118			1789	19
#现房销售额	万元	9174	8112		8112			1062	
期房销售额	万元	56257	55511	6120	1006			727	19
商品住宅销售套数	套		1527	207	168				
#现房销售套数	套		156		156				
期房销售套数	套		1371	207	12				
待售面积	平方米	156280	134609	50567	3658			17987	3684
#待售1-3年(含1年)	平方米	65762	54129		298			7949	3684
待售3年以上(含3年)	平方米								

8-21 融安县房地产开发投资

（2015年） 单位:万元

指标名称	数值	指标名称	数值
本年完成投资	62153	#144平方米以上	14832
#土地购置费	5000	#别墅、高档公寓	
按登记注册类型划分:		办公楼	
内资企业	62153	商业营业用房	10234
国有企业		其他	3144
集体企业		本年新增固定资产	30759
股份合作企业		本年购置土地面积(平方米)	36103
联营企业		本年土地成交价款	15720
有限责任公司	31357	**本年资金来源合计**	100167
股份有限公司	1146	上年末结余资金	15157
私营企业	29650	本年资金来源小计	85010
其他企业		国内贷款	3700
港、澳、台商投资企业		利用外资	
外商投资企业		#外商直接投资	
个体企业		自筹资金	61336
按构成分:		#自有资金	24030
建筑工程	49184	#股东投入资金	4650
安装工程	6105	#借入资金	16118
设备工器具购置	651	其他资金来源	19974
其他费用	6213	#定金及预收款	7349
按工程用途分:		个人按揭贷款	5036
住宅	48775	**各项应付款合计**	22985
#90平方米以下	16199	#工程款	15357

8-22 融安县房地产施工销售面积

（2015年）

指标名称	单位	合计	住宅	90平米及以下	144平米以上	别墅、高档公寓	办公楼	商业营业用房	其他房屋
房屋施工面积	平方米	1030934	698341	254002	64295			243840	88753
#新开工面积	平方米	160890	76231	32307	13785			62373	22286
房屋竣工面积	平方米	24511	23668	16296	1452				843
#不可销售面积	平方米								
商品住宅竣工套数	套		247	191	10				
竣工房屋价值	万元	4386	3956	2070	444				430
批准预售面积	平方米	192581	166230	40147	9576			23886	2465
批准预售套数	套		1622	476	59				
出租房屋面积	平方米								
商品房销售面积	平方米	149616	147502	41324	19438			914	1200
#现房销售面积	平方米	11798	10533	9381	152			265	1000
期房销售面积	平方米	137818	136969	31943	19286			649	200
商品房销售额	万元	58183	54448	17737	6270			735	3000
#现房销售额	万元	16594	13442	10545	47			302	2850
期房销售额	万元	41589	41006	7192	6223			433	150
商品住宅销售套数	套		1429	510	121				
#现房销售套数	套		127	116	1				
期房销售套数	套		1302	394	120				
待售面积	平方米	20687	17365	13354	1594			2924	398
#待售1-3年(含1年)	平方米	20687	17365	13354	1594			2924	398
待售3年以上(含3年)	平方米								

8-23 融水苗族自治县房地产开发投资

（2015年）　　　　单位：万元

指标名称	数值	指标名称	数值
本年完成投资	134322	#144平方米以上	1032
#土地购置费	8160	#别墅、高档公寓	137
按登记注册类型划分：		办公楼	137
内资企业	134322	商业营业用房	14597
国有企业		其他	12077
集体企业		本年新增固定资产	65000
股份合作企业		本年购置土地面积(平方米)	56695
联营企业		本年土地成交价款	7032
有限责任公司	71540	**本年资金来源合计**	156070
股份有限公司		上年末结余资金	5237
私营企业	62782	本年资金来源小计	150833
其他企业		国内贷款	12500
港、澳、台商投资企业		利用外资	
外商投资企业		#外商直接投资	
个体企业		自筹资金	121401
按构成分：		#自有资金	15025
建筑工程	106347	#股东投入资金	36533
安装工程	8333	#借入资金	7740
设备工器具购置	500	其他资金来源	16932
其他费用	19142	#定金及预收款	8414
按工程用途分：		个人按揭贷款	8518
住宅	107511	**各项应付款合计**	33244
#90平方米以下	4018	#工程款	19818

8-24 融水苗族自治县房地产施工销售面积

（2015年）

指 标 名 称	单位	合计	住宅				办公楼	商业营业用房	其他房屋
				90平米及以下	144平米以上	别墅、高档公寓			
房屋施工面积	平方米	934366	641130	8332	9610		12661	180427	100148
#新开工面积	平方米	458028	297399	2448	5950		9135	93895	57599
房屋竣工面积	平方米	51000	43000					8000	
#不可销售面积	平方米								
商品住宅竣工套数	套		430						
竣工房屋价值	万元	15300	12900					2400	
批准预售面积	平方米	128039	111822		9643			9340	6877
批准预售套数	套		918		53				
出租房屋面积	平方米								
商品房销售面积	平方米	184744	183736		5504			1008	
#现房销售面积	平方米	32712	32204		2604			508	
期房销售面积	平方米	152032	151532		2900			500	
商品房销售额	万元	50266	49509		1809			757	
#现房销售额	万元	10839	10332		859			507	
期房销售额	万元	39427	39177		950			250	
商品住宅销售套数	套		1573		29				
#现房销售套数	套		274		11				
期房销售套数	套		1299		18				
待售面积	平方米	91406	80105		8139		3526	5824	1951
#待售1-3年(含1年)	平方米	91406	80105		5739		3526	5824	1951
待售3年以上(含3年)	平方米								

8-25 三江侗族自治县房地产开发投资

（2015年） 单位：万元

指 标 名 称	数 值	指 标 名 称	数 值
本年完成投资	30678	#144平方米以上	6221
#土地购置费		#别墅、高档公寓	
按登记注册类型划分：		办公楼	
内资企业	30678	商业营业用房	3770
国有企业		其他	1364
集体企业		本年新增固定资产	12732
股份合作企业		本年购置土地面积（平方米）	
联营企业		本年土地成交价款	
有限责任公司	7147	**本年资金来源合计**	59699
股份有限公司	460	上年末结余资金	14681
私营企业	23071	本年资金来源小计	45018
其他企业		国内贷款	
港、澳、台商投资企业		利用外资	
外商投资企业		#外商直接投资	
个体企业		自筹资金	26683
按构成分：		#自有资金	21570
建筑工程	27105	#股东投入资金	3450
安装工程	2673	#借入资金	1663
设备、工器具购置		其他资金来源	18335
其他费用	900	#定金及预收款	7151
按工程用途分：		个人按揭贷款	7086
住宅	25544	**各项应付款合计**	13219
#90平方米以下	2800	#工程款	12251

8-26 三江侗族自治县房地产施工销售面积

（2015年）

指标名称	单位	合计	住宅				办公楼	商业营业用房	其他房屋
				90平米及以下	144平米以上	别墅、高档公寓			
房屋施工面积	平方米	481092	373491	6250	57419			39907	67694
#新开工面积	平方米	90796	62110					14819	13867
房屋竣工面积	平方米	52231	31111	2310	14058			690	20430
#不可销售面积	平方米	9977	9455						522
商品住宅竣工套数	套		238	28	96				
竣工房屋价值	万元	12532	6430	435	2943			130	5972
批准预售面积	平方米	165757	134001	2305	39386			9374	22382
批准预售套数	套		856	28	218				
出租房屋面积	平方米								
商品房销售面积	平方米	84155	77480	2575	16834			2790	3885
#现房销售面积	平方米	14029	11570	2375	721			668	1791
期房销售面积	平方米	70126	65910	200	16113			2122	2094
商品房销售额	万元	23794	20225	816	3618			2116	1453
#现房销售额	万元	3929	2899	656	128			415	615
期房销售额	万元	19865	17326	160	3490			1701	838
商品住宅销售套数	套		609	36	110				
#现房销售套数	套		107	28	5				
期房销售套数	套		502	8	105				
待售面积	平方米	45752	20289		11190			9370	16093
#待售1-3年(含1年)	平方米	35659	13469		7431			6167	16023
待售3年以上(含3年)	平方米	6379	3759		3759			2550	70

8-27 全市房地产开发企业财务状况

单位:万元

指 标 名 称	2014年	2015年
资产总计	19997538	24152318
固定资产累计折旧	70591	69241
#本年折旧	14217	13392
负债总计	12469224	15502194
所有者权益合计	7528315	8650124
#实收资本合计	985153	1492590
土地转让收入	15044	18144
商品房屋销售收入	1037917	1765366
房屋出租收入	23699	22332
其他收入	24868	27774
主营业务成本	760503	1146926
销售费用	48847	62883
主营业务税金及附加	114789	171187
其他业务利润	3996	739
管理费用	80648	88734
财务费用	16946	35311
投资收益	27094	7919
营业外收入	6666	4099
营业外支出	6544	7182
利润总额	111847	284509

9 建 筑 业

9-1 建筑业企业生产情况

（2015年）

单位：万元

指标名称	企业个数（个）	一、建筑业合同情况			二、承包工程完成情况			
		签订的合同额	上年结转合同额	本年新签合同额	直接从建设单位承揽工程完成的产值	自行完成施工产值	分包出去的工程产值	从建设单位以外承揽工程完成的产值
总　计	81	14495285	7047061	7448223	5721777	5717481	4296	34171
#国有及国有控股	20	12538690	5637763	6900927	5047357	5047357		26825
按登记注册类型分组								
内资企业	81	14495285	7047061	7448223	5721777	5717481	4296	34171
#国有企业	14	2219973	1257911	962062	1086621	1086621		171
集体企业	12	99081	18081	81001	83546	83546		
股份合作企业								
联营企业								
有限责任公司	35	11271499	5069580	6201920	4277670	4274501	3168	30079
国有独资公司	5	9862908	4072028	5790880	3751871	3751871		26654
其他有限责任公司	30	1408591	997552	411039	525798	522630	3168	3425
股份有限公司	7	785739	659760	125979	210547	210547		
私营企业	13	118992	41729	77263	63394	62267	1127	3921
#私人有限责任公司	13	118992	41729	77263	63394	62267	1127	3921
按国民经济行业分组								
房屋工程建筑	49	12581699	6128015	6453685	4970517	4966315	4203	33650
土木工程建筑	13	1827722	899860	927862	690507	690507		171
铁路公路隧道桥梁工程建筑	5	778454	604120	174334	285706	285706		
水利和港口工程建筑	2	27864	3184	24680	23965	23965		
工矿工程建筑	2	1001292	286042	715250	366868	366868		171
架线和管道工程建筑	2	18036	4598	13437	13735	13735		
其他土木工程建筑	2	2076	1916	160	233	233		
建筑安装业	6	17169	3077	14093	18983	18983		
装修装饰业和其他建筑业	13	68694	16110	52585	41770	41677	93	350
按隶属关系分组								
中央	3	1013883	592922	420961	395630	395630		
省（自治区、直辖市）	9	11865508	5426843	6438664	4700345	4700345		26654
地（区、市、州、盟）	27	881568	583349	298219	303803	303803		171
县（区、市、旗）	11	95237	17551	77687	77166	77166		
镇	1	2310	600	1710	2310	2310		
其他	30	636779	425796	210983	242523	238227	4296	7346
按资质等级分组								
施工总承包	61	14395712	7018879	7376833	5664271	5659975	4296	33650
特级	1	5308881	2246110	3062771	1683214	1683214		
一级	11	8375190	4409797	3965393	3627084	3627084		26654
二级	17	515330	304236	211094	211890	210890	1000	2100
三级及以下	32	196312	58737	137576	142082	138787	3296	4896
专业承包	20	99572	28182	71390	57506	57506		521
一级	2	3550	1046	2504	3460	3460		
二级	5	83678	25259	58419	46773	46773		171
三级及以下	13	12345	1878	10467	7273	7273		350

9-1 续表1

单位:万元

指标名称	三、建筑业总产值			按构成分的建筑业总产值		
	合计	#装饰装修产值	#在外省完成的产值	建筑工程产值	安装工程产值	其他产值
总计	5751652	46482	1439457	5254764	413206	83683
#国有及国有控股	5074182	30183	1406336	4612238	388502	73441
按登记注册类型分组						
内资企业	5751652	46482	1439457	5254764	413206	83683
#国有企业	1086792	19827	280091	1016796	52165	17830
集体企业	83546	6000		79437	609	3501
股份合作企业						
联营企业						
有限责任公司	4304580	13779	1127273	3900302	347423	56855
国有独资公司	3778525	10355	989617	3386577	336337	55611
其他有限责任公司	526055	3424	137656	513724	11086	1244
股份有限公司	210547	703	32093	207447		3100
私营企业	66187	6173		50783	13009	2396
#私人有限责任公司	66187	6173		50783	13009	2396
按国民经济行业分组						
房屋工程建筑	4999965	43396	1197244	4681858	261706	56401
土木工程建筑	690678		242213	527759	139736	23184
铁路公路隧道桥梁工程建筑	285706		136628	285706		
水利和港口工程建筑	23965			23965		
工矿工程建筑	367040		105585	218015	126000	23024
架线和管道工程建筑	13735				13735	
其他土木工程建筑	233			73		160
建筑安装业	18983			6849	11211	923
装修装饰业和其他建筑业	42027	3087		38299	553	3175
按隶属关系分组						
中央	395630		241112	392345		3285
省(自治区、直辖市)	4726999	30091	1193197	4282885	388502	55611
地(区、市、州、盟)	303974	6795	4121	284406	5303	14265
县(区、市、旗)	77166			68678	609	7879
镇	2310			2310		
其他	245573	9597	1028	224139	18791	2643
按资质等级分组						
施工总承包	5693625	43396	1436495	5213349	410303	69973
特级	1683214		424708	1666968		16246
一级	3653738	30091	1009600	3234731	379641	39365
二级	212990	9895	1158	181871	29639	1480
三级及以下	143683	3410	1028	129779	1022	12882
专业承包	58027	3087	2963	41415	2903	13710
一级	3460			360		3100
二级	46944	2719	2963	40948		5996
三级及以下	7623	368		107	2903	4613

9-1 续表2

指标名称	四、竣工产值	五、房屋建筑施工面积(万平方米)		
		合计	#本年新开工面积	#实行投标承包面积
总　计	2879962	6534	1308	5757
#国有及国有控股	2410504	5561	1087	5497
按登记注册类型分组				
内资企业	2879962	6534	1308	5757
#国有企业	685757	862	107	818
集体企业	61218	70	53	46
股份合作企业				
联营企业				
有限责任公司	1960933	5191	1075	4700
国有独资公司	1656612	4650	967	4630
其他有限责任公司	304321	540	108	70
股份有限公司	124176	349	41	162
私营企业	47879	62	31	31
#私人有限责任公司	47879	62	31	31
按国民经济行业分组				
房屋工程建筑	2516668	6132	1172	5361
土木工程建筑	319356	402	135	395
铁路公路隧道桥梁工程建筑	92735	65	22	64
水利和港口工程建筑	23965			
工矿工程建筑	189877	335	114	331
架线和管道工程建筑	12619			
其他土木工程建筑	160	2		
建筑安装业	8491			
装修装饰业和其他建筑业	35447			
按隶属关系分组				
中央	86402	231	46	221
省(自治区、直辖市)	2321456	5553	1044	5391
地(区、市、州、盟)	244777	537	96	18
县(区、市、旗)	69021	87	65	57
镇	800	3	3	3
其他	157506	124	54	67
按资质等级分组				
施工总承包	2828936	6481	1290	5757
特级	1032248	2931	498	2931
一级	1520403	3265	663	2710
二级	151670	185	68	82
三级及以下	124615	100	61	35
专业承包	51026	53	18	
一级	3383			
二级	40516	53	18	
三级及以下	7127			

9-2 建筑业企业房屋建筑工程生产情况

（2015年）

指 标 名 称	本 年 实 际	
	竣工面积(平方米)	竣工房屋价值(万元)
总　计	13080601	2187068
按主要用途分：		
1. 住宅房屋	8096708	1214481
2. 商业及服务用房屋	1125403	214822
商厦房屋(批发和零售用房)	888004	168768
宾馆用房屋(住宿用房)	98166	27784
餐饮用房屋	29079	3458
商务会展用房屋	40000	3000
其他商业及服务用房屋(居民服务业用房)	70154	11812
3. 办公用房屋	725827	135663
4. 科研、教育、医疗用房屋	774483	193059
科学研究用房屋	64623	14175
教育用房屋	544658	102298
医疗用房屋	165202	76587
5. 文化、体育和娱乐用房	249094	74870
6. 厂房及建筑物	1310775	169709
7. 仓库	53426	4591
8. 其他未列明的房屋建筑物	744885	179872

9-3 建筑业企业财务状况

（2015年）　　　　单位：万元

指 标 名 称	年初存货	累计折旧	#本年折旧	资产合计	负债合计	所有者权益合计	#实收资本
总　计	606269	98022	11512	3283801	2642750	641052	359865
#国有及国有控股	447468	58356	7320	2298243	1889504	408739	215124
按登记注册类型分组							
内资企业	606269	98022	11512	3283801	2642750	641052	359865
#国有企业	51587	20387	1460	384553	267631	116922	61146
集体企业	6463	5148	1231	99782	85359	14424	9703
股份合作企业							
联营企业							
有限责任公司	468231	58507	7490	2287897	1889295	398603	241710
国有独资公司	262472	20041	4499	1685584	1420329	265256	133979
其他有限责任公司	205760	38466	2991	602313	468966	133347	107732
股份有限公司	67698	9447	923	434683	351432	83251	24716
私营企业	12290	4534	407	76886	49033	27853	22591
#私人有限责任公司	12290	4534	407	76886	49033	27853	22591
按国民经济行业分组							
房屋工程建筑	385419	54721	8593	2586962	2092038	494924	249454
土木工程建筑	194738	29659	2047	582757	481893	100864	83835
铁路公路隧道桥梁工程建筑	154851	23914	1616	389684	330939	58745	47282
水利和港口工程建筑	861	602	34	9676	8143	1533	825
工矿工程建筑	18679	1970	162	143934	119872	24062	21528
架线和管道工程建筑	14277	3010	220	31316	21021	10294	8000
其他土木工程建筑	6071	164	16	8149	1918	6231	6200
建筑安装业	14481	4477	69	25753	19991	5763	3905
装修装饰业和其他建筑业	11630	9165	803	88329	48828	39501	22672
按隶属关系分组							
中央	135893	23629	2193	323947	282296	41651	30802
省（自治区、直辖市）	359083	27444	4837	2243076	1857207	385869	174551
地（区、市、州、盟）	56651	27496	1966	282507	189943	92563	57247
县（区、市、旗）	173	3693	1176	79730	65402	14328	8497
镇	5860	33		5054	4451	604	600
其他	48608	15727	1340	349489	243452	106037	88169
按资质等级分组							
施工总承包	592084	86509	10611	3194242	2576989	617254	341199
特级	213920	5582	1534	760293	633624	126668	50000
一级	309287	52252	6198	2020009	1669763	350246	193335
二级	50126	21190	1515	223360	141880	81480	48130
三级及以下	18751	7485	1364	190581	131721	58860	49735
专业承包	14185	11513	901	89559	65761	23798	18667
一级	239	1346	64	5851	1551	4300	2556
二级	5207	8618	612	50270	38606	11664	11116
三级及以下	8739	1548	225	33438	25605	7834	4995

单位:万元

指 标 名 称	主营业务收入	#主营业务成本	#主营业务税金及附加	其他业务利润	销售费用	管理费用	财务费用	投资收益
总 计	5462175	5085101	173461	5889	3283	100726	48883	2002
#国有及国有控股	4888687	4583191	155923	4695	1640	74523	42898	4
按登记注册类型分组								
内资企业	5462175	5085101	173461	5889	3283	100726	48883	2002
#国有企业	678770	621584	24919	3868	1628	19763	3190	
集体企业	67379	44264	2647	320	13	2091	53	
股份合作企业								
联营企业								
有限责任公司	4478857	4207356	138431	958	261	67589	42096	1076
国有独资公司	4008719	3775305	122145	827	12	53003	35643	4
其他有限责任公司	470139	432050	16287	131	249	14586	6453	1073
股份有限公司	175723	157642	5649	559	1107	7951	2747	907
私营企业	61446	54256	1814	184	274	3332	796	18
#私人有限责任公司	61446	54256	1814	184	274	3332	796	18
按国民经济行业分组								
房屋工程建筑	4740894	4428228	148590	5766	2731	76212	42692	1444
土木工程建筑	632711	587406	22499	50	20	14477	5865	11
铁路公路隧道桥梁工程建筑	238399	220356	10279	-61	17	3924	4227	
水利和港口工程建筑	2867	2407	125	57		440	2	
工矿工程建筑	360405	338053	11304	53		7487	1348	
架线和管道工程建筑	28401	24215	700			2487	279	11
其他土木工程建筑	2639	2375	92		3	139	9	
建筑安装业	24251	20745	432			2599	139	376
装修装饰业和其他建筑业	64321	48722	1940	73	532	7437	186	171
按隶属关系分组								
中央	387739	363761	13279		12	5217	4365	
省(自治区、直辖市)	4513495	4241230	143245	5148	1080	66086	40789	911
地(区、市、州、盟)	301007	266695	7796	434	357	17406	2356	650
县(区、市、旗)	72079	48817	3275	159	38	1816	55	
镇	2285	2160	125	25		24		
其他	185571	162440	5742	123	1798	10178	1319	442
按资质等级分组								
施工总承包	5379746	5013386	171185	5816	2738	94952	48254	1502
特级	1778751	1654179	60310	630		26027	26647	4
一级	3265593	3085462	99664	4535	1087	48309	20135	1133
二级	204937	175471	5423	246	1350	13776	665	11
三级及以下	130465	98275	5788	405	302	6840	807	354
专业承包	82430	71715	2276	73	545	5773	629	500
一级	3898	406	130			138	-5	
二级	52427	48765	1349	45	532	2884	523	
三级及以下	26105	22544	797	29	13	2752	112	500

9-3 续表2 单位:万元

指标名称	营业外收入	营业外支出	利润总额	应付职工薪酬（本年贷方累计发生额）
总计	3135	1774	36779	879259
#国有及国有控股	2575	1406	34743	831835
按登记注册类型分组				
内资企业	3135	1774	36779	879259
#国有企业	2181	1281	10619	25258
集体企业	52	14	765	5229
股份合作企业				
联营企业				
有限责任公司	743	256	25944	833215
国有独资公司	255	113	23777	791633
其他有限责任公司	487	144	2167	41582
股份有限公司	118	219	-1738	8550
私营企业	41	3	1188	7007
#私人有限责任公司	41	3	1188	7007
按国民经济行业分组				
房屋工程建筑	2368	1493	30866	751364
土木工程建筑	314	68	3301	112953
铁路公路隧道桥梁工程建筑	174	37	-16	15833
水利和港口工程建筑	136	22	65	1574
工矿工程建筑	1	9	2183	94533
架线和管道工程建筑	3		1048	886
其他土木工程建筑			21	128
建筑安装业	16	135	573	2206
装修装饰业和其他建筑业	437	79	2039	12736
按隶属关系分组				
中央	138	59	1271	29639
省(自治区、直辖市)	820	236	25856	786856
地(区、市、州、盟)	1571	1187	4090	39198
县(区、市、旗)	49	14	369	6084
镇			2	
其他	557	278	5191	17482
按资质等级分组				
施工总承包	3055	1755	38630	869118
特级	195	45	11739	472361
一级	839	223	16220	355360
二级	929	630	9401	21422
三级及以下	1091	857	1271	19976
专业承包	80	19	-1852	10141
一级			70	233
二级	56	14	-2356	6576
三级及以下	24	5	434	3332

城市公用事业和环境保护　10

10-1 城市设施水平情况

（2015年）

指标名称	单位	全市	市区	柳江县	柳城县	鹿寨县	融安县	融水苗族自治县	三江侗族自治县
城市人口密度	人/平方公里	3813	3517	3359	7453	3788	5512	6815	10553
人均日生活用水量	升	189.71	209.83	161.50	166.33	151.53	86.87	97.73	148.10
用水普及率	%	96.35	98.17	86.39	83.33	89.87	92.46	99.72	99.49
燃气普及率	%	83.94	94.88	79.78	45.83	47.72	36.46	57.94	59.12
人均城市道路面积	平方米	10.99	12.02	13.31	10.14	6.51	6.60	4.57	9.25
建成区供水管道密度	公里/平方公里	14.14	14.13	6.34	12.08	10.50	11.17	9.95	62.92
建成区排水管道密度	公里/平方公里	6.99	7.15	6.58	3.51	6.87	7.46	6.03	8.10
污水处理率	%	93.01	95.00	82.40	88.49	71.14	100.00	100.00	72.14
#污水处理厂集中处理率	%	49.63	48.07	60.07	88.49	25.84	100.00	100.00	72.14
人均公园绿地面积	平方米	12.01	13.39	8.04	0.83	9.63	13.06	5.08	11.99
建成区绿地率	%	32.71	36.26	18.96	20.10	33.76	18.44	16.18	27.63
建成区绿化覆盖率	%	39.01	43.63	19.96	22.25	38.54	22.19	20.62	32.44
生活垃圾处理率	%	99.69	100.00	100.00	100.00	100.00	94.00	100.00	100.00
#生活垃圾无害化处理率	%	99.69	100.00	100.00	100.00	100.00	94.00	100.00	100.00

10-2 城市建设用地

（2015年）

指标名称	单位	全市	市区	柳江县	柳城县	鹿寨县	融安县	融水苗族自治县	三江侗族自治县
建城区面积	平方公里	247.31	183.92	18.14	6.98	13.10	10.41	9.15	5.61
城市现状建设用地面积	平方公里	240.95	183.92	17.14	6.98	10.69	9.93	7.80	4.49
#居住用地	平方公里	73.40	48.34	6.46	2.50	4.81	6.32	3.13	1.84
公共管理与公共服务用地	平方公里	23.55	17.34	0.65	1.48	1.20	0.69	1.34	0.85
商业服务业设施用地	平方公里	13.50	11.78	0.24	0.14	0.10	0.33	0.74	0.17
工业用地	平方公里	48.03	41.67	1.86	0.52	2.26	0.84	0.63	0.25
物流仓储用地	平方公里	9.81	8.16	0.35	0.20	0.32	0.27	0.43	0.08
道路与交通设施用地	平方公里	41.37	33.16	4.16	0.77	0.94	0.99	0.77	0.58
公用设施用地	平方公里	6.35	3.80	1.26	0.17	0.37	0.35	0.24	0.16
绿地与广场用地	平方公里	24.94	19.67	2.16	1.20	0.69	0.14	0.52	0.56
本年征用土地面积	平方公里	7.33	7.33						
#耕地	平方公里	2.94	2.94						

10-3 城市燃气供应

（2015年）

指标名称	单位	全市	市区	柳江县	柳城县	鹿寨县	融安县	融水苗族自治县	三江侗族自治县
人工煤气									
生产能力	万立方米/日	9.60	9.60						
储气能力	万立方米	18.20	18.20						
供气管道长度	公里	460.38	460.38						
自制气量	万立方米	3500.00	3500.00						
供气总量合计	万立方米	4243.08	4243.08						
#销售气量	万立方米	4203.08	4203.08						
#居民家庭	万立方米	3564.58	3564.58						
用气户数	户	123650	123650						
#家庭用户	户	123305	123305						
用气人口	万人	42.04	42.04						
天然气									
储气能力	万立方米	170.83	74.83				6.00		90.00
供气管道长度	公里	881.98	819.98				7.00		55.00
供气总量	万立方米	5875.08	5809.56				0.52		65.00
#销售气量	万立方米	5752.06	5689.56				0.50		62.00
#居民家庭	万立方米	2873.82	2811.32				0.50		62.00
用气户数	户	188751	185933				418		2400
#家庭用户	户	188409	185591				418		2400
用气人口	万人	50.66	50.03				0.13		0.50
液化石油气									
储气能力	吨	4668.40	4175.00			87.00	164.40	200.00	42.00
供气总量	吨	57158.58	46831.60	2728.00	784.88	2249.00	1737.10	1850.00	978.00
#居民家庭	吨	29144.00	19867.00	2342.00	693.00	1820.00	1710.00	1812.00	900.00
用气户数	户	270515	190893	23437	8873	14380	9950	16482	6500
#家庭用户	户	249447	172513	22870	7965	13267	9950	16482	6400
用气人口	万人	95.95	62.90	10.02	3.30	6.50	4.03	6.20	3.00

10-4 城市供水和节约用水

（2015年）

指标名称	单位	全市	市区	柳江县	柳城县	鹿寨县	融安县	融水苗族自治县	三江侗族自治县
供水									
综合生产能力	万立方米/日	185.75	150.65	6.60	4.00	14.00	4.10	4.00	2.40
供水管道长度	公里	3495.85	2598.63	115.00	84.34	137.56	116.24	91.08	353.00
供水总量	万立方米	51071.42	44142.87	1477.61	804.27	2896.06	621.08	660.08	469.45
#售水量	万立方米	46570.74	40397.09	1315.61	708.27	2702.17	495.57	557.08	394.95
#生产运营用水	万立方米	31515.28	28120.60	667.00	342.00	2026.70	136.79	165.64	56.55
公共服务用水	万立方米	3120.29	2829.54	99.31	107.27	38.30	26.72	15.75	3.40
居民家庭用水	万立方米	11855.14	9436.95	540.20	257.00	636.17	307.78	362.04	315.00
其他用水	万立方米	80.03	10.00	9.10	2.00	1.00	24.28	13.65	20.00
免费供水量	万立方米	222.82	63.81	45.00		35.00	67.51	8.00	3.50
漏损水量	万立方米	4277.86	3681.97	117.00	96.00	158.89	58.00	95.00	71.00
用水户数	户	490773	347659	30033	15362	30031	24301	26000	17387
#家庭用户	户	448109	316510	28510	14478	27483	23155	22303	15670
用水人口	万人	216.54	160.34	10.85	6.00	12.24	10.55	10.67	5.89
节约用水									
计划实际用水量	万立方米	299963	299963						
#工业	万立方米	276230	276230						
新水取水量	万立方米	32962	32962						
#工业	万立方米	12268	12268						
重复利用量	万立方米	267001	267001						
#工业	万立方米	263962	263962						
重复利用率	%	89.01	89.01						
#工业用水	%	95.56	95.56						
节约用水量	万立方米	6326	6326						
#工业	万立方米	5504	5504						

10-5 市政设施和园林绿化

（2015年）

指标名称	单位	全市	市区	柳江县	柳城县	鹿寨县	融安县	融水苗族自治县	三江侗族自治县
市政设施									
道路长度	公里	1406.04	1031.29	100.30	36.08	59.28	59.00	56.13	63.96
道路面积	万平方米	2470.56	1962.75	167.14	73.00	88.73	75.25	48.91	54.78
#人行道面积	万平方米	444.79	327.16	37.09	28.72	23.08	9.74	11.86	7.14
桥梁数	座	113	71	1	4	4	5	11	17
#立交桥	座	11	10					1	
道路照明灯盏数	盏	107724	68990	5995	1762	9547	14251	4748	2431
安装路灯的道路长度	公里	1271.82	993.97	67.80	27.50	59.00	44.00	47.71	31.84
排水管道长度	公里	1727.81	1315.64	119.42	24.50	90.03	77.61	55.18	45.43
#污水管道	公里	177.68	76.35	4.12	1.50	64.80	7.00	16.91	7.00
污水排放量	万立方米	39179	33413	1182	643	2318	691	512	420
污水处理厂									
1. 座数	座	9	3	1	1	1	1	1	1
2. 处理能力	万立方米/日	66.0	51.5	2.5	2.0	4.0	3.0	2.0	1.0
3. 处理量	万立方米	19446	16062	710	569	599	691	512	303
其他污水处理装置									
1. 处理能力	万立方米/日	309.3	294.3	5.0		10.0			
2. 处理量	万立方米	16995	15681	264		1050			
污水处理总量	万立方米	36441	31743	974	569	1649	691	512	303
污水处理厂干污泥产生量	吨	14690	13363	426	186	215	254	132	114
污水处理厂干污泥无害化处置量	吨	14690	13363	426	186	215	254	132	114
园林绿化									
绿化覆盖面积	公顷	10826.01	8922.00	432.00	157.30	506.00	260.00	245.71	303.00
#建成区	公顷	9647.91	8024.00	362.00	155.30	504.90	231.00	188.71	182.00
园林绿地面积	公顷	9377.47	7746.30	392.00	141.30	466.80	244.00	153.07	234.00
#建成区	公顷	8090.67	6669.00	344.00	140.30	442.30	192.00	148.07	155.00
公园绿地面积	公顷	2699.52	2187.00	101.00	6.00	131.20	149.00	54.32	71.00
公园个数	个	41	32	2	1	2	1	3	
公园面积	公顷	1636.81	1416.00	4.00	3.00	105.10	60.00	48.71	

10-6 市容环境卫生

（2015年）

指 标 名 称	单位	全市	市区	柳江县	柳城县	鹿寨县	融安县	融水苗族自治县	三江侗族自治县
道路清扫保洁面积	万平方米	3449	2920	94	68	190	72	48	57
生活垃圾清运量	万吨	70.24	49.83	5.50	2.73	3.53	3.67	3.15	1.83
# 密闭车(箱)清运量	万吨	54.14	40.22	5.50	0.36	3.53		3.15	1.38
生活垃圾处理量	万吨	70.02	49.83	5.50	2.73	3.53	3.45	3.15	1.83
生活垃圾无害化处理厂(场)数	座	6	1		1	1	1	1	1
# 卫生填埋	座	6	1		1	1	1	1	1
生活垃圾无害化处理能力	吨/日	1090	600		100	130	100	100	60
# 卫生填埋	吨/日	1090	600		100	130	100	100	60
生活垃圾无害化处理量	万吨	70.02	49.83	5.50	2.73	3.53	3.45	3.15	1.83
# 卫生填埋	万吨	70.02	49.83	5.50	2.73	3.53	3.45	3.15	1.83
粪便清运量	万吨	1.95	1.80		0.15				
粪便处理量	万吨	1.92	1.80		0.12				
生活垃圾转运站座数	座	79	55	6	2	11		2	3
公共厕所	座	364	304	16	10	7	15	5	7
# 三类以上	座	321	290		5	7	8	5	6
市容环卫专用车辆设备总数	辆	614	493	6	16	21	16	41	21

10-7 城市公共汽车、出租汽车

（2015年）

指标名称	单位	全市	市区	柳江县	柳城县	鹿寨县	融安县	融水苗族自治县	三江侗族自治县
公共汽车	辆	1300	1096	19	28	81	21	26	29
标准运营车辆	标台	1519	1339	17	26	69	21	25	22
运营线路网长度	公里	2557.50	1818.00	66.00	58.00	266.50	205.00	106.00	38.00
客运总量	万人次	23474.10	22257.00	87.60	157.90	503.60	151.30	47.00	269.70
出租汽车	辆	2379	2079		50	30	60	80	80

10-8 环境治理情况

（2015年）

指标名称	单位	全市	市区	柳江县	柳城县	鹿寨县	融安县	融水苗族自治县	三江侗族自治县
工业废水排放量	万吨	7353.81	4726.96	748.17	613.52	878.87	163.10	124.76	98.43
工业化学需氧量排放量	吨	9074.17	4666.12	1044.84	658.54	1970.86	235.59	327.64	170.57
工业氨氮排放量	吨	871.60	680.35	92.49	26.98	17.77	14.87	23.50	15.63
工业二氧化硫排放量	吨	41865.23	31796.51	1244.00	1534.51	5742.17	553.37	491.54	503.13
工业氮氧化物排放量	吨	35855.36	31269.04	500.49	1161.67	2740.63	42.30	53.52	87.71
一般工业固体废物综合利用率	%	97.48	97.07	99.91	98.20	99.53	100.00	86.96	100.00
一般工业固体废物处置率	%	0.15	0.11	0.09	0.04	0.47			

能　源　11

11-1 单位能耗指标

（2015年）

	单位GDP能耗	单位工业增加值能耗（规模以上工业）	单位GDP电耗
	上升或下降(+/-,%)	上升或下降(+/-,%)	上升或下降(+/-,%)
柳州市	-6.50	-12.51	-6.20
柳江县	-5.07	-17.06	-4.76
柳城县	-5.30	-7.84	-8.94
鹿寨县	-8.81	-17.61	-7.80
融安县	-5.49	-15.63	-9.10
融水苗族自治县	-0.19	-6.42	3.18
三江侗族自治县	-9.29	-40.96	-8.82

11-2 能源消费总量指标

	全社会能源消费总量（等价值,万吨标准煤）		规模以上工业能源消费总量（当量值,万吨标准煤）		全社会用电量（亿千瓦时）	
	2015年	上升或下降(+/-,%)	2015年	上升或下降(+/-,%)	2015年	上升或下降(+/-,%)
柳州市	1614.86	0.23	1064.63	-8.05	117.54	0.55
柳江县	77.96	0.81	12.62	-14.74	8.05	1.15
柳城县	70.41	3.50	22.80	-3.32	5.94	-0.47
鹿寨县	89.27	-0.60	39.10	-10.94	10.79	0.50
融安县	29.56	2.78	5.46	-8.54	2.46	-1.10
融水苗族自治县	40.35	10.58	6.31	3.41	3.92	14.32
三江侗族自治县	16.99	0.30	0.98	-47.63	3.10	0.30

11-3 全市规模以上工业企业主要能源购进、消费与库存

（2015年）

指标名称	单位	购进量合计	消费量合计	工业生产消费	非工业生产消费	年末库存
原煤	吨	5019829.37	5158637.24	5153965.02	4672.22	518445.43
洗精煤	吨	6476147.02	6387393.08	6387393.08		370452.02
其他洗煤	吨	15124.49	15391.93	15391.93		217.46
煤制品	吨					
焦炭	吨	163313.14	4472726.01	4472726.01		422551.02
焦炉煤气	万立方米	35159.93	189989.88	189989.88		
高炉煤气	万立方米	186693.24	1779781.69	1779781.69		
转炉煤气	万立方米	9861	108186.58	108186.58		
发生炉煤气	万立方米					
天然气(气态)	万立方米	4377.67	5021.67	5021.67		
液化天然气(液态)	吨	3302.30	3300.79	3298.49	2.30	4.70
汽油	吨	19393.47	19261.7	3860.49	15401.22	270.22
煤油	吨	109.97	104.56	104.08	0.48	1.71
柴油	吨	40106.46	40268.01	35760.72	4507.28	806.14
燃料油	吨	4366.82	4671.95	4671.95		122.07
液化石油气	吨	440.16	440.16	440.16		
润滑油	吨	320.36	322.64	322.64		5.08
石蜡	吨					
溶剂油	吨	2.01	353.98	353.98		3.50
石油焦	吨	367.28	379.62	379.62		107.06
石油沥青	吨		11381	11381		
其他石油制品	吨	339.04	338.05	338.05		13.77
热力	百万千焦	5221087.57	7397706.57	7397706.57		
电力	万千瓦时	1007662.85	1341606.01	1328348.44	13257.56	
煤矸石用于燃料	吨	3130	3130	3130		
城市垃圾用于燃料	吨					
生物质废料用于燃料	吨	145244.64	619461.40	619461.40		
余热余压	百万千焦	959630	17123771.23	17123771.23		
其他燃料	吨标准煤	2415.47	4369.49	4369.49		40
能源合计	吨标准煤		20456106.59	20407052.79	49053.74	

注:此表的电力消费量包括了企业自发自用电量

11-4 市区规模以上工业企业主要能源购进、消费与库存

（2015年）

指 标 名 称	单 位	购进量合计	消费量合计			年末库存
				工业生产消费	非工业生产消费	
原煤	吨	4535766.26	4684845.62	4680173.40	4672.22	443679.87
洗精煤	吨	6475703	6386943	6386943		370289.11
其他洗煤	吨	15124.49	15391.93	15391.93		217.46
煤制品	吨					
焦炭	吨	156552.46	4465958.33	4465958.33		422539.56
焦炉煤气	万立方米	35159.93	189989.88	189989.88		
高炉煤气	万立方米	186693.24	1779781.69	1779781.69		
转炉煤气	万立方米	9861	108186.58	108186.58		
发生炉煤气	万立方米					
天然气(气态)	万立方米	4377.67	5021.67	5021.67		
液化天然气(液态)	吨	3302.30	3300.79	3298.49	2.30	4.70
汽油	吨	17804.95	17696.04	3508.07	14187.98	229.97
煤油	吨	101.94	96.53	96.05	0.48	1.63
柴油	吨	32145.37	32327.09	29399.91	2927.17	476.8
燃料油	吨	3312.59	3471.91	3471.91		32.59
液化石油气	吨	440.03	440.03	440.03		
润滑油	吨	250.75	255.45	255.45		0.50
石蜡	吨					
溶剂油	吨	2.01	353.98	353.98		3.50
石油焦	吨					
石油沥青	吨		11381	11381		
其他石油制品	吨	339.04	338.05	338.05		13.77
热力	百万千焦	5221087.57	7397706.57	7397706.57		
电力	万千瓦时	797368.16	1101350.39	1090159.47	11190.91	
煤矸石用于燃料	吨					
城市垃圾用于燃料	吨					
生物质废料用于燃料	吨	28963.52	48150	48150		
余热余压	百万千焦	959630	16853669.47	16853669.47		
其他燃料	吨标准煤	2415.47	2600.67	2600.67		
能源合计	吨标准煤		19535275.10	19492846.36	42428.68	

注:此表的电力消费量包括了企业自发自用电量

11-5 柳江县规模以上工业企业主要能源购进、消费与库存

（2015年）

指标名称	单位	购进量合计	消费量合计			年末库存
				工业生产消费	非工业生产消费	
原煤	吨	44501.17	39492.33	39492.33		8613.09
洗精煤	吨					
其他洗煤	吨					
煤制品	吨					
焦炭	吨	271.18	285.18	285.18		4.46
天然气(气态)	万立方米					
液化天然气(液态)	吨					
汽油	吨	980.74	956.24	137.21	819.03	28.63
煤油	吨	8.03	8.03	8.03		0.08
柴油	吨	4125.96	4146.59	3755.45	391.14	65.59
燃料油	吨	578.37	578.37	578.37		4.69
液化石油气	吨					
润滑油	吨	61.61	59.19	59.19		4.58
石蜡	吨					
溶剂油	吨					
石油焦	吨					
石油沥青	吨					
其他石油制品	吨					
热力	百万千焦					
电力	万千瓦时	29799.04	36012.04	34749.83	1262.21	
煤矸石用于燃料	吨					
城市垃圾用于燃料	吨					
生物质废料用于燃料	吨	9066	123537.55	123537.55		
余热余压	百万千焦					
其他燃料	吨标准煤					
能源合计	吨标准煤		136468.04	133141.69	3326.31	

注:此表的电力消费量包括了企业自发自用电量

11-6 柳城县规模以上工业企业主要能源购进、消费与库存

（2015年）

指 标 名 称	单 位	购进量合计	消费量合计			年末库存
				工业生产消费	非工业生产消费	
原煤	吨	85428.46	84247.00	84247.00		7045.28
洗精煤	吨					
其他洗煤	吨					
煤制品	吨					
焦炭	吨	5939.50	5939.50	5939.50		
天然气（气态）	万立方米					
液化天然气（液态）	吨					
汽油	吨	287.82	289.46	32.26	257.20	4.62
煤油	吨					
柴油	吨	1080.61	1027.69	626.19	401.50	102.67
燃料油	吨					
液化石油气	吨	0.13	0.13	0.13		
润滑油	吨					
石蜡	吨					
溶剂油	吨					
石油焦	吨					
石油沥青	吨					
其他石油制品	吨					
热力	百万千焦					
电力	万千瓦时	34214.96	44332.95	44141.60	191.35	
煤矸石用于燃料	吨	3130.00	3130.00	3130.00		
城市垃圾用于燃料	吨					
生物质废料用于燃料	吨	51446.51	253846.94	253846.94		
余热余压	百万千焦					
其他燃料	吨标准煤		1768.82	1768.82		
能源合计	吨标准煤		241262.77	240064.14	1198.63	

注：此表的电力消费量包括了企业自发自用电量

11-7 鹿寨县规模以上工业企业主要能源购进、消费与库存

（2015年）

指标名称	单位	购进量合计	消费量合计	工业生产消费	非工业生产消费	年末库存
原煤	吨	344298.48	340327.29	340327.29		57539.19
洗精煤	吨					
其他洗煤	吨					
煤制品	吨					
焦炭	吨	550	543	543		7
天然气(气态)	万立方米					
液化天然气(液态)	吨					
汽油	吨	108.75	108.75	8.47	100.28	7
煤油	吨					
柴油	吨	1389.60	1385.07	858.78	526.29	91.33
燃料油	吨	475.86	621.67	621.67		84.79
液化石油气	吨					
润滑油	吨					
石蜡	吨					
溶剂油	吨					
石油焦	吨					
石油沥青	吨					
其他石油制品	吨					
热力	百万千焦					
电力	万千瓦时	98256.74	105323.98	104831.94	492.04	
煤矸石用于燃料	吨					
城市垃圾用于燃料	吨					
生物质废料用于燃料	吨	37744.61	80866.79	80866.79		
余热余压	百万千焦		270101.76	270101.76		
其他燃料	吨标准煤					
能源合计	吨标准煤		409444.47	407927.77	1516.73	

注:此表的电力消费量包括了企业自发自用电量

11-8 融安县规模以上工业企业主要能源购进、消费与库存

（2015年）

指标名称	单位	购进量合计	消费量合计			年末库存
				工业生产消费	非工业生产消费	
原煤	吨	9835	9725	9725		177
洗精煤	吨					
其他洗煤	吨					
煤制品	吨					
焦炭	吨					
天然气(气态)	万立方米					
液化天然气(液态)	吨					
汽油	吨	129.06	129.06	115.00	14.06	
煤油	吨					
柴油	吨	789.96	844.86	752.33	92.53	1.56
燃料油	吨					
液化石油气	吨					
润滑油	吨	8	8	8		
石蜡	吨					
溶剂油	吨					
石油焦	吨					
石油沥青	吨					
其他石油制品	吨					
热力	百万千焦					
电力	万千瓦时	18674.95	20092.57	19974.79	117.78	
煤矸石用于燃料	吨					
城市垃圾用于燃料	吨					
生物质废料用于燃料	吨	18024	47224.07	47224.07		
余热余压	百万千焦					
其他燃料	吨标准煤					40
能源合计	吨标准煤		56622.49	56322.24	300.27	

注:此表的电力消费量包括了企业自发自用电量

11-9 融水苗族自治县规模以上工业企业主要能源购进、消费与库存

（2015年）

指标名称	单位	购进量合计	消费量合计	工业生产消费	非工业生产消费	年末库存
原煤	吨					1391
洗精煤	吨					
其他洗煤	吨					
煤制品	吨					
焦炭	吨					
天然气(气态)	万立方米					
液化天然气(液态)	吨					
汽油	吨	57.80	57.80	35.13	22.67	
煤油	吨					
柴油	吨	564.96	526.71	358.06	168.65	68.19
燃料油	吨					
液化石油气	吨					
润滑油	吨					
石蜡	吨					
溶剂油	吨					
石油焦	吨					
石油沥青	吨					
其他石油制品	吨					
热力	百万千焦					
电力	万千瓦时	22169.82	27241.75	27241.75		
煤矸石用于燃料	吨					
城市垃圾用于燃料	吨					
生物质废料用于燃料	吨		65836.05	65836.05		
余热余压	百万千焦					
其他燃料	吨标准煤					
能源合计	吨标准煤		67250.65	66971.54	279.1	

注:此表的电力消费量包括了企业自发自用电量

11-10　三江侗族自治县规模以上工业企业主要能源购进、消费与库存

（2015年）

指标名称	单位	购进量合计	消费量合计	工业生产消费	非工业生产消费	年末库存
原煤	吨					
洗精煤	吨	444.02	450.08	450.08		162.91
其他洗煤	吨					
煤制品	吨					
焦炭	吨					
天然气(气态)	万立方米					
液化天然气(液态)	吨					
汽油	吨	24.35	24.35	24.35		
煤油	吨					
柴油	吨	10	10	10		
燃料油	吨					
液化石油气	吨					
润滑油	吨					
石蜡	吨					
溶剂油	吨					
石油焦	吨	367.28	379.62	379.62		107.06
石油沥青	吨					
其他石油制品	吨					
热力	百万千焦					
电力	万千瓦时	7179.18	7252.33	7249.06	3.27	
煤矸石用于燃料	吨					
城市垃圾用于燃料	吨					
生物质废料用于燃料	吨					
余热余压	百万千焦					
其他燃料	吨标准煤					
能源合计	吨标准煤		9783.07	9779.05	4.02	

注：此表的电力消费量包括了企业自发自用电量

11-11 全市规模以上工业企业主要能源按行业消费量

（2015年）

指 标 名 称	本 年 消 费								
	原煤（吨）	洗精煤（吨）	其他洗煤（吨）	焦炭（吨）	焦炉煤气(万立方米)	高炉煤气（万立方米）	其他煤气（万立方米）	气态天然气（万立方米）	液化天然气（吨）
总 计	5158637.24	6387393.08	15391.93	4472726.01	189989.88	1779781.69	108186.58	5021.67	3300.79
按工业行业大类分列									
一、采矿业	1225		15391.93						
黑色金属矿采选业									
有色金属矿采选业									
非金属矿采选业	1225		15391.93						
二、制造业	4235854.41	6387393.08		4472726.01	155065.51	1600291.69	98325.58		2740.79
农副食品加工业	11526.64								
食品制造业	62722.93								
酒、饮料和精制茶制造业	12566								
烟草制品业	4008.48							224.86	2.3
纺织业	1895								
纺织服装、服饰业	23.7								
木材加工及木、竹、藤、棕、草制品业									
家具制造业									
造纸及纸制品业	119717.91								
印刷业和记录媒介的复制									
文教、工美、体育和娱乐用品制造业									
石油加工、炼焦及核燃料加工业									
化学原料及化学制品制造业	1116599.48								
医药制造业	909								
橡胶和塑料制品业									
非金属矿物制品业	774411.87	6810			3.06	7203.24			
黑色金属冶炼及压延加工业	2065606	6380133		4471884.5	155062.45	1593088.45	98325.58		
有色金属冶炼及压延加工业	16447.33	450.08		45				644	
金属制品业	34515			543					
通用设备制造业								18.91	
专用设备制造业				3.82				0.88	
汽车制造业	12752.3			240.18				4133.02	2730.39
铁路、船舶、航空航天和其他运输设备制造业	2152.77			9.51					8.1
电气机械及器材制造业									
通信设备、计算机及其他电子设备制造业									
仪器仪表制造业									
其他制造业									
废弃资源综合利用业									
金属制品、机械和设备修理业									
三、电力、燃气及水的生产和供应业	921557.83				34924.37	179490	9861		560
电力、热力的生产和供应业	921557.83				34924.37	179490	9861		
燃气生产和供应业									560
自来水的生产和供应业									

11-11 续表

指标名称	本年消费 汽油（吨）	煤油（吨）	柴油（吨）	燃料油（吨）	液化石油气（吨）	其它石油制品（吨）	热力（百万千焦）	电力（万千瓦时）	生物质废料用于燃料(吨)
总　计	19261.7	104.56	40268.01	4671.95	440.16	338.05	7397706.57	1341606.01	619461.4
按工业行业大类分列									
一、采矿业	95.6		220.42					4846.98	
黑色金属矿采选业	66.1		79.22					1738.65	
有色金属矿采选业	14		117.2					2428.9	
非金属矿采选业	15.5		24					679.43	
二、制造业	18582.49	104.56	38797.73	4671.95	440.16	338.05	6514661.57	1214219.92	619461.4
农副食品加工业	244.54		619.97				29970	28173.17	471877.67
食品制造业	87.8		252.5	103.47			161851.45	18864.03	7531.8
酒、饮料和精制茶制造业	21.26		9.6				805.42	725.38	
烟草制品业			358.22					2691.60	
纺织业	53.21	0.82	38.87					16723.20	55393.9
纺织服装、服饰业	9.76		39.22					56.95	
木材加工及木、竹、藤、棕、草制品业	118.02		424.87					33712.16	20555.93
家具制造业	133.06		299.73					5887.63	
造纸及纸制品业	41.65		251.79	120.14		21.47		16900.68	25491.81
印刷业和记录媒介的复制	59.37		16.45					314.24	
文教、工美、体育和娱乐用品制造业								1448	
石油加工、炼焦及核燃料加工业								224.16	
化学原料及化学制品制造业	174.57	1.58	1491.06	621.67			6010155	190757.94	5236.2
医药制造业	54.05		104.66	694.37				1551.04	16654.09
橡胶和塑料制品业	58.3		19.8					3157.12	808
非金属矿物制品业	370.45		14917.75					83333.25	
黑色金属冶炼及压延加工业	22.43		6981.11		2.6			557865.62	
有色金属冶炼及压延加工业	30.36		485.38	2135.42	0.13		7619.5	18974.62	
金属制品业	406.69		343.67					24051.88	
通用设备制造业	147.84	29.9	473.16		267.16			9208.83	
专用设备制造业	201.99	22.35	1111.23	149.59	15.27			21535.57	2358
汽车制造业	15984.04	18.48	9549.06	847.29	155	136.58	304260.2	164622.59	
铁路、船舶、航空航天和其他运输设备制造业	92.9	31.43	938.13					3287.49	
电气机械及器材制造业	226.94		49.95			180		3558.03	13554
通信设备、计算机及其他电子设备制造业	14.06		9.55					1482.08	
仪器仪表制造业	22.17							42.97	
其他制造业								3021	
废弃资源综合利用业			12					2048.19	
金属制品、机械和设备修理业	7.03							0.5	
三、电力、燃气及水的生产和供应业	583.61		1249.86				883045	122539.11	
电力、热力的生产和供应业	489.69		1214.97				883045	117688.14	
燃气生产和供应业	50.75		9.3					229.1	
自来水的生产和供应业	43.17		25.59					4621.87	

11-12 市区规模以上工业企业主要能源按行业消费量

（2015年）

指标名称	本年消费								
	原煤（吨）	洗精煤（吨）	其他洗煤（吨）	焦炭（吨）	焦炉煤气（万立方米）	高炉煤气（万立方米）	其他煤气（万立方米）	气态天然气（万立方米）	液化天然气（吨）
总计	4684845.62	6386943	15391.93	4465958.33	189989.88	1779781.69	108186.58	5021.67	3300.79
按工业行业大类分列									
一、采矿业	1225		15391.93						
黑色金属矿采选业									
有色金属矿采选业									
非金属矿采选业	1225		15391.93						
二、制造业	3762062.79	6386943		4465958.33	155065.51	1600291.69	98325.58		2740.79
农副食品加工业	207.49								
食品制造业	16363.57								
酒、饮料和精制茶制造业									
烟草制品业	4008.48							224.86	2.3
纺织业	1895								
纺织服装、服饰业									
木材加工及木、竹、藤、棕、草制品业									
家具制造业									
造纸及纸制品业	73992.17								
印刷业和记录媒介的复制									
文教、工美、体育和娱乐用品制造业									
石油加工、炼焦及核燃料加工业									
化学原料及化学制品制造业	973291.29								
医药制造业	83								
橡胶和塑料制品业									
非金属矿物制品业	563958.39	6810			3.06	7203.24			
黑色金属冶炼及压延加工业	2065606	6380133		4465945	155062.45	1593088.45	98325.58		
有色金属冶炼及压延加工业	13852.33							644	
金属制品业	34165								
通用设备制造业								18.91	
专用设备制造业				3.82				0.88	
汽车制造业	12487.3							4133.02	2730.39
铁路、船舶、航空航天和其他运输设备制造业	2152.77			9.51					8.1
电气机械及器材制造业									
通信设备、计算机及其他电子设备制造业									
仪器仪表制造业									
其他制造业									
废弃资源综合利用业									
金属制品、机械和设备修理业									
三、电力、燃气及水的生产和供应业	921557.83				34924.37	179490	9861		560
电力、热力的生产和供应业	921557.83				34924.37	179490	9861		
燃气生产和供应业									560
自来水的生产和供应业									

11-12 续表

指标名称	本年消费 汽油（吨）	煤油（吨）	柴油（吨）	燃料油（吨）	液化石油气(吨)	其它石油制品(吨)	热力(百万千焦)	电力(万千瓦时)	生物质废料用于燃料(吨)
总　计	17696.04	96.53	32327.09	3471.91	440.03	338.05	7397706.57	1101350.39	48150
按工业行业大类分列									
一、采矿业	95.6		119.22					2375.08	
黑色金属矿采选业	66.1		26.22					1662.65	
有色金属矿采选业	14		69					33	
非金属矿采选业	15.5		24					679.43	
二、制造业	17258.24	96.53	31094.07	3471.91	440.03	338.05	6514661.57	999589.51	48150
农副食品加工业	55.35		37.72				29970	5272.28	22244
食品制造业	87.8		110.5	103.47			161851.45	9217.65	966.8
酒、饮料和精制茶制造业							805.42	384.96	
烟草制品业			358.22					2691.6	
纺织业	19.95	0.82	28.13					10751.47	2707
纺织服装、服饰业									
木材加工及木、竹、藤、棕、草制品业								3669.15	
家具制造业	133.06		299.73					3784.56	
造纸及纸制品业	26.8		155.78	120.14		21.47		11106.6	2240
印刷业和记录媒介的复制	59.37		16.45					314.24	
文教、工美、体育和娱乐用品制造业									
石油加工、炼焦及核燃料加工业								224.16	
化学原料及化学制品制造业	126.69	1.58	751.93				6010155	125583.91	4080.2
医药制造业	46.61		98.54	694.37				357.43	
橡胶和塑料制品业	15.21		12.1					892.37	
非金属矿物制品业	360.37		12161.1					58473.26	
黑色金属冶炼及压延加工业	2.4		6974.71		2.6			556425.78	
有色金属冶炼及压延加工业	30.36		471.93	2135.42			7619.5	7287.89	
金属制品业	393.07		324.85					16961	
通用设备制造业	119.13	29.9	434.29		267.16			8246.37	
专用设备制造业	178.48	21.67	936.51	136.39	15.27			21054.3	2358
汽车制造业	15257.7	11.13	6933.5	282.12	155	136.58	304260.2	145597.25	
铁路、船舶、航空航天和其他运输设备制造业	92.9	31.43	938.13					3154.24	
电气机械及器材制造业	223.79		49.95			180		2865.61	13554
通信设备、计算机及其他电子设备制造业								1180.77	
仪器仪表制造业	22.17							42.97	
其他制造业								3013	
废弃资源综合利用业								1036.19	
金属制品、机械和设备修理业	7.03							0.5	
三、电力、燃气及水的生产和供应业	342.2		1113.8				883045	99385.8	
电力、热力的生产和供应业	248.28		1078.91				883045	94534.83	
燃气生产和供应业	50.75		9.3					229.1	
自来水的生产和供应业	43.17		25.59					4621.87	

11-13 柳江县规模以上工业企业主要能源按行业消费量

（2015年）

指标名称	本年消费								
	原煤（吨）	洗精煤（吨）	其他洗煤（吨）	焦炭（吨）	焦炉煤气（万立方米）	高炉煤气（万立方米）	其他煤气（万立方米）	气态天然气（万立方米）	液化天然气（吨）
总　计	39492.33			285.18					
按工业行业大类分列									
一、采矿业									
黑色金属矿采选业									
有色金属矿采选业									
非金属矿采选业									
二、制造业	39492.33			285.18					
农副食品加工业	10800.15								
食品制造业	4752.36								
酒、饮料和精制茶制造业	2736.00								
烟草制品业									
纺织业									
纺织服装、服饰业	23.70								
木材加工及木、竹、藤、棕、草制品业									
家具制造业									
造纸及纸制品业	2337.00								
印刷业和记录媒介的复制									
文教、工美、体育和娱乐用品制造业									
石油加工、炼焦及核燃料加工业									
化学原料及化学制品制造业	565.00								
医药制造业									
橡胶和塑料制品业									
非金属矿物制品业	18013.12								
黑色金属冶炼及压延加工业									
有色金属冶炼及压延加工业				45.00					
金属制品业									
通用设备制造业									
专用设备制造业									
汽车制造业	265.00			240.18					
铁路、船舶、航空航天和其他运输设备制造业									
电气机械及器材制造业									
通信设备、计算机及其他电子设备制造业									
仪器仪表制造业									
其他制造业									
废弃资源综合利用业									
金属制品、机械和设备修理业									
三、电力、燃气及水的生产和供应业									
电力、热力的生产和供应业									
燃气生产和供应业									
自来水的生产和供应业									

11-13 续表

指标名称	本年消费 汽油（吨）	煤油（吨）	柴油（吨）	燃料油（吨）	液化石油气(吨)	其它石油制品(吨)	热力(百万千焦)	电力(万千瓦时)	生物质废料用于燃料(吨)
总　计	956.24	8.03	4146.59	578.37				36012.04	123537.55
按工业行业大类分列									
一、采矿业									
黑色金属矿采选业									
有色金属矿采选业									
非金属矿采选业									
二、制造业	895.31	8.03	4108.16	578.37				30730.79	123537.55
农副食品加工业	33.71		36.92					6347.38	114471.55
食品制造业			92					876.92	
酒、饮料和精制茶制造业	21.26		9.6					115.9	
烟草制品业									
纺织业									
纺织服装、服饰业	9.76		39.22					56.95	
木材加工及木、竹、藤、棕、草制品业									
家具制造业									
造纸及纸制品业	14.85							818.52	2337
印刷业和记录媒介的复制									
文教、工美、体育和娱乐用品制造业									
石油加工、炼焦及核燃料加工业									
化学原料及化学制品制造业	7.31		2.3					34.89	
医药制造业								417.1	5921
橡胶和塑料制品业	43.09		7.7					924.99	808
非金属矿物制品业			1102.45					878.07	
黑色金属冶炼及压延加工业								603.74	
有色金属冶炼及压延加工业								17.94	
金属制品业	13.62		9.82					761.78	
通用设备制造业	28.71		38.87					816.46	
专用设备制造业	23.51	0.68	174.72	13.2				481.27	
汽车制造业	696.34	7.35	2594.56	565.17				16886.46	
铁路、船舶、航空航天和其他运输设备制造业									
电气机械及器材制造业	3.15							692.42	
通信设备、计算机及其他电子设备制造业									
仪器仪表制造业									
其他制造业									
废弃资源综合利用业									
金属制品、机械和设备修理业									
三、电力、燃气及水的生产和供应业	60.93		38.43					5281.25	
电力、热力的生产和供应业	60.93		38.43					5281.25	
燃气生产和供应业									
自来水的生产和供应业									

11-14 柳城县规模以上工业企业主要能源按行业消费量

（2015年）

指标名称	本年消费								
	原煤（吨）	洗精煤（吨）	其他洗煤（吨）	焦炭（吨）	焦炉煤气（万立方米）	高炉煤气（万立方米）	其他煤气（万立方米）	气态天然气（万立方米）	液化天然气（吨）
总　计	84247			5939.5					
按工业行业大类分列									
一、采矿业									
黑色金属矿采选业									
有色金属矿采选业									
非金属矿采选业									
二、制造业	84247			5939.5					
农副食品加工业									
食品制造业	41607								
酒、饮料和精制茶制造业									
烟草制品业									
纺织业									
纺织服装、服饰业									
木材加工及木、竹、藤、棕、草制品业									
家具制造业									
造纸及纸制品业	374								
印刷业和记录媒介的复制									
文教、工美、体育和娱乐用品制造业									
石油加工、炼焦及核燃料加工业									
化学原料及化学制品制造业	27413								
医药制造业									
橡胶和塑料制品业									
非金属矿物制品业	12258								
黑色金属冶炼及压延加工业				5939.5					
有色金属冶炼及压延加工业	2595								
金属制品业									
通用设备制造业									
专用设备制造业									
汽车制造业									
铁路、船舶、航空航天和其他运输设备制造业									
电气机械及器材制造业									
通信设备、计算机及其他电子设备制造业									
仪器仪表制造业									
其他制造业									
废弃资源综合利用业									
金属制品、机械和设备修理业									
三、电力、燃气及水的生产和供应业									
电力、热力的生产和供应业									
燃气生产和供应业									
自来水的生产和供应业									

11-14 续表

指标名称	本年消费								
	汽油（吨）	煤油（吨）	柴油（吨）	燃料油（吨）	液化石油气(吨)	其它石油制品(吨)	热力(百万千焦)	电力(万千瓦时)	生物质废料用于燃料(吨)
总　计	289.46		1027.69		0.13			44332.95	253846.94
按工业行业大类分列									
一、采矿业									
黑色金属矿采选业									
有色金属矿采选业									
非金属矿采选业									
二、制造业	232.12		988.44		0.13			40920.71	253846.94
农副食品加工业	136.93		327.45					9167.31	196984.07
食品制造业			50					8271.43	6565
酒、饮料和精制茶制造业									
烟草制品业									
纺织业	28.26		2.74					547.57	9824
纺织服装、服饰业									
木材加工及木、竹、藤、棕、草制品业								2999.34	19020.68
家具制造业								50.9	
造纸及纸制品业			64.43					1458.12	13160.1
印刷业和记录媒介的复制									
文教、工美、体育和娱乐用品制造业									
石油加工、炼焦及核燃料加工业									
化学原料及化学制品制造业	9.46		234.3					10322.61	
医药制造业	7.44		6.12					453.25	8293.09
橡胶和塑料制品业									
非金属矿物制品业			276					321.21	
黑色金属冶炼及压延加工业	20.03		6.4					700.1	
有色金属冶炼及压延加工业					0.13			102.14	
金属制品业								4442.6	
通用设备制造业									
专用设备制造业									
汽车制造业	30		21					1942.88	
铁路、船舶、航空航天和其他运输设备制造业								133.25	
电气机械及器材制造业									
通信设备、计算机及其他电子设备制造业									
仪器仪表制造业									
其他制造业								8	
废弃资源综合利用业									
金属制品、机械和设备修理业									
三、电力、燃气及水的生产和供应业	57.34		39.25					3412.24	
电力、热力的生产和供应业	57.34		39.25					3412.24	
燃气生产和供应业									
自来水的生产和供应业									

11-15 鹿寨县规模以上工业企业主要能源按行业消费量

（2015年）

指标名称	本年消费								
	原煤（吨）	洗精煤（吨）	其他洗煤（吨）	焦炭（吨）	焦炉煤气（万立方米）	高炉煤气（万立方米）	其他煤气（万立方米）	气态天然气（万立方米）	液化天然气（吨）
总　计	340327.29			543					
按工业行业大类分列									
一、采矿业									
黑色金属矿采选业									
有色金属矿采选业									
非金属矿采选业									
二、制造业	340327.29			543					
农副食品加工业	519								
食品制造业									
酒、饮料和精制茶制造业	9830								
烟草制品业									
纺织业									
纺织服装、服饰业									
木材加工及木、竹、藤、棕、草制品业									
家具制造业									
造纸及纸制品业	43014.74								
印刷业和记录媒介的复制									
文教、工美、体育和娱乐用品制造业									
石油加工、炼焦及核燃料加工业									
化学原料及化学制品制造业	115330.19								
医药制造业	826								
橡胶和塑料制品业									
非金属矿物制品业	170457.36								
黑色金属冶炼及压延加工业									
有色金属冶炼及压延加工业									
金属制品业	350				543				
通用设备制造业									
专用设备制造业									
汽车制造业									
铁路、船舶、航空航天和其他运输设备制造业									
电气机械及器材制造业									
通信设备、计算机及其他电子设备制造业									
仪器仪表制造业									
其他制造业									
废弃资源综合利用业									
金属制品、机械和设备修理业									
三、电力、燃气及水的生产和供应业									
电力、热力的生产和供应业									
燃气生产和供应业									
自来水的生产和供应业									

11-15 续表

指标名称	本年消费 汽油（吨）	煤油（吨）	柴油（吨）	燃料油（吨）	液化石油气(吨)	其它石油制品(吨)	热力(百万千焦)	电力(万千瓦时)	生物质废料用于燃料(吨)
总　计	108.75		1385.07	621.67				105323.98	80866.79
按工业行业大类分列									
一、采矿业									
黑色金属矿采选业									
有色金属矿采选业									
非金属矿采选业									
二、制造业	59.74		1350.13	621.67				102220.74	80866.79
农副食品加工业	18.55		58.17					2494.31	43227.18
食品制造业								498.03	
酒、饮料和精制茶制造业								149.5	
烟草制品业									
纺织业								4586.27	27620.9
纺织服装、服饰业									
木材加工及木、竹、藤、棕、草制品业			37					12673.8	1108
家具制造业									
造纸及纸制品业			31.58					3517.44	7754.71
印刷业和记录媒介的复制									
文教、工美、体育和娱乐用品制造业								1448	
石油加工、炼焦及核燃料加工业									
化学原料及化学制品制造业	31.11		502.53	621.67				53967.87	1156
医药制造业								72.26	
橡胶和塑料制品业								1339.76	
非金属矿物制品业	10.08		711.85					19109	
黑色金属冶炼及压延加工业								136	
有色金属冶炼及压延加工业									
金属制品业			9					1886.5	
通用设备制造业								146	
专用设备制造业									
汽车制造业								196	
铁路、船舶、航空航天和其他运输设备制造业									
电气机械及器材制造业									
通信设备、计算机及其他电子设备制造业									
仪器仪表制造业									
其他制造业									
废弃资源综合利用业									
金属制品、机械和设备修理业									
三、电力、燃气及水的生产和供应业	49.01		34.94					3103.24	
电力、热力的生产和供应业	49.01		34.94					3103.24	
燃气生产和供应业									
自来水的生产和供应业									

11-16 融安县规模以上工业企业主要能源按行业消费量

（2015年）

指 标 名 称	本年消费 原煤（吨）	洗精煤（吨）	其他洗煤（吨）	焦炭（吨）	焦炉煤气（万立方米）	高炉煤气（万立方米）	其他煤气（万立方米）	气态天然气（万立方米）	液化天然气（吨）
总 计	9725								
按工业行业大类分列									
一、采矿业									
黑色金属矿采选业									
有色金属矿采选业									
非金属矿采选业									
二、制造业	9725								
农副食品加工业									
食品制造业									
酒、饮料和精制茶制造业									
烟草制品业									
纺织业									
纺织服装、服饰业									
木材加工及木、竹、藤、棕、草制品业									
家具制造业									
造纸及纸制品业									
印刷业和记录媒介的复制									
文教、工美、体育和娱乐用品制造业									
石油加工、炼焦及核燃料加工业									
化学原料及化学制品制造业									
医药制造业									
橡胶和塑料制品业									
非金属矿物制品业	9725								
黑色金属冶炼及压延加工业									
有色金属冶炼及压延加工业									
金属制品业									
通用设备制造业									
专用设备制造业									
汽车制造业									
铁路、船舶、航空航天和其他运输设备制造业									
电气机械及器材制造业									
通信设备、计算机及其他电子设备制造业									
仪器仪表制造业									
其他制造业									
废弃资源综合利用业									
金属制品、机械和设备修理业									
三、电力、燃气及水的生产和供应业									
电力、热力的生产和供应业									
燃气生产和供应业									
自来水的生产和供应业									

11-16　续表

指　标　名　称	本　年　消　费								
	汽油（吨）	煤油（吨）	柴油（吨）	燃料油（吨）	液化石油气(吨)	其它石油制品(吨)	热力（百万千焦）	电力（万千瓦时）	生物质废料用于燃料(吨)
总　计	129.06		844.86					20092.57	47224.07
按工业行业大类分列									
一、采矿业									
黑色金属矿采选业									
有色金属矿采选业									
非金属矿采选业									
二、制造业	120.06		770.21					17749.38	47224.07
农副食品加工业								1445.42	29114.82
食品制造业									
酒、饮料和精制茶制造业									
烟草制品业									
纺织业	5		8					288.51	15242
纺织服装、服饰业									
木材加工及木、竹、藤、棕、草制品业	101		345.98					3083.42	427.25
家具制造业									
造纸及纸制品业									
印刷业和记录媒介的复制									
文教、工美、体育和娱乐用品制造业									
石油加工、炼焦及核燃料加工业									
化学原料及化学制品制造业									
医药制造业								251	2440
橡胶和塑料制品业									
非金属矿物制品业			381.23					3143.1	
黑色金属冶炼及压延加工业									
有色金属冶炼及压延加工业			13.45					8224.62	
金属制品业									
通用设备制造业									
专用设备制造业									
汽车制造业									
铁路、船舶、航空航天和其他运输设备制造业									
电气机械及器材制造业									
通信设备、计算机及其他电子设备制造业	14.06		9.55					301.31	
仪器仪表制造业									
其他制造业									
废弃资源综合利用业			12					1012	
金属制品、机械和设备修理业									
三、电力、燃气及水的生产和供应业	9		1.65					1964.19	
电力、热力的生产和供应业	9		1.65					1964.19	
燃气生产和供应业									
自来水的生产和供应业									

11-17 融水苗族自治县规模以上工业企业主要能源按行业消费量

（2015年）

指标名称	本年消费								
	原煤（吨）	洗精煤（吨）	其他洗煤（吨）	焦炭（吨）	焦炉煤气（万立方米）	高炉煤气（万立方米）	其他煤气（万立方米）	气态天然气（万立方米）	液化天然气（吨）
总　计									
按工业行业大类分列									
一、采矿业									
黑色金属矿采选业									
有色金属矿采选业									
非金属矿采选业									
二、制造业									
农副食品加工业									
食品制造业									
酒、饮料和精制茶制造业									
烟草制品业									
纺织业									
纺织服装、服饰业									
木材加工及木、竹、藤、棕、草制品业									
家具制造业									
造纸及纸制品业									
印刷业和记录媒介的复制									
文教、工美、体育和娱乐用品制造业									
石油加工、炼焦及核燃料加工业									
化学原料及化学制品制造业									
医药制造业									
橡胶和塑料制品业									
非金属矿物制品业									
黑色金属冶炼及压延加工业									
有色金属冶炼及压延加工业									
金属制品业									
通用设备制造业									
专用设备制造业									
汽车制造业									
铁路、船舶、航空航天和其他运输设备制造业									
电气机械及器材制造业									
通信设备、计算机及其他电子设备制造业									
仪器仪表制造业									
其他制造业									
废弃资源综合利用业									
金属制品、机械和设备修理业									
三、电力、燃气及水的生产和供应业									
电力、热力的生产和供应业									
燃气生产和供应业									
自来水的生产和供应业									

11-17 续表

指 标 名 称	本 年 消 费								
	汽油（吨）	煤油（吨）	柴油（吨）	燃料油（吨）	液化石油气(吨)	其它石油制品(吨)	热力(百万千焦)	电力(万千瓦时)	生物质废料用于燃料(吨)
总 计	57.8		526.71					27241.75	65836.05
按工业行业大类分列									
一、采矿业									
黑色金属矿采选业									
有色金属矿采选业									
非金属矿采选业									
二、制造业	8.22		476.72					19300.09	65836.05
农副食品加工业			159.71					3446.47	65836.05
食品制造业									
酒、饮料和精制茶制造业									
烟草制品业									
纺织业								549.38	
纺织服装、服饰业									
木材加工及木、竹、藤、棕、草制品业	8.22		31.89					11089.95	
家具制造业								2052.17	
造纸及纸制品业									
印刷业和记录媒介的复制									
文教、工美、体育和娱乐用品制造业									
石油加工、炼焦及核燃料加工业									
化学原料及化学制品制造业								848.66	
医药制造业									
橡胶和塑料制品业									
非金属矿物制品业			285.12					1313.46	
黑色金属冶炼及压延加工业									
有色金属冶炼及压延加工业									
金属制品业									
通用设备制造业									
专用设备制造业									
汽车制造业									
铁路、船舶、航空航天和其他运输设备制造业									
电气机械及器材制造业									
通信设备、计算机及其他电子设备制造业									
仪器仪表制造业									
其他制造业									
废弃资源综合利用业									
金属制品、机械和设备修理业									
三、电力、燃气及水的生产和供应业	49.58		21.79					5848.76	
电力、热力的生产和供应业	49.58		21.79					5848.76	
燃气生产和供应业									
自来水的生产和供应业									

11-18　三江侗族自治县规模以上工业企业主要能源按行业消费量

（2015年）

指标名称	本年消费								
	原煤（吨）	洗精煤（吨）	其他洗煤（吨）	焦炭（吨）	焦炉煤气（万立方米）	高炉煤气（万立方米）	其他煤气（万立方米）	气态天然气（万立方米）	液化天然气（吨）
总　计		450.08							
按工业行业大类分列									
一、采矿业									
黑色金属矿采选业									
有色金属矿采选业									
非金属矿采选业									
二、制造业		450.08							
农副食品加工业									
食品制造业									
酒、饮料和精制茶制造业									
烟草制品业									
纺织业									
纺织服装、服饰业									
木材加工及木、竹、藤、棕、草制品业									
家具制造业									
造纸及纸制品业									
印刷业和记录媒介的复制									
文教、工美、体育和娱乐用品制造业									
石油加工、炼焦及核燃料加工业									
化学原料及化学制品制造业									
医药制造业									
橡胶和塑料制品业									
非金属矿物制品业									
黑色金属冶炼及压延加工业									
有色金属冶炼及压延加工业		450.08							
金属制品业									
通用设备制造业									
专用设备制造业									
汽车制造业									
铁路、船舶、航空航天和其他运输设备制造业									
电气机械及器材制造业									
通信设备、计算机及其他电子设备制造业									
仪器仪表制造业									
其他制造业									
废弃资源综合利用业									
金属制品、机械和设备修理业									
三、电力、燃气及水的生产和供应业									
电力、热力的生产和供应业									
燃气生产和供应业									
自来水的生产和供应业									

11-18 续表

指标名称	本年消费								
	汽油（吨）	煤油（吨）	柴油（吨）	燃料油（吨）	液化石油气(吨)	其它石油制品(吨)	热力(百万千焦)	电力(万千瓦时)	生物质废料用于燃料(吨)
总　计	24.35		10					7252.33	
按工业行业大类分列									
一、采矿业									
黑色金属矿采选业									
有色金属矿采选业									
非金属矿采选业									
二、制造业	8.8		10					3708.7	
农副食品加工业									
食品制造业									
酒、饮料和精制茶制造业								75.02	
烟草制品业									
纺织业									
纺织服装、服饰业									
木材加工及木、竹、藤、棕、草制品业	8.8		10					196.5	
家具制造业									
造纸及纸制品业									
印刷业和记录媒介的复制									
文教、工美、体育和娱乐用品制造业									
石油加工、炼焦及核燃料加工业									
化学原料及化学制品制造业									
医药制造业									
橡胶和塑料制品业									
非金属矿物制品业								95.15	
黑色金属冶炼及压延加工业									
有色金属冶炼及压延加工业								3342.03	
金属制品业									
通用设备制造业									
专用设备制造业									
汽车制造业									
铁路、船舶、航空航天和其他运输设备制造业									
电气机械及器材制造业									
通信设备、计算机及其他电子设备制造业									
仪器仪表制造业									
其他制造业									
废弃资源综合利用业									
金属制品、机械和设备修理业									
三、电力、燃气及水的生产和供应业	15.55							3543.63	
电力、热力的生产和供应业	15.55							3543.63	
燃气生产和供应业									
自来水的生产和供应业									

11-19　规模以上工业企业综合能耗

（2015年）　　　　单位：吨标准煤

指　标　名　称	全　市	市　区	柳江县	柳城县	鹿寨县	融安县	融水苗族自治县	三江侗族自治县
综合能耗	10646340	9773706	126178	227950	391002	54640	63085	9779
煤炭开采和洗选业								
黑色金属矿采选业	2295	2295						
有色金属矿采选业	3156	3156						
非金属矿采选业	8857	8857						
农副食品加工业	249789	17668	62077	98931	23195	14651	33267	
食品制造业	76100	29541	5691	40256	612			
酒、饮料和精制茶制造业	9863	464	2106		7205			88
烟草制品业	9481	9481						
纺织业	50716	15219		7399	19447	7976	675	
纺织服装、服饰业	144		144					
木材加工及木、竹、藤、棕、草制品业	49309	4501		10165	16184	4514	13676	269
家具制造业	7274	4689		63			2522	
造纸及纸制品业	102585	65150	3788	8733	24914			
印刷业和记录媒介的复制	399	399						
文教、工美、体育和娱乐用品制造业	1703				1703			
石油加工、炼焦及核燃料加工业	252	252						
化学原料及化学制品制造业	1248064	1065897	393	27813	152918		1043	
医药制造业	12081	1697	3473	4704	679	1528		
橡胶和塑料制品业	4260	1083	1530		1647			
非金属矿物制品业	619865	451824	10486	9208	134897	11303	2030	117
黑色金属冶炼及压延加工业	6848781	6841242	733	6639	167			
有色金属冶炼及压延加工业	50684	33742	66	1821		10128		4927
金属制品业	55504	45920	935	5460	3189			
通用设备制造业	12626	11390	1057		179			
专用设备制造业	26432	25564	868					
汽车制造业	297986	269870	25487	2388	241			
铁路、船舶、航空航天和其他运输设备制造业	6089	5925		164				
电气机械及器材制造业	11556	10703	853					
通信设备、计算机及其他电子设备制造业	1716	1451				265		
仪器仪表制造业	76	76						
其他制造业	3713	3703		10				
废弃资源综合利用业	2545	1272				1273		
金属制品、机械和设备修理业	11	11						
电力、热力的生产和供应业	865560	843472		4196	3825	2430	7259	4378
燃气生产和供应业	1266	1266						
水的生产和供应业	5602	5602						

11-20 规模以上工业企业产值能耗

（2015年）　　　　单位：吨标准煤/万元

指标名称	全市	市区	柳江县	柳城县	鹿寨县	融安县	融水苗族自治县	三江侗族自治县
产值能耗	0.24	0.25	0.05	0.26	0.26	0.12	0.11	0.19
煤炭开采和洗选业								
黑色金属矿采选业								
有色金属矿采选业	0.14	0.01						
非金属矿采选业	0.99	0.99						
农副食品加工业	0.23	0.04	0.49	0.49	0.15	0.63	0.45	
食品制造业	0.16	0.09	0.08	0.72	0.08			
酒、饮料和精制茶制造业	0.13	0.12	0.05		0.46			0.01
烟草制品业	0.01	0.01						
纺织业	0.06	0.07		0.1	0.04	0.19	0.03	
纺织服装、服饰业	0.01		0.01					
木材加工及木、竹、藤、棕、草制品业	0.04	0.01		0.3	0.2	0.02	0.05	0.03
家具制造业	0.02	0.02		0.01			0.07	
造纸及纸制品业	0.45	0.65	0.21	0.25	0.32			
印刷业和记录媒介的复制	0.03	0.03						
文教、工美、体育和娱乐用品制造业	0.04				0.04			
石油加工、炼焦及核燃料加工业								
化学原料及化学制品制造业	1.13	1.84	0.11	0.16	0.58		0.01	
医药制造业	0.05	0.02	0.07	0.08	0.05	0.04		
橡胶和塑料制品业	0.02	0.01	0.03		0.1			
非金属矿物制品业	0.57	0.58	0.52	0.41	0.64	0.25	0.17	0.07
黑色金属冶炼及压延加工业	0.93	0.94	0.14	0.22	0.01			
有色金属冶炼及压延加工业	0.16	0.15		0.14		0.25		1.29
金属制品业	0.08	0.09	0.02	0.09	0.05			
通用设备制造业	0.01	0.01	0.06		0.06			
专用设备制造业	0.01	0.02						
汽车制造业	0.01	0.01	0.01	0.04	0.03			
铁路、船舶、航空航天和其他运输设备制造业	0.03	0.03		0.02				
电气机械及器材制造业	0.02	0.02	0.01					
通信设备、计算机及其他电子设备制造业	0.02	0.02				0.02		
仪器仪表制造业								
其他制造业	0.07	0.07		0.14				
废弃资源综合利用业	0.01	0.01				0.08		
金属制品、机械和设备修理业	0.01	0.01						
电力、热力的生产和供应业	0.8	1.03	0.08	0.12	0.07	0.1	0.14	0.22
燃气生产和供应业	0.06	0.06						
水的生产和供应业	0.28	0.28						

11-21 全社会用电量

（2015年）　　单位:万千瓦时

指标名称	全市	市区	柳江县	柳城县	鹿寨县	融安县	融水苗族自治县	三江侗族自治县
总计	1175383.92	832718.51	80510.57	59432.83	107893.59	24578.22	39248.06	31002.14
全行业用电量	938571.52	700073.68	53432.52	43988.91	91864.59	13527.69	15846.98	19837.15
农林牧渔业	16705.90	3583.70	2235.66	1498.81	767.44	367.67	3303.65	4948.97
工业	745675.74	550529.78	46576.80	36500.46	82876.20	7646.48	9507.20	12038.82
轻工业	63669.67	42650.91	7795.81	12712.64	5371.96	834.81	1978.16	432.38
重工业	682006.07	507878.87	38780.99	23787.82	77504.24	6811.67	7529.04	11606.44
建筑业	14217.43	8822.06	577.63	1084.26	1327.61	1470.53	130.10	805.24
交通运输、仓储、邮政业	27160.84	25357.68	225.64	297.68	356.24	347.31	414.90	161.39
信息传输、计算机服务和软件业	10055.83	6380.32	728.45	627.02	868.43	761.88	426.97	262.76
商业、住宿和餐饮业	41300.82	34642.79	509.15	1538.91	1628.38	1456.01	717.20	808.38
金融、房地产、商务及居民服务业	35720.77	32045.90	776.42	733.37	977.69	542.97	203.80	440.62
公共事业及管理组织	47734.19	38711.45	1802.77	1708.40	3062.60	934.84	1143.16	370.97
城乡居民生活用电	236812.40	132644.83	27078.05	15443.92	16029.00	11050.53	23401.08	11164.99
城镇	169611.25	113218.71	17330.46	6836.68	9169.54	6485.29	11615.69	4954.88
乡村	67201.15	19426.12	9747.59	8607.24	6859.46	4565.24	11785.39	6210.11

注:此表的用电量不包括企业自发自用量

商业和旅游 12

12-1 全市主要年份社会消费品零售总额

单位:万元

年　份	社会消费品零售总额	#批发零售业	#住宿餐饮业
1978	36274	32415	1764
1979	39336	34928	2046
1980	47510	40169	2454
1981	54486	44300	2082
1982	60413	47521	2526
1983	66094	52179	2882
1984	72961	58147	3095
1985	94315	72613	3697
1986	109598	89735	4250
1987	125419	102979	5035
1988	169700	142423	6526
1989	182484	148946	7885
1990	188437	155599	8887
1991	216640	178586	9813
1992	265371	209040	14360
1993	397465	249502	19798
1994	483788	302998	38620
1995	604843	355860	64191
1996	630594	377591	76223
1997	726460	433181	104045
1998	744542	455710	93626
1999	774262	506856	106437
2000	811515	542822	101317
2001	945718	621146	115821
2002	1028609	655853	125322
2003(旧口径)	1142784	753659	135213
2003(新口径)	908985	746621	126860
2004	1755004	1537657	208450
2005	2002532	1759329	236791
2006	2305021	2026374	272385
2007	2740762	2417278	318252
2008	3360774	2961867	393474
2009	4009786	3538376	465120
2009(新口径)	4000238	3639506	360732
2010(新口径)	4800008	4364519	435489
2011(新口径)	5687979	5160720	527259
2012	6618437	5978090	640347
2013	7584238	6861218	723020
2014	8582017	7752338	829679
2015	9441089	8581629	859460

12-2 柳江县主要年份社会消费品零售总额

单位:万元

年　　份	社会消费品零售总额	#批发零售业	#住宿餐饮业
1978	2761	2307	104
1979	3201	2491	107
1980	3864	2812	120
1981	4335	3108	126
1982	4627	3352	213
1983	5086	3768	222
1984	6063	4080	214
1985	7933	5019	269
1986	8567	5577	296
1987	8949	6106	350
1988	12800	9153	428
1989	16234	11758	378
1990	16800	11415	548
1991	19083	13397	702
1992	23386	15270	997
1993	22623	11708	1277
1994	35165	21729	1372
1995	35906	18601	2380
1996	38274	18267	2814
1997	42330	19617	3093
1998	47910	19171	3103
1999	53732	23551	3267
2000	58928	24925	3140
2001	66018	27891	4047
2002	72620	33201	5419
2003(旧口径)	80679	37272	6228
2003(新口径)	44734	39548	4422
2004	80017	70409	8668
2005	90824	80790	9845
2006	104341	92835	11320
2007	122920	109561	13149
2008	153250	136675	16341
2009	180887	161384	19246
2009(新口径)	180493	168018	12475
2010(新口径)	215529	200643	14886
2011(新口径)	255668	239048	16619
2012	293924	273612	20312
2013	334663	311273	23390
2014	371202	342870	28332
2015	414747	384311	30436

12-3 柳城县主要年份社会消费品零售总额

单位:万元

年份	社会消费品零售总额	#批发零售业	#住宿餐饮业
1978	3597	2798	79
1979	3295	3072	95
1980	4262	4262	114
1981	5695	5695	137
1982	6069	4067	164
1983	7010	4466	198
1984	7130	4904	150
1985	8703	5723	342
1986	11307	6876	426
1987	12108	7679	452
1988	14847	8913	565
1989	16068	10643	522
1990	16996	10979	547
1991	18721	11758	553
1992	22786	13684	740
1993	22637	11714	917
1994	34580	19807	2303
1995	38338	13208	2763
1996	43766	14502	12946
1997	51866	24773	2809
1998	40652	19020	4930
1999	51072	23237	5188
2000	54426	25885	5939
2001	54792	25387	6142
2002	58119	30273	6880
2003(旧口径)	62140	31629	7107
2003(新口径)	39016	31670	6163
2004	63265	56096	5849
2005	70873	63773	6673
2006	80761	72889	7680
2007	96182	86945	9069
2008	120211	108476	11572
2009	142428	128422	13809
2009(新口径)	142214	133097	9117
2010(新口径)	169775	158741	11034
2011(新口径)	200059	186034	14025
2012	229257	212520	16737
2013	258914	239071	19843
2014	289726	266936	22790
2015	317271	293327	23944

12-4 鹿寨县主要年份社会消费品零售总额

单位:万元

年份	社会消费品零售总额	#批发零售业	#住宿餐饮业
1978	3231	2750	210
1979	3605	3150	232
1980	4155	3620	240
1981	4633	4150	262
1982	5940	5120	425
1983	5866	5462	314
1984	6114	5648	348
1985	9672	8712	434
1986	9491	8504	456
1987	10920	10539	460
1988	14828	13190	544
1989	15602	13250	556
1990	15173	12928	588
1991	15929	12904	647
1992	18665	12269	899
1993	21596	13483	1115
1994	24510	17267	1059
1995	29375	18797	2707
1996	33308	22941	1992
1997	35149	24841	954
1998	35646	23089	2742
1999	38539	23910	5683
2000	40909	25171	6825
2001	45796	29364	7576
2002	51064	32614	7150
2003(旧口径)	57362	37241	8050
2003(新口径)	44024	34724	8700
2004	84038	71861	12134
2005	93258	79577	13638
2006	107896	92103	15739
2007	127320	108675	18581
2008	157979	134963	22940
2009	190333	162978	27277
2009(新口径)	190191	169893	20298
2010(新口径)	227184	202818	24366
2011(新口径)	191098	170028	21070
2012	230431	204255	26176
2013	262355	231221	31134
2014	298947	261125	37821
2015	334237	291471	42766

12-5 融安县主要年份社会消费品零售总额

单位:万元

年　份	社会消费品零售总额	#批发零售业	#住宿餐饮业
1978	2242	2107	135
1979	2176	2024	126
1980	2491	2323	146
1981	2887	2714	165
1982	3193	2851	161
1983	3634	3387	247
1984	3889	3016	295
1985	6459	5124	219
1986	6747	5730	202
1987	7292	6134	203
1988	9030	7375	268
1989	9721	7610	644
1990	8240	6533	514
1991	9555	8189	636
1992	13084	9299	680
1993	15390	10938	990
1994	20728	15406	1985
1995	25491	19192	1563
1996	23181	16349	1270
1997	23147	16275	2093
1998	24037	18231	1508
1999	25366	19904	1367
2000	27003	21108	2068
2001	29678	23390	2029
2002	33661	26568	2949
2003(旧口径)	36536	28865	3404
2003(新口径)	32981	29428	3553
2004	44935	40048	4795
2005	51099	45465	5531
2006	57839	51545	6196
2007	68345	60967	7274
2008	86775	77751	8933
2009	104079	93790	10210
2009(新口径)	103979	97474	6505
2010(新口径)	124725	116931	7794
2011(新口径)	147580	138396	9185
2012	173257	162094	11163
2013	197423	184176	13247
2014	221081	205448	15632
2015	247631	230354	17278

12-6 融水苗族自治县主要年份社会消费品零售总额

单位:万元

年份	社会消费品零售总额	#批发零售业	#住宿餐饮业
1978	2854	2567	121
1979	3013	2702	133
1980	3432	3124	159
1981	4248	3721	187
1982	4629	4049	165
1983	4983	4229	260
1984	5998	4538	280
1985	9744	7356	426
1986	10197	8139	503
1987	10985	8504	662
1988	14191	11174	926
1989	14304	10670	970
1990	14428	10798	949
1991	16380	12355	1134
1992	17710	12562	1258
1993	20178	12662	1268
1994	28822	18606	4200
1995	37207	24925	5708
1996	38471	24607	6738
1997	38565	23863	7008
1998	35314	23418	6515
1999	35901	24324	4512
2000	36001	23952	4379
2001	37851	24647	4527
2002	40389	25777	5312
2003(旧口径)	42851	28012	5795
2003(新口径)	40024	35290	4734
2004	45486	40151	5246
2005	51731	45673	5982
2006	58242	51280	6877
2007	68629	60459	8082
2008	87292	77183	10013
2009	105181	93150	11931
2009(新口径)	104950	96857	8093
2010(新口径)	125416	115686	9730
2011(新口径)	147693	136061	11632
2012	169851	155002	14849
2013	193325	174669	18656
2014	217929	195339	22591
2015	242321	217964	24358

12-7 三江侗族自治县主要年份社会消费品零售总额

单位:万元

年　　份	社会消费品零售总额	#批发零售业	#住宿餐饮业
1978	1938	1960	80
1979	2171	2213	86
1980	2667	2583	77
1981	2748	2453	63
1982	2858	2630	62
1983	3199	2820	62
1984	3389	2901	60
1985	3918	3408	138
1986	5926	4641	175
1987	6839	4694	198
1988	11614	10837	126
1989	10030	8607	278
1990	11727	10386	204
1991	10769	7595	255
1992	13058	9279	325
1993	13568	11044	455
1994	16442	11826	834
1995	15988	11505	1607
1996	15145	11590	1551
1997	16006	9436	4247
1998	16029	11369	1811
1999	16052	11418	2004
2000	17033	12475	1904
2001	22284	15826	3425
2002	25002	17834	4161
2003(旧口径)	30274	21567	5074
2003(新口径)	31779	28010	3753
2004	37212	33154	4046
2005	40988	36535	4441
2006	46584	41468	5108
2007	55028	48894	6127
2008	69664	61988	7668
2009	84309	75140	9150
2009(新口径)	83825	76650	7174
2010(新口径)	100382	91627	8755
2011(新口径)	118459	108339	10120
2012	136016	123346	12670
2013	153437	138358	15079
2014	172787	154083	18704
2015	189636	169824	19812

12-8 社会消费品零售总额

（2015年）　　单位：万元

指标名称	全市	城中区	鱼峰区	柳南区	柳北区	柳东新区
社会消费品零售总额	9441089	1475927	1751336	2548056	1811552	108375
按销售单位所在地分						
1. 城镇	8909469	1475765	1751336	2547875	1811335	90527
#城区	7527126	1475765	1751336	2539960	1753388	6677
2. 乡村	531620	162		181	217	17848

12-9 六县社会消费品零售总额

（2015年）　　单位：万元

指标名称	柳江县	柳城县	鹿寨县	融安县	融水苗族自治县	三江侗族自治县
社会消费品零售总额	414747	317271	334237	247631	242321	189636
按销售单位所在地分						
1. 城镇	311959	237196	236582	177509	167963	101422
2. 乡村	102788	80075	97655	70123	74359	88213

12-10 全市限额以上批发和零售业企业基本情况

（2015年）

指标名称	法人企业(个)	从业人员(人)
总计	470	24513
一、批发业	260	6833
1. 按登记注册类型分组		
内资企业	260	6833
#国有企业	2	551
集体企业	3	66
股份合作企业	1	15
联营企业		
有限责任公司	50	1586
国有独资企业	1	95
其他有限责任公司	49	1491
股份有限公司	8	1218
私营企业	196	3397
私营独资企业	2	55
私营合伙企业	1	19
私营有限责任公司	188	3266
私营股份有限公司	5	57
其他企业		
港、澳、台商投资企业		
外商投资企业		
2. 按国民经济行业分组		
农畜产品批发业		
食品、饮料及烟草制品批发业	24	1169
#米、面制品及食用油批发业	2	42
烟草制品批发业	1	530
纺织、服装及日用品批发业	14	776
#服装批发业	4	79
文化、体育用品及器材批发业	5	61
医药及医疗器材批发业	10	539
矿产品、建材及化工产品批发业	157	3112
#煤炭及制品批发业	14	213
石油及制品批发业	10	1363
金属及金属矿批发业	89	956
建材批发业	19	239
化肥批发业	8	160
机械设备、五金交电及电子产品批发业	39	951
#汽车批发业	11	217
计算机、软件及辅助设备批发业	1	12
贸易经纪与代理		
其他批发业	11	225

12-10续表

指　标　名　称	法人企业(个)	从业人员(人)
二、零售业	**210**	**17680**
1.按登记注册类型分组		
内资企业	205	16207
#国有企业	6	436
集体企业		
股份合作企业	1	30
联营企业		
有限责任公司	59	5824
国有独资企业	7	371
其他有限责任公司	52	5453
股份有限公司	6	4415
私营企业	133	5502
私营独资企业	2	49
私营合伙企业		
私营有限责任公司	127	5319
私营股份有限公司	4	134
其他企业		
港、澳、台商投资企业	5	1473
合资经营企业		
合作经营企业		
独资经营企业	5	1473
投资股份有限公司		
其他港澳台投资企业		
外商投资企业		
2.国民经济行业分组		
综合零售业	25	6428
#百货零售业	9	2413
超级市场零售业	14	3929
食品、饮料及烟草制品专门零售业	13	297
纺织、服装及日用品专门零售业	7	208
#服装零售业	3	24
文化、体育用品及器材专门零售业	21	652
#体育用品零售业		
图书零售业	7	354
医药及医疗器材专门零售业	13	2924
#药品零售业	13	2924
汽车、摩托车、燃料及零配件专门零售业	95	5617
#汽车零售业	83	5349
机动车燃料零售业	4	132
家用电器及电子产品专门零售业	26	827
#日用家电设备零售业	4	152
计算机、软件及辅助设备零售业	10	123
通讯设备零售业	5	117
五金、家具及室内装修材料专门零售业	4	87
无店铺及其他零售业		

12-11 全市主要年份限额以上批发和零售业企业商品购进、销售和库存总额

单位:万元

指标名称	2011	2012	2013	2014	2015
一、法人企业数(个)	370	428	441	507	470
二、年末从业人员(人)	14195	24455	24965	25439	24513
三、商品购进总额	7092462	7578434	8484846	8010729	8439903
#进口	24645	65198	83979	82943	37759
四、商品销售总额	7347188	8345916	9643337	9419171	10307586
1.批发	5481887	6308192	7212623	6785576	7417340
#出口	4873	14155	267	16728	6886
2.零售	1865301	2037724	2430714	2633595	2890247
五、年末库存总额	397806	447403	455295	470905	399217

12-12 全市限额以上批发和零售业企业商品购进、销售、库存总额

（2015年） 单位：万元

指标名称	购进总额	#进口	销售总额 合计	销售总额 批发	#出口	销售总额 零售	年末库存总额
总计	8439903	37759	10307586	7417340	6886	2890247	399217
一、批发业	5718184	2231	7246531	6805087	6886	441443	169868
1.按登记注册类型分组							
内资企业	5718184	2231	7246531	6805087	6886	441443	169868
#国有企业	308008		412940	412400		540	23398
集体企业	376775		932934	932934			1889
股份合作企业	1283		1410	1085		325	18
联营企业							
有限责任公司	3851762		3923056	3889182		33874	41649
国有独资企业	70888		70610	70610			1249
其他有限责任公司	3780874		3852445	3818571		33874	40400
股份有限公司	21894		702997	365026		337971	3116
私营企业	1158461	2231	1273194	1204460	6886	68733	99798
私营独资企业	9483		10649	10649			
私营合伙企业	3354		3350	1717		1633	280
私营有限责任公司	1132464	2231	1243406	1177195	4404	66212	97613
私营股份有限公司	13161		15788	14900	2482	888	1905
其他企业							
港、澳、台商投资企业							
外商投资企业							
2.按国民经济行业分组							
农畜产品批发业							
食品、饮料及烟草制品批发业	2467061		2581899	2579300	4	2600	51696
#米、面制品及食用油批发业	11950		14125	14125			234
烟草制品批发业	306262		411073	410533		540	23398
纺织、服装及日用品批发业	91139		107666	95546	4400	12120	20856
#服装批发业	10152		12256	11984		271	2549
文化、体育用品及器材批发业	14798		19515	19426		89	2935
医药及医疗器材批发业	93305		101556	101009		547	7236
矿产品、建材及化工产品批发业	2818064	2231	4149383	3751925	2482	397458	68523
#煤炭及制品批发业	16989		22702	22702			6224
石油及制品批发业	44786		732505	393112		339393	3677
金属及金属矿批发业	2427434		3037816	3024560	2482	13256	50794
建材批发业	98681	2231	116960	78859		38101	1412
化肥批发业	84645		87986	84541		3446	2783
机械设备、五金交电及电子产品批发业	166279		215490	186861		28630	16806
#汽车批发业	97463		133736	106476		27260	9585
计算机、软件及辅助设备批发业	324		1315	920		394	707
贸易经纪与代理							
其他批发业	67539		71021	71021			1817

12-12 续表 单位:万元

指标名称	购进总额	#进口	销售总额 合计	批发	#出口	零售	年末库存总额
二、零售业	**2721719**	**35528**	**3061056**	**612252**		**2448803**	**229349**
1. 按登记注册类型分组							
内资企业	2552729	35528	2863407	564815		2298592	223337
#国有企业	23472		29916	2763		27152	702
集体企业							
股份合作企业	989		1426			1426	7
联营企业							
有限责任公司	796080	29669	876870	84530		792340	85592
国有独资企业	19710		18864	1549		17315	6380
其他有限责任公司	776371	29669	858006	82980		775025	79212
股份有限公司	901107		977555	352814		624742	56747
私营企业	831081	5860	977640	124709		852931	80290
私营独资企业	1445		2978			2978	89
私营合伙企业							
私营有限责任公司	826127	5860	971241	124279		846962	79428
私营股份有限公司	3508		3421	429		2992	773
其他企业							
港、澳、台商投资企业	168990		197649	47437		150212	6012
合资经营企业							
合作经营企业							
独资经营企业	168990		197649	47437		150212	6012
投资股份有限公司							
其他港澳台投资企业							
外商投资企业							
2. 按国民经济行业分组							
综合零售业	310267		428796	12566		416230	19988
#百货零售业	159120		223330	11880		211450	8948
超级市场零售业	148184		202437			202437	10967
食品、饮料及烟草制品专门零售业	12512		18193	9688		8505	7029
纺织、服装及日用品专门零售业	28286		30026	5182		24844	4857
#服装零售业	20324		20412			20412	3520
文化、体育用品及器材专门零售业	43677		47531	5941		41590	7731
#体育用品零售业							
图书零售业	21298		21018	1549		19469	4502
医药及医疗器材专门零售业	1023763		1075948	436292		639656	72331
#药品零售业	1023763		1075948	436292		639656	72331
汽车、摩托车、燃料及零配件专门零售业	1170181	35528	1286694	113365		1173329	102894
#汽车零售业	1150906	35528	1265335	110609		1154726	101429
机动车燃料零售业	6417		7748	2359		5389	235
家用电器及电子产品专门零售业	101679		130981	14251		116730	12833
#日用家电设备零售业	14908		18284	1899		16386	3801
计算机、软件及辅助设备零售业	12924		13734	3369		10365	1284
通讯设备零售业	6397		7462	39		7423	1306
五金、家具及室内装修材料专门零售业	2115		4572	786		3786	919
无店铺及其他零售业	29241		38315	14182		24133	768

12-13 全市限额以上批发和零售业企业主要财务指标

（2015年） 单位:万元

指标名称	流动资产小计	#存货	固定资产原价	累计折旧	#本年折旧
总计	2932832	404641	432673	143246	21906
一、批发业	1794979	177499	163693	58071	9014
1.按登记注册类型分组					
内资企业	1794979	177499	163693	58071	9014
#国有企业	73982	19999	19696	7823	1352
集体企业	23659	4719	1245	642	148
股份合作企业	455	18	20	3	3
联营企业					
有限责任公司	463791	48261	34213	11582	1912
国有独资企业	11346	1249	421	72	58
其他有限责任公司	452445	47013	33792	11510	1854
股份有限公司	295033	14285	53929	23483	2843
私营企业	938060	90218	54591	14538	2755
私营独资企业	1063		116	20	1
私营合伙企业	2629	842	225	137	8
私营有限责任公司	928704	87619	53455	14175	2636
私营股份有限公司	5664	1757	795	206	112
其他企业					
港、澳、台商投资企业					
外商投资企业					
2.按国民经济行业分组					
农畜产品批发业					
食品、饮料及烟草制品批发业	260851	48208	31311	12146	1736
#米、面制品及食用油批发业	16332	383	86	45	17
烟草制品批发业	73735	19999	19521	7746	1333
纺织、服装及日用品批发业	47966	17758	1395	817	188
#服装批发业	6475	1720	77	47	6
文化、体育用品及器材批发业	8320	2682	228	205	24
医药及医疗器材批发业	40484	9667	3636	1263	86
矿产品、建材及化工产品批发业	1261335	80356	119019	40980	6480
#煤炭及制品批发业	24121	6293	2172	1550	105
石油及制品批发业	251608	16214	54963	24202	2946
金属及金属矿批发业	770953	45767	49835	11311	2118
建材批发业	174373	5534	750	210	56
化肥批发业	9840	2620	1457	303	263
机械设备、五金交电及电子产品批发业	142269	15246	6765	1917	383
#汽车批发业	84579	7826	1659	447	40
计算机、软件及辅助设备批发业	779	707			
贸易经纪与代理					
其他批发业	33754	3582	1339	743	117

12-13 续表1 单位:万元

指标名称	流动资产小计	#存货	固定资产原价	累计折旧	#本年折旧
二、零售业	1137853	227141	268980	85175	12892
1. 按登记注册类型分组					
内资企业	1063609	221433	240003	73944	9849
#国有企业	11981	816	9907	4658	330
集体企业					
股份合作企业	327	6	35	30	2
联营企业					
有限责任公司	265626	80092	50803	18869	3216
国有独资企业	12092	5030	6649	3439	281
其他有限责任公司	253534	75062	44154	15430	2935
股份有限公司	371940	66819	118556	34639	2518
私营企业	413735	73701	60702	15749	3783
私营独资企业	1463	904	6	2	1
私营合伙企业					
私营有限责任公司	411022	71973	60076	15421	3725
私营股份有限公司	1250	824	620	326	57
其他企业					
港、澳、台商投资企业	74244	5708	28978	11230	3043
合资经营企业					
合作经营企业					
独资经营企业	74244	5708	28978	11230	3043
投资股份有限公司					
其他港澳台投资企业					
外商投资企业					
2. 按国民经济行业分组					
综合零售业	73780	19582	143013	44652	5232
#百货零售业	37212	7311	93430	20480	2327
超级市场零售业	36326	12171	49038	23891	2852
食品、饮料及烟草制品专门零售业	17117	7007	2729	936	123
纺织、服装及日用品专门零售业	8962	4843	2382	531	213
#服装零售业	4454	3507	108	68	42
文化、体育用品及器材专门零售业	18919	5484	6954	3479	322
#体育用品零售业					
图书零售业	11463	2957	6644	3304	298
医药及医疗器材专门零售业	484835	80442	28686	7894	1257
#药品零售业	484835	80442	28686	7894	1257
汽车、摩托车、燃料及零配件专门零售业	476712	96161	68464	22577	5145
#汽车零售业	466880	94698	64433	21376	5050
机动车燃料零售业	2202	188	3837	1157	85
家用电器及电子产品专门零售业	44085	11443	9010	1525	281
#日用家电设备零售业	12802	3294	4742	949	175
计算机、软件及辅助设备零售业	3004	743	127	87	10
通讯设备零售业	2914	914	103	75	19
五金、家具及室内装修材料专门零售业	4119	699	252	38	5
无店铺及其他零售业	9326	1481	7490	3543	315

12-13 续表2　　单位:万元

指标名称	资产合计	负债合计	所有者权益合计	#实收资本	#国家资本
总计	3668803	2867003	801801	515620	77239
一、批发业	2206312	1763312	443001	326952	54951
1.按登记注册类型分组					
内资企业	2206312	1763312	443001	326952	54951
#国有企业	93316	14998	78318	2619	2619
集体企业	26064	22984	3080	1678	
股份合作企业	471	360	111	110	
联营企业					
有限责任公司	661707	526586	135121	116175	22147
国有独资企业	11702	8361	3341	300	300
其他有限责任公司	650005	518225	131780	115875	21847
股份有限公司	371749	272627	99122	36043	30185
私营企业	1053006	925757	127249	170327	
私营独资企业	1316	594	722	1160	
私营合伙企业	2744	2376	367	500	
私营有限责任公司	1042694	918990	123704	167237	
私营股份有限公司	6253	3796	2457	1430	
其他企业					
港、澳、台商投资企业					
外商投资企业					
2.按国民经济行业分组					
农畜产品批发业					
食品、饮料及烟草制品批发业	415569	306203	109367	34657	17518
#米、面制品及食用油批发业	22334	19939	2395	3200	
烟草制品批发业	92972	14879	78093	2578	2578
纺织、服装及日用品批发业	59402	53282	6120	3960	
#服装批发业	6609	5314	1295	650	
文化、体育用品及器材批发业	8514	6378	2136	1490	
医药及医疗器材批发业	43717	34264	9453	9853	
矿产品、建材及化工产品批发业	1485548	1201592	283956	249626	37391
#煤炭及制品批发业	24819	17641	7178	7080	
石油及制品批发业	330367	228739	101628	34735	30185
金属及金属矿批发业	901559	738954	162605	182976	906
建材批发业	177759	178133	-374	13180	
化肥批发业	11775	9030	2744	2580	1000
机械设备、五金交电及电子产品批发业	157625	134281	23344	20195	
#汽车批发业	93482	84611	8871	9058	
计算机、软件及辅助设备批发业	779	692	87	100	
贸易经纪与代理					
其他批发业	35937	27312	8625	7172	42

12-13 续表3 单位:万元

指标名称	资产合计	负债合计	所有者权益合计	#实收资本	#国家资本
二、零售业	**1462491**	**1103691**	**358800**	**188668**	**22288**
1.按登记注册类型分组					
内资企业	1366442	1016143	350299	178832	22288
#国有企业	26432	14926	11507	5460	3812
集体企业					
股份合作企业	332	239	93	50	
联营企业					
有限责任公司	321981	225060	96921	68690	17097
国有独资企业	18561	8496	10065	16509	16509
其他有限责任公司	303420	216564	86856	52181	588
股份有限公司	523082	346411	176671	24742	1371
私营企业	494615	429507	65108	79891	9
私营独资企业	1468	1316	152	131	
私营合伙企业					
私营有限责任公司	489487	425404	64083	79068	9
私营股份有限公司	3660	2788	873	692	
其他企业					
港、澳、台商投资企业	96049	87548	8501	9836	
合资经营企业					
合作经营企业					
独资经营企业	96049	87548	8501	9836	
投资股份有限公司					
其他港澳台投资企业					
外商投资企业					
2.按国民经济行业分组					
综合零售业	213018	145546	67472	41539	1371
#百货零售业	147422	93357	54065	27290	1371
超级市场零售业	63466	50063	13403	13719	
食品、饮料及烟草制品专门零售业	20385	17585	2800	3393	59
纺织、服装及日用品专门零售业	11066	6687	4380	2298	
#服装零售业	4494	4092	402	328	
文化、体育用品及器材专门零售业	25610	11948	13663	19009	16667
#体育用品零售业					
图书零售业	17988	5914	12075	17523	16667
医药及医疗器材专门零售业	555370	394694	160676	28346	
#药品零售业	555370	394694	160676	28346	
汽车、摩托车、燃料及零配件专门零售业	558832	467272	91561	78830	2133
#汽车零售业	546170	458033	88137	75852	200
机动车燃料零售业	4882	2243	2639	2001	1753
家用电器及电子产品专门零售业	59926	49292	10634	10448	
#日用家电设备零售业	20743	22529	-1786	2601	
计算机、软件及辅助设备零售业	3043	1621	1423	1237	
通讯设备零售业	3004	2123	882	1680	
五金、家具及室内装修材料专门零售业	4333	2627	1706	1985	
无店铺及其他零售业	13950	8041	5909	2821	2059

12-13 续表4 单位:万元

指标名称	主营业务收入	主营业务成本	主营业务税金及附加	销售费用	管理费用	财务费用	#利息支出	营业利润	利润总额
总计	9292382	8846827	48674	209143	116949	32422	29729	68435	77565
一、批发业	6653052	6426289	41663	68886	49015	16816	18771	52273	56768
1. 按登记注册类型分组									
内资企业	6653052	6426289	41663	68886	49015	16816	18771	52273	56768
#国有企业	353147	256132	37954	4705	14376	-944		40960	40991
集体企业	797715	793109	70	2677	1727	144	62	-12	51
股份合作企业	1410	1298	4	42	62	1		4	4
联营企业									
有限责任公司	3739075	3700829	1503	15094	10394	5702	3722	7140	8820
国有独资企业	125192	119062		400	503	-51		5192	5191
其他有限责任公司	3613883	3581766	1503	14695	9891	5753	3722	1948	3629
股份有限公司	614161	577503	721	16856	4137	1148	536	14229	14135
私营企业	1147543	1097419	1411	29511	18318	10765	14452	-10048	-7232
私营独资企业	10564	10558	2		1			3	3
私营合伙企业	2863	2701	2	95	82	21	20	-38	-38
私营有限责任公司	1119269	1070156	1397	28984	17923	10681	14399	-10039	-7239
私营股份有限公司	14847	14004	11	432	312	63	32	26	43
其他企业									
港、澳、台商投资企业									
外商投资企业									
2. 按国民经济行业分组									
农畜产品批发业									
食品、饮料及烟草制品批发业	2510887	2403950	38622	9168	16695	2826	3492	38822	41582
#米、面制品及食用油批发业	12238	11980	3	100	302	331	326	-358	-314
烟草制品批发业	351345	254641	37941	4403	14374	-942		40965	40990
纺织、服装及日用品批发业	93231	83105	168	5870	2358	623	577	1293	1151
#服装批发业	10889	9654	18	523	288	32	4	374	174
文化、体育用品及器材批发业	16680	14701	19	1008	238	130	75	585	587
医药及医疗器材批发业	95454	89295	174	2097	2613	631	249	694	704
矿产品、建材及化工产品批发业	3683167	3599486	2050	40905	20708	11132	13156	10409	11525
#煤炭及制品批发业	20183	18341	31	1712	655	776	392	-1309	-1298
石油及制品批发业	638667	597537	796	19830	5009	808	236	15151	15079
金属及金属矿批发业	2686240	2654727	743	13757	10923	7363	8602	-121	568
建材批发业	103797	100744	203	1160	2028	1220	2937	-1518	-1038
化肥批发业	86751	85145	9	1143	408	295	319	-557	-493
机械设备、五金交电及电子产品批发业	196120	183658	455	5772	4694	1865	1158	-254	446
#汽车批发业	115460	111576	129	3070	1149	1132	767	-1552	-749
计算机、软件及辅助设备批发业	1183	1176	1	64	21			-84	-81
贸易经纪与代理									
其他批发业	57514	52095	175	4067	1709	-391	65	725	775

12-13 续表5 单位:万元

指 标 名 称	主营业务收入	主营业务成本	主营业务税金及附加	销售费用	管理费用	财务费用	#利息支出	营业利润	利润总额
二、零售业	**2639330**	**2420538**	**7011**	**140258**	**67935**	**15606**	**10958**	**16162**	**20797**
1.按登记注册类型分组									
内资企业	2460521	2268257	6592	118717	62150	14018	10962	16745	21377
#国有企业	27786	20651	129	5308	728	162	138	1596	1749
集体企业									
股份合作企业	1219	999	4	100	98			18	18
联营企业									
有限责任公司	794030	720070	2343	51565	16838	4271	2301	9036	11483
国有独资企业	17772	13844	41	1653	2263	44	3	433	1178
其他有限责任公司	776259	706227	2302	49912	14575	4227	2298	8602	10305
股份有限公司	809002	744407	2420	24735	25839	4742	4185	13723	14531
私营企业	828484	782130	1695	37008	18647	4842	4338	-7628	-6404
私营独资企业	2978	2495	9	283	121	34	35	34	36
私营合伙企业									
私营有限责任公司	822246	776922	1675	36098	18377	4757	4254	-7463	-6267
私营股份有限公司	3261	2713	11	627	150	52	50	-199	-173
其他企业									
港、澳、台商投资企业	178809	152282	419	21541	5785	1589	-4	-582	-581
合资经营企业									
合作经营企业									
独资经营企业	178809	152282	419	21541	5785	1589	-4	-582	-581
投资股份有限公司									
其他港澳台投资企业									
外商投资企业									
2.按国民经济行业分组									
综合零售业	352582	296241	3014	57264	20561	2763	1590	-10388	-9245
#百货零售业	170656	141662	2318	23109	15531	2585	1590	-3697	-2900
超级市场零售业	179361	152304	688	33683	4923	175		-6452	-6129
食品、饮料及烟草制品专门零售业	16467	15000	49	995	823	728	502	-1076	-363
纺织、服装及日用品专门零售业	29205	21773	238	5849	802	135	134	421	428
#服装零售业	20247	14327	213	5202	487			19	19
文化、体育用品及器材专门零售业	43569	35934	92	3103	3766	14	40	1296	1496
#体育用品零售业									
图书零售业	19641	14681	42	1963	2424	-39	1	1159	1460
医药及医疗器材专门零售业	920169	847020	1296	26460	19179	5182	3609	22348	24533
#药品零售业	920169	847020	1296	26460	19179	5182	3609	22348	24533
汽车、摩托车、燃料及零配件专门零售业	1117841	1063705	1897	33363	18248	4989	3286	2938	3201
#汽车零售业	1097149	1045782	1830	31314	17700	4923	3269	2898	3133
机动车燃料零售业	8093	5948	54	1809	176	14	17	90	95
家用电器及电子产品专门零售业	120010	110412	278	7191	3057	1723	1718	-690	-670
#日用家电设备零售业	16011	14827	20	560	555	1687	1539	-1398	-1398
计算机、软件及辅助设备零售业	11889	11033	19	268	525	13	4	32	32
通讯设备零售业	6319	5792	16	798	211	9	10	-283	-320
五金、家具及室内装修材料专门零售业	3971	3336	5	215	264	81	79	70	63
无店铺及其他零售业	35517	27116	142	5817	1236	-9	1	1243	1353

12-14 全市按登记注册类型分连锁批发和零售企业基本情况

（2015年）

指标名称	总店数（个）	门店总数（个）	年末从业人数（人）	年末零售营业面积（平方米）	商品销售总额（万元）	商品购进总额（万元）	统一配送商品购进额（万元）
总计	8	737	6287	295236	868804	784686	755376
内资企业	7	554	5534	280186	855182	771957	742648
国有企业							
集体企业							
股份合作企业							
联营企业							
国有联营企业							
集体联营企业							
国有与集体联营企业							
其他联营企业							
有限责任公司	3	255	1616	43002	131608	97763	97763
国有独资公司							
其他有限责任公司	3	255	1616	43002	131608	97763	97763
股份有限公司	4	299	3918	237184	723574	674194	644884
私营企业							
私营独资企业							
私营合伙企业							
私营有限责任公司							
私营股份有限公司							
其他企业							
港、澳、台商投资企业	1	183	753	15050	13622	12729	12729
合资经营企业(港或澳、台资)							
合作经营企业(港或澳、台资)							
港、澳、台商独资经营企业	1	183	753	15050	13622	12729	12729
港、澳、台商投资股份有限公司							
其他港澳台商投资							
外商投资企业							
中外合资经营企业							
中外合作经营企业							
外资企业							
外商投资股份有限公司							
其他外商投资							

12-15 全市亿元以上商品交易市场基本情况

（2015年）

指标名称	市场数量（个）	摊位数（个）	营业面积（平方米）	成交额（万元）
总计	**16**	**12956**	**1169321**	**1014531**
1. 综合市场	5	4845	240000	237783
工业消费品综合市场				
农产品综合市场	3	3195	170000	190849
其他综合市场	2	1650	70000	46934
2. 专业市场	11	8111	929321	776748
生产资料市场	5	1726	530000	329697
#农用生产资料市场				
木材市场	2	287	165000	55386
建材市场	2	639	85000	54311
金属材料市场	1	800	280000	220000
机械设备市场				
其他生产资料市场				
农产品市场				
#肉禽蛋市场				
水产品市场				
蔬菜市场				
干鲜果品市场				
其他农产品市场				
食品、饮料及烟酒市场				
#食品饮料市场				
茶叶市场				
其他食品饮料及烟酒市场				
纺织、服装、鞋帽市场	3	5831	304021	325873
#服装市场	2	4453	270371	310438
其他纺织服装鞋帽市场	1	1378	33650	15435
电器、通讯器材、电子设备市场				
#计算机及辅助设备市场				
医药、医疗用品及器材市场				
#中药材市场				
家具、五金及装饰材料市场	1	167	65500	22640
#家具市场				
装饰材料市场	1	167	65500	22640
五金材料市场				
其他装修市场				
汽车、摩托车及零配件市场	2	387	29800	98538
#汽车市场	1	52	20000	81338
摩托车市场	1	335	9800	17200

12-16 全市限额以上住宿和餐饮业企业基本情况

（2015年）

指标名称	法人企业（个）	从业人员（人）	营业额（万元）	#客房收入	#餐费收入
总计	70	6886	95094	30050	51689
一、住宿业	42	4863	69307	28048	30083
1. 按登记注册类型分组					
内资企业	41	4764	68289	27228	29949
国有企业	6	1104	16903	4345	6204
集体企业					
股份合作企业					
联营企业					
有限责任公司	12	1251	12771	6549	5330
国有独资企业					
其他有限责任公司	12	1251	12771	6549	5330
股份有限公司	6	986	19463	6345	10944
私营企业	17	1423	19152	9989	7471
私营独资企业	3	130	1045	469	483
私营合伙企业	1	58	556	284	273
私营有限责任公司	13	1235	17551	9236	6715
私营股份有限公司					
其他企业					
港、澳、台商投资企业	1	99	1018	820	134
合资经营企业					
合作经营企业					
独资经营企业	1	99	1018	820	134
投资股份有限公司					
其他港澳台投资企业					
外商投资企业					
2. 按国民经济行业分组					
旅游饭店	36	4602	66196	25964	29211
一般旅馆	5	138	1912	1628	139
其他住宿服务	1	123	1199	456	733

12-16 续表

指标名称	法人企业（个）	从业人员（人）	营业额（万元）	#客房收入	#餐费收入
二、餐饮业	28	2023	25787	2002	21606
1.按登记注册类型分组					
内资企业	27	1941	23736	2002	19555
国有企业	2	88	750		714
集体企业					
股份合作企业	2	86	1127		1111
联营企业					
有限责任公司	5	301	3440		1866
国有独资企业					
其他有限责任公司	5	301	3440		1866
股份有限公司	1	51	482	35	447
私营企业	17	1415	17937	1967	15417
私营独资企业	2	126	321		320
私营合伙企业					
私营有限责任公司	14	1159	16364	1940	13948
私营股份有限公司	1	130	1252	27	1149
其他企业					
港、澳、台商投资企业	1	82	2051		2051
合资经营企业					
合作经营企业					
独资经营企业	1	82	2051		2051
投资股份有限公司					
其他港澳台投资企业					
外商投资企业					
2.按国民经济行业分组					
正餐服务业	25	1780	21205	2002	18582
快餐服务业	2	114	2605		2605
饮料及冷饮服务业	1	129	1977		419
其他餐饮服务业					

12-17 全市限额以上住宿和餐饮业企业主要财务指标

（2015年） 单位:万元

指 标 名 称	流动资产小计	#存货	固定资产原价	累计折旧	#本年折旧
总计	80189	2032	141194	60459	7300
一、住宿业	40740	1466	126014	52768	6199
1.按登记注册类型分组					
内资企业	40117	1390	120773	47908	5213
国有企业	9138	344	59897	20579	1832
集体企业					
股份合作企业					
联营企业					
有限责任公司	5690	-44	13165	8582	358
国有独资企业					
其他有限责任公司	5690	-44	13165	8582	358
股份有限公司	7757	165	19412	10369	925
私营企业	17532	925	28299	8378	2098
私营独资企业	856	65	3886	1631	157
私营合伙企业	66	5	1277	300	10
私营有限责任公司	16610	855	23136	6447	1931
私营股份有限公司					
其他企业					
港、澳、台商投资企业	623	76	5241	4860	986
合资经营企业					
合作经营企业					
独资经营企业	623	76	5241	4860	986
投资股份有限公司					
其他港澳台投资企业					
外商投资企业					
2.按国民经济行业分组					
旅游饭店	37733	1343	123281	52206	6147
一般旅馆	2374	4	2225	562	52
其他住宿服务	633	119	508		

12-17　续表1　　单位:万元

指　标　名　称	流动资产小计	#存货	固定资产原价	累计折旧	#本年折旧
二、餐饮业	39449	566	15179	7691	1101
1.按登记注册类型分组					
内资企业	36652	521	14469	7128	1070
国有企业	86	19	225	156	67
集体企业					
股份合作企业	2435	1	1278	561	44
联营企业					
有限责任公司	13659	66	6603	2886	506
国有独资企业					
其他有限责任公司	13659	66	6603	2886	506
股份有限公司	184	2			
私营企业	20288	433	6363	3525	453
私营独资企业	76				
私营合伙企业					
私营有限责任公司	18724	338	5519	2989	396
私营股份有限公司	1488	95	844	536	57
其他企业					
港、澳、台商投资企业	2797	45	710	563	31
合资经营企业					
合作经营企业					
独资经营企业	2797	45	710	563	31
投资股份有限公司					
其他港澳台投资企业					
外商投资企业					
2.按国民经济行业分组					
正餐服务业	22988	486	8206	4546	683
快餐服务业	3033	50	729	575	35
饮料及冷饮服务业	13428	30	6244	2570	383
其他餐饮服务业					

12-17 续表2 单位:万元

指标名称	资产合计	负债合计	所有者权益合计	#实收资本	#国家资本
总计	**196482**	**156227**	**40255**	**44769**	**26963**
一、住宿业	**144161**	**119659**	**24502**	**37095**	**26928**
1.按登记注册类型分组					
内资企业	143002	114247	28755	36208	26928
国有企业	50475	16878	33598	26849	26849
集体企业					
股份合作企业					
联营企业					
有限责任公司	15444	19102	-3658	2989	
国有独资企业					
其他有限责任公司	15444	19102	-3658	2989	
股份有限公司	20443	16813	3630	2326	
私营企业	56640	61454	-4815	4044	79
私营独资企业	3183	2293	890	436	
私营合伙企业	1095	230	864	865	
私营有限责任公司	52362	58931	-6569	2743	79
私营股份有限公司					
其他企业					
港、澳、台商投资企业	1159	5412	-4253	887	
合资经营企业					
合作经营企业					
独资经营企业	1159	5412	-4253	887	
投资股份有限公司					
其他港澳台投资企业					
外商投资企业					
2.按国民经济行业分组					
旅游饭店	134553	111878	22675	35436	26669
一般旅馆	8278	7116	1162	1159	259
其他住宿服务	1330	665	665	500	

12-17 续表3

单位:万元

指标名称	资产合计	负债合计	所有者权益合计	#实收资本	#国家资本
二、餐饮业	**52321**	**36568**	**15753**	**7674**	**35**
1. 按登记注册类型分组					
内资企业	49338	34656	14682	6436	35
国有企业	157	277	-120	35	35
集体企业					
股份合作企业	3153	1030	2122	583	
联营企业					
有限责任公司	18767	15375	3392	1773	
国有独资企业					
其他有限责任公司	18767	15375	3392	1773	
股份有限公司	183	27	158	50	
私营企业	27078	17947	9130	3995	
私营独资企业	99	9	89	10	
私营合伙企业	24733	15818	8915	3960	
私营有限责任公司	2246	2120	126	25	
私营股份有限公司					
其他企业					
港、澳、台商投资企业	2983	1912	1071	1238	
合资经营企业					
合作经营企业					
独资经营企业	2983	1912	1071	1238	
投资股份有限公司					
其他港澳台投资企业					
外商投资企业					
2. 按国民经济行业分组					
正餐服务业	31430	20046	11383	4736	35
快餐服务业	3228	1914	1315	1438	
饮料及冷饮服务业	17663	14608	3055	1500	
其他餐饮服务业					

12-17　续表4　　　　单位:万元

指标名称	主营业务收入	#主营业务成本	#主营业务税金及附加	销售费用	管理费用	财务费用	#利息支出	营业利润	利润总额
总计	**91255**	**38461**	**4538**	**31355**	**20069**	**3605**	**2421**	**-4993**	**-5706**
一、住宿业	**67086**	**26758**	**3310**	**24294**	**16251**	**3286**	**2092**	**-5425**	**-6308**
1. 按登记注册类型分组									
内资企业	66112	26655	3256	23467	15988	3286	2092	-5152	-6065
国有企业	16767	7004	664	6612	3133	588	33	-1239	-1207
集体企业									
股份合作企业									
联营企业									
有限责任公司	12747	3888	715	5249	4668	109	26	-1878	-3511
国有独资企业									
其他有限责任公司	12747	3888	715	5249	4668	109	26	-1878	-3511
股份有限公司	18888	7634	879	5296	5302	104		27	674
私营企业	17710	8129	998	6310	2885	2485	2033	-2062	-2021
私营独资企业	1045	623	65	350	49	4		-49	-65
私营合伙企业	556	435	10		91	3		18	18
私营有限责任公司	16109	7071	923	5960	2745	2478	2033	-2031	-1974
私营股份有限公司									
其他企业									
港、澳、台商投资企业	974	103	54	827	263			-273	-243
合资经营企业									
合作经营企业									
独资经营企业	974	103	54	827	263			-273	-243
投资股份有限公司									
其他港澳台投资企业									
外商投资企业									
2. 按国民经济行业分组									
旅游饭店	63974	25807	3111	22366	15669	3235	2092	-4826	-5719
一般旅馆	1912	623	136	1072	320	45		-283	-281
其他住宿服务	1200	328	63	856	262	6		-316	-308

12-17 续表5 单位:万元

指标名称	主营业务收入	#主营业务成本	#主营业务税金及附加	销售费用	管理费用	财务费用	#利息支出	营业利润	利润总额
二、餐饮业	**24169**	**11703**	**1228**	**7061**	**3818**	**319**	**329**	**432**	**602**
1.按登记注册类型分组									
内资企业	22118	11160	1111	5774	3711	318	329	436	601
国有企业	750	310	43	337	63	3		-13	-3
集体企业									
股份合作企业	1099	520	61	340	198	1		-20	-19
联营企业									
有限责任公司	2432	992	168	1174	424	328	316	313	86
国有独资企业									
其他有限责任公司	2432	992	168	1174	424	328	316	313	86
股份有限公司	483	275	11	138	58				
私营企业	17354	9063	828	3785	2968	-14	13	156	537
私营独资企业	220	130	6		24			78	
私营合伙企业									
私营有限责任公司	15882	7842	764	3783	2789	-17	13	134	588
私营股份有限公司	1252	1091	58	2	155	3		-56	-51
其他企业									
港、澳、台商投资企业	2051	543	117	1287	107	1		-4	1
合资经营企业									
合作经营企业									
独资经营企业	2051	543	117	1287	107	1		-4	1
投资股份有限公司									
其他港澳台投资企业									
外商投资企业									
2.按国民经济行业分组									
正餐服务业	20579	10470	1028	4961	3238	1	13	337	504
快餐服务业	2605	933	148	1288	224	1		12	15
饮料及冷饮服务业	985	300	52	812	356	317	316	83	83
其他餐饮服务业									

12-18 全市主要年份限额以上住宿和餐饮业企业经营情况

指标名称	2011	2012	2013	2014	2015
一、法人企业数(个)	58	67	71	73	70
二、年末从业人员(人)	4580	7971	7735	7221	6886
三、营业额(万元)	88923	102719	93392	89175	95094
四、客房间数(间)	5662	6433	7029	7493	32313
五、床位数(个)	9529	10654	11455	11964	49097
六、餐位数(位)	31719	33612	34891	39861	39369
七、年末餐饮营业面积(平方米)	112234	151545	138116	155713	157632

12-19 全市主要年份旅游人数及收入

指标名称	2011	2012	2013	2014	2015
接待入境旅游者人数(人次)	105958	137760	167394	174132	181221
港澳和台湾同胞	32749	50755	67244	60011	55051
外国人	73209	87005	100150	114121	126170
#日本	6066	3897	1103	2004	5311
新加坡	2412	2753	3243	3309	3496
泰国	1280	1398	1527	1844	2255
越南	3181	3641	4138	2905	1950
印度尼西亚	1023	1270	1340	1539	1633
马来西亚	2990	4072	4291	6649	6650
美国	4917	6141	7279	6820	7030
加拿大	3037	4248	5087	4655	4796
英国	3194	3515	4087	4220	6618
法国	5667	6173	7256	6716	6941
德国	2770	3119	3689	4159	5197
意大利	1643	2125	1527	3139	3296
澳大利亚	2958	3631	4364	4306	4292
新西兰	1129	1979	2418	2944	2993
国内游客人数(万人次)	1520	1904	2266	2605	2901
国际旅游外汇收入(万美元)	3613	4760	5882	6589	7254
国内旅游收入(亿元)	117	151	182	229	281
旅游总收入(亿元)	120	154	186	233	286
星级饭店数(个)	35	40	45	47	46

物　价　13

13-1 居民消费及商品零售价格指数

（以上年价格为100）　　　　单位：%

年　份	居民消费价格总指数	商品零售价格总指数
1981	103.4	103.5
1982	102.9	102.7
1983	103.2	103.2
1984	104.1	103.8
1985	115.7	115.4
1986	105.3	105.8
1987	109.1	108.9
1988	127.8	126.5
1989	119.1	118.4
1990	99.7	98.8
1991	102.3	102.2
1992	106.1	105.8
1993	124.6	123.8
1994	126.0	124.1
1995	120.0	116.0
1996	106.1	104.5
1997	100.3	99.5
1998	95.3	94.8
1999	96.8	96.3
2000	99.8	97.5
2001	99.7	97.4
2002	100.6	99.7
2003	100.6	99.2
2004	104.2	103.1
2005	97.9	96.1
2006	100.7	100.1
2007	106.1	105.0
2008	107.9	107.1
2009	97.8	97.5
2010	103.5	104.1
2011	105.4	105.4
2012	104.0	102.8
2013	101.9	100.9
2014	102.6	102.0
2015	101.7	100.1

13-2 居民消费价格总指数

（2015年，以上年为100）　　单位：%

指 标 名 称	指数	指 标 名 称	指数
居民消费价格总指数	101.7	鞋袜帽	99.6
食品	104.2	衣着加工服务费	99.9
粮食	101.2	**家庭设备用品及维修服务**	100.5
淀粉	101.0	耐用消费品	99.1
干豆类及豆制品	103.6	室内装饰品	102.0
油脂类	93.4	床上用品	100.4
肉禽及其制品	107.9	家庭日用杂品	99.3
蛋类	100.7	家庭服装及加工维修服务	115.1
水产品类	101.5	**医疗保健和个人用品**	100.9
菜类	104.2	医疗保健	101.8
调味品	100.8	个人用品及服务	98.9
糖类	103.3	**交通和通讯**	97.9
茶及饮料	102.1	交通	97.1
干鲜瓜果类	105.1	通信	99.0
糕点饼干	101.4	**娱乐教育文化用品及服务**	100.5
液体乳及乳制品	101.8	娱乐用耐用消费品及服务	97.4
在外用膳食品	101.7	教育	102.8
其它食品	105.2	文化娱乐用品	100.7
烟酒及用品	101.2	旅游	96.5
烟草	103.5	**居住**	99.8
酒	98.8	建房及装修材料	98.8
衣着类	101.9	租房	105.0
服装	102.6	自有住房	104.8
衣着材料	100.0	水、电、燃料	96.8

13-3 商品零售价格总指数

（2015年，以上年为100）　　　　单位：%

指标名称	指数	指标名称	指数
商品零售价格总指数	100.1	酒	99.3
食品	103.7	**服装、鞋帽**	102.0
粮食	101.1	服装	102.9
淀粉	101.0	鞋袜帽	99.6
干豆类及豆制品	103.3	其他	100.8
油脂类	93.4	**纺织品**	100.2
肉禽及其制品	107.5	衣着材料	100.0
蛋类	100.6	床上用品	100.4
水产品类	101.3	**家用电器及音像器材**	99.3
菜类	104.3	家庭设备	100.5
调味品	100.4	文娱用耐用消费品	97.5
糖类	103.2	专业音像器材	97.8
干鲜瓜果类	105.3	**文化办公用品**	98.7
糕点饼干	102.1	**日用品**	98.4
液体乳及乳制品	101.9	日用百货	100.7
在外用膳食品	102.0	日用杂品	99.6
其它食品	105.2	洗涤用品	94.2
饮料、烟酒	101.6	其他日用品	99.0
茶及饮料	101.8	**体育娱乐用品**	100.1
烟草	103.6		

服务业行政、事业单位 14

14-1 全市服务业行政单位财务状况

（执行行政会计制度的单位）

（2015年）

单位:万元

指 标 名 称	单位总数（个）	固定资产原价	收入合计	支出合计			
					工资福利支出	商品和服务支出	取暖费
总　　计	1609	651455	1311898	1261562	296999	314263	33
道路运输业	1	1198	1750	1491	491	94	
货币金融服务	1	20839	5811	2345	1490	439	
商务服务业	2	1163	484	500	232	228	
专业技术服务业	1	26	45	45	36	9	
水利管理业	1	36	62	62	56	6	
公共设施管理业	7	796	2874	2880	1347	971	
教育	17	472	1010	906	472	281	
社会工作	1	265	1497	1346	434	78	
文化艺术业	9	1349	2454	2469	800	1120	
中国共产党机关	92	13571	36609	36292	11318	16514	1
国家机构	1449	599894	1242827	1201465	277422	292573	32
人民政协、民主党派	10	868	2707	2780	1225	710	
群众团体、社会团体和其他成员组织	18	10980	13770	8982	1677	1242	

14-1 续表 1　　　　单位:万元

指 标 名 称	差旅费	因公出国(境)费用	劳务费	工会经费	福利费	对个人和家庭的补助	抚恤金	生活补助
总　　计	13798	530	19618	2682	1201	207108	8809	27211
道路运输业	22			5	11	504		4
货币金融服务	62		139	30	209	416		
商务服务业	5			2		40	12	5
专业技术服务业	1							
水利管理业	2							
公共设施管理业	12			5	2	418	14	1
教育	19		9	3	2	153	20	2
社会工作	15		1	4		791	24	
文化艺术业	19		12	4	1	451		25
中国共产党机关	835	14	287	83	11	5409	134	223
国家机构	12625	512	19128	2476	960	196722	8495	26258
人民政协、民主党派	75	3	1	5		826	94	170
群众团体、社会团体和其他成员组织	106		43	66	5	1379	16	524

14-1 续表2 单位:万元

指标名称	救济费	助学金	奖励金	生产补贴	从业人员平均人数（人）
总计	11194	8881	13536	6446	44321
道路运输业					56
货币金融服务					210
商务服务业					39
专业技术服务业					5
水利管理业					8
公共设施管理业					395
教育			1		73
社会工作	567				79
文化艺术业		1			112
中国共产党机关	6	3	536		1308
国家机构	10575	8875	12937	6442	41646
人民政协、民主党派			1		135
群众团体、社会团体和其他成员组织	47	2	62	4	255

14-2 全市服务业事业单位财务状况

（执行事业会计制度的单位）

（2015年）

单位：万元

指 标 名 称	单位总数（个）	固定资产原价	收入合计	#事业收入	#经营收入	支出合计	工资福利支出
总 计	1381	1693437	1824623	1088373	48528	1754594	628941
农、林、牧、渔服务业	1		150	150		167	25
道路运输业	12	8476	24224	15437	29	19585	2820
水上运输业	4	10121	7955	97		7282	1885
仓储业	1	1	53			53	39
电信、广播电视和卫星传输服务	3	1003	2664			2255	750
货币金融服务	1	2650	1192	1192		897	465
房地产业	1	3200	2432	2432		2626	859
商务服务业	13	5609	11886	2115	74	9582	2083
研究和试验发展	5	2768	5496	1656	620	7161	2229
专业技术服务业	34	51887	65407	34520	15437	65775	15820
科技推广和应用服务业	40	2337	8106	5603		6765	2228
水利管理业	17	141807	28571	1989		39176	2182
生态保护和环境治理业	2	5702	11270	124		9915	1759
公共设施管理业	26	32120	57512	9618	666	57126	24194
居民服务业	2	11774	2686	2686		1959	800
其他服务业	1	286	616			626	171
教育	292	522985	478993	172275	224	459936	212319
卫生	161	631481	733271	603815	24550	711873	230439
社会工作	9	8421	8885	5626	12	9287	1875
新闻和出版业	3	203	428	201		423	226
广播、电视、电影和影视录音制作业	83	36577	12644	12191	145	12744	6703
文化艺术业	24	11680	21460	9002		18137	5603
体育	4	785	2111	1129		2010	800
娱乐业	1	499	31		31	35	10
中国共产党机关	31	24802	29477	29477		29477	16140
国家机构	567	173251	294134	166737	6740	266583	93463
人民政协、民主党派	2	733	2563	2563		2563	819
社会保障	34	1659	8902	6704		8931	1799
群众团体、社会团体和其他成员组织	7	619	1502	1036		1649	438

14-2 续表1

单位:万元

指标名称	商品和服务支出	差旅费	劳务费	福利费	对个人和家庭的补助	抚恤金
总计	522900	11052	31450	4196	257302	3837
农、林、牧、渔服务业	116	2			6	
道路运输业	5051	166	46	36	2053	20
水上运输业	1414	138	33	13	2391	67
仓储业	4				11	
电信、广播电视和卫星传输服务	353	43		4	387	
货币金融服务	307	106	26	32	5	
房地产业	581	11	12	10	410	
商务服务业	2208	46	115	5	1070	43
研究和试验发展	2396	57	48	5	1934	33
专业技术服务业	12308	2028	2632	213	22954	617
科技推广和应用服务业	1787	96	39	3	1450	10
水利管理业	1322	19	6	2	789	43
生态保护和环境治理业	2566	21	500	11	997	9
公共设施管理业	15181	112	5226	330	8706	120
居民服务业	672	11		18	195	3
其他服务业	417	5	52	3	27	
教育	85222	3327	6261	911	108180	1178
卫生	294670	1776	4965	2038	36634	579
社会工作	1624	37	569	57	2604	108
新闻和出版业	141	5	9	1	48	
广播、电视、电影和影视录音制作业	3951	65	190	25	1268	10
文化艺术业	8039	120	672	43	3155	69
体育	716	27	13	1	366	4
娱乐业	2	2				
中国共产党机关	3787	231			9550	199
国家机构	76144	2452	9911	436	45448	726
人民政协、民主党派	891	91	16		853	
社会保障	759	48	95	1	5222	1
群众团体、社会团体和其他成员组织	271	14	15		592	

14-2 续表2 单位:万元

指 标 名 称	生活补助	助学金	生产补贴	经营支出	销售税金	从业人员平均人数(人)
总 计	14568	24354	5940	25650	1456	83078
农、林、牧、渔服务业						4
道路运输业	598					614
水上运输业	53					307
仓储业	11					7
电信、广播电视和卫星传输服务						84
货币金融服务						61
房地产业						113
商务服务业	139			62	65	288
研究和试验发展	5			528	41	399
专业技术服务业	337		2	11893	921	2606
科技推广和应用服务业	408		10			268
水利管理业	124					331
生态保护和环境治理业	4					342
公共设施管理业	630			449	40	6997
居民服务业	3					85
其他服务业						47
教育	5088	17739			66	28446
卫生	1611	10		12202	49	25674
社会工作	148			8	2	522
新闻和出版业						43
广播、电视、电影和影视录音制作业	12			2	5	927
文化艺术业	58				30	818
体育	20	1				112
娱乐业				23	1	6
中国共产党机关	188	4499				3025
国家机构	4582	2103	1176	484	236	10505
人民政协、民主党派	1					70
社会保障	93		4745			300
群众团体、社会团体和其他成员组织	455	3	7			77

财政、金融和保险　15

15-1 全市主要年份财政收入支出

单位:万元

年 份	财政总收入	地方财政收入	地方财政支出
1978	27893	27893	11530
1979	29894	29894	7289
1980	29641	29641	7929
1981	32412	32412	7995
1982	34120	34120	9587
1983	29240	29240	9723
1984	33395	33395	11651
1985	43681	43681	19471
1986	49091	49091	33248
1987	57637	57637	39472
1988	64293	64293	41017
1989	72256	72256	48837
1990	75472	75472	52646
1991	78104	76942	53510
1992	84024	84024	57245
1993	130975	130975	92220
1994	170723	69195	83504
1995	187837	82585	97128
1996	183368	77843	116765
1997	209030	93157	120603
1998	257430	130453	139510
1999	279288	139276	166013
2000	330883	168627	194831
2001	422001	217584	274250
2002	490002	232394	307726
2003	581884	271309	383657
2004	677386	298114	437311
2005	801851	281803	494759
2006	951982	348539	626101
2007	1163796	403696	749327
2008	1401320	524357	963579
2009	1576437	614148	1274760
2010	2011810	746288	1550130
2011	2296014	894546	1842882
2012	2601822	1135503	2211699
2013	2850562	1251211	2405829
2014	3165496	1331569	2616050
2015	3438093	1466765	3097184

注明:2012年开始“地方财政收入”和“地方财政支出”为“公共财政预算收入”和“公共财政预算支出”。后同。

15-2 柳江县主要年份财政收入支出

单位:万元

年份	财政总收入	地方财政收入	地方财政支出
1978	497	497	614
1979	572	572	636
1980	660	660	745
1981	621	621	685
1982	762	762	711
1983	761	761	839
1984	789	789	899
1985	972	972	1155
1986	1255	1255	1543
1987	1508	1508	2431
1988	2016	2016	3109
1989	2697	2697	4062
1990	3034	3034	4469
1991	3435	3435	4528
1992	3784	3784	4707
1993	6382	6382	6607
1994	7369	4581	8002
1995	8362	5313	8787
1996	11496	7526	9757
1997	12100	8016	11173
1998	12287	7972	12006
1999	12596	8830	12615
2000	14161	9435	14013
2001	18614	11482	17277
2002	26818	14335	24226
2003	32034	17411	28498
2004	36071	17613	30699
2005	41324	16302	36605
2006	50079	26585	50289
2007	61098	25685	57788
2008	68019	30922	76058
2009	70683	30390	92817
2010	88010	35255	115267
2011	108101	42962	136604
2012	124230	58297	160709
2013	138318	68966	191431
2014	149131	74184	193945
2015	160277	85148	232747

15-3 柳城县主要年份财政收入支出

单位:万元

年份	财政总收入	地方财政收入	地方财政支出
1978	751	751	631
1979	809	809	616
1980	993	993	830
1981	1176	1176	899
1982	1369	1369	994
1983	1299	1299	1058
1984	1062	1062	1095
1985	1489	1489	1302
1986	1828	1828	1981
1987	2064	2064	2678
1988	2450	2450	3535
1989	3060	3060	3967
1990	4347	4347	5036
1991	3884	3884	5261
1992	3858	3858	4843
1993	6450	6450	6904
1994	8737	4972	7933
1995	11923	7874	11197
1996	12962	8882	12304
1997	12260	7914	12159
1998	13999	8012	12876
1999	12679	8230	14239
2000	14474	9632	12837
2001	17714	11723	16776
2002	19528	12533	21750
2003	32471	26627	35046
2004	17879	10003	22504
2005	20704	7960	26374
2006	25000	9366	34251
2007	28001	9903	44402
2008	30806	13319	59422
2009	31010	12967	75711
2010	41072	18671	95971
2011	56018	23253	116796
2012	67006	33099	138078
2013	73901	42733	159628
2014	75178	42771	159328
2015	76945	49144	194442

15-4 鹿寨县主要年份财政收入支出

单位:万元

年　份	财政总收入	地方财政收入	地方财政支出
1978	1763	1763	765
1979	1389	1389	768
1980	1885	1885	830
1981	2099	2099	939
1982	2242	2242	852
1983	1969	1969	892
1984	2041	2041	1043
1985	2478	2478	1435
1986	3703	3703	2174
1987	4714	4714	2913
1988	5848	5848	3796
1989	6467	6467	4427
1990	6631	6631	4714
1991	5499	4337	4580
1992	6420	6420	4598
1993	8748	8748	6082
1994	9430	4864	6875
1995	12543	6537	8095
1996	14973	9846	12557
1997	14341	10064	11385
1998	15371	11467	12853
1999	15467	11538	13700
2000	14696	10752	13073
2001	16125	11613	15649
2002	17813	13030	17520
2003	20039	13470	21466
2004	22867	13340	25979
2005	30109	14062	33362
2006	32337	15404	36995
2007	42752	20036	51045
2008	43386	22160	68577
2009	42055	22794	85596
2010	56571	28187	100485
2011	68193	31801	136489
2012	76466	42999	159605
2013	76568	48027	184429
2014	78141	49420	193921
2015	83907	57264	227702

15-5 融安县主要年份财政收入支出

单位:万元

年　份	财政总收入	地方财政收入	地方财政支出
1978	335	335	494
1979	308	308	489
1980	340	340	564
1981	384	384	682
1982	454	454	628
1983	512	512	805
1984	518	518	996
1985	740	740	1122
1986	834	834	1598
1987	1178	1178	2179
1988	1801	1801	2758
1989	2097	2097	3121
1990	2299	2299	3585
1991	2576	2576	3600
1992	2531	2531	3754
1993	3711	3711	5081
1994	3157	1688	4779
1995	3718	2391	5737
1996	4314	3108	7432
1997	5042	3562	6107
1998	5407	3867	6816
1999	5706	3985	7681
2000	6752	4417	8926
2001	8006	4983	12081
2002	9153	5598	14206
2003	10017	6259	16795
2004	11027	6775	18177
2005	13306	7203	23217
2006	13668	6268	28961
2007	16018	7598	37237
2008	18510	9353	54236
2009	20016	10425	69689
2010	25319	12561	82978
2011	29567	15378	106329
2012	34559	18691	135446
2013	38612	21015	138646
2014	39588	23577	138885
2015	41054	26893	176593

15-6 融水苗族自治县主要年份财政收入支出

单位:万元

年　　份	财政总收入	地方财政收入	地方财政支出
1978	361	361	715
1979	294	294	711
1980	368	368	739
1981	534	534	826
1982	807	807	1286
1983	814	814	1266
1984	872	872	1611
1985	1348	1348	1884
1986	1610	1610	2868
1987	2342	2342	4017
1988	3246	3246	4286
1989	4179	4179	5712
1990	3965	3965	5689
1991	4058	4058	5851
1992	4284	4284	6553
1993	5926	5926	8063
1994	6675	3633	7814
1995	6964	5247	8871
1996	6948	4389	9073
1997	6729	4636	7959
1998	6503	4940	7856
1999	6552	4910	9575
2000	6505	4958	11077
2001	6708	4664	15420
2002	7430	4596	19082
2003	8337	5042	21690
2004	10214	6228	23089
2005	13515	7694	32193
2006	14650	7787	38630
2007	18408	9534	52000
2008	21774	11527	74953
2009	22893	12157	100835
2010	33036	18491	124974
2011	40329	20962	164527
2012	47130	28658	184128
2013	50953	32694	210197
2014	54500	35540	245813
2015	60195	41806	303002

15-7 三江侗族自治县主要年份财政收入支出

单位:万元

年　份	财政总收入	地方财政收入	地方财政支出
1978	230	230	562
1979	206	206	565
1980	240	240	606
1981	290	290	675
1982	314	314	799
1983	344	344	982
1984	396	396	1306
1985	764	764	1349
1986	815	815	1919
1987	1083	1083	2373
1988	1697	1697	2704
1989	1755	1755	3161
1990	1662	1662	3178
1991	1668	1668	3229
1992	1574	1574	3292
1993	2216	2216	3982
1994	1961	1391	4915
1995	2158	1501	5346
1996	2634	1921	6298
1997	3067	2273	5444
1998	3505	2709	5466
1999	3703	2937	7542
2000	4106	3419	9046
2001	4406	3580	11525
2002	4588	3359	13886
2003	4868	3653	16978
2004	5262	4020	17082
2005	6080	4026	22568
2006	6423	4415	28232
2007	8029	5216	38742
2008	10021	6377	55703
2009	12689	8042	81011
2010	19035	11212	102383
2011	23399	14312	116877
2012	26950	17949	145018
2013	26183	16691	153660
2014	27806	17133	170252
2015	32817	20373	201203

15-8 财政收入

（2015年） 单位:万元

指标名称	全市	市区	柳江县	柳城县
财政总收入	3438093	2982898	160277	76945
上划中央税收收入	1721447	1592967	57005	22570
上划自治区四税收入	249731	203644	18124	5231
公共财政预算收入	1466765	1186137	85148	49144
增值税	165930	139971	12875	4203
营业税	171540	133547	13355	2958
企业所得税	105555	90218	5279	2363
个人所得税	29074	25297	1314	655
资源税	3843	1182	530	721
城市维护建设税	138328	129548	3374	1194
房产税	44149	36481	2285	1267
城镇土地使用税	22511	18227	1355	795
土地增值税	93599	76240	6874	1084
耕地占用税	67739	23269	7266	6644
契税	164817	139862	6208	11076
其它各项税收收入	40536	34779	2383	876
专项收入	174225	151156	8581	2677
行政事业性收费收入	63415	44906	5999	1782
罚没收入	35057	24040	4720	1564
国有资本经营收入	270			-33
国有资源(资产)有偿使用收入	139446	114231	1487	8742
其他收入	6731	3183	1263	576

单位:万元

指标名称	鹿寨县	融安县	融水苗族自治县	三江侗族自治县
财政总收入	83907	41054	60195	32817
上划中央税收收入	19105	9800	13397	6603
上划自治区四税收入	7538	4361	4992	5841
公共财政预算收入	57264	26893	41806	20373
增值税	3425	1890	2436	1130
营业税	6539	4171	4251	6719
企业所得税	3022	1185	1876	1612
个人所得税	659	359	478	312
资源税	508	527	197	178
城市维护建设税	1718	860	991	643
房产税	1758	501	1583	274
城镇土地使用税	1215	329	467	123
土地增值税	6496	777	766	1362
耕地占用税	11518	5460	13065	517
契税	2888	1226	2265	1292
其它各项税收收入	1198	448	511	341
专项收入	3614	2556	3314	2327
行政事业性收费收入	3581	2043	2943	2161
罚没收入	1544	1121	1222	846
国有资本经营收入			294	9
国有资源(资产)有偿使用收入	7562	3434	3473	517
其他收入	19	6	1674	10

15-9 财政支出

（2015年）　　单位：万元

指标名称	全市	市区	柳江县	柳城县
公共财政预算支出	3097184	1761495	232747	194442
一般公共服务	233640	118051	22784	23368
外交				
国防	4367	3139	563	90
公共安全	186823	126681	14360	10691
教育	669697	379859	48953	41326
科学技术	36043	25628	2396	2497
文化体育与传媒	55044	40038	1926	2669
社会保障和就业	287170	124443	36033	21234
医疗卫生与计划生育	285491	117569	33149	26428
节能环保	41992	18191	4204	3053
城乡社区	425762	351573	15202	7262
农林水	391980	166864	36253	34816
交通运输	114017	39702	3843	5286
资源勘探信息等	126335	118033	2031	1278
商业服务业等	33395	17371	1452	2955
金融	5545	5137	149	
国土海洋气象等	21178	12902	2146	853
住房保障	125504	56619	6224	9117
粮油物资储备	7166	4211	258	477
债务付息支出	7828	6315	357	241
债务发行费用支出	413	309	24	31
其他	37794	28860	440	770

15-9 续表 单位:万元

指标名称	鹿寨县	融安县	融水苗族自治县	三江侗族自治县
公共财政预算支出	227702	176593	303002	201203
一般公共服务	19812	13490	19684	16451
外交				
国防	270	148	55	102
公共安全	11025	7101	9161	7804
教育	36081	35671	77733	50074
科学技术	1340	1287	1633	1262
文化体育与传媒	2751	1635	2356	3669
社会保障和就业	24672	29331	34836	16621
医疗卫生与计划生育	27462	22364	33888	24631
节能环保	6047	4658	3051	2788
城乡社区	15486	5983	23965	6291
农林水	45625	31641	42301	34480
交通运输	8146	9181	29474	18385
资源勘探信息等	2019	547	435	1992
商业服务业等	1486	644	6819	2668
金融	155	70	15	19
国土海洋气象等	1048	842	1889	1498
住房保障	16386	11113	14553	11492
粮油物资储备	557	379	639	645
债务付息支出	169	208	320	218
债务发行费用支出	15	9	12	13
其他	7150	291	183	100

15-10 全社会金融机构本外币存款余额

（2015年） 单位：万元

指标名称	全市	市区	柳江县	柳城县
合计	28226653	22198170	1563989	812575
境内存款	28211712	22184010	1563755	812485
住户存款	12134077	8027370	1018173	607956
活期存款	6024206	3571324	587845	371489
定期及其他存款	6109870	4456047	430328	236467
非金融企业存款	11663612	10962536	317765	43597
活期存款	4559522	4033454	183063	38636
定期及其他存款	7104091	6929082	134703	4961
广义政府存款	3946905	2732977	224820	160929
财政性存款	320629	168651	46431	5936
机关团体存款	3626277	2564325	178389	154993
非银行业金融机构存款	467117	461127	2997	2
境外存款	14942	14160	233	90

15-10　续表　　　　单位:万元

指　标　名　称	鹿寨县	融安县	融水苗族自治县	三江侗族自治县
合　　计	1301426	702751	968110	679632
境内存款	1301078	702675	968100	679609
住户存款	874136	498735	680613	427093
活期存款	466576	281107	449673	296193
定期及其他存款	407560	217628	230940	130900
非金融企业存款	179831	56753	49695	53436
活期存款	162096	48555	42703	51015
定期及其他存款	17734	8198	6992	2421
广义政府存款	247108	147187	234805	199080
财政性存款	39568	11288	34411	14343
机关团体存款	207539	135899	200393	184737
非银行业金融机构存款	3		2988	
境外存款	349	76	10	22

15-11 全社会金融机构本外币贷款余额

（2015年）

单位：万元

指标名称	全市	市区	柳江县	柳城县
合计	20513637	16430253	1306267	484382
境内贷款	20512365	16428981	1306267	484382
住户贷款	6485603	4524635	644863	254037
短期贷款	1129582	799871	94989	46111
消费贷款	175124	166883	1911	236
经营贷款	954458	632989	93078	45875
中长期存款	5356021	3724764	549874	207927
消费贷款	4313302	3273066	397702	94941
经营贷款	1042719	451698	152172	112986
非金融企业及机关团体贷款	14026762	11904346	661405	230345
短期贷款	6094823	5181732	256771	114408
中长期贷款	6552904	5456737	366372	105831
票据融资	1285226	1182580	29873	10105
融资租赁				
各项垫款	93809	83297	8389	
非银行业金融机构贷款				
境外贷款	1272	1272		

15-11 续表 单位:万元

指标名称	鹿寨县	融安县	融水苗族自治县	三江侗族自治县
合　计	1027938	376168	552862	335766
境内贷款	1027938	376168	552862	335766
住户贷款	383505	238417	262906	177240
短期贷款	55274	67481	33842	32014
消费贷款	931	2456	1043	1666
经营贷款	54344	65025	32800	30349
中长期存款	328231	170936	229064	145226
消费贷款	218828	103372	118556	106838
经营贷款	109403	67564	110508	38388
非金融企业及机关团体贷款	644433	137751	289956	158526
短期贷款	210823	112286	155966	62836
中长期贷款	368818	25465	133990	95690
票据融资	62669			
融资租赁				
各项垫款	2123			
非银行业金融机构贷款				
境外贷款				

15-12 全社会金融机构人民币存款余额

（2015年） 单位：万元

指标名称	全市	市区	柳江县	柳城县
合计	28071181	22043368	1563542	812527
境内存款	28056709	22029674	1563308	812437
住户存款	12075887	7969847	1017726	607908
活期存款	5987973	3535481	587578	371468
定期及其他存款	6087914	4434366	430149	236440
非金融企业存款	11606085	10905008	317765	43597
活期存款	4521828	3995760	183063	38636
定期及其他存款	7084257	6909248	134703	4961
广义政府存款	3946700	2732771	224820	160929
财政性存款	320629	168652	46431	5936
机关团体存款	3626072	2564122	178389	154993
非银行业金融机构存款	428037	422047	2997	2
境外存款	14472	13697	233	90

15-12　续表　　　　单位:万元

指　标　名　称	鹿寨县	融安县	融水苗族自治县	三江侗族自治县
合　　计	**1301284**	**702745**	**968086**	**679629**
境内存款	1300940	702669	968075	679606
住户存款	873999	498729	680588	427090
活期存款	466498	281106	449650	296192
定期及其他存款	407500	217623	230938	130898
非金融企业存款	179831	56753	49695	53436
活期存款	162096	48555	42703	51015
定期及其他存款	17734	8198	6992	2421
广义政府存款	247108	147187	234805	199080
财政性存款	39568	11288	34411	14343
机关团体存款	207539	135899	200393	184737
非银行业金融机构存款	3		2988	
境外存款	344	76	10	22

15-13　全社会金融机构人民币贷款余额

（2015年）　　　　单位:万元

指 标 名 称	全 市	市 区	柳江县	柳城县
合　计	**20320764**	**16237382**	**1306266**	**484382**
境内贷款	20319492	16236110	1306266	484382
住户贷款	6485416	4524449	644862	254037
短期贷款	1129428	799718	94988	46111
消费贷款	174970	166728	1910	236
经营贷款	954458	632987	93078	45875
中长期存款	5355988	3724730	549874	207927
消费贷款	4313269	3273032	397702	94941
经营贷款	1042719	451698	152172	112986
非金融企业及机关团体贷款	13834076	11711660	661405	230345
短期贷款	5941995	5028905	256771	114408
中长期贷款	6513046	5416880	366372	105831
票据融资	1285226	1182579	29873	10105
融资租赁				
各项垫款	93809	83297	8389	
非银行业金融机构贷款				
境外贷款	1272			

15-13 续表 单位:万元

指标名称	鹿寨县	融安县	融水苗族自治县	三江侗族自治县
合计	1027938	376168	552862	335766
境内贷款	1027938	376168	552862	335766
住户贷款	383505	238417	262906	177240
短期贷款	55274	67481	33842	32014
消费贷款	931	2456	1043	1666
经营贷款	54344	65025	32800	30349
中长期存款	328231	170936	229064	145226
消费贷款	218828	103372	118556	106838
经营贷款	109403	67564	110508	38388
非金融企业及机关团体贷款	644433	137751	289956	158526
短期贷款	210823	112286	155966	62836
中长期贷款	368818	25465	133990	95690
票据融资	62669			
融资租赁				
各项垫款	2123			
非银行业金融机构贷款				
境外贷款				

15-14 保险业务(国内业务)

（2015年） 单位:万元

指 标 名 称	全 市
保费收入	433465
财产保险	178069
人身保险	255396
赔款、给付	162094
财产保险	83058
人身保险	79036

文化、教育、科技、卫生和体育 16

16-1 文化事业基本情况

（2015年）

指标名称	单位	全市	市区	柳江县	柳城县
艺术表演团体	个	2	1		
演出场次	场	1106	1003		
观众人数	万人次	132	123.5		
文化馆	个	11	5	1	1
群众艺术馆	个	1	1		
公共图书馆	个	11	5	1	1
公共图书馆总藏量	千册、件	2031.13	1254.08	123.10	96.70
#古籍	千册	52.02	51.67		
图书	千册	1595.76	1021.88	109.44	84.92

16-1 续表

指标名称	单位	鹿寨县	融安县	融水苗族自治县	三江侗族自治县
艺术表演团体	个			1	
演出场次	场			103	
观众人数	万人次			8.5	
文化馆	个	1	1	1	1
群众艺术馆	个				
公共图书馆	个	1	1	1	1
公共图书馆总藏量	千册、件	159.00	90.00	192.10	116.15
#古籍	千册	0.35			
图书	千册	131.10	62.44	83.50	102.48

16-2 教育事业基本情况

（2015年）

指 标 名 称	单 位	全 市	市 区	柳江县	柳城县
学校数					
普通高校	所	6	6		
中等职业技术学校	所	27	20	1	1
普通中学	所	158	63	18	17
小学	所	577	128	113	46
在校学生数					
普通高校	人	72286	72286		
中等职业技术学校	人	77381	69537	2136	473
普通中学	人	180984	84314	18250	13384
小学	人	296109	117489	39754	21927
专任教师数					
普通高校	人	3422	3422		
中等职业技术学校	人	2350	1904	98	41
普通中学	人	12784	6007	1428	1151
小学	人	14411	5352	2163	1600
幼儿园数（不含托儿所）	所	664	253	79	45
在园儿童数	人	127522	55345	18913	9931

16-2 续表

指 标 名 称	单 位	鹿寨县	融安县	融水苗族自治县	三江侗族自治县
学校数					
普通高校	所				
中等职业技术学校	所	1	2	1	1
普通中学	所	7	14	23	16
小学	所	24	30	65	171
在校学生数					
普通高校	人				
中等职业技术学校	人	1636	643	2115	841
普通中学	人	13549	12853	22004	16630
小学	人	25435	18693	39283	33528
专任教师数					
普通高校	人				
中等职业技术学校	人	146	36	87	38
普通中学	人	785	904	1478	1031
小学	人	1190	1215	1691	1200
幼儿园数（不含托儿所）	所	79	45	83	80
在园儿童数	人	12995	8837	13355	8146

16-3 规模以上工业法人单位研发活动及相关情况

指 标 名 称	单 位	2014	2015
研发人员情况			
研发人员合计	人	19191	18733
#女性	人	2965	2977
#全职人员	人	11500	12524
#本科毕业及以上人员	人		12637
研发经费情况			
研发经费支出合计	万元	618707	592764
#使用来自政府部门的研发资金	万元	15906	12814
企业内部的日常研发经费支出	万元	518673	492561
人员人工费(包含各种补贴)	万元	174326	207492
原材料费	万元	212624	183987
折旧费用与长期费用摊销	万元	37193	28465
无形资产摊销	万元	15019	11496
其他费用	万元	79510	61121
当年形成用于研发的固定资产支出	万元	59681	68051
#仪器和设备	万元	52901	58658
委托外单位开展研发的经费支出	万元	24447	32152
#对境内研究机构支出	万元	16291	19924
对境内高等学校支出	万元	3170	3336
对境内企业支出	万元	1562	5807
对境外支出	万元	3423	3085

16-3 续表

指 标 名 称	单 位	2014	2015
企业办研发机构情况			
期末机构数	个	113	84
机构人员合计	人	7812	7329
#博士毕业	人	60	71
硕士毕业	人	779	814
本科毕业	人	5235	4500
机构经费支出	万元	187862	195589
机构仪器和设备原价	万元	84591	99295
#进口	万元	4440	7983
研发产出及相关情况			
自主知识产权情况			
当年专利申请受理数	件	1684	1416
#发明专利	件	823	571
期末有效发明专利数	件	724	1144
#境外授权	件	5	7
#已被实施	件	472	708
专利所有权转让及许可数	件	15	8
专利所有权转让及许可收入	万元	5203	201
新产品生产及销售情况			
新产品产值	万元	10071431	11646084
新产品销售收入	万元	8509594	10667637
#出口	万元	195438	76250
其他情况			
发表科技论文	篇	735	973
期末拥有注册商标	件	1605	1814
#境外注册	件	451	375
形成国家或行业标准数	项	176	47

16-4 规模以上工业企业R&D活动及相关情况

指标名称	单位	2014	2015
R&D人员情况			
R&D人员合计	人	11729	11021
#参加项目人员	人	10758	10209
管理和服务人员	人	971	812
#女性	人	1773	1742
#研究人员	人	3091	7874
#全时人员	人	7310	7338
非全时人员	人	4419	3683
R&D人员折合全时当量合计	人年	10304	8993
#研究人员	人年	2680	6493
#基础研究人员	人年		
应用研究人员	人年	175	44
试验发展人员	人年	10128	8949
R&D经费支出情况			
R&D经费内部支出合计	万元	339862	347697
#经常性费支出	万元	314987	315094
#人员劳务费	万元	127208	145847
资产性支出	万元	24876	32603
#土建工程	万元	384	747
仪器和设备	万元	24491	31856
#基础研究支出	万元		
应用研究支出	万元	6059	769
试验发展支出	万元	333803	346928
#政府资金	万元	10880	8475
企业资金	万元	327288	337549
境外资金	万元		
其他资金	万元	1694	1672
R&D经费外部支出合计	万元	19439	23322
#对境内研究机构支出	万元	12908	14482
对境内高等学校支出	万元	2399	2217
对境外支出	万元	2893	2391
全部R&D项目(课题)情况			
项目数	项	712	633
项目人员折合全时当量	人年	9459	8398
项目经费内部支出	万元	331722	339735

16-4 续表

指标名称	单位	2014	2015
企业办研发机构情况			
机构数	个	113	84
机构人员合计	人	7812	7329
#博士毕业	人	60	71
硕士毕业	人	779	814
本科毕业	人	5235	4500
机构经费支出	万元	187862	195589
仪器和设备原价	万元	84591	99296
#进口	万元	4440	7983
研发产出及相关情况			
自主知识产权情况			
专利申请数	件	1684	1416
#发明专利	件	823	571
有效发明专利数	件	724	1144
#境外授权	件	5	7
专利所有权转让及许可数	件	15	8
专利所有权转让与许可收入	万元	5203	201
新产品开发、生产及销售情况			
新产品开发项目数	项	877	835
新产品开发经费支出	万元	384790	457797
新产品产值	万元	10071431	11646084
新产品销售收入	万元	8509594	10667637
#出口	万元	195438	76250
其他情况			
发表科技论文	篇	735	973
拥有注册商标数	件	1605	1814
#境外注册	件	451	375
形成国家或行业标准数	项	176	47
其他情况			
从事科技活动人员合计	人	19191	18733
#大学本科以上学历人员	人		12637

16-5 卫生事业基本情况

（2015年）

指标名称	单位	全市	市区	柳江县	柳城县
卫生机构数	个	2280	787	187	221
#医院、卫生院	个	162	56	15	17
卫生机构床位数	张	21790	12809	1728	1534
#医院、卫生院	张	20460	12149	1610	1374
卫生机构人员数	人	36487	22242	2647	2263
#卫生技术人员	人	29039	18631	1958	1685
#医生（执业医师、助理医师）	人	9533	6368	639	525
注册护士	人	12677	8741	793	618

16-5 续表

指标名称	单位	鹿寨县	融安县	融水苗族自治县	三江侗族自治县
卫生机构数	个	283	203	306	293
#医院、卫生院	个	18	15	24	17
卫生机构床位数	张	1722	1326	1606	1065
#医院、卫生院	张	1559	1226	1543	999
卫生机构人员数	人	2602	1949	2895	1889
#卫生技术人员	人	2045	1468	2006	1246
#医生（执业医师、助理医师）	人	745	443	523	290
注册护士	人	714	568	801	442

16-6 体育事业基本情况

（2015年）

指标名称	单位	全市	市区	柳江县	柳城县
公共体育场	个	20	11		
体育馆	个	16	5		1
练习馆（房）	个	25	9		
足球场	个	78	55	6	2
运动场（大、小）	个	188	85	21	21
有固定看台灯光球场	个	154	109	3	
篮球场	个	3088	659	502	380
排球场	个	326	117	47	33
游泳场	个	55	46	1	
当年发展等级运动员	人	40	29		
#二级运动员	人	40	29		
当年发展等级裁判员	人	571	408	2	
#一级裁判员	人	16	7	2	
二级裁判员	人	163	102		
三级裁判员	人	392	299		

16-6 续表

指标名称	单位	鹿寨县	融安县	融水苗族自治县	三江侗族自治县
公共体育场	个	6	2	1	
体育馆	个	6	2	1	1
练习馆（房）	个	12	1	1	2
足球场	个	6	5	2	2
运动场（大、小）	个	35	13	7	6
有固定看台灯光球场	个	12	5	22	3
篮球场	个	238	313	591	405
排球场	个	80	22	13	14
游泳场	个	6		1	1
当年发展等级运动员	人	6	5		5
#二级运动员	人	6	5		5
当年发展等级裁判员	人	2	114		45
#一级裁判员	人	2			5
二级裁判员	人		46		15
三级裁判员	人		68		25

人　民　生　活　17

17-1 全市城乡居民家庭人均收入及恩格尔系数

年份	城镇居民人均可支配收入		农民人均纯收入		城镇居民家庭恩格尔系数（%）	农民居民家庭恩格尔系数（%）
	绝对数（元）	比上年增长（%）	绝对数（元）	比上年增长（%）		
1978			82			
1979			91	10.98		
1980	384		81	-10.99		
1981	431	12.24	103	27.16		
1982	467	8.35	159	54.37		
1983	489	4.71	254	59.75		
1984	586	19.84	270	6.30		
1985	668	13.99	316	17.04		
1986	841	25.90	352	11.39		
1987	966	14.86	392	11.36		
1988	1119	15.84	453	15.56		
1989	1260	12.60	518	14.35		
1990	1515	20.24	586	13.13	61.01	
1991	1794	18.42	694	18.43	57.86	
1992	2105	17.34	783	12.82	54.83	
1993	3267	55.20	890	13.67	48.26	
1994	3912	19.74	1120	25.84	48.39	
1995	4508	15.24	1440	28.57	53.26	
1996	4805	6.59	1701	18.13	51.04	
1997	5457	13.57	2035	19.64	46.42	
1998	5552	1.74	2155	5.90	48.54	
1999	5328	-4.03	2183	1.30	45.90	
2000	5740	7.73	1658	-24.05	43.76	
2001	7547	31.48	1797	8.38	35.31	
2002	7928	5.05	1954	8.74	38.84	52.38
2003	8370	5.58	2082	6.55	40.78	55.80
2004	9155	9.38	2250	8.07	44.58	59.02
2005	9556	12.03	2534	12.62	42.58	55.56
2006	11002	15.13	2914	15.00	43.32	53.06
2007	12866	16.94	3497	20.04	44.47	50.99
2008	14474	12.49	3956	13.11	42.51	52.27
2009	16017	10.00	4330	9.47	39.87	48.68
2010	17766	10.92	4935	14.00	39.62	49.69
2011	19615	10.41	5721	15.91	41.44	44.37
2012	22181	13.08	6747	17.92	41.45	43.23
2013	24355	9.80	7663	13.58	40.80	43.20
2014	26693	9.60	8606	12.30	40.46	43.16
2015	28722	7.60	9449	9.80	40.56	43.31

注：城镇居民人均可支配收入2004年（含2004年）以前为城市居民人均可支配收入。

根据国家统计局、区统计局的规定，农民人均纯收入的历史资料统计口径有调整，使用时请注意。

17-2 全市城镇居民家庭人均年现金收入和支出

单位:元

指 标 名 称	2015年	比上年增长(%)
总收入	31630	7.7
#可支配收入	28722	7.6
工资性收入	17941	7.7
经营净收入	3188	7.2
财产性收入	1081	6.9
转移性收入	9420	8.1
总支出	24428	7.8
#财产性支出	80	6.7
转移性支出	1076	-58.2
社会保障支出	838	-67.1
购建房支出	175	-63.8
消费支出	18314	7.9
#食品	7428	8.2
衣着	1308	7.1
居住	1915	7.6
家庭设备用品及服务	1264	7.4
医疗保健	1040	7.9
交通和通信	2671	8.0
教育文化娱乐服务	2158	8.1
其它商品和服务	530	7.9

17-3 各县、区城镇居民家庭人均年收入

单位:元

单位名称	可支配收入		工资性收入		经营净收入		财产性收入		转移性收入	
	2015年	比上年增长(%)	2015年	比上年增长(%)	2015年	比上年增长(%)	2015年	比上年增长(%)	2015年	比上年增长(%)
城中区	31091	7.4	18269	6.9	1118	8.3	1479	9.1	12918	7.7
鱼峰区	30477	7.9	18458	7.2	1699	8.7	1296	8.1	11352	9.2
柳南区	30908	9.0	19408	8.2	5164	10.7	637	11.6	9995	9.9
柳北区	30714	7.4	21051	7.1	1955	8.2	807	9.7	10550	7.9
柳江县	26906	7.0	12687	6.1	3974	9.3	3452	8.7	7836	8.3
柳城县	24071	7.6	15385	7.4	2826	9.5	452	9.7	7352	7.9
鹿寨县	27111	8.7	16793	7.8	3290	11.9	420	9.4	8093	9.5
融安县	24110	7.6	10977	7.2	5349	9.0	525	8.3	8447	7.9
融水苗族自治县	24939	7.3	14250	6.9	6333	9.6	1036	8.9	4880	7.4
三江侗族自治县	23776	8.1	13977	7.6	3669	10.2	2281	9.1	5005	7.9

17-4 全市农村居民家庭人均收入和支出

单位:元

指 标 名 称	2015年	比上年增长(%)
人均纯收入	9449	9.8
#工资性收入	2805	9.4
财产性纯收入	269	9.3
转移性纯收入	640	9.8
家庭经营纯收入	5735	10.0
二产纯收入	226	9.2
三产纯收入	484	10.0
一产纯收入	5025	10.0
#农业纯收入	3247	9.3
林业纯收入	449	9.5
牧业纯收入	1297	12.0
渔业纯收入	32	14.3
总支出	14144	9.7
家庭经营费用支出	5126	10.1
#一产费用支出	4576	10.2
二产费用支出	251	8.0
三产费用支出	299	9.1
生活消费支出	7872	9.5
#食品	3409	9.9
衣着	359	8.8
居住	1712	9.0
家庭设备用品及服务	455	9.7
交通和通信	414	10.0
医疗保健	833	9.4
教育文化娱乐服务	546	9.5
其它商品和服务	144	9.1
转移性支出	646	9.7

17-5　各县、区农村居民家庭平均每人全年收入情况

单位:元

单位名称	人均纯收入		工资性收入		家庭经营纯收入		一产纯收入		农业		林业	
	2015年	比上年增长(%)	2015年	比上年增长(%)	2015年	比上年增长(%)	2015年	比上年增长(%)	2015年	比上年增长(%)	2015年	比上年增长(%)
城中区	17380	9.3	5958	9.1	2596	8.1	903	7.0	878	6.9		
鱼峰区	17896	9.5	6160	10.6	2203	10.5	451	9.7	414	9.5	6	7.1
柳南区	15870	9.8	6573	9.3	6678	11.1	5457	11.0	4326	10.2	86	9.1
柳北区	13261	9.2	1812	9.7	9356	8.9	8564	8.8	4990	8.3	1649	8.8
柳江县	11253	9.7	3025	9.4	7524	10.1	6251	10.2	5126	10.1	17	15.7
柳城县	10954	10.6	1573	9.8	9126	10.7	8600	10.8	6066	10.0	44	9.7
鹿寨县	10394	10.4	2883	10.4	6404	10.5	5768	10.4	2947	9.1	138	9.1
融安县	9245	10.9	2806	10.8	5511	10.9	5066	10.9	3004	10.1	659	10.5
融水苗族自治县	6586	10.4	3039	10.1	3005	10.6	2799	10.5	1311	10.4	576	9.9
三江侗族自治县	6672	10.1	2289	11.1	3963	9.5	3510	9.1	1663	9.5	1391	8.3

17-5 续表

单位名称	牧业		渔业		二产纯收入		三产纯收入		财产性纯收入		转移性纯收入	
	2015年	比上年增长(%)	2015年	比上年增长(%)	2015年	比上年增长(%)	2015年	比上年增长(%)	2015年	比上年增长(%)	2015年	比上年增长(%)
城中区	25	10.7					1693	8.7	8707	9.8	119	10.9
鱼峰区	31	12.3					1752	10.7	7352	8.7	2181	8.1
柳南区	513	14.9	532	14.1			1221	11.7	2034	7.3	585	9.2
柳北区	1645	9.3	280	14.9			792	10.1	899	8.9	1194	11.2
柳江县	928	9.9	180	13.0	615	9.8	658	9.5	114	10.0	590	6.2
柳城县	2473	12.8	17	16.4	82	8.8	444	9.3	31	9.9	224	12.2
鹿寨县	2630	11.8	53	13.4	169	9.2	467	12.1	531	9.3	576	10.6
融安县	1396	12.8	7	20.3	155	10.6	290	11.9	47	10.5	881	11.1
融水苗族自治县	872	10.8	40	14.3	5	25.0	201	11.7	11	10.0	531	10.6
三江侗族自治县	420	10.2	36	10.1	48	8.9	405	12.6	9	11.6	411	10.7

附　　录

主要统计指标解释

市 是指经国家批准成立"市"建制的城市。

按城市市区非农业人口规模分：

① 超大城市：200万人以上；

② 特大城市：100至200万人口；

③ 大城市：50至100万人口；

④ 中等城市：20至50万人口；

⑤ 小城市：20万以下人口。

镇 是指经省、自治区、直辖市批准的镇。1963年以前为常住人口在2000人以上，非农业人口占50%以上的。1964年起改为常住人口在3000人以上，非农业人口占70%以上，或常住人口在2500人以上，不满3000人，非农业人口占85%以上的。1984年后又调整为：凡县级地方国家机关所在地；或总人口在20000人以下的乡，乡政府驻地非农业人口超过2000人的；或总人口在20000人以上的乡，乡政府驻地非农业人口占全乡人口10%以上；或少数民族地区、人口稀少的边远地区、山区和小型工矿区、小港口、风景旅游、边境口岸等地，非农业人口虽不足2000人，都可建镇。

平均每年增长速度 在我国计算平均增长速度有两种方法，一种是习惯上经常使用的"水平法"，又称几何平均法，是以间隔期最后一年的水平同基期水平对比来计算平均每年增长(或下降)速度。另一种是"累计法"，又称代数平均法或方程法，是以间隔期内各年水平的总和同基期水平对比来计算平均每年增长(或下降)速度。

在一般正常情况下，两种方法计算的平均每年增长速度比较接近，但在经济发展不平衡，出现大起大落时，两种方法计算的结果差别较大。

从业人员 指从事一定社会劳动并取得劳动报酬或经营收入的人员。包括：

(1) 全部职工

(2) 再就业的离退休人员

(3) 私营业主

(4) 个体户主

(5) 私营和个人从业人员

(6) 乡镇企业从业人员

(7) 农村从业人员

(8) 其他从业人员(包括民办教师、宗教职业者、现役军人等)

经济活动人口 指在16岁以上，有劳动能力，参加或要求参加社会经济活动的人口。包括：从业人员和失业人员

城镇私营和个体从业人员 城镇私营从业人员指在工商管理部门注册登记，其经营地址设在县城关镇(含城关镇)以上的私营企业从业人员。包括：私营企业投资者和雇工。城镇个体从业人员指在工商管理部门注册登记，并持有城镇户口或在城镇长期居住，经批准从事个体工商经营的从业人员。包括：个体经营者和在个体工商户劳动的家庭帮工和雇工。

城镇登记失业人员及失业率 指有非农业户口，在一定的劳动年龄内，有劳动能力，无业而要求就业，并在当地就业服务机构进行求职登记的人员。城镇登记失业率，指城镇登记失业人数同城镇从业人数与城镇登记失业人数之和的比。计算公式为：

$$\text{城镇登记失业率} = \frac{\text{城镇登记失业人数}}{\text{城镇从业人数} + \text{城镇登记失业人数}} \times 100\%$$

进出口总额 海关进出口总额指实际进出我国国境的货物总金额。包括对外贸易实际进出口货物，来料加工装配进出口货物，国家间、联合国及国际组织无偿援助物资和赠送品，华侨、港澳台同胞和外籍华人捐赠品，租赁期满归承租人所有的租赁货物，进料加工进出口货物，边境地方贸易及边境地区小额贸易进出口货物(边民互市贸易除外)，中外合资经营企业、中外合作经营企业、外商独资经营企业进出口货物和公用物品，到、离岸价格在规定限额以上的进出口货样和广告品(无商业价值、无使用价值和免费提供出口的除外)，从保税仓库提取在中国境内销售的进口货物，以及其他进出口货物。我国规定出口货物按离岸价格统计，进口货物按到岸价格统计。

利用外资 指我国各级政府、部门、企业和其他经济组织通过对外借款，吸收外商直接投资以及用其他方式筹措的境外现汇、设备、技术等。

地区生产总值 是按市场价格计算的地区生产总值的简称。它是一个国家(地区)所有常住单位在一定时期内生产活动的最终成果。地区生产总值有三种表现形态，即价值形态、收入形态和产品形态。从价值形态看，

它是所有常住单位在一定时期内所生产的全部货物和服务价值超过同期投入的全部非固定资产货物和服务价值的差额,即所有常住单位的增加值之和;从收入形态看,它是所有常住单位在一定时期内所创造并分配给常住单位和非常住单位的初次分配收入之和;从产品形态看,它是最终使用的货物和服务减去进口货物和服务。在实际核算中,地区生产总值的三种表现形态表现为三种计算方法,即生产法、收入法和支出法。三种方法分别从不同的方面反映地区生产总值及其构成。

增加值 是指常住单位生产过程创造的新增价值和固定资产的转移价值。它可以按生产法计算,也可以按收入法计算,按生产法计算,它等于总产出减去中间投入;按收入法计算,它等于劳动者报酬、生产税净额、固定资产折旧和营业盈余之和。

常住单位 一经济单位在我国的经济领土范围内具有经济利益中心,则称之为我国的常住经济单位。

可比价格 指在不同时期的价值指标对比时,扣除了价格变动的因素,以确切反映物量的变化。按可比价格计算有两种方法:一种是直接用产品产量乘某一年的不变价格计算;另一种是用价格指数换算。

当年价格 指报告期的实际价格,如工厂的出厂价格,农产品的收购价格,商业的零售价格等。按当年价格计算,是指一些以货币表现的物量指标,如工农业总产值、地区生产总值等,按照当年的实际价格来计算总量,使用当年计算的数字,是为了使国民经济各项指标互相衔接,便于考察当年社会经济效益,便于对生产和流通、生产和分配、生产和消费进行经济核算和综合平衡。

三次产业 根据社会生产活动历史发展的顺序对产业结构的划分,产品直接取自自然界的部门称为第一产业,对初级产品进行再加工的部门称为第二产业。为生产和消费提供各种服务的部门称为第三产业。它是世界上通用的产业结构分类,但各国的划分不尽一致。我国的三次产业划分是:

第一产业 农业(包括种植业、林业、牧业和渔业,不包括村及村以下工业、村及村以下工业应划入工业)。

第二产业 工业(包括采掘工业、制造业、自来水、电力、蒸汽、热水、煤气等)和建筑业(包括建筑安装企业和自营建设单位,以及为建筑业安装工程服务的地质勘探和勘察设计等)。

第三产业 除上述第一、第二产业以外的其他各业。由于第三产业包括的行业多、范围广,根据我国的实际情况,第三产业可分为两大部门:一是流通部门,二是服务部门。

支出法地区生产总值 指一个国家(或地区)所有常住单位在一定时期内用于最终消费、资本形成总额,以及货物和服务的净出口总额,它反映本期生产的地区生产总值的使用构成。

最终消费 指常住单位在一定时期内对于货物和服务的全部最终消费支出,也就是常住单位为满足物资、文化和精神生活的需要,从本国经济领土和国外购买的货物和服务的支出。它不包括非常住单位在本国经济领土内的消费支出。最终消费分为居民消费和政府消费。

资本形成总额 指常住单位在一定时期内获得减去处置的固定资产和存货的净额,包括固定资产形成总额和存货增加两项。

户　数 包括家庭(含单身独居)和集体户。

总人口 指一定时点、一定地区范围内有生命的个人的总和。年度统计的年末人口是指每年12月31日24时的人口数。柳州市人口数不包括部队人口。

平均人数 一定时期内各个时点人口的平均数。某一时点的人数,只能代表这一时点的人口规模,不能代表一个时期(如月、季或若干年)的人口规模。平均人数是计算人口出生率,人均国民经济指标所必需的数字。

人口出生率 指在一定时期内(通常为一年内)平均每千人所出生的人数的比率,用千分率表示。计算公式:

$$\text{人口出生率}=\frac{\text{年出生人数}}{\text{年平均人数}}\times 1000‰$$

出生人数 指活产婴儿,即胎儿脱离母体时(不管怀孕月数),有过呼吸或其他生命现象。

人口死亡率 指在一定时期内(通常为一年内)一定地区的死亡人数与同期平均人数(或期中人数)之比,用千分率表示。计算公式:

$$\text{人口死亡率}=\frac{\text{年死亡人数}}{\text{年平均人数}}\times 1000‰$$

人口自然增长率 指在一定时期内(通常为一年内)出生人数减去死亡人数后的人口自然增加数与年平均人数之比,用千分率表示。计算公式:

$$\text{人口自然增长率}=\frac{\text{本年出生人口数}-\text{本年死亡人口数}}{\text{年平均人数}}\times 1000‰$$

人口增长率 指在一定时期内(通常为一年内)人口增加数与人口总数之比,用百分比表示。计算公式:

$$\text{年人口增长率}=\frac{\text{全年增加人数}}{\text{人口总数}}\times 100\%$$

性别比 人口中男性人数与女性人数之比。通常用每100个女性人口相应有多少男性人口表示,它是反映人口性别构成的指标之一。计算公式:

$$\text{性别比}=\frac{\text{男性人口数}}{\text{女性人口数}}\times 100$$

性别比可按全体人口计算,也可按各年龄组人口计算。

孩次构成 指一定时期内(通常为一年)某一孩次的出生婴儿人数占同期全部出生婴儿的比例。

迁移人口 指某地区一定时期(通常为一年)内迁入人数与迁出人数之和。

净迁人口 指某地区一定时期(通常为一年)内迁入人数减迁出人数与该地区平均人口数之比。

$$\text{净迁移率}=\frac{\text{当年迁入人口}-\text{迁出人口}}{\text{当年平均人口数}}\times 1000‰$$

净迁移率表示迁入迁出相抵后人口变动的程度,当迁入多于迁出时,净迁移率为正值,当迁出多于迁入时,净迁移率为负值。

单位从业人员 是指在各级国家机关、政党机关、社会团体及企业、事业单位中工作,并取得劳动报酬的全部人员。包括在岗职工、再就业的离退休人员、民办教师以及在各单位中工作的外方人员和港、澳、台方人员。

各单位的从业人员反映了各单位实际参加生产或工作的全部劳动力。因此,从1998年开始,各单位的从业人员不包括离开本单位仍保留劳动关系的职工。

在岗职工 指调查时期(点)在国有经济、城镇集体经济、联营经济、股份制经济、外商和港、澳、台投资经济、其他经济单位及其附属机构工作并领取工资的职工。

在岗职工工资总额 指各单位在一定时期内直接支付给本单位全部在岗职工的劳动报酬总额。

在岗职工工资总额的计算原则应以直接支付给在岗职工的全部劳动报酬为根据。各单位支付给在岗职工的劳动报酬以及其他根据有关规定支付的工资,不论是计入成本的还是不计入成本的,不论是按国家规定列入计征奖金税项目的,还是未列入计征奖金税项目的,不论是以货币形式支付的还是以实物形式支付的,均包括在工资总额内。

在岗职工平均工资 指企业、事业、机关单位的在岗职工在一定时期内平均每人所得的货币工资额。它表明一定时期在岗职工工资收入的高低程度,是反映在岗职工工资水平的主要指标。计算公式为:

$$\text{在岗职工平均工资}=\frac{\text{报告期实际支付的在岗职工工资总额}}{\text{报告期在岗职工平均人数}}$$

在岗职工平均实际工资 指扣除物价变动因素后的在岗职工平均工资。计算公式为:

$$\text{在岗职工平均实际工资}=\frac{\text{报告期在岗职工平均工资}}{\text{报告期城镇居民消费价格指数}}$$

农林牧渔业总产值 是以货币表现的农林牧渔业的全部产品总量和农林牧渔服务业产值(即对农林牧渔业生产活动进行的各种支持性服务活动的价值)之和。它反映一定时期内农林牧渔业生产总规模和总成果,是观察农林牧渔业生产水平和发展速度,研究农林牧渔业内部比例关系、农林牧渔业与工业、农林牧渔业与国家建设、人民生活比例关系的重要指标,同时也是计算农林牧渔业劳动生产率和农林牧渔业增加值的基础资料。

(1)农业 包括种植业和其他农业。

种植业 包括谷物、豆类、薯类、棉、油料、糖料、麻类、烟叶、蔬菜、药材、瓜类和其他农作物的种植,以及茶园、桑园、果园的生产经营。

其他农业 包括采集野生植物的果实、纤维、树胶、树脂、油料以及柴草、野生药材、菌类等及农民家庭兼营的商品性工业。

(2)林业 包括林木的栽培(不包括茶园、桑园和果园的栽培、管理和收获等活动)、林产品的采集和村及村以下合作经济组织和农户的竹木采伐。

(3)牧业 包括除渔业养殖以外的一切动物饲养和放牧以及野生动物的捕猎和饲养。

(4)渔业 包括水生动物和海藻类植物的养殖和捕捞。

(5)农林牧渔服务业产值 农林牧渔服务业产值可用农林牧渔服务业收入代替。普查年份资料来源于基本单位普查,非普查年份主要是通过推算的办法取得数据。

农林牧渔业总产值的核算范围 农林牧渔业总产值的统计范围是辖区内各种经济组织类型、各个系统的全部农林牧渔业生产单位和非农行业单位附属的农林牧渔业生产活动单位。军委系统的农林牧渔业生产(除军马外)也应包括在内,但不包括农业科学试验机构进行的农业生产。

农林牧渔业总产值的核算范围也就是本辖区内在一定时期内生产的农业、林业、牧业、渔业产品的价值量和对农林牧渔业生产活动进行的各种支持性服务活动的价值的总和,执行日历年度。对于收获期延长到次年年初的个别农产品(如甘蔗),仍然把延期收获的部分算在本年度内。

农林牧渔业增加值 指农、林、牧、渔及农林牧渔服务业生产货物或提供服务活动而增加的价值,为农林牧渔业现价总产值扣除农林牧渔业现价中间投入后的余额。

农林牧渔业增加值的核算范围 农林牧渔业增加值的核算范围同农林牧渔业总产值核算范围。

农业机械总动力 指主要用于农、林、牧渔业的各种动力机械的动力总和。包括耕作机械、排灌机械、收获机械、农产品加工机械、运输机械、植物保护机械、牧业机械、林业机械、渔业机械和其他农业机械(内燃机按引擎马力折成瓦特计算)。不包括专门用于乡办工业、基本建设、非农业运输、科学试验和教学等非农业生产方面用的动力机械与作业机械。

耕地面积 指种植农作物,经常进行耕锄的土地。包括熟地、当年新开荒地、连续撩荒未满三年的耕地和当年的休闲地(轮歇地)。以种植农作物为主附带种植桑树、茶树、果树和其他林木的土地以及沿海、沿湖地区已围垦利用的"海涂"、"湖田"等也应包括在内。但专业性的桑园、茶园、果园、果木苗圃、林地、芦苇地、天然草原等不应包括在内。

耕地总资源 是指能够种植农作物的田地。包括当年实际耕种的熟地;新开荒且已种植的地;"沿海"、"沿湖"地区已围垦利用三年以上的"海涂"、"湖田";弃耕、休闲不满三年,随时可以复耕的地;因灾害或其它因素,虽然当年内未种植农作物但仍可复耕的地;以种植农作物为主,附带种植桑树、果树和其它林的地;年年进行耕耘种草的地;南方小于1米、北方小于2米宽的沟、渠、路、田埂。

耕地总资源不包括 因灾害或其它因素,已不能复耕的地;弃耕、休闲满三年的地,或者虽不满三年,但已经成为荒地的土地;不进行耕耘,种植牧草已成为永久性草地的土地;专业性的桑园、茶园、果园、果木苗圃地、芦苇地、天然草场等;以混凝土等铺设的温室、玻璃室,导致栽培的植物体与地面隔绝的基地。

常用耕地 是指耕地总资源中专门种植农作物并经常进行耕种、能够正常收获的土地。包括当年实际耕种的熟地;弃耕、休闲不满三年,随时可以复耕的地;开荒利用三年以上的地。不包括临时种植农作物的坡度在25度以上的陡坡地;在河套、湖畔、库区临时开发的成片或零星土地;也不包括已列为国家和省(区、市)退耕计划但仍临时耕种的土地。常用耕地分为基本农田和零星可用耕地。

肉类总产量 是指当年出栏并已屠宰的猪、牛、羊、驴、骡、马、家禽、特种家禽和其它饲养动物肉类产量之和。即屠宰的猪、大牲畜、羊、狗除去头蹄下水以后带骨肉的重量,也就是胴体重;家禽、特种家禽和其它饲养动物除去毛和内脏后的重量。

乡(镇)村劳动力资源数 指乡村人口中劳动年龄以上(16周岁)能够参加生产经营活动的人员。

劳动年龄内 是指在劳动年龄之内的劳动力(或从业人员)。具体划分:男子16-60周岁,女子16-55周岁。

乡(镇)村从业人员 指乡(镇)村人口中16岁以上实际参加生产经营活动并取得实物或货币收入的人员,既包括劳动年龄内经常参加劳动的人员,也包括超过劳动年龄但经常参加劳动的人员。但不包括户口在家的在外学生、现役军人和丧失劳动能力的人,也不包括待业人员和家务劳动者。从业人员按从事主业时间最长(时间相同按收入)分为农林牧渔业从业人员、工业从业人员、建筑业从业人员、交通运输及邮电通讯业从业人员、批零贸易及餐饮业从业人员、其他从业人员。

工业 指从事自然资源的开采,对采掘品和农产品进行加工和再加工的物质生产部门。具体包括:(1)对自然资源的开采,如采矿、晒盐、森林采伐等(但不包括禽兽捕猎和水产捕捞);(2)对农副产品的加工、再加工,如粮油加工、食品加工、轧花、缫丝、纺织、制革等;(3)对采掘品的加工、再加工,如炼铁、炼钢、化工生产、石油加工、机器制造、木材加工等，以及电力、自来水、煤气的生产和供应等；(4)对工业品的修理、翻新，如机器设备的修理、交通运输工具(包括小卧车)的修理等。

国有经济工业(即过去的全民所有制工业或国营工业) 指生产资料归国家所有的一种经济类型。包括中央和地方各级国家机关、部队、科研机构、学校、人民团体和国有经济企事业单位等举办的国有经济工业。1957年以前的公私合营和私营工业，后均改造为国营工业，1992年改为国有工业，这部分工业的资料不单独分列时，均包括在国有工业内。从1998年起国有经济不含国有独资公司和国有联营公司。

集体经济工业 指生产资料归公民集体所有的一种经济类型，是社会主义公有制经济的组成部分。包括城乡所有使用集体投资举办的企业，以及部分个人通过集资自愿放弃所有权并依法经工商行政管理机关认定为集体所有制的企业。

其他经济类型工业 指除国有经济、集体经济、私营经济、个体经济、联营经济以外的其他经济类型工业企业(单位)。包括股份制经济(股份有限公司，有限责任公司)；外商投资经济(中外合资经营、中外合作经营、外资企业)；港、澳、台投资经济(与大陆合资经营、与大陆合作经营、港、澳、台资企业)及其他经济类型的工业。

轻工业 指主要提供生活消费品和制作手工工具的工业。按其所使用的原料不同，可分为两大类：(1)以农产品为原料的轻工业，是指直接或间接以农产品为基本原料的工业。主要包括食品制造、饮料制造、烟草加工、纺织、缝纫、皮革和毛皮制作、造纸以及印刷等工业；(2)以非农产品为原料的轻工业，是指以工业品为原料的轻工业。主要包括文教体育用品、化学药品制造、合成纤维制造、日用化学制品、日用玻璃制品、日用金属制品、手工工具制造、医疗器械制造、文化和办公用机械制造等工业。

重工业 是指为国民经济各部门提供物质技术基础的主要生产资料的工业。按其生产性质和产品用途，可以分为下列三类：(1)采掘(伐)工业，是指对自然资源的开采，包括石油开采、煤炭开采、金属矿开采、非金属矿开采和木材采伐等工业；(2)原材料工业，指向国民经济各部门提供基本材料、动力和燃料的工业。包括金属冶炼及加工、炼焦及焦炭化学、化工原料、水泥、人造板以及电力、石油和煤炭加工等工业；(3)加工工业，是指对工业原材料进行再加工制造的工业。包括装备国民经济各部门的机械设备制造工业、金属结构、水泥制品等工业，以及为农业提供的生产资料如化肥、农药等工业。

根据上述划分原则，修理业中以重工业产品为修理作业对象的划为重工业，反之划为轻工业。

工业总产值 是以货币表现的工业企业在一定时期内生产的已出售或可供出售工业产品总量，它反映一定时期内工业生产的总规模和总水平。包括在本企业内不再进行加工，以检验、包装入库(规定不需要包装的产品除外)的成品价值，工业性作业价值，自制半成品、在制品期末期初差额价值(生产周期较长的企业计算)。工业总产值采用“工厂法”计算，即以工业企业作为一个整体，按企业工业生产活动的最终成果来计算，企业内部不允许重复计算，不能把企业内部各个车间(分厂)生产的成果相加。但在企业之间、行业之间、地区之间存在着重复计算。

轻重工业总产值的划分也是按“工厂法”计算的，即一个企业在正常生产情况下生产的主要产品的性质属于轻工业，则该企业的全部总产值作为轻工业总产值统计；一个工业企业的生产主要产品的性质属于重工业，则该企业的全部总产值作为重工业总产值统计。

工业增加值 是工业企业在报告期内以货币表现的工业生产活动的最终成果，工业增加值有两种计算方法：一是生产法，即工业总产出减去工业中间投入；二是收入法，即从收入的角度出发，根据生产要素在生产过程中应得到的收入份额计算，具体构成项目有固定资产折旧、劳动者报酬、生产税净额、营业盈余，这种方法也称要素分配法。

固定资产原价 指企业在建造、购置、安装、改建、扩建、技术改造某项固定资产时所支出的全部货币总额。它一般包括买价、包装费、运杂费和安装费等。

固定资产净值 是指固定资产原值减去历年已提折旧额后的净值。

流动资产 指可以在一年或超过一年的营业周期内变现或耗用的资产，包括现金及各种存款、短期投资、应收及预付货款、存货等。

总资产 指企业拥有或控制的全部资产。包括流动资产、长期投资、固定资产、无形及递延资产、其他长期资产、递延税项等,即为企业资产负债表的资产总计项。

产品销售收入 指企业销售产品的销售收入和提供劳务等主要经营业务取得的收入总额。

利润总额 是企业在一定时期内实现盈亏的总额。利润总额若为正数,表现该企业为盈利企业,若为负数,则表现为亏损企业。按照国家有关规定,企业利润总额为产品销售利润加其他销售利润,加营业外收入,减营业外支出后净额。

工业产品销售率 指报告期销售产值与同期全部工业总产值之比,反映工业产品生产已实现销售的程度。计算公式为:

$$\text{工业产品销售率}=\frac{\text{报告期现价工业销售产值}}{\text{报告期现价工业总产值}}\times 100\%$$

工业资金利税率 指报告期已实现的利润、税金总额与同期的资产(流动资产和固定资产净值)之比,反映企业资金运用的经济效益。计算公式为:

$$\text{资金利税率}=\frac{\text{报告期止累计实现利税总额}}{\text{平均流动资产}+\text{固定资产净值平均余额}}\times 100\%$$

实现利税总额是指企业的产品销售税金及附加、本年应交增值税和利润总额之和。

工业增加值率 指报告期工业增加值与同期工业总产值之比,反映降低中间消耗的经济效益。计算公式为:

$$\text{工业增加值率}=\frac{\text{报告期工业增加值}}{\text{报告期现价工业总产值}}\times 100\%$$

工业总产出 是工业企业在一定时期内工业生产活动的成果。工业总产出包括:成品生产价值,对外加工费收入,自制半成品,在产品期末期初差额价值。

工业中间投入 指工业企业在工业生产活动中消耗的外购物质产品和对外支付的服务费用。服务费用包括支付给物质生产部门(工业、农业、批发零售贸易业、建筑业、运输业邮电业)的服务费用和支付给非物资生产部门(如保险、金融、文化教育、科学研究、医疗卫生、行政管理等)的服务费用。

中间投入的确定须遵循以下原则 (1)必须是以外部购入的,并已计入工业总产出的产品和服务价值;(2)必须是本期投入生产,并一次性消耗掉(包括本期摊销的低值易耗品等)的产品和服务价值。

工业中间投入按购买者价格计算。包括外购材料、外购燃料、劳力的消耗以及向外单位支付的运输费、邮电费、修理费、利息支出、保险费,职工教育费等各种服务费。

工业销售产值 工业销售产值是以货币表现的工业企业在一定时期内销售的本企业生产的工业产品总量。包括已销售的成品、半成品价值,对外提供的工业性作业价值和对本企业基本建设部门、生活福利部门等提供的产品和工业性作业及自制设备的价值。

工业销售产值的计算范围、计算价格和计算方法与工业总产值一致,但两者计算的基础不同:工业销售产值计算的基础是产品销售总量。工业品产值计算的基础是工业产品生产总量。

所有者权益 指企业投资人对企业净资产的所有权。企业净资产等于企业全部资产减去全部负债后的余额,其中包括投资者对企业的最初投入,以及资本公积金、盈余公积金和未分配利润,对股份制企业即为股东权益。

民用汽车 由公安交通监理部门所掌管的领有本地区民用车辆牌照的机动车辆中的一部分。不包括拖拉机、摩托车、其他机动车等。民用汽车包括普通载货汽车、专用载货汽车、载客汽车、其他专用汽车、特种汽车等。

货(客)运量 指在一定时期内,各种运输工具实际运送的货物(旅客)数量。是反映运输业为国民经济和人民生活服务的数量指标,也是制定和检查运输生产计划,研究运输发展规模和速度的重要指标。货运按吨计算,客运按人计算。货物不论运输距离长短,货物类别,均按实际重量统计;旅客不论行程远近或票价多少,均按一人一次作为客运量统计。半价票、小孩票也按一人统计。

货物(旅客)周转量 指在一定时期内,由各种运输工具运送的货物(旅客)数量与其相应运输距离的乘积之总和;是反映运输业生产总成果的重要指标,也是编制和检查运输生产计划,计算运输效率、劳动生产率以及核算运输单位成本的主要基础资料。通常以吨公里和人公里为计算单位。计算货物周转量通常按发出站与到达站之间的最短距离,也就是计费距离计算。

邮电业务总量 指以货币表现的邮电部门用于传递信息和提供其他邮电服务的总数量。它综合反映了一定时期邮电工作的总成果,是研究邮电业务量构成和发展趋势的重要指标。根据邮电管理体制不同,分为中央国营业务总量和地方国营业务总量。它用各种邮电分类业务量,如函件件数、电报份数、长话张数、市内电话和农村电话的年均户数、订销报刊累计份数等,分别乘以相应的平均单价(不变价),加总后再加上出租电路和设备的收入、代用户维护电话交换机和线路等设备的收入、其他业务收入求得。

港口吞吐量 是指报告期内从港口出口货物和进口货物的总和量,其计算单位为"吨"。

特种汽车 是指警车、消防车、工程抢险车、救护车等担负特种任务的车辆。

其它机动车 是指除民用汽车、轮式拖拉机及摩托车以外的其他民用机动车辆。如简易机动车,电车等。

载货汽车完好率 是指载货汽车的完好车日占车日的比重。

载货汽车车吨年产量 是指在报告期内平均每个吨位所完成的货物周转量。

水运的"营运率" 是反映船舶在报告期内参加时间多少的指标。它在说明报告期内船舶总时间中,营运时间所占的比重。

包括:航行、停泊和其他工作时间在内。

其计算公式如下:

$$营运率=\frac{营业吨位(客位、马力)天}{船舶总吨位(客位、马力)天}\times 100\%$$

移动电话用户 指在邮电部门登记,通过移动电话交换机进入移动电话网、占有移动电话号码的电话用户。用户数量以实际办理登记手续进入邮电部门移动电话网的户数进行计算,一部或一台移动电话统计为一户。

全社会固定资产投资 固定资产投资是社会固定资产再生产的主要手段。通过建造和购置固定资产的活动,国民经济不断采用先进技术装备,建立新兴部门,进一步调整经济结构和生产力的地区分布,增强经济实力,为改善人民物质文化生活创造物质条件,这对实现我国社会主义现代化建设具有重要意义。

固定资产投资额 是以货币表现的建造和购置固定资产活动的工作量,它是反映固定资产投资规模、速度、比例关系和使用方向的综合性指标。全社会固定资产投资包括国有经济单位投资、城乡集体经济单位投资、其他各种经济类型的单位投资和城乡居民个人投资。按照我国现行计划管理体制,全社会固定资产投资总额分为基本建设、更新改造、房地产开发投资和其他固定资产投资四个部分;城乡集体经济单位投资包括城镇集体所有制单位投资和农村集体所有制单位投资;其他各种经济类型单位投资包括联营经济、股份制经济、中外合资经营、中外合作经营、外资、与大陆合资经营、与大陆合作经营、港澳台独资及其他经济的单位投资。城乡居民个人投资包括城市、县城、镇、工矿区所辖范围内的个人建房和农村个人建房及购买生产性固定资产的投资。

基本建设投资 基本建设是指企业、事业、行政单位扩大生产能力或工程效益为主要目的的新建、扩建工程及有关工作。包括(1)列入中央和各级地方本年基本建设计划的建设项目,以及虽未列入本年基本建设计划,但使用以前年度基建计划内结转投资(包括利用基建设备材料)在本年继续施工的建设项目;(2)本年基本建设计划内投资与更新改造计划内投资结合安排的新建项目和新增生产能力(或工程效益)达到大中型项目标准的扩建项目,以及为改变生产力布局而进行的全厂性迁建项目;(3)国有单价既未列入基建计划,也未列入更新改造计划的总投资在50万元以上的新建、扩建、恢复项目和为改变生产力布局而进行的全厂性迁建项目,以及行政、事业单价增建业务用房和行政单位增建生活福利设施的项目。

更新改造投资 更新改造是指企业、事业单位对原有设施进行固定资产更新和技术改造,以及相应配套的工程和有关工作(不包括大修理和维护工程)。包括:(1)列入中央和各级地方本年更新改造计划的建设项目,以及虽未列入本年更新改造计划,但使用上年度更新改造计划内结转的投资在本年继续施工的建设项目;(2)本年基本建设计划内投资与更新改造计划内投资结合安排的对企业、事业单价原有设施进行技术改造或更新的项目,和增建主要生产车间、分厂等其新增生产能力(或工程效益)达到大中型项目标准的扩建项目,以及由于城市环境保护和安全生产的需要而进行的迁建工作;(3)国有单位、事业单位既未列入基建计划也未列入更新改造计划,总投资在50万元以上的属于改建或更新改造性质的项目,以及由于城市环境保护和安全生产的需要而进行的迁建工程。事业单价增建业务用房和行政单位增建生活福利设施的项目。

房地产开发投资 房地产开发投资是指各种经济类

型的房地产开发公司,商品房屋建设公司及其他房地产开发单位统一开发的商品住宅、厂房、仓库、饭店、宾馆、度假村、写字楼、办公楼等房屋建筑物和配套的服务设施,以及土地开发工程所完成的投资额。包括非房地产企业实际从事房地产开发或经营活动,不包括单纯的土地交易活动。

固定资产投资按国民经济行业分 建设项目归哪个行业按它建成投产后的主要产品种类或主要用途及社会经济活动种类来确定。基本建设按建设项目划分国民经济行业,技术改造、国有其他固定资产投资和城镇集体投资根据整个企业、事业单位所属的行业来划分。一般情况下,一个建设项目或一个企业、事业单位只能属于一种国民经济行业。为了更准确地反映国民经济各行业之间的比例关系,联合企业(总厂)所属分厂属于不同行业的除按联合企业划分国民经济行业外,还要按其下属单位划分行业。

固定资产投资建设性质分 建设项目的性质一般分为新建、扩建、改建、迁建、恢复、单纯建造生活设施和单纯购置 。基本建设按建设项目划分建设性质,技术改造、国有其他固定资产投资及城镇集体投资按整个企业、事业单位的固定资产投资及城镇集体投资按整个企业 、事业单位的建设情况确定建设性质。现行统计制度规定房地产开发单位不划分建设性质。

新建 一般是指从无到有,“平地起家”新开始建设的单位或独立工程。有的单位原有的基础很小,经过建设后其新增加的固定资产价值超过企业、事业和行政单位原有固定资产价值(原值)三倍以上的算新建。

扩建 一般是指为扩大原有产品的生产能力,在厂内或其他地点增建主要生产车间、独立的生产线或总厂之下的分厂的企业;事业单位和行政单位在原单位增建业务用房(如学校增建教学用房、医院增建门诊或病床用房、行政机关增建办公楼等)也作为扩建。

改建 一般是指现有企业、事业单位为了技术进步,提高产品质量,增加花色品种,促进产品升级换代,降低消耗和成本,加强资源综合利用和三废治理,以及劳保安全等,采用新技术、新工艺、新设备、新材料等对现有设施、工艺条件进行技术改造或更新(包括相应配套的辅助性生产、生活福利设施)。有的企业为充分发挥现有生产能力,进行填平补齐而增建不增加本单位主要产品能力的车间等,也属于改建。

固定资产投资按构成分 固定资产投资活动按其工作内容和实现方式分为建筑安装工程,设备、工具、器具购置,其他费用三个部分。

建筑安装工程(建安工作量) 包括建筑工程和安装工程,这两部分投资必须兴工动料,通过施工活动实现。

安装工程(安装工作量) 指各种设备、装置的安装工程。在安装工程中,不包括被安装设备的本身价值。

设备、工具、器具购置 指购置或自制达到固定资产标准的设备、工具、器具的价值。固定资产的标准按财务部门规定,新建单位、扩建单位的新建车间,按照设计和计划要求购置或自制的全部设备、工具、器具,不论是否达到固定资产标准均计入“设备、工具、器具购置”中。

其他费用 指除建筑安装工程和设备工具、器具购置以外的各种应分摊计入固定资产的费用,具体包括:旧房屋购置;农林建设单位的基本畜禽支出;各种经济林木的造林费用;新建、扩建、改建项目投产初期购置的办公和生活用家具、器具购置、建设单位管理费;土地征用及迁移补偿费、勘察设计费,研究实验费;可行性研究费、临时设施费、施工机构转移费;设备检验费、负荷联合试车费、土地占用、使用费;投资方向调节税;建设期应付利息;包干结余;企业债券发行费等。

基本建设项目按大中小型划分 基本建设划分大中小型项目原则上应按照上级批准的设计任务书或初步设计所确定的总规模或总投资划分,没有正式批准设计任务书或初步设计的,按国家或省、自治区、直辖市年度基本建设投资计划中所列的总规模或总投资划分。上述两条均不具备的,按本年计划施工工程的建设总规模或总投资划分。生产单一产品的工业项目,按其主要产品的设计能力划分;生产多种产品的工业项目,按其主要产品的设计能力划分;品种繁多,难以按生产能力划分的,按全部计划投资额划分。

技术改造限额以上项目 是根据技术改造项目的计划总投资进行划分。有关部门规定,能源、交通、原材料工业项目在5000万元以上,其他行业项目在3000万元以上的项目为技术改造限额项目。

施工项目:指报告期内曾进行建筑或安装施工活动的建设项目。包括报告期内新开工项目,报告期以前开工跨入报告期继续施工的项目,报告期施过工并在报告期内全部建成投产或停缓建的项目。

全部建成投产项目 工业项目是指设计文件规定形成生产能力的主体工程及其相应配套的辅助设施全部建成，经负荷试运转，证明具备生产设计规定合格产品的条件，并经过验收鉴定合格或达到竣工验收标准，与生产性工程配套的生活福利设施可以满足近期正常生产的需要，正式移交生产的建设项目；非工业项目是指设计文件规定的主体工程和相应的配套工程全部建成，能够发挥设计规定的全部效益，经验收鉴定合格或达到竣工验收标准，正式移交使用的建设项目。

新增生产能力 指通过固定资产投资活动而增加的设计能力或工程效益，是用实物形态表示的固定资产投资的成果。新增生产能力的计算，是以独立发挥生产能力或效益的单项工程（或项目）为对象。当单项工程（或项目）建成，经有关部门鉴定合格，正式移交投入生产，即可计算新增生产能力。新增生产能力或工程效益有以下几种表现形式：

(1)以建设项目或单项工程建成后的产品年产能力表示。如煤炭开采、石油开采等。

(2)以建设项目或单项工程建成后处理原料的能力表示。如选矿工程的年处理矿石能力，洗煤厂年洗原煤能力。

(3)以新增的主要设备数量或容量表示，如发电机组容量万千瓦，棉纺锭用万锭表示等。

(4)以建筑物容积、容量、面积或长度表示。如铁路公路里程、水库容量等。

新增生产能力的数量一般按设计能力计算。设计能力是指设计文件中规定的在正常情况下能够达到的生产能力，而不论投产后的实际产量如何。以设备数量、建筑物容积、面积、长度等表示的新增生产能力（或效益），则按建成的实际数量计算。

施工和竣工房屋建筑面积 房屋建筑面积从房屋的外墙线算起，包括房屋结构（如柱、墙）占用的面积和地下室面积。多层房屋按各自然层面积总和计算。包括房屋内的楼隔层，突出墙面的跳望间、门斗、有柱雨蓬的面积。不包括突出墙面结构的构件、艺术装饰等所占的面积，如台阶等。凹阳台、挑阳台按其水平投影面积的一半计算建筑面积。

施工面积 指报告期施工的全部房屋建筑面积。包括本期新开工的面积和上期开工跨入本期施工的房屋面积，以及上期已停建在本期继续施工的房屋建筑面积。

竣工面积 指在报告期内房屋建筑按照设计要求已全部完工，达到住人和使用条件，经验收鉴定合格，正式移交使用单位的建筑面积。

新增固定资产 指已经建成投产或交付使用的工程价值和达到固定资产标准的设备、工具、器具的投资及有关应摊入的费用。它是以价值形式表示的固定资产投资成果的综合性指标，可以综合反映不同时期、不同部门、不同地区的固定资产投资成果。

建设项目投产率 指一定时期内全部建成投入生产项目个数占同期正式施工项目个数的比率。它是从项目建设速度的角度反映投资效果的指标。

固定资产交付使用率 指一定时期新增固定资产与同期完成投资额的比率。它是反映各个时期固定资产动用速度，衡量建设过程中投资效果的一个综合性指标。

未完工程占用率 指年末未完工程累计完成投资额占全年实际完成投资额的比率。它反映未完工程的相对规模，并可从资金占用的角度反映固定资产投资效果。由于未完工程是指已经开工，但尚未建成交付使用的工程，有个跨年度问题，因此未完工程占用率会出现大于1的情况。

建筑业总产值(自行完成施工产值) 指建筑业企业或附营建筑业施工单位自行完成的按工程进度计算的建筑安装生产总值。它包括建筑工程产值、设备安装工程产值、房屋、构筑物修理产值、非标准设备制造产值。

竣工产值 指在报告期内，按照设计所规定的工程内容全部完成，达到了设计规定的交工条件，经质量监督检查部门检查验收鉴定后合格的单位工程价值之和。

单位工程施工个数 指报告期内施过工的全部单位工程个数。其中不仅包括本期内新开工的，还包括上期施工跨入本期继续施工的单位个数。

单位工程竣工个数 指报告期内按设计规定的工程内容全部完成，达到了使用条件，经质量监督检查部门验收鉴定合格的全部单位工程个数。

房屋建筑施工面积 指在报告期内施工的全部房屋建筑面积。包括本期内新开工的、上期施工跨入本期继续施工、上期停建本期复工的房屋建筑面积；不包括上期开工后又停工，本期未施工的房屋建筑面积。

房屋建筑竣工面积 指报告期内，按照设计所规定的工程内容全部完成，达到了设计规定的交工条件，经质量监督检查部门检查验收鉴定合格的房屋建筑面积。

建筑业增加值 是建筑业企业在报告期内以货币表现的建筑业生产经营活动的最终成果。目前建筑业增加值采用分配法计算，即从收入的角度出发，根据生产要素在生产过程中应得到的收入份额计算，构成项目有本年提取的固定资产折旧、应付工资、应付福利费、管理费用中的劳动待业保险费、税金、工程结算税金及附加、营业利润。

自有机械设备年末总台数 是指归本企业(或单位)所有，属于本企业(或单位)固定资产的生产性机械设备年末总台数。包括施工机械、生产设备、运输设备以及其他设备。

自有机械设备净值 是指本企业(单位)自有机械设备的原价减去累计折旧后的净额，即自有机械设备经过使用、磨损后实际存有的价值。

实收资本 指企业实际收到的所有投资人投入的资本。包括货币、实物、无形资产等各种形式的投入。

资产 是企业拥有或控制的能以货币计量的经济资源，包括各种财产、债权和其他权利。资产按其流动性分为：流动资产、长期投资、固定资产、专项工程、无形及递延资产和其他资产。

负债 是企业所承担的能以货币计算，将以资产或劳务偿付的债务。负债一般按其偿还期长短分为流动负债和长期负债。

流动资产合计 是指企业可以在一年内或者超过一年的一个生产周期内变现或者耗用的资产合计，包括现金及各种存款、短期投资、应收及预付款项、存货等。

固定资产原价 指企业在建造、购置、安装、改建、扩建、技术改造某项固定资产时所支出的全部货币总额。它一般包括买价、包装费、运杂费和安装费等。

固定资产合计 指企业固定资产净值、固定资产清理、待处理固定资产净损失所占用的资金合计。

流动负债合计 是指企业在一年内或者超过一个营业周期内偿还的债务。包括短期借款、应付票据、应付帐款、预收帐款、应付工资、应交税金、应付利润、其他应付款、预提费用等。

长期负债合计 指偿还期在一年以上或者超过一年的一个营业周期以上的债务。它是除了投资人投入企业的资本以外，企业向债权人筹集，可供企业长期使用的资金。

所有者权益合计 指企业投资人对企业净资产的所有权，企业净资产等于企业全部资产减去全部负债后的余额。

工程结算收入 指本企业承包工程实现的工程价款结算收入以及向发包单位收取的除工程价款以外按规定列作营业收入的各种款项，如临时设施费、劳动保险、施工机构调迁费等以及向发包单位收取的各种索赔款。

工程结算税金及附加 指因从事建筑业生产活动，取得工程价款结算收入而规定应该交纳的营业税、城市维护建设税等以及随同营业税金一并计算交纳的教育费附加等。

工程结算利润 指已结算工程实现的利润。如为亏损以"-"号表示。

利润总额 指企业全年实现的利润，亏损以"-"号表示。

房屋建筑面积竣工率 是指报告期内房屋建筑竣工面积占同期房屋建筑施工面积的比重。

年末自来水厂生产能力 指城建部门系统自来水公司所属自来水厂及各单位自备水源取水、净化、送水、出厂输水干管环节的综合生产能力。

年末供水管长度 指从水泵至用户水表之间所有管道的长度，不包括水源地至水厂的管道、水源井群连路管，水厂内部的管理、进户管、庭院管和新安装尚未使用的管道。

全年供水总量 指公用自来水厂和自备水源的社会单位全年的供水总量，包括有效供水量及损失水量。

生活用水量 指居民日常生活与公共福利设施的用水量。包括居民、饮食店、旅馆、医院、理发店、浴池、洗衣店、游泳池、商店、学校、机关、部队等单位的用水量。

用水普及率 指城市非农业用水人口数与非农业人口数之比。计算公式：

$$用水普及率=\frac{城市非农业用水人口数}{城市非农业人口总数}\times 100\%$$

全年供气总量 指全年售给各类用户的全部煤气量。包括工业用量、家庭用量和其他用量。

城市用气普及率 指使用煤气(包括人工煤气、液化

石油气、天然气)的城市非农业人口数(不包括临时人口和流动人口)与城市非农业人口总数之比。计算公式:

$$城市煤气普及率=\frac{城市用气的非农业人口数}{城市非农业人口总数}\times 100\%$$

年末公共汽车营运车辆 指城市公共交通企业可参加营运的全部车辆数。不包括公共企业的油罐车、货车和其他专用非营运车,也不包括借入、租入的客运车辆。

绿化覆盖面积 包括园林绿地面和道路绿化覆盖面积和园林绿地以外的单株树林覆盖面积。

园林绿地面积 指用作园林和绿化的各种绿地面积。包括公共绿地、单位附属绿地、居住区绿地、生产绿地、防护绿地和风景林地的总面积。

公共绿地 指供游览休息的各种公园、动物园、植物园、陵园以及花园、游园和供游览休息用的林荫道绿地、广场绿地。不包括一般栽植的行道树及林荫道的面积。

人均公共绿地面积 指城市居民每人拥有的公共绿地面积。计算公式:

$$人均公共绿地面积=\frac{城市公共绿地面积}{城市非农业人口}$$

绿地覆盖率 指一定区域范围绿地覆盖面积占区域总面积的比例,计算公式:

$$绿化覆盖率=\frac{区域内绿地覆盖面积}{区域总面积}\times 100\%$$

年末实有铺装道路面积 是指城区和郊区范围内修筑的铺装路面宽度在3.5米以上(含3.5米)的道路。包括全市性干道、高速道路、工业区道路和住宅区道路等,但不包括土路和街道内部的胡同、里弄。

人均拥有道路面积:指平均每人拥有的道路面积,计算公式:

$$人均拥有道路面积=\frac{\begin{matrix}城建部门管\\理道路面积\end{matrix}+\begin{matrix}社会单位管\\理道路面积\end{matrix}}{城市非农业人口}$$

工业废水排放量 指经过工业企业所有排放口排放到企业外部的全部废水总量。包括外排的生产废水和厂区生活污水,也包括外排的直接冷却水和矿区的超过排放标准的有毒有害的矿井地下水;不包括外排的间接冷却水。

工业废水排放达标量 指各项指标都达到国家或地方排入标准的外排工业废水量,包括未经处理外排达标的和经过处理后外排达标的两部分。国家排放标准见GB8978-88。

工业废气排放量 指企业厂区内燃料燃烧和生产工艺过程中产生的各种排入空气的含有污染物的气体的总量,以标准状态[273K,101325Pa]计。

工业粉尘排放量 指企业在生产工艺过程中排放的颗粒物重量。如钢铁企业的耐火材料粉尘、焦化企业的筛焦系统粉尘、烧结机的粉尘、石灰窑的粉尘、建材企业的水泥粉尘等。不包括电厂排入大气的烟尘。

工业固体废物产生量 指企业在生产过程中产生的固体状、半固体状和高浓度液体废弃物的总量,包括危险废物、冶炼废渣、粉煤灰、炉渣、煤矸石、尾矿、放射性废物和其他废物等;不包括矿山开采的剥离废石和掘进废石(煤矸石和呈酸性或碱性的废石除外)。酸性或碱性废石是指采掘的废石其流经水、雨淋水的PH值小于4或PH值大于10.5者。

工业固体废物综合利用量 指通过回收、加工、循环、交换等方式,从固体废物中提取或者使其转化为可以利用的资源、能源和其他原材料的固体废物量(包括当年利用往年的工业固体废物累计贮存量)。如用作农业肥料、生产建筑材料、筑路等。综合利用量由原产生固体废物的单位统计。

能源生产总量 指一定时期内全部(地区)一次能源生产量的总和。一次能源生产量包括原煤、原油、天然气、水电及其他动力能发电量(如风能、地热能等)。不包括低热值燃料生产量、生物质能、太阳能等的利用和由一次能源加工转换而成的二次能源产量。

能源消费总量 指一定时期内全国(地区)用于生产和生活的各种能源消费量的总和。能源消费总量包括原煤和原油及其制品、天然气、电力。不包括低热值燃料生物质能和太阳能的利用。能源消费总量分为三部分,即终端能源消费量、能源加工转换损失量和损失量。它是观察能源消费水平、构成和增长速度的总量指标。

(1)终端能源消费量 指一定时期内全国(地区)物质生产部门、非物质生产部门和生活消费的各种能源在扣除了用于加工转换二次能源消费量和损失量以后的数量。

(2)能源加工转换损失量 指一定时期内全国(地区)投入加工转换的各种能源数量之和与产出各种能源

产品之和的差额。它是观察能源在加工转换过程中损失量变化的指标。

(3)能源损失量　指一定时期内能源在输送、分配、储存过程中发生的损失和由客观原因造成的各种损失量。不包括各种气体能源放空、放散量。

能源消费弹性系数　是反映能源消费增长速度与国民经济增长速度之间比例关系的指标。其计算公式为：

$$\text{能源消费弹性系数}=\frac{\text{能源消费量年平均增长速度}}{\text{国民经济年平均增长速度}}\times 100\%$$

电力消费弹性系数　是反映电力消费增长速度与国民经济增长速度之间比例关系的指标。其计算公式为：

$$\text{电力消费弹性系数}=\frac{\text{电力消费量年平均增长速度}}{\text{国民经济年平均增长速度}}\times 100\%$$

可供量　是指本地区报告期内实有的资源数量。包括一次能源生产量、进出口量、调入调出量、期初期末库存量等七个指标。其平衡关系式为：

可供本地区消费的能源量＝年初库存量＋一次能源生产量＋进口量＋调入量－出口量－调出量－期末库存量。

能源加工转换效率　指一定时期内能源经过加工转换后，产出的各种能源产品及其它石油制品和其它焦化产品的数量与同期内投入加工转换的各种能源数量的比率。它是观察能源加工转换装置和生产工艺先进与落后、管理水平高低等的重要指标。

消费　消费是指独立核算的工业企业、建筑企业、运输邮电企业在报告期内实际使用的原材料、能源的数量，包括主营活动和附营活动实际使用的原材料、能源的数量；并包括由本企业(作为投资单位)代填的乡镇建筑企业为完成本企业建设项目而实际使用的原材料、能源的数量。原材料、能源消费数量分别用实物量和价值量表示。

库存　库存量指独立核算的工业企业、建筑企业、运输邮电企业在报告期初、期末实际结存的原材料、能源的数量。原材料能源库存分别用实物量和价值量表示。

折标准煤系数　是指某种能源的实际热值与标准燃料热值之比。各种能源由于原始计量单位不同，热值也不一样，因此，必须折标成同一标准计量单位，才能进行汇总，对比和分析。

综合能源消费量　是指工业企业报告期内用于工业生产活动的各种能源总和。

工业总产值综合能耗　是指综合能源消费量与工业总产值之比，它反映单位工业总产值所消耗的能源量。计算公式为：

$$\text{工业总产值综合能耗}=\frac{\text{综合能源消费量}}{\text{工业总产值}}\times 100\%$$

批发零售贸易业　指专门从事商品流通行业。根据其经营方式不同可分为批发贸易业和零售贸易业两大部分。

批发贸易业　指从工农业生产者或从商品流通企业购进商品，转卖给工业、农业、建筑业、运输邮电、餐饮业和服务业等生产经常单位作为生产经营用，以及将商品转卖给其他批发贸易企业或零售企业的商品流通企业和单位。农副产品采购、供应企业、对国(境)外商进口、出口的对外贸易企业、物资供给企业等、一般都属于批发贸易企业。

零售贸易业　指从农业生产者、批发贸易业或居民购进商品，转卖给城乡居民作为生活费和售给社会集团作为公共消费的商品流通企业和单位。

餐饮业　指从事食品的烹饪、调制并直接售给居民和社会集团的机构。包括中西餐馆、饭馆、各种小吃店、冷饮店、酒店、茶楼等。

法人单位　指各种经济类型独立核算法人批发零售贸易企业、餐饮企业的单位个数。它应同时具备以下条件：(1)依法成立、有自己的名称、组织机构和场所，能独立承担民事责任；(2)独立拥有和使用资产、承担负债，有权与其他单位签订合同；(3)独立核算盈亏，并能编制资产负债表。

活动单位　也称产业活动单位。指经工商行政管理部门注册登记，领取营业执照从事批发零售贸易业、餐饮业单位个数。它应同时具备以下三个条件：(1)在一个场所内从事或主要从事批发零售贸易业、餐饮业活动；(2)相对独立组织经营活动；(3)能够掌握收入和支出等业务核算资料。它从属于各类法人单位，一个法人单位至少有一个活动单位。

人员　即从业人员，指从事批发零售贸易业、餐饮业劳动并取得劳动报酬或经营收入的人员。包括职工(含长期职工、合同制职工、临时职工)和其他从业人员(含再就业的离退休人员、三资企业中的外方人员和港澳台方人员)。

商品购进总额 指批发零售贸易企业从本企业以外的单位和个人购进(包括从国外直接进口)作为转卖或加工后转卖的商品。它由从生产者购进额、从批发零售贸易业购进额、进口额和其他项目组成,反映批发零售贸易企业从国内、外市场上购进商的总量。

商品销售总额 指批发零售贸易企业对本企业以外的单位和个人出售(包括对国(境)外直接出口)的商品。这个指标反映批发零售贸易企业在国内市场上出售商品及出口商品的总量。

批发 指除零售以外的一切商品销售活动,包括对生产经营单位批发、对批发零售业批发和出口。

零售 指售给城乡居民直接用于生活消费的商品和社会集团直接用于公用消费的商品。

年末库存 指批发零售贸易企业已取得所有权的全部商品。这个指标反映批发零售贸易业的商品库存情况,以及对市场商品供应的保证程度。

社会消费品零售总额 指各种经济类型的批发零售贸易业、餐饮业和其他行业对城乡居民和社会集团的消费品零售额总和。社会消费品零售总额包括:

(1)售给城乡居民作为生活用的商品和修建房屋用的建筑材料;(2)售给机关、团体、学校、部队、企业、事业单位的职工食堂和旅店(招待所)附设专门供本店旅客食用,不对外营业的食堂的种食品、燃料;企业、单位和国营农场直接售给本单位职工和职工食堂的自己生产的产品;(3)售给部队干部、战士生活用的粮食、副食品、衣着品、日用品、燃料;(4)售给来华的外国人、华侨、港澳台同胞的消费品;(5)居民自费购买的中、西药品、中药材及医疗用品;(6)报社、出版社直接售给居民和社会集团的报纸、图书、杂志、集邮公司出售的新、旧纪念邮票、特种邮票、首日封、集邮册、集邮工具等;(7)旧货寄售商店自购、自销部分的商品零售额;(8)煤气公司、液化石油气站售给居民和社会集团的煤气灶具和罐装液化石油气;(9)售给社会集团的办公用品;公共用品和针织品;学校用的教学用具;文体用品;非专用的劳动保护用品;日用百货和杂品;家具、设备、日用电器、电器设备和照相器材;取暖用的设备和燃料,防暑、降温的饮料;非生产经营用的交通工具和油料;零星修理用的各种零配件、材料、工具、建筑材料等;举办各种招待会、茶话会、宴会用的烟酒茶和各种食品及馈赠的礼品;从公费医疗经费中开支的中、西药品、中药材和医疗器材以及其他非生产性设备和用品。

经营费用 指批发零售贸易企业在购、销、存过程中发生的各种经费用。包括运输费、包装费、保险费、展览费、差旅费、广告费、商品损耗、进出口商品累计佣金、经营人员的工资及福利等。

商品销售利润 指批发零售贸易企业由于商品销售得到的利润。

营业利润 指批发零售贸易企业营业收入扣除成本、费用和各种商品销售税金及附加费后的数额。

利润总额 指批发零售企业全年实现的利润。包括营业利润、投资净收益以及营业外支净额。

城乡集市贸易成交额 指在城市集市和农村集市上买卖双方(包括农民、非农业居民、机关、团体、企事业单位和个体商贩)成交的全部商品金额。

国际旅游人数 指来我国参观、访问、旅行、探亲、访友、休养、考察、参加会议和从事经济、科技、文化、教育、体育、宗教等活动的外国人、华侨、港澳和台湾同胞的人数。不包括外国在我国的常住机构,如使领馆、通讯社、企业办事处的工作人员;来我国常驻的外国专家、留学生以及在岸逗留不过夜人员。

国际旅游(外汇)收入 入境游客在中国(大陆)境内旅行、游览过程中用于交通、参观游览、住宿、餐饮、购物、娱乐等全部花费。

城市居民消费价格指数 是反映城市居民所购买的生活消费品和服务项目价格变动趋势及其程度的相对数。编制城市居民消费价格指数,可以观察和分析消费品的零售价格和服务项目价格变动对职工货币工资的影响,作为研究职工生活和确定工资政策的依据。

商品零售价格指数 是反映城乡商品零售人格变动趋势的一种经济指数。零售物价的调整变动直接影响到城乡居民的生活支出和国家的财政收入,影响居民购买力和市场供需平衡,影响消费与积累的比例。

对外借款 是我国利用外资的主要部分。包括我国通过外国政府贷款,国际金融组织贷款,外国银行商业贷款,出口信贷以及对外发行债券,股票等方式,从境外筹措的资金。

外商直接投资 是指外国企业和经济组织或个人(包括华侨、港澳台胞以及我国在境外注册的企业)按我国有关政策、法规,用现汇、实物、技术等在我国境内开办外商独资企业、与我国境内的企业或经济组织共同举办中外合资经营企业、合作经营企业或合作开发资源的投资(包括外商投资收益的再投资)以及经政府有关部门批准的项目投资总额内,企业从境外借入的资金。

财政收入 国家财政参与社会产品分配所取得的收入,是实现国家职能的财力保证。财政收入所包括的内容几经变化,目前主要包括:

(1)各项税收 包括增值税、营业税、消费税、土地增值税、城市维护建设税、资源税、城市土地使用税、印花税、固定资产投资方向调节税、个人所得税、企业所得税、关税、农牧业税和耕地占用税等。

(2)专项收入 包括征收排污费、征收城市水资源费收入,教育费附加收入等。

(3)其他收入 包括基本建设贷款归还收入、国家能源交通重点建设基金收入、国家预算调节基金等。

(4)国有企业计划亏损补贴 这项为负收入,冲减财政收入。

中央财政收入和地方财政收入 按财政体制划分的中央本级收入和地方本级收入。1994年分税制财政体制以后,属于中央财政的收入包括关税、海关代征消费税和增值税,消费税,中央企业所得税,地方银行和外资银行及非银行金融企业所得税,铁道、银行总行、保险总公司等集中缴纳的营业税、所得税、利润和城市维护建设税,增值税的75%部分,海洋石油资源税和证券(印花)税50%部分。属于地方财政的收入包括营业税,地方企业所得税,个人所得税,城镇土地使用税,固定资产投资方向调节税,城镇维护建设税,房产税,车船使用税,印花税,屠宰税,农牧业税,农业特产税,耕地占用税,契税,增值税25%部分,证券交易税(印花税)的50%部分和除海洋石油资源税以外的其他资源税。

中央财政支出和地方财政支出 根据政府在经济和社会活动中的不同职责,划分中央和地方政府的责权,按照政府的责权划分确定的支出。中央财政支出包括国防支出,武装警察部队支出,中央级行政管理费和各项事业费,重点建设支出以及中央政府调整国民经济结构、协调地区发展,实施宏观调控的支出。地方财政支出主要包括地方行政管理和各项事业费,地方统筹的基本建设、技术改造支出,支援农村生产支出,城市维护和建设经费,价格补贴支出等。

预算外资金收支 预算外资金是有关单位凭借国家权力或由国家授权而取得的没有纳入国家预算管理的财政性资金。其收入包括地方财政部门的各项附加收入,集中事业收入,专项收入等,事业行政单位的专用基金,经营性服务纯收入,行政事业性收费,专项资金,中小学勤工俭学收入,税收分成等。其支出包括固定资产投资支出,城市维护支出,福利奖励支出,行政事业支出等。

增值税 是一个国家性税种。是随着社会经济发展的客观需要而产生的,目前已在68个国家和地区实行。我国从1994年1月1日实行的新税制中,增值税是一个主体税种。

增值税是以流转额为计税依据,采取多环节征收,实行税款抵扣的一种流转税。

从计税原理上讲,增值税是以货物或劳务价值中的增值额为计税依据的一种税,也就是相当于对利润、利息、工资、租金等征税。

营业税 指对提供应税劳务、转让无形资产或者销售不动产所取得的收入征收的一种税。提供应税劳务、转让无形资产或者销售不动产是指有偿提供劳务,有偿转让无形资产或者有偿转让不动产所有权的行为。有偿是指取得货币、货物或其他经济利益。

企业所得税 指对企业生产经营所得和其他所得征收的一种税。是国家直接参与企业利润分配的税收。

城乡维护建设税 是为加强城市的维护建设,扩大和稳定城市维护建设资金的来源而征收的一种税。城建税的纳税人为缴纳增值税、营业税、消费税的单位和个人。计征依据暂改按增值税、营业税、消费税征收。

教育费附加 是为加快发展地方教育事业,扩大地方教育经费的资金来源而征收的费用。计税依据为增值税、营业税、消费税的税额。

基本建设拨款 是指地方预算内的基本建设拨款,不包括地方预算外自筹的各种基本建设资金。

流动资金 指地方财政用自筹资金建设的纳入预算的企业,由财政拨付的自有流动资金。

企业挖潜改造及三项专用费 指由国家预算拨款,用于企业挖潜革新和改造方面的资金和新产品制费、中间试验费、重要科学研究补助费等科学技术三项费用。

城市维护费 指用城市维护建设税和地方机动财力

安排的城市维护支出，包括城市道路、桥梁、给水、排水、公共污水处理、防洪堤坝、供气、供热、城市交通管理、消防、路灯等项公共设施的维护费；中、小学校舍维修补助费；公共厕所、清扫垃圾、街道洒水、扫雪等公共环境卫生补助费；城市其他公共事业和公共设施的维护费。但不包括基建支出、流动资金、挖潜改造资金、科技三项费用和城建事业以及地方预算自筹的各种基本建设资金。

文教、科学卫生事业费 指除基本建设支出、挖潜改造资金、流动资金和科技三项费用以外的各级文化部门、出版事业、文物事业、体育事业、卫生事业地方中医管理部门、地方体委系统、档案事业、地震事业、海洋事业、通讯事业、广播电影电视事业、计划生育事业和其他文教事业等部门的事业费和公费医疗经费，以及由各级科委归口管理的科学事业费及中国社会科学院系统的国家预算拨款的科学事业费。

信贷资金 国家银行用于发放贷款的资金叫信贷资金。中国人民银行信贷资金的来源有各项存款、对国际金融机构负债、流通中货币、银行自有资金及当年结益等。信贷资金的运用有各项贷款、黄金占款、外汇占款、财政借款及在国际金融机构中的资产等。

存款 企业、机关、团体或居民根据可以收回的原则，把货币资金存入银行或其他信用机构保管并取得一定利息的一种信用活动形式。根据存款对象的不同可划分为企业存款、财政存款、机关团体存款、基本建设存款、城镇储蓄存款、农村存款等科目。它是银行信贷资金的主要来源。

城乡居民储蓄存款余额 包括城镇居民储蓄存款和农民个人储蓄存款两部分。不包括居民的手存现金和工矿企业、部队、机关团体等集团存款。储蓄存款余额，是指城乡居民存入银行及农村信用社储蓄的时点数(存入数扣除取出数的余额)，如月末、季末或年末数额。

贷款 银行或其他信用机构根据必须归还的原则，按一定利率，为企业、个人等提供资金的一种信用活动形式。我国银行贷款分为流动资金贷款、固定资产贷款、城乡个体工商户贷款以及农业贷款等科目。

保费 又叫保险费。是保险人根据保险合同的有关规定，为被保险人取得因约定危险事故发生所造成的经济损失补偿(或给付)权利，付给保险人的代价。包括财产险和人身险储金收入。

赔款 保险事故发生后，经查证确属保险责任范围以内的保险标的损失，保险人根据保险合同的规定履行赔偿义务，给予被保险人的款项叫做赔款。赔款可分为已决赔款和未决赔款两种。

普通高等学校 指按照国家规定的设置标准和审批程序批准举办，通过国家统一招生考试，招收高中毕业生为主要培养对象，实施高等教育的全日制大学、独立设置的学院和高等专科学校、短期职业大学。

成人高等学校 指按照国家有关规定审批，招收通过全国成人高等学校统一招生考试的具有高中毕业或同等学历的在职从业人员利用脱产、半脱产、业余或函授等多种形式对其实施高等学历教育培养高等教育专科或本科毕业水平的专门人才，修业年限、课程设置和总学时数均按高等学历教育要求付诸实施的学校。包括广播电视大学、职工高等学校、农民高等学校、管理干部学院、教育学院、独立设置的函授学院等。

小学学龄儿童入学率 指调查范围内已入小学学习的学龄儿童占学龄儿童总数(包括弱智儿童在内，但不包括盲聋哑儿童)的比重。计算公式：

$$\text{小学学龄儿童入学率}=\frac{\text{已入学的小学学龄儿童数}}{\text{校内外小学学龄儿童总数}}\times 100\%$$

毕业生数 指具有学藉的学生学完教学计划规定的全部课程，考试及格、获得毕业证书的学生数。不包括结业和肄业生数。

在校学生数 指学年初开学以后，具有学藉的全部在学校的学生总数。

专任教师 指主要从事教育工作的人员。包括临时调去帮助做其他工作的人员。不包括调离教学岗位，担任行政领导工作或其他工作的原教学人员，不包括兼任教师和代课教师。

平均每一教师负担的学生数 指专任教师在校学生数的比值。反映了教师所负担的教学工作量。计算公式：

$$\text{平均每一教师负担学生数(人)}=\frac{\text{在校学生数}}{\text{专任教师数}}$$

等级运动员人数 指经考核正式批准授予等级运动员称号的人数。运动员等级分为国际运动员健将、运动健将、一级运动员、二级运动员、三级运动员、少年级运动员。

等级裁判人员数　指经考核正式批准授予等级裁判员称号的人数。裁判员待级分为国际裁判、国家级裁判、一级裁判、二级裁判、三级裁判。

体育场　指有400米跑道(中心含足球场),有固定道牙,跑道6条以上,并有固定看台的室外田径场地。以看台容纳观众人数分:甲级25000人以上,乙级15000-25000人,丙级5000-15000人,丁级5000人以下。

体育馆　指有固定看台,可供篮球、排球、羽毛球、乒乓球、体操等项目训练比赛活动用的室内运动场地。以看台容纳观众人数分:甲级6000人以上,乙级4000-6000人,丙级2000-4000人,丁级2000人以下。

卫生机构数　指各种部门、各种性质的专职卫生技术人员的卫生机构数。包括:医院、疗养院(所)、门诊部(所)、专科防治(站)、卫生防疫站、妇幼保健所(站)、药品检验所(室)、其他卫生机构、医学科学研究机构、高等医药院校和中等医药学校。

医院　指名称为医院、设有固定床位收容病人住院并能为病人提供医疗、护理服务的医疗机构。按所属性质分为卫生部门、工业及其他部门、集体所有制三类。其中县及县以上医院业务性质分为综合医院和专科医院。

卫生技术人员　指卫生事业机构支付工资的全部固定职工和合同制职工现任职务为卫生技术工作的人员。包括中医师、西医师、中西医结合、高级医师、护师、中药师、西药师、检验师、其他技师、其他中医、护理员、中药剂员、西药剂员、检验员、其他初级卫生技术人员。

每千人口中卫生技术人员数　指卫生技术人员同总人口的比例。计算公式为:

$$\text{每千人口中卫生技术人员数(人)}=\frac{\text{年末卫生技术人员}}{\text{年末总人数}}\times 1000$$

每千人口医院床位数:指卫生机构年末医院床位数与年末总人口数的比重。计算公式为:

$$\text{每千人口医院床位(张)}=\frac{\text{年末医院床位数}}{\text{年末总人数}}\times 1000$$

城镇居民家庭实际收入　指被调查城镇居民家庭全部的实际现金收入,包括经常或固定得到的收入和一次性收入。不包括周转性收入,如提取银行存款、向亲友借入款、收回借出款以及其他各种暂收款。

城镇居民家庭总收入　指调查户中生活在一起的所有家庭成员在调查其得到的工薪收入、经营净收入,财产性收入、转移性收入的总和,不包括出售财物收入和借贷收入。

城镇居民家庭可支配收入　指调查户可用于最终消费支出和其它非义务性支出及储蓄的总和,即居民家庭可以用来自由支配的收入。它是家庭总收入扣除交纳的所得税、个人交纳的社会保障费以及调查户的记账补贴后的收入。计算公式:可支配收入=家庭总收入—交纳所得税—个人交纳的社会保障支出—记帐补贴。

城镇居民家庭消费支出　指调查户用于本家庭日常生活的全部支出,包括食品、衣着、家庭设备用品及服务、医疗保健、交通和通讯、娱乐教育文化服务、居住、杂项商品和服务八大类。包括用于赠送的商品或服务。

农村居民可支配收入　指农村居民获得的经过初次分配与再分配后的收入。可支配收入可用于农村居民的最终消费、非义务性支出以及储蓄。其计算方法是:

农村居民可支配收入=全年总收入—家庭经营费用支出—税费支出—生产性固定资产折旧—调查补贴—财产性支出—转移性支出中除赠送农村内部亲友支出外的所有支出—亲友赠送收入+农村外部亲友赠送收入

农村居民家庭纯收入　指农村常住居民家庭总收入中,扣除相应的各项费用支出后,归农民所有的收入。它可以用于生产、非生产投资,改善物质和文化生活,以及用于再分配的支出和结余的收入。它是反映农民家庭实际收入水平的综合性的主要指标。农民家庭纯收入,既包括从事生产性和非生产性的经营收入,又包括取自在外人口寄回带回和国家财政救济、各种补贴等非经营性收入;既包括货币收入,又包括自产自用的实物收入。但不包括向银行、信用社和向亲友借款等属于借贷性的收入。其计算方法是:

纯收入=全年总收入—家庭经营费用—税费支出—固定资产折旧—亲友赠送收入+城市亲友赠送收入+一次性工伤补贴+保险公司赔付

农村居民生活消费支出　指农村常住居民家庭年内用于物质生活和精神生活方面的实际支出,直接反映农民的生活水平,是研究农民消费结构变化的基本指标。农民家庭生活消费支出,包括食品、衣着、居住、家庭设备、用品及服务、医疗保健、交通和通讯、文化教育娱乐用品及服务、其他商品和服务等消费支出。